Enciclopedia de las Curiosidades

El libro de los Hechos Insolitos

Enciclopedia de las Curiosidades

El libro de los Hechos Insolitos

Gregorio Doval

palabras mayores
ediciones del Prado

Enciclopedia de las Curiosidades.
El Libro de los Hechos Insólitos

Diseño de maqueta y cubierta: Digraf

Cuarta edición, Mayo 1997
Quinta edición, Mayo 1999

I.S.B.N.: 84-7838-573-8
D.L.: M-17511-1994

Impreso en España por Gráficas Santos, S. A.
Printed in Spain

A Conchi, Luisa y Chus, con quienes viví hechos verdaderamente insólitos.

A Juanjo y Loti, que siempre ven algo insólito en todos mis hechos.

A Eduardo García-Mauriño, sin cuya ayuda buena parte de este libro no hubiera sido posible.

Y, en general, a todos aquellos a los que en los últimos años he aburrido (espero que no siempre) con un alud de datos y curiosidades no solicitados.

ÍNDICE GENERAL

PRESENTACIÓN

He de confesar que me fue muy divertido reunir y seleccionar las más de 1.500 noticias diversas que componen este LIBRO DE LOS HECHOS INSOLITOS. Encontré una sorpresa en cada una de ellas, pero también un asombro general en su infinita variedad -tanta que he llegado a dudar si lo insólito no será encontrar algo que no lo sea. Si sólo hubiera conseguido transmitir una mínima parte de ese asombro y esa diversión sé que, entonces, el objetivo estaría cumplido. Porque los curiosos somos afortunadamente legión.

Antes de nada he de contar que hasta el origen de esta antología de curiosidades es curioso. La labor comenzó casi imperceptiblemente hace ya casi cuatro años y medio, cuando, justamente un 28 de diciembre (los avisados se darán cuenta de qué significativa festividad se celebra dicho día), recibí el encargo de preparar las preguntas de los concursos culturales de Antena 3 Televisión. Al hacer frente a aquella tarea, que en principio creí laboriosa pero sencilla, una y otra vez tropecé con descubrimientos de hechos y datos desconocidos que, además de trastocar el trabajo, no dejaban de asombrarme. Como un niño que encuentra continuamente nuevos juguetes, fui recopilando ansioso todo aquel material; abusé de quien se me puso a mano, tratando de hacer compartir mi entusiasmo colando en cualquier conversación –viniese a cuento o no coletillas del tipo «por cierto, ¿sabías que...?», pero, además de aburrirlos, encontré a muchos que escuchaban atentos e incluso, ¡divertidos! lo que les contaba. Escépticos, aburridos e incrédulos siempre hubo, pero también muchos de ellos se rindieron finalmente. Y así, de descubrimiento en descubrimiento, fue componiéndose casi solo este libro; una obra que no podía, ni, desde luego, quería, hurtar a cuanto potencial lector interesado tenga.

EL LIBRO DE LOS HECHOS INSOLITOS presenta casi una multitud de sucesos increíbles, pero ciertos; o creídos, pero falsos; incluso, legendarios, pero curiosos. Todos, en general, con la característica de poner en cuarentena lo que creíamos saber, y todos, en general, con la virtud de ofrecer una lectura divertida, por cuanto insólita, y amena, por cuanto informativa. Esta obra está poblada por todo tipo de seres excéntricos y extravagantes, simpáticos u odiosos, perversos o lascivos; en ella se dan a conocer casos y cosas fuera de lo común, en forma de casualidades y coincidencias, enigmas y quimeras, patinazos y extravagancias, falsedades y mentiras, ideas y teorías, depravaciones y lujurias, y trucos y fraudes. Una multitud de sucesos gratamente curiosos, sorprendentes y ejemplares que la historia –me refiero fundamentalmente a la historia oficial y ortodoxa– generalmente suele dejar de lado. Podrá decirse que en este rosario de hechos se ensartan pocas perlas y mucha bisutería; seguramente se tendrá razón en hacerlo. Pero en ello no ve el compilador desdoro ni menoscabo. Es bisutería histórica porque sólo pretende adornar la riqueza cultural de sus posibles lectores; no, desde luego, amueblarla ni ennoblecerla. Por decirlo con palabras de hoy, no se trata tanto de una obra documental (aunque sí documentada), sino de una especie de honesto y digno *reality show* histórico. No obstante, esta obra no ha de ser entendida simplemente como un museo de monstruos ni un muestrario de excepciones. Sólo presenta ejemplos históricos extremos de comportamientos y sucesos comunes.

Así, se narran sucintamente las increíbles biografías de personajes tan extraordinarios como Lady Godiva, la Monja Alférez, la emperatriz Sissí, Lawrence de

Arabia, Humphrey Bogart, Billy El Niño, Thomas Alva Edison, Kaspar Hauser, Iván El Terrible, los Borgia o el Marqués de Sade; se detallan inusitadas historias como la conquista del imperio de los incas, la infame subasta del trono de la Roma imperial, las excentricidades de Nerón, Heliogábalo y otros emperadores romanos, y las singulares peripecias eróticas de Cleopatra, Lola Montes, Rasputín, Mesalina, Mata-Hari, Eloísa y Abelardo y otros muchos.

En sus páginas también se relatan cuestiones tan dispares como el casual descubrimiento de la Cueva de Altamira, el imperecedero mito de Eldorado, las estrambóticas profecías sobre el fin del mundo, la hipotética fecha de la Creación o la primera e improvisada actuación pública de Charles Chaplin. Se cuenta cómo perdió los brazos la Venus de Milo y cómo nacieron los premios Oscars. Se comentan las indescifrables predicciones del Oráculo de Delfos, los misterios de la Isla de Pascua y la enigmática mención del Diluvio Universal en muchas de las tradiciones culturales y religiosas del mundo.

Invito a adentrarse en sus páginas a todos los que les interese algo de lo anterior o que deseen hallar detalles al respecto de otras cuestiones tan curiosas como la Maldición de los Faraones, el Número de la Bestia, el Tercer Ojo o el Síndrome de Estocolmo; a los que alguna vez se preguntaron por qué se inclinó la Torre de Pisa, quién dio el nombre de América al Nuevo Mundo o por qué se llama "duro" a las monedas de cinco pesetas; a los que quieran conocer de primera mano cómo se descubrieron las ruinas de Pompeya y Troya, cuándo comenzó la plaga de conejos en Australia o de qué provienen las costumbres del Arbol de Navidad, el Día de San Valentín, el Primero de Mayo o los Huevos de Pascua, e incluso a aquellos que no desprecien saber por qué da buena suerte una herradura, por qué decimos «¡Jesús!» al oír un estornudo, o desde cuándo se reza el Angelus.

También podrá interesar esta obra a quién sienta curiosidad por saber cómo se inventaron la guillotina, las patatas *chips,* el perrito caliente, el WC y el papel higiénico, el crucigrama, el sello de correos, el biquini o el condón; o qué origen tienen palabras como, por ejemplo, "ostracismo", "vandalismo", "boicot", "silueta", "sandwich", "linchar" o "restaurante"; o quiénes fueron los primeros siameses, el primer fumador europeo y la primera vampiresa del cine; o en qué personas reales se basan los personajes ficticios de Tarzán, Robinson Crusoe, el Conde Drácula, el Tío Sam, la Dama de las Camelias, Sherlock Holmes o Santa Claus; o cuál fue la primera huelga de la historia, si Shakespeare escribió realmente sus obras o cuándo se utilizó por primera vez la clave SOS.

Quien desee saber todo eso podrá enterarse de paso de que en más de una ocasión ha llovido ranas o sangre; de que el zar Pedro I gravó con un impuesto a los barbudos; de que alguien cree que en la Biblia se habla del SIDA. Podrá asombrarse al leer las historias del bailarín sin piernas, del ansioso comedor de caucho, de la mujer barbuda, del jugador de béisbol manco y de unos mellizos que nacieron con cuarenta días de diferencia; o de que a una mujer le extirparon un quiste de 148,7 kilos. O incluso enterarse de que Cervantes y Shakespeare murieron en la misma fecha, aunque no en el mismo día; o de que no son pocos los personajes de quienes se cree que han muerto literalmente de risa; o de que Isaac Newton era tremendamente despistado; o de que Aristóteles mantuvo teorías absurdas, o de que, por ejemplo, se conservan numerosas reliquias de Napoleón (incluido su pene).

Como se desprende de su simple enunciado, este libro ofrece una colección de hechos curiosos que necesariamente han sido tratados con una cierta carga de humor (pero sin ánimo de burla) y han de ser leídos con ese mismo espíritu. En consecuencia, también se ha de hacer constar que intencionadamente esta no es una obra seria (quiero decir *grave*) porque el propio cariz de los hechos comentados así lo exige. No es una obra que compita (ni quiere ni, desde luego, podría) con los abundantes manuales de historia y almanaques de hechos y efemérides (en general, muy valiosos) en los que, sin detenerse en fruslerías ni menudencias, se nos narra el devenir histórico. Su interés y su objetivo se hallan en otra parte: aquí sí importan las nimiedades, entendidas la mayor parte de las veces como argumentos con los que demostrar que el ser humano, cuanto más solemne es, más ridículo resulta; cuanto más angustiado está, tanta más astucia desarrolla; y cuanto más relajado e íntimo, más grotesco. Yo, al menos, he aprendido que no es raro encontrar tras cada hecho histórico una verdad que sonríe y, tras cada gran personaje, una sombra bufa o un demonio doméstico. Con esta perspectiva, nada parece lo que es y nada resulta más común que lo sorprendente. El libro refleja de alguna manera la pequeña historia vista desde las bambalinas, mostrando a las claras todas sus miserias, falsedades, misterios, bajezas, extravagancias, casualidades y sorpresas. Pero no se ha de deducir de ello que la veracidad de los datos no ha sido contrastada o que ha importado poco ajustarse a la verdad con tal de sumar a cualquier precio un suceso asombroso más. Bien al contrario, se han desechado numerosos datos por no ofrecer garantías su fuente o por no poder ser contrastados convenientemente. En los casos en que se ha constatado que el hecho es estrictamente legendario, así se ha aclarado en el texto.

Esta obra es fruto ante todo de numerosas y heterogéneas lecturas. Por tanto es obligado aclarar que la casi totalidad de su valor es préstamo de los autores de las obras consultadas –una parte de los cuales quedan mencionados en el apéndice bibliográfico–; así como que los posibles errores o inexactitudes son responsabilidad propia del compilador.

Una última advertencia: la lectura de este libro puede beneficiar su salud mental. Entre otros peligros, puede provocar adicción. Si así sucediera, no le quedaría más remedio que esperar las próximas dosis de la ENCICLOPEDIA DE LAS CURIOSIDADES; con suerte, ni ésta ni aquéllas le decepcionarán.

ASUNTOS MILITARES Y BÉLICOS

La que tradicionalmente se considera como la guerra más breve de la historia ocurrió el 27 de agosto de 1896, enfrentando a Gran Bretaña y a su por entonces sultanato dependiente de Zanzíbar (territorio insular africano hoy integrado en Tanzania). La guerra fue declarada a las 9,02 de la mañana y finalizó 38 minutos después, a las 9,40. La flota británica, al mando del contraalmirante Harry Holdsworth Rawson (1843-1910), presentó un ultimátum a Said Jalid, que acababa de derrocar al sultán impuesto por los británicos, para que se rindiera y abandonara el palacio. El único barco de guerra de Zanzíbar, el mercante transformado *Glasgow,* al acercase a la flota británica, fue hundido con dos certeros cañonazos. Inmediatamente, esos mismos cañones dirigieron sus bocas hacia el palacio del sultán, quien, a la vista del cariz que tomaban los acontecimientos, se rindió incondicionalmente. No obstante, los cañones dispararon y destruyeron el palacio. Acabada la efímera guerra, los británicos exigieron que el nuevo gobierno de Zanzíbar pagara las municiones utilizadas en la refriega, en concepto de reparaciones de guerra. Por su parte, Rawson fue condecorado con la Estrella Brillante de Zanzíbar, de primera clase, por el nuevo sultán Hamud ibn Muhammad.

Al parecer, el único superviviente de las tropas de los Estados Unidos que participaron en la batalla de Little Big Horn el 25 de junio de 1876, en que los guerreros sioux de Toro Sentado masacraron al General Custer y su 7º regimiento de caballería, fue precisamente el caballo de uno de los oficiales yanquis, de nombre *Comanche.* Cuando el caballo murió tiempo después, era considerado un héroe nacional y se decidió conservar su cuerpo disecado. El taxidermista Lewis Dyche, de la universidad de Kansas, recibió 450 dólares por llevar a cabo la operación. Los órganos internos del caballo fueron enterrados con honores militares. Su cuerpo disecado fue exhibido en la *Columbian Exposition* de Chicago de 1893 y luego trasladado con carácter permanente al Museo de Historia Natural de la universidad de Kansas, en la ciudad de Lawrence. Otra anécdota asociada a esta famosa batalla es que, según algunos historiadores, muchos de los soldados al mando del general Custer estaban borrachos, lo que explicaría su escasa resistencia.

El 20 de enero de 1795 se produjo el sorprendente hecho bélico de que una compañía de caballería de húsares franceses derrotara y capturase a una flota de barcos holandeses, británicos y austriacos, naciones con las que Francia estaba por entonces en guerra. El general francés Charles Pichegru (1761-1804) dirigió esta extraña batalla anfibia disputada en el puerto de la isla de Texel, cerca de Amsterdam, donde la flota se hallaba inmovilizada en las heladas aguas del mar del Norte.

Los sibaritas (es decir, los habitantes de la ciudad grecorromana de Sibaris, situada en territorio italiano de la región conocida como Magna Grecia) eran famosos en todo el orbe antiguo por su buen vivir, como refleja el hecho de que su gentilicio haya dado lugar a un adjetivo que califica a las personas que se preocupan por llenar de placeres su vida. Militarmente, los sibaritas también fueron famosos por su habilidad para la doma y monta de caballos. Según algunos relatos legendarios, era costumbre de su caballería el tratar de minar la moral de los enemigos entrando en combate en maravillosa y espectacular conjunción, desplazándose todos los caballos al unísono y al ritmo de músicas especialmente compuestas para ello. Cuando, hacia el año 510 a. de C., los sibaritas atacaron Crotona, ciudad situada a 112 kilómetros al sur de la propia Sibaris, en Italia, sobre el golfo de Tarento, los astutos hombres de Crotona comenzaron a interpretar con sus flautas unos sones de baile que crearon una irremediable confusión entre los caballos sibaritas entrenados para bailar. Consecuentemente, el ataque de su caballería quedó totalmente desbaratado y el ejército de los sibaritas fue prácticamente aniquilado, quedando la ciudad de Sibaris a merced del contraataque del ejército de Crotona, que la destruyó totalmente.

El antiguo reino africano de Dahomey (correspondiente aproximadamente a lo que hoy es Benin) alcanzó su máximo esplendor en tiempos del rey Gheso o Gezo (1818-1858), que impuso su dominación gracias a un famoso y temido ejército de amazonas, el único totalmente compuesto por mujeres del que hay constancia histórica totalmente fidedigna. Este cuerpo fue formado, a principios del siglo XVII, por el rey Agadja; aunque alcanzaría su máximo poder un siglo después, ya al servicio de Gheso. Lo integraban unas 2.500 mujeres, todas ellas consideradas esposas del rey, armadas con arcos y flechas, trabucos y otras armas de fuego, así como con unos enormes cuchillos (muy famosos y temidos en todo el Africa Occidental). Solían actuar por sorpresa, aunque se trataba más bien de un ejército defensivo, con carácter de guardia personal, que sólo entraba en combate en circunstancias especiales. Finalmente, las amazonas de Dahomey serían vencidas y aniquiladas en 1892 por los franceses, que conquistaron el reino, convirtiéndolo en un protectorado suyo.

En la primavera de 1969, se disputaron dos partidos de fútbol entre las selecciones nacionales de Honduras y El Salvador, correspondientes a la fase clasificatoria para la Copa del Mundo de 1970. El partido de ida acabó con victoria hondureña por 1-0, siendo un encuentro apasionado, duro y enconado, pero, para lo que suele ser este tipo de partidos, normal. Sin embargo, en el transcurso del partido de vuelta, jugado en San Salvador, que finalizó con la victoria local por 3 goles a 0, se produjeron graves enfrentamientos entre ambas hinchadas, que se saldaron con multitud de heridos. Como por aquel entonces las elimatorias se disputaban por el sistema de puntos, sin tenerse en cuenta el número de goles, el doble enfrentamiento quedó igualado y todo quedó en suspenso hasta la disputa de un tercer partido en campo neutral. Sin embargo, mientras se esperaba aquel tercer partido, el enfrentamiento se extendió al campo diplomático, con la expulsión de unos 11.000 ciudadanos salvadoreños del territorio de Honduras, y al militar, el 14 de julio, cuando, en represalia, carros de combate salvadoreños cruzaron la frontera hondureña, mientras aviones bombardeaban también los principales puertos de Honduras. Esta Guerra del Fútbol (que nunca fue declarada como tal) acabó el 18 de julio, tras mediación de la Organización de Estados Americanos, con varios millares de víctimas, entre muertos, heridos y refugiados. El partido de desempate, celebrado en el estadio Azteca de México, acabó con victoria salvadoreña por 3-2, tras prórroga, y lo que fue más importante, sin que se registraran incidentes dignos de mención.

Costa Rica disolvió casi totalmente su ejército en 1940 tras establecer un convenio de neutralidad y no agresión con el resto de países centroamericanos. Tras la disolución, sólo quedó activo un cuerpo de entre 500/1.200 soldados, destinado al control de las fronteras, una fuerza paramilitar (de unos 9.000 hombres) y una reserva nacional.

La reina Artemisa I de Halicarnaso (siglo V a. de C.) es la primera mujer de la que se tenga constancia histórica que, en calidad de almirante, dirigiera una flota durante una batalla. Aliados a los persas del rey Jerjes durante las guerras médicas, sus cien barcos combatieron a la flota ateniense en el año 480 a. de C., en la famosa batalla de Salamina. Artemisa fue la única en advertir a tiempo la treta del griego Temístocles, consistente en atraer las más numerosas y mejor armadas naves de Jerjes hacia un estrecho donde no pudieran maniobrar. Pese a darse cuenta de la treta no pudo impedirla y evitar el desastre persa. Ella fue de los pocos que sobrevivieron a aquel terrible desastre naval.

El dictador de Guinea Ecuatorial, Francisco Macías Nguema (1926-1980), que fue depuesto en 1979, decretó en 1976 el servicio militar obligatorio para todos los muchachos entre los 7 y los 14 años.

Cuando al final de la Primera Guerra Mundial, los aliados confiscaron como botín de guerra todo el arsenal alemán, encontraron un inmenso aeroplano de madera aún sin terminar, diseñado para transportar cuatro toneladas de bombas y suficiente combustible para volar ochenta horas sin repostar. Parece ser que los alemanes pensaban utilizarlo para bombardear Nueva York en el otoño de 1918. Hay que recordar que en esas fechas aún no se había conseguido sobrevolar el Atlántico de costa a costa.

Entre los muchos planes que los dirigentes del Tercer Reich alemán trazaron durante la Segunda Guerra Mundial para derrotar a las potencias aliadas estuvo la operación denominada en clave *Bernhard.* Esta operación consistía en la falsificación del equivalente en billetes a 150 millones de libras esterlinas, que se encargó a uno de los más hábiles falsificadores del mundo, un ruso conocido con el alias de Wladimir Dogranov. Estos billetes serían lanzados desde aviones militares sobre el Reino Unido, para colapsar así la economía británica. El final de la guerra detuvo el proyecto cuando ya estaban dispuestos 134 millones en billetes de asombrosa perfección, que fueron encontrados en un lago austriaco en 1945.

En 1918, en la fase final de la Primera Guerra Mundial, el mando del Cuerpo de Comunicaciones del ejército norteamericano comprobó que la mayoría de sus mensajes cifrados eran detectados y descifrados con total facilidad por el enemigo. Buscando una solución, el capitán E. W. Horner propuso la utilización como clave del idioma de los indios choctaw, iniciativa que fue aceptada por el mando. Encontró entre sus filas ocho indios que conocían esta extraña lengua, que fueron asignados a la compañía D del 141° regimiento de infantería y que actuaron con gran éxito en primera línea de combate.

Un hecho similar ocurrió en la Segunda Guerra Mundial. El cuerpo de marines de los Estados Unidos desplazado al área del Pacífico utilizó el idioma de los indios navajos para cifrar sus mensajes. Este idioma pasa por ser, en opinión de los lingüistas, uno de los más crípticos del mundo. Los expertos en inteligencia militar sabían que, además de los aproximadamente 50.000 supervivientes de esa tribu, sólo otras 28 personas conocían el idioma en todo el mundo, y que ninguna de ellas vivía en un país del Eje. En un principio, treinta soldados navajos fueron asignados con éxito a esas misiones de comunicaciones; con el desarrollo de la guerra, su número llegó a ser de 420.

El Segundo Concilio de Letrán (1139) prohibió la utilización de la ballesta, bajo pena de excomunión, por ser ésta un «...arma infame ante Dios e indigna de los cristianos». Por ello, sólo se dispensaba su uso contra los infieles.

Pirro II (318-272), rey del Epiro (región del oeste de Grecia), fue un hábil general que venció en muchas batallas, pero una de cuyas victorias ha pasado a la historia por encima de las demás. El año 280, los griegos chocaron por primera vez en la historia con los romanos en Heraklea (o Siris). En esa cruel y sangrienta batalla, los griegos, capitaneados por Pirro, vencieron a los romanos gracias, sobre todo, al poder intimidatorio de los elefantes de su ejército, pero a costa de tantas pérdidas propias que Pirro llegó a decir: «otra victoria como ésta y seremos destruidos», dando lugar a la expresión actual "victoria pírrica" referida a aquellos logros cuya consecución ha costado tantos esfuerzos que, quizás, no hayan merecido la pena. Años después, combatiendo en la ciudad de Argos, Pirro murió en una escaramuza nocturna, aunque otras versiones señalan que murió en un extraño atentado, al ser alcanzado por una teja lanzada por una anciana desde un tejado.

Según relatos algo fantasiosos, Jerjes I (h. 519-465 a. de C.), el emperador persa también conocido como *Asuero,* mandó construir un puente de balsas sobre el estrecho de los Dardanelos que separa las partes europea y asiática de Turquía, por el que cruzó su ejército formado por la inverosímil cifra de unos dos millones de hombres. Similar hazaña de ingeniería fue la llevada a cabo, durante la guerra de las Galias, por los ingenieros de Julio César que consiguieron levantar un puente sobre el Rin en el tiempo récord de diez días, incluida la obtención de la madera necesaria para su construcción.

Según crónicas precolombinas, los toltecas, pueblo agrícola que dominó gran parte del actual México entre los siglos VII y XI de nuestra era, armaban a sus ejércitos con espadas de madera para no matar a sus enemigos y poderlos capturar. Eso sí, inmediatamente los esclavizaban.

La pequeña república de San Marino, que había permanecido oficialmente neutral durante toda la Segunda Guerra Mundial, declaró la guerra a Alemania a fines de 1944, cuando las tropas aliadas ya habían rebasado su territorio camino de Alemania. Sin embargo, poco después se produjo un inesperado contraataque germano y San Marino se vio obligado a capitular (curiosamente, por cierto, se rindió por teléfono). Cuando la guerra volvió a favorecer a los aliados (y el frente había sobrepasado con holgura los límites de este pequeño país), San Marino volvió a declarar la guerra a los alemanes.

El teniente japonés Hiro Onoda se rindió por fin el 10 de marzo de 1973, más de 28 años después de finalizada la Segunda Guerra Mundial. Durante todos esos años defendió su puesto en una remota y desolada isla ante un eventual ataque de sus invisibles enemigos. Para redondear la estupidez del asunto, se rindió formalmente a unos turistas que acertaron a fondear casualmente en la remota isla.

Josef Stalin rechazó el ofrecimiento alemán de intercambio de prisioneros durante la Segunda Guerra Mundial. Lo dramático de aquel hecho fue que entre los prisioneros a canjear estaba su hijo Jacob que, ante la negativa de su padre, murió en un campo de concentración alemán.

Una mañana de 1942, en plena Segunda Guerra Mundial, las sirenas de alarma antisubmarinos de la bahía norteamericana de Chesapeake, en cuya orilla se halla la ciudad de Baltimore y que es la entrada natural hacia Washington, alertaron a la flota de vigilancia, tras detectarse ruidos submarinos que parecían indicar que una flota de guerra había cercado las posiciones norteamericanas. Los culpables eran unos 300 millones de peces tigres croadores o graznadores que, ajenos al conflicto bélico, como hacen todos los años, acudían a desovar en la bahía, emitiendo los rítmicos "gritos" de los que procede su nombre.

Según un relato tal vez falso, la noche del 25 de diciembre de 1776, durante la Guerra de la Independencia de los Estados Unidos, en las cercanías de Trenton, los espías del coronel Rahl, que mandaba las tropas británicas contras las coloniales del general George Washington, trataron de informarle de los planes de batalla del enemigo. El coronel, al hallarse inmerso en una apasionante partida de ajedrez con la que distraía la velada, pospuso la atención debida a dichos informes, con lo que perdió la oportunidad de desbaratar los planes de las tropas coloniales que, atacando al amanecer del día de Navidad, infligieron una crucial derrota a los británicos.

En una decisiva batalla de la guerra greco-turca de 1920-1922, las tropas griegas, al mando del general Hajianestis, fueron fácilmente dominadas y vencidas por las turcas, a causa de que el general, creyéndose muerto, se negó a dar órdenes con el lógico planteamiento de que cómo iban a obedecer unos soldados a un general muerto.

En 1864, en la batalla de Petersburg de la Guerra de Secesión norteamericana, el ejército de la Unión, al mando del general Burnside, abrió una brecha en la hasta entonces sólida resistencia confederada. Sin embargo, cuando la división que debía aprovechar la brecha se dispuso a avanzar, se encontró con la absurda y terrible circunstancia de que las trincheras en las que se resguardaba medían dos metros y medio de altura y prácticamente resultaba imposible salir de ellas, a falta de escaleras u otros medios, salvo formando torres humanas. El lento goteo de soldados fue fácilmente abatido por los confederados.

Durante la Segunda Guerra Mundial, las necesidades de abastecimiento de material de guerra provocaron que los procesos industriales se perfeccionaran hasta límites increíbles. Por ejemplo, una extraordinaria mejora en los métodos de montaje en cadena hicieron posible que los astilleros estadounidenses del armador Henry J. Kaiser fabricasen, montasen y botasen un barco de guerra en solamente cuatro días.

BELLAS ARTES

En 1820, cerca de Paleo Castro, la principal población de la isla de Milo (la antigua Melos de los griegos), en el archipiélago de las Cíclades, vivía un campesino llamado Yourgos. Un día, mientras trabajaba su tierra, encontró una estatua de mármol en dos piezas que representaba a la diosa Afrodita (Venus). Admirado de su belleza, la conservó en su casa durante algún tiempo, rechazando cuantas ofertas y reclamaciones recibía, hasta que sus conciudadanos decidieron regalársela al príncipe turco Morousi, que gobernaba por entonces la isla en representación del pachá otomano. Según algunos relatos contemporáneos, en el mismo instante en que los ciudadanos de Milo iban a embarcarla con destino al palacio del príncipe, los componentes de una expedición francesa que durante mucho tiempo había intentado comprar la bella estatua, sorprendieron la maniobra, entablándose entre ambos grupos una batalla campal por la posesión de la ya conocida como *Venus de Milo*. Algunos relatos no totalmente comprobados añaden que, en el curso de la trifulca, la estatua se golpeó contra el suelo del embarcadero, rompiéndose los dos brazos. Finalmente, los franceses, más numerosos o más aguerridos, se hicieron con el trofeo, escapando del lugar y abandonando por olvido o precipitación los brazos en la playa. Según este mismo relato, estos brazos fueron recogidos por los turcos y permanecen enterrados en paradero desconocido hasta la fecha.

Se ha calculado que si un copista transcribiera toda la obra musical de Wolfgang Amadeus Mozart (1756-1791) emplearía unos veinticinco años en completar su labor, trabajando diez horas al día. Mozart pasa por ser el compositor (entiéndase que de calidad contrastada) más precoz y más rápido que ha existido nunca: por ejemplo, compuso la ópera *La clemencia de Tito* en sólo 18 días y en otra ocasión compuso, transcribió, ensayó y estrenó en sólo cinco días su sinfonía en C mayor *Kegel 425*, conocida como *Linz*.

Alrededor de 1830, todo había sido programado para que el Taj Mahal fuera demolido, a inicitiava de los ingleses, para que su fachada de mármol pudiera ser trasladada a Londres y vendida en pública subasta. La maquinaria ya estaba a punto de comenzar su trabajo, cuando llegó una contraorden desde Londres. Sin embargo, esta sensata contraorden no obedecía a la sensibilidad artística, ni siquiera al más básico sentido común. Simplemente se trató de una decisión estrictamente comercial: días antes, otra subasta de mármol de monumentos y edificios hindúes destruidos no había obtenido el éxito apetecido.

El 21 de agosto de 1911, Vincenzo Peruggia, un ultranacionalista italiano afincado en París, decidió que *La Gioconda*, la obra maestra de Leonardo da Vinci, debía retornar a su país de origen. Para ello, la robó del Louvre de París, escondiendo el lienzo bajo su chaqueta. Su paradero fue desconocido hasta que, dos años después, en 1913, un anticuario florentino recibió una carta de Peruggia ofreciéndole el cuadro. El anticuario informó a la policía y el ultranacionalista italiano fue rápidamente detenido. El cuadro apareció milagrosamente intacto tras haber permanecido esos dos años escondido bajo la cama de Peruggia en una fonda de París. Terminadas las pesquisas policiales, *La Gioconda* fue devuelta al Museo del Louvre, y Peruggia condenado a un año de prisión; condena que levantó cierta polémica en Italia, donde algunos veían un héroe en la figura de este exacerbado patriota.

El pintor neoclásico francés Jacques Louis David (1748-1825), pintor de cámara de Napoleón, solía pintar figuras de la mitología y la historia de las antiguas Grecia y Roma caracterizadas por su fuerte musculatura, siempre desnudas y tocadas con unos cascos muy anacrónicos que a casi todos los que los observaban recordaban a los utilizados por los bomberos. De tan chocante referencia se dio justamente en llamar a estos personajes romanos pintados por David *pompiers,* es decir, "bomberos". Desde entonces, por extensión, se suele llamar así al estilo, al pintor o a la obra que no están inspirados en la realidad o en la observación, sino que se basan en tópicos y convencionalismos de dudosa veracidad histórica.

El compositor italiano Doménico Scarlatti (1685-1757) compuso una fuga para clavicordio en re menor, conocida como *La fuga del gato*, inspirándose en cierta ocasión en que su gato se subió al clavicordio y comenzó a pasear por el teclado pulsando al azar las teclas. Igualmente, Frédéric Chopin (1810-1849) estaba componiendo el vals número 3 en fa mayor cuando su gato corrió sobre las teclas del piano, divirtiendo tanto a Chopin que trató de reproducir los mismos sonidos en lo que se conoce como *Vals del gato.*

Leonardo da Vinci (1452-1519) trabajó durante doce años en la estatua ecuestre de bronce que debería erigirse en Milán en memoria de Francesco Sforza, padre de su protector, Ludovico Sforza *El Moro,* duque de Milán. La estatua, de siete metros de altura, hubiera exigido verter cien mil kilos de metal fundido en un molde con la rapidez y la temperatura necesarias para que el enfriamiento fuera uniforme. A tal fin, Leonardo diseñó un sistema de hornos múltiples que nunca llegaría a utilizar: una amenaza de guerra hizo que el metal reservado para la estatua fuera destinado a la fabricación de cañones. En 1493, se exhibió en Milán un modelo de arcilla del caballo, que fue aclamado como la obra ecuestre más bella que jamás se hubiera visto. Al derrotar los franceses a los milaneses en 1499, los arqueros gascones utilizaron el modelo en arcilla para efectuar prácticas de tiro. Los daños causados por las flechas permitieron la entrada de agua en el modelo y, al cabo de algunos años, el gran caballo quedó totalmente destruido.

El pintor francés Claude Monet (1840-1926) vivió con apreturas financieras, como es proverbial entre los artistas, hasta que tuvo la fortuna de ganar 100.000 francos en la Lotería Nacional francesa. Gracias a este premio pudo dedicarse sin agobios a su gran vocación: vagar por la campiña francesa pintando paisajes.

En 1505, el Papa Julio II encargó a Miguel Angel Buonarrotti (1475-1564), que por entonces tenía sólo 29 años, la construcción de su futuro sepulcro. El artista diseñó un monumento de dos pisos, formado por un sarcófago rodeado de relieves en bronce y de cuarenta estatuas de mármol. Una montaña entera de este material, extraído de las canteras de Carrara, a varios cientos de kilómetros de distancia, fue transportada hasta Roma. Sin embargo, según algunas crónicas contemporáneas, el pintor Rafael Sanzio (1483-1520) y su pariente y protector, el arquitecto Donato d'Angelo, más conocido por Bramante (1444-1514), celosos de la gloria que esta obra iba a reportar al joven Miguel Angel, intrigaron ante el Papa, convenciéndole de que la construcción de su sepulcro en vida podría traerle la desgracia. Le recomendaron que, a cambio, Miguel Angel pintase el enorme techo abovedado de la Capilla Sixtina, pensando que este trabajo excedería las facultades de Miguel Angel, hasta entonces sólo conocido como escultor. El sepulcro quedó abandonado durante cuatro años, entre 1508 y 1512, mientras el artista completaba la decoración del techo de la capilla con las escenas de la Creación, una de las obras pictóricas más asombrosas de todos los tiempos. De esta forma, al morir Julio II en 1513, su tumba no estaba construida. Miguel Angel, requerido por sucesivos papas, fue demorando la finalización de esta obra. Cuarenta años después de haber iniciado la construcción del sepulcro, Miguel Angel sólo había esculpido algunas estatuas de las cuarenta que tendrían que haber flanqueado la tumba (entre ellas el famoso *Moisés* de 3 metros de altura, considerada la escultura más representativa del Renacimiento italiano). En 1545, Miguel Angel, ya con sesenta y nueve años, concluyó una versión muy reducida de la tumba de Julio II (con el *Moisés* en el centro) en la iglesia de *San Pedro Encadenado* de Roma.

Pau Casals (1876-1973) compuso el himno de las Naciones Unidas en 1971, cuando contaba 95 años de edad, dirigiendo incluso la orquesta y el coro de 70 voces que lo interpretó por primera vez el 26 de octubre de aquel mismo año.

El 24 de febrero de 1968, el telón de la *Deutsche Oper* de Berlín se alzó 165 veces consecutivas para que el tenor italiano Luciano Pavarotti recibiera los aplausos del público, que duraron 1 hora y 7 minutos, tras su interpretación del papel de Nemorino en la ópera *L'elissir d'amore*, de Gaetano Donizetti.

El 5 de julio de 1983, el telón del Teatro del Estado de la Opera de Viena se alzó 83 veces para que el tenor español Plácido Domingo recibiera los aplausos del enfervorizado público, que duraron 1 hora y 30 minutos, tras su interpretación de *La Bohème* de Giacomo Puccini.

Viendo el pintor Edouard Manet (1832-1883) que sus cuadros eran sistemáticamente rechazados por todos los salones y galerías de exposiciones, no tuvo reparos en sufragarse él mismo un pabellón particular donde exponer sus cuadros en la Feria Universal de París de 1867. En dicho salón, que fue denominado *Salón de los Rechazados*, dio cobijo, además de a cincuenta de sus obras, a las de muchos de sus amigos que comenzaban a revolucionar la pintura moderna.

En el minueto *al rovescio* (es decir, "al revés") de la *Sonata para piano en do* de Franz-Joseph Haydn (1732-1809), el segundo movimiento es exactamente igual al primero, pero interpretado al revés, con el recurso conocido como *recurrencia.* Igualmente, en una parte del *Pierrot Lunaire*, de Arnold Schoenberg (1874-1951), la música avanza hacia adelante hasta la mitad de la pieza, y a partir de ahí se toca exactamente igual pero al revés. Paul Hindermith (1895-1963) escribió algo aún mejor: en su obra *Ludus tonale,* el postludio es, con la adición de un acorde final, igual al preludio, pero la partitura está tocada hacia arriba, hacia abajo y al revés.

El famoso cuadro *Guernica* de Pablo Picasso sufrió una curiosa agresión en marzo de 1974, cuando un exaltado escribió con pintura roja la frase «Mueran todas las mentiras» sobre el lienzo. Afortunadamente, se pudo restaurar sin que quedaran huellas visibles del acto vandálico.

Operado con éxito el rey francés Luis XIV de una inoportuna fístula, el compositor italo-francés Jean Baptiste de Lully (1632-1687) compuso un himno para celebrar el hecho con el título de *Dieu sauve le Roi* ("Dios salve al Rey"). Este himno, que se hizo muy popular en toda Europa, cruzó el Canal de La Mancha poco después tras escucharlo el gran maestro Georg Friedrich Haendel, músico de cámara de la corte inglesa de la época, que lo adaptó y se lo ofreció como composición propia al rey inglés, para acabar convirtiéndose, tras una serie de vicisitudes, en el *God save the King*, el himno oficial de la Corona Británica.

En su obra *La Madona de San Sixto* (1516), el pintor italiano Rafael Sanzio (1483-1520) pintó seis dedos en la mano derecha del modelo, el papa Sixto IV, y no por ser fiel al modelo, sino porque la tradición asociaba esta anomalia anatómica a la presencia en el personaje de un sexto sentido (y particularmente de la facultad de interpretar los sueños proféticos). Por idéntica razón, el mismo Rafael pintó también seis dedos en el pie izquierdo del San José de otra de sus obras, *Los desposorios de la Virgen* (1504).

En 1601, el pintor italiano Michelangelo Merisi o Amerighi, llamado *El Caravaggio* (1573-1610), recibió el encargo de pintar un cuadro sobre la muerte de la Virgen. Para añadir realismo a la obra, el pintor recurrió a utilizar de modelo el cadaver de una mujer ahogada en el río Tíber. Al conocer este hecho, los clientes, escandalizados, rechazaron la obra.

Hasta 1883, Paul Gauguin (1848-1903), el que luego sería célebre pintor, trabajaba de agente de bolsa, estaba casado con una danesa llamada Mette y era padre de cinco hijos, llevando una vida más o menos convencional. Pero a los 35 años comunicó a su esposa que abandonaba su empleo para convertirse en pintor. A partir de entonces, él y su familia vivieron en la más absoluta precariedad, hasta que Gauguin decidió acabar con todo eso, abandonar a su familia y huir hacia los Mares del Sur, en busca de un paraiso soñado en el que, además, el dinero no importara. Tras pasar unos años en Tahití y Martinica, Gauguin volvió a Europa, frecuentando el ambiente bohemio de París y posteriormente viviendo y enemistándose gravemente con el desequilibrado Vincent van Gogh. Finalmente, desengañado de Europa y de la vida *civilizada,* regresó a su paraiso primitivo de las islas Marquesas, donde moriría años después.

La obra del compositor estadounidense John Cage (1912-1992) titulada *Paisaje Imaginario nº 4* (1953), suena necesariamente distinta en cada interpretación. Es imposible que suene igual salvo que se trate de una grabación, pues esta obra está compuesta para doce receptores de radio sintonizados al azar.

Claro que obras musicales *especiales* ha habido muchas. Por ejemplo, en cierta ocasión el rey Luis XI de Francia (1423-1483) ideó un nuevo divertimento musical para su corte. La novedad consistió en reunir una piara de cerdos en concierto. Las "notas" se conseguían pinchando a los animales con distinta intensidad para que emitiesen un diferente chillido.

En la grabación discográfica del tema *Shoo Be Doo* del grupo de rock *The Cars*, es posible oír el nombre de Satán reproduciendo el disco al revés. El estribillo de la canción *Another One Bites the Dust*, del grupo *Queen,* escuchado al revés, parece querer decir *It's fun to smoke marihuana* ("es divertido fumar marihuana"). Reproduciendo al revés el final de la canción *I am the Walrus*, incluida en el L.P. *Magical Mistery Tour*, de *The Beatles*, se escuchan nueve versos de *El Rey Lear* de Shakespeare. También se puede escuchar el mensaje oculto *Congratulations, you have just discovered the secret message!* ("¡Enhorabuena, acabas de descubrir el mensaje secreto!") al final de la parte instrumental de la canción *Goodbye Blue Sky* del disco *The wall* ("El muro") de *Pink Floyd.*

Vecellio Tiziano (1477-1576) tal vez sea uno de los pintores de primera fila más longevos de toda la historia de la pintura, pues murió a los 99 años, y ello sólo a consecuencia de una epidemia de tifus a la que sucumbió.

El fanático puritanismo de los cristianos de siglos atrás hacía que, al exigir los cantos religiosos la belleza de la tesitura femenina, castrasen a los adolescentes cantores de las iglesias, ya que estaba prohibido por la jerarquía que este menester fuera realizado por mujeres. Todavía a comienzos del siglo XX se practicaba este procedimiento para mantener la riqueza de voces del coro de la Capilla Sixtina de Roma. Este mismo procedimiento de la castración fue seguido también por los amantes de la ópera, que preferían más que ninguna otra las voces de los llamados *castrati* ("castrados"), es decir, muchachos emasculados en su adolescencia para conservar su voz de soprano o mezzosoprano. En España, por ejemplo, fue famoso el italiano Carlos Croschi, conocido como *Farinelli,* que dirigió el Teatro del Buen Retiro. El último castrado, Giovanni Batista Velluti, murió en 1861.

Biografías atormentadas

Según la tradición (que tergiversó sus datos biográficos para ofrecer una imagen sesgada de él), la vida del gran escritor trágico griego Eurípides (480-406 a. de C.) estuvo marcada por el signo de las desgracias. Nació el mismo día en que sus compatriotas vencían a los persas en la batalla de Salamina, desarrollada en la embocadura del estrecho de Euripo, circunstancia de la que precisamente proviene su nombre. Era hijo del tabernero Mnesarchos y de la verdulera Clito, con quienes, además de privaciones, pasó una infancia llena de disputas familiares. Tras ser atleta, pintor, retórico y filósofo, comenzó a escribir tragedias, que en muy raras ocasiones gozaron del favor del público. Para colmo, padecía de halitosis y murió al ser atacado por los perros de un pastor. Incluso, para completar el cuadro, y de hacer caso a la leyenda, su desgracia llegó más allá de la muerte, pues junto a su tumba brotó un manantial de aguas ponzoñosas.

De ser ciertas las pocas noticias legendarias sobre su vida, la profesión original de Sócrates (h. 470-399 a. de C.), hubiera tenido que ser, a consecuencia de su linaje, la de picapedrero; sin embargo, abrió una escuela de filosofía. Durante toda su vida se jactó de ser pobre y, como sostuvo que la riqueza y todo afán de lucro eran éticamente indeseables, se mantuvo siempre consecuente, negándose por ejemplo a cobrar sus lecciones. Según algunos relatos, se cuenta que, pese a su gran fama, su indigencia fue tal que su esposa, Xantipa, hubo de trabajar como lavandera para mantener a la familia.

El poeta cómico romano Tito Maccio Plauto (h. 254-184 a. de C.) fue hijo de una familia tan pobre que, en su juventud, hubo de servir como criado a actores y más tarde, tras dilapidar una gran fortuna, ya siendo una autor y actor famoso, fue alquilado (como era costumbre en la época) por un molinero para hacer girar la rueda de molino.

El filósofo grecolatino Epicteto (50-130?), uno de los más representativos estoicos, fue un hombre que, a juzgar por los relatos de su vida que nos han llegado, gozó de una infinita paciencia y de una incomparable templanza. Por ejemplo, el historiador Celso cuenta que cierto día que Epicteto, que como se sabe era esclavo, era maltratado por su cruel amo Epafrodito, el paciente filósofo le avisó de que si seguía retorciéndole una pierna en el aparato de tortura, cual llevaba haciendo un rato, no sería de extrañar que acabara rompiéndosela. Ocurrido el desenlace previsto, Epicteto, impertérrito, le dijo a Epafrodito: «Ya os había dicho que ocurriría». Si damos por cierta esta anécdota, no es de extrañar que toda su doctrina se resumiera en su conocido lema «Abstente; resígnate».

La bella Eloísa (1101-1164) fue una mujer realmente singular, entre otras razones, porque llegó a cursar estudios de medicina y filosofía en un tiempo en que prácticamente ninguna mujer lo hacía. Su tío, el canónigo Fulberto, con quien vivía, contrató al filósofo y teólogo Pierre Berenguer (1080?-1142), más conocido con el seudónimo de *Abelardo,* a la sazón profesor en la universidad de París, para que adiestrara a su sobrina en dichos saberes. Por entonces, Eloísa tenía 16 años y Abelardo, 38, y entre ambos surgió un apasionado amor. Fruto de él, la inteligente y bella pupila quedó embarazada. En tal tesitura, Abelardo simuló su rapto y la envió a Bretaña, a casa de una hermana suya, donde Eloísa dio a luz a un niño, al que, por cierto, impusieron el curioso nombre de Astrolabio. Ante las reclamaciones de Fulberto, Abelardo accedió a casarse con la joven siempre que la ceremonia se celebrara en secreto y su matrimonio no fuera nunca desvelado; pero la propia Eloísa rechazó la proposición para no perjudicar con el posible escándalo la reputación y la carrera de su amado. Pese a ello, finalmente se casaron. A pesar del pacto, Fulberto hizo pública la noticia y Abelardo envió a su esposa a la abadía de Argenteuil para reducir los efectos del escándalo. Mas creyendo el iracundo Fulberto que lo que realmente intentaba Abelardo era deshacerse de su esposa, contrató a unos sicarios que irrumpieron en la casa del filósofo y, siguiendo las instrucciones del canónigo, lo castraron. Desolada Eloísa con tan triste noticia, permanecería el resto de su vida convertida en una sabia y apacible abadesa, pero sin olvidar nunca su imperecedero amor por el mermado filósofo. Este volvió tras un tiempo a recibir permiso para dar clases y fundó en la región de Champagne la famosa escuela de filosofía del Paráclito, actividad con la que poco a poco fue olvidando a Eloísa. Sin embargo, sus ideas, avanzadas a ojos de la ortodoxia católica, le hicieron caer otra vez en desgracia, tras ser sucesivamente condenadas en el Sínodo de Soissons (1121) y en el Concilio de Sens (1141), acabando sus días como simple monje en un convento, escribiendo libros de teología y su famosa autobiografía, *Historia de las desventuras de Abelardo*. Eloísa, que le sobrevivió veintidós años, murió, aún enamorada, en su retiro bretón, siendo enterrada, por fin, junto a su amado.

El santo italiano San Francisco de Asís (1181-1226) es la primera persona conocida que sufrió un estigma. En 1224, vio un radiante ángel ardiente con seis alas que llevaba a un hombre crucificado en el monte Alberno en los Apeninos. Tras esa visión, cayó en trance extático y aparecieron unas heridas en sus manos, pies y costados, como si él mismo hubiera sido crucificado. La autenticidad de estos estigmas fue comprobada por los papas Gregorio IX y Alejandro IV.

En cierta ocasión en que el emperador Yung-Lo, que gobernó China entre 1402 y 1424, tuvo que ausentarse por largo tiempo de la capital, dejó a su consejero, el general Kang Ping, al cuidado de su harén. Buen conocedor del carácter paranoico e irascible del emperador, este general tuvo la idea de prevenir la sospecha de que hubiera seducido a sus concubinas que indudablemente Yung-Lo volcaría sobre él a su vuelta. Para ello, se castró e introdujo su pene en el equipaje de viaje del emperador antes de que este partiese. Nada más regresar a la capital, como había previsto el general, el emperador le acusó de no haber respetado sus votos de mantenerse alejado de sus mujeres. Kang Ping, tranquilo, se dirigió al equipaje del emperador y recuperó su pene, demostrándole así que tal acusación era infundada. El emperador, conmovido por el gesto de su general, le nombró inmediatamente jefe de sus eunucos e incluso, a su muerte, levantó en su honor un templo, nombrándole protector eterno de todos los eunucos.

El gran poeta y dramaturgo francés François Villon (1431-h. 1463) fue condenado a muerte por capitanear una banda de ladrones y por el homicidio de un sacedote en el curso de una riña, así como por ser autor de versos satíricos. Confinado en las mazmorras del obispo de Orleáns en espera del cumplimiento de la sentencia, se benefició de una amnistía general proclamada con ocasión de la entronización del rey Luis XI. Sin embargo, poco después, en 1462, fue nuevamente encarcelado y condenado en París por un nuevo homicidio, siendo sentenciado a morir en la horca. Le conmutaron la pena por la de destierro de París y nunca más se volvió a saber nada de él.

La religiosa dominica peruana Isabel Floret, de nombre religioso Rosa de Lima (1586-1618), que fue la primera santa sudamericana, representa un ejemplo extremo de mortificación voluntaria a mayor gloria de Dios. Se cuenta que, cuando un joven alabó un día su belleza, se rasgó el rostro, marcando sus cicatrices con pimienta y sal. Cuando, tiempo después, otro joven loó la belleza de sus manos, las sumergió en lejía pura para deformarlas. Durante toda su vida comió alimentos poco apetitosos (principalmente, hierbas y raíces cocidas) y cada vez en menor cantidad. Vivió siempre en una pequeña choza que sus padres construyeron para ella en el jardín de la casa familiar, dedicando doce horas diarias a la oración, diez horas al trabajo y dos al descanso. Además, siempre vistió una blusa de un tejido extremadamente áspero que procuraba un constante picor mortificante a su piel. Alrededor de la cintura se anudaba cuan fuerte podía una cadena que, a cada movimiento, hendía su carne y, por si ello no fuera poco, se colocaba una corona de espinas de plata en la cabeza. Cada vez que su confesor trataba de que aliviase todos estos suplicios, ella arredraba con más ímpetu en ellos.

El compositor alemán Georg Friedrich Haendel (1685-1759) sufrió a los 52 años un ataque de apoplejía que le paralizó la mano izquierda, casi al mismo tiempo que perdió totalmente la vista. Sin embargo, siguió componiendo hasta su muerte, ocurrida veintidós años después.

La madre de Jean-Jacques Rousseau (1712-1778) murió al darle a luz y ello provocó que su hijo recibiese una educación muy desordenada, que influiría tanto en su obra como en su vida posteriores, generándole un carácter y un temperamento muy inestables. Desempeñando múltiples oficios, Rousseau se entregó pronto a multitud de amoríos y romances. Empleado como aprendiz de procurador y grabador con el maestro Ducommun (que le sometió a un cruel trato), optó por huir cuando tenía 16 años, recalando en la ciudad de Confignan, en la Saboya francesa. Allí encontró asilo en casa de un sacerdote, al que se ganó con el pretexto de haber llegado a su puerta para convertirse al catolicismo. El sacerdote le envió a casa de la baronesa de Warens, la cual le hizo ingresar en el convento del Espíritu Santo de Turín, donde el muchacho abjuró del protestantismo. Luego vivió amancebado durante algunos años con su protectora, de la que al cabo perdió su favor. Tras una breve temporada en que ejerció de preceptor en Lyon, llegó a París en 1741, donde entró en el círculo de los enciclopedistas, viviendo bajo la protección de una de ellos, Madame d'Epinay. Mientras tanto comenzó una relación amorosa clandestina con una modesta costurera, Teresa Le Vasseur, de la que tuvo cinco hijos (enviados sucesivamente al hospicio tan pronto como nacieron) y con la que se casaría finalmente veinticinco años después. Reingresado en la fe protestante, y tras publicar algunas obras que alcanzaron un gran éxito, hubo de huir de Francia al ser perseguido tras la publicación de *Emilio,* condenado por el Parlamento de París. Fue acogido por el rey Federico II de Prusia y posteriormente por el filósofo inglés David Hume. De vuelta a Francia, empobrecido y malviviendo como copista de música y autor de opúsculos, entró en una fase de extrema hipocondría, que le llevó a cambiar constantemente de residencia hasta su muerte.

Al morir en 1805, a los 47 años en la batalla de Trafalgar, Horatio Nelson (1758-1805) –que, por cierto, aunque ha pasado a la historia como el *Almirante* Nelson, nunca obtuvo ese grado, sino sólo el de vicealmirante–, había sufrido la malaria en sus viajes por las Indias Orientales y Occidentales, había perdido un ojo mientras luchaba en Córcega y su brazo derecho en Tenerife. No es de extrañar, a la vista de ello, que, según cuentan los cronistas, el supersticioso Nelson, antes de entablar la batalla de Trafalgar, clavara una herradura de la suerte en el mástil de su nave almirante, la *Victory*. Lo cierto fue que tal vez esta herradura trajo muy buena suerte a Gran Bretaña, cuya victoria en Trafalgar detuvo para siempre los planes invasores de Napoleón, pero no impidió que Nelson muriese en la batalla.

La imagen histórica de eterno vencedor que se aplica a Napoleón Bonaparte (1769-1821), al menos hasta su derrota final, ha de ser contrastada con los múltiples problemas de salud que arrastró. Al parecer, además de ser vencido en Waterloo, hubo de soportar la derrota mientras luchaba contra las hemorroides, llegándose a especular que esta dolencia fue una de las razones principales de su derrota, ya que le impedía montar a caballo, lo que, a su vez, no le permitió tener un conocimiento exacto de la marcha de la batalla. También sufrió al parecer de estreñimiento crónico durante toda su vida. Y eso que era un comedor frugal, de lo que da muestra, por ejemplo, que su plato favorito fueran las patatas hervidas con cebolla. Asimismo, sufría un miedo visceral, de carácter fóbico, hacia los gatos. Para algunos historiadores, parece seguro que también contrajo la sífilis. En fin, según estudios recientes realizados sobre su esqueleto, parece muy verosímil que muriese envenenado. Tal vez tantos males y achaques hicieron de Napoleón un hombre precavido. Y quizás por eso, en mayo de 1813, firmó una póliza de seguro por valor equivalente a 10 millones de pesetas de la época, cubriendo la eventualidad de que muriese en batalla o fuese hecho prisionero. La prima que tuvo que pagar fue de tres libras para un seguro válido tan sólo para un mes. Sin embargo, frente a esa existencia tan llena de achaques, su inmortalidad goza de una muy buena salud, si se puede decir así.

La infancia del escritor, filósofo y economista inglés John Stuart Mill (1806-1873) transcurrió sometida a la férrea disciplina que le fue impuesta por su padre, el erudito James Mill (1773-1836). A los 3 años, su padre le enseñó griego antiguo; a los 4, le introdujo en la historia; y a los 8, le avezó en latín, geometría y álgebra. A los 12, John Stuart ya conocía a fondo las obras de Virgilio, Horacio, Ovidio, Terencio, Cicerón, Homero, Sófocles y demás figuras de la cultura grecolatina, leídas todas ellas en su lengua original. Además, era obligado por su padre a escribir composiciones poéticas en inglés. Con estos antecedentes, tal vez no resultó extraño que John Stuart Mill sufriera a los 20 años una grave depresión existencial, de la que, según confesión posterior, sólo salió gracias a la poesía de Wordsworth que le recalificó para la vida diaria y que atemperó tanto caudal cultural con muchas y buenas dosis de madurez sentimental y de humanidad mundana.

Fiodor Dostoievski (1821-1881) nació en el manicomio en que su padre trabajaba de médico. En su infancia vivió, pues, en permanente contacto con los enfermos mentales, lo que marcaría su vida e impregnaría toda su obra literaria con una fructífera vocación por la introspección psicológica de sus personajes. Además, hubo de convivir durante toda su vida con la pobreza y las enfermedades. La epilepsia y los continuos problemas familiares influyeron en su atormentada literatura. Para colmo, cuando ya era un escritor muy famoso, fue condenado a muerte por sus ideas revolucionarias, aunque en el último momento esta condena fue conmutada por los trabajos forzados y el destierro en Siberia.

Los comienzos de la carrera literaria del gran dramaturgo noruego Henrik Ibsen (1828-1906) no fueron nada halagüeños. Su primera obra publicada, *Catilina* (1848), supuso tal fracaso de ventas que los libros, deshojados, acabaron siendo vendidos a un tendero como papel de envolver. Después de tal fracaso, intentó matricularse en la universidad de Oslo, pero suspendió el examen de ingreso. También trató de dedicarse al periodismo, pero igualmente no tuvo éxito. Por fin, comenzó a trabajar como empresario teatral, primero en Bergen y luego en Cristianía (la actual Oslo), puestos que le permitieron ir estrenando obras suyas, ninguna de las cuales alcanzó el éxito; si acaso, algún sonoro fracaso. Tras verse obligado a abandonar sus poco exitosos negocios teatrales, hubo de pasar cinco años de extrema pobreza en Roma, en los que se convirtió en uno de los muchos bohemios de largos cabellos e ideas chocantes que por allí pululaban. Finalmente, se decidió a escribir un drama sobre el fracaso y envió sin demasiadas esperanzas una copia a la editorial noruega Danish, que lo publicó en 1866 con un buen éxito de ventas. Tras repetir éxito relativo con un nuevo drama, *Peer Gynt*, regresó a su país, olvidó todo escarceo bohemio, aburguesó su aspecto físico y fue nombrado poeta nacional noruego.

El escritor ruso León Tolstoi (1828-1910), heredero del condado de su apellido, comenzó a sentir en determinada época de su vida una repulsión por lo que suponía la vida de un noble ruso: dueño y señor de la vida de sus vasallos, a los que podía explotar, maltratar e, incluso, llegado el caso, matar impunemente. Según confesión propia, él mismo se comportó así, hasta que, tiempo después, al abrazar la religión cristiana, revolucionó por completo su forma de vida. Por cierto, su conversión fue harto peculiar, pues siempre estuvo muy influido por otras confesiones, y fundamentalmente por la filosofía budista, por lo que, incluso, llegaría a ser excomulgado por la Iglesia Ortodoxa en 1901. Llevado por su nueva filosofía, vivió los últimos años de su vida como un sencillo campesino, un pobre *mujik,* en su hacienda de *Yásnaia Poliana*, en Tula. Comenzó a vivir pobremente, repartiendo caritativamente sus bienes, pese a la oposición de su esposa, Sofía Bers, que veía peligrar la situación de sus trece hijos. Hasta tal punto llegó la generosidad de Tolstoi que los estafadores pronto hicieron mella en su bondadosa e ingenua conciencia. Uno de ellos, de nombre Chertkov, llegó a convencerle de que debía entregar el resto de su bienes a un campesino pobre que los mereciese; es más, él mismo se presentó voluntario para ser «ese pobre destinatario de sus bienes». Tolstoi redactó un nuevo testamento en tal sentido y eso fue la gota que colmó el vaso de la paciencia de su esposa. Cuando León la encontró cierto día rebuscando entre sus papeles, dispuesta a destruir aquel testamento, decidió abandonar Rusia y dejar atrás sus problemas. En una fría noche de octubre, León Tolstoi ocupó un asiento de tercera clase de un tren con destino a la frontera rusa. En el viaje, enfermó de pulmonía, muriendo pocos días después, el 7 de noviembre de 1910.

El filósofo alemán Friedrich Nietzsche (1844-1900), desengañado del amor y misógino –sobre todo después de ser rechazado por Lou Andreas Salomé–, se amparó el resto de su vida en su hermana, secretaria, consejera y (según indicios) amante Elisabeth. Incluso cuando su hermana se casó con un terrateniente y esclavista paraguayo, de apellido Förster, la siguió a América. Vuelto a Europa, comenzó a dar crecientes muestras de locura, según se cree a consecuencia de una sífilis mal curada. Meses después murió en los brazos consoladores de su hermana, que además fue quien recopiló y publicó sus obras póstumas (eso sí, en una edición censurada que acentuaba los rasgos totalitarios de su pensamiento).

La actriz francesa Rosine Bernard, más conocida como Sarah Bernhardt (1844-1923) vivía obsesionada por la muerte. Visitaba a menudo el depósito de cadáveres de París y se compró un ataúd, que llenó con cartas de sus admiradores, y en el que dormía de vez en cuando. Enamorada de los animales, solía viajar acompañada de varios perros, gatos, pájaros, tortugas, monos e incluso leopardos, leones y caimanes. Esta actriz, que deslumbró el mundo del teatro con sus actuaciones que se contaban por éxitos resonantes, tuvo un comienzo de carrera, sin embargo, muy titubeante. Saldadas sus tres primeras actuaciones de 1862 (cuando tenía solamente dieciocho años) con tres rotundos fracasos, trató de envenenarse bebiendo colorante líquido. Cuatro años después, estuvo a punto de abandonar el teatro para casarse con el príncipe Henri de Ligne, padre de su hijo ilegítimo, Maurice, pero la familia del novio se interpuso y logró impedir la boda. En 1915, a los 71 años de edad, le fue amputada la pierna derecha; a partir de entonces sólo aceptó papeles en los que no tuviese que caminar por el escenario.

El escritor irlandés afincado en Inglaterra Oscar Wilde (1856-1900) vivía gracias a la fortuna personal de su esposa, Constance Mary Lloyd, lo que le permitía moverse con desahogo entre la alta sociedad inglesa de la época y dedicarse a la literatura hasta que fue difamado por el marqués de Queensberry, padre de Lord Alfred Douglas (amigo y compañero sentimental de Wilde). El escritor se querelló contra el marqués, quien se vengó acusándole formalmente de homosexualidad y sodomía (lo que ya no era una difamación, sino un hecho notorio), consiguiendo su encarcelamiento en la cárcel de Reading, donde Wilde pasó dos años sometido a trabajos forzados. Esta condena provocó la ruptura de su matrimonio, la ruina económica, el descrédito artístico y el rechazo social, hasta el punto de que, tras su excarcelación, Wilde tuvo que marcharse a vivir a París, donde moriría bajo nombre falso en la más completa ruina moral y económica.

A mediados de 1881, el *sheriff* Pat Garrett mató en la pequeña localidad de Fort Summer al célebre forajido Billy *El Niño*, que fue enterrado en el pequeño cementerio de la ciudad. Algunos años después, la tumba fue abierta por mandato judicial y se descubrió que al cadáver le faltaba la cabeza. Esto aumentó la leyenda que ya circulaba sobre la vida y las andanzas de aquel célebre bandido adolescente. William Boney, más conocido como *Billy El Niño,* había nacido en Nueva York, el año 1859, hijo de emigrantes irlandeses. Aun muy pequeño, marchó con su familia al territorio de Nuevo México, donde creció en un ambiente mexicano, hablando, por cierto, en español. A los doce años tuvo su primer tropiezo con la ley, al matar a cuchilladas a un hombre que estaba agrediendo a un amigo. Obligado a huir de la justicia, llegó a México, donde comenzó a forjar su fama como integrante de la banda de cuatreros de Jesse Evans. Denunciado por un periódico, tuvo que huir de nuevo, reapareciendo en el valle de Lincoln, donde se alistó en un ejército de matones que participaba en una guerra entre dos facciones enemigas. Derrotado su bando, continuó su vida de forajido, hasta que un nuevo gobernador, llamado Lewis Wallace (1827-1905) –más conocido en el mundo literario por haber escrito años después la famosa novela *Ben-Hur*–, dictó una amnistía general. Billy se entregó a la justicia con la esperanza de poder cambiar de vida, pero fue encarcelado bajo la acusación de asesinato. Logró huir de la prisión antes de ser ejecutado y continuó su vida de bandolero y cuatrero. En diciembre de 1880, el *sheriff* Pat Garrett le tendió una trampa, capturándole. Condenado a muerte en abril del año siguiente, se escapó de nuevo ese mismo mes, asesinando a sus dos guardianes. Oculto en Fort Summer, Garret dio con él, matándole a traición amparado en la noche. A pesar de esta intensísima peripecia, al morir, Billy *El Niño* tenía sólo 22 años.

El considerado como poeta lírico más grande de la literatura moderna escrita en alemán, Rainer Maria Rilke (1875-1926), fue tratado por su madre como una niña durante los seis primeros años de su vida. Incluso era llamado *Sofía* y era vestido siempre con ropas femeninas. En la perturbada fantasía de su madre reemplazaba a una hija que había muerto antes de que naciera Rainer. Tal vez arrepentida de esta extraña educación, la madre inscribió al futuro poeta en una academia militar a los once años.

Similar trato recibió en su infancia el que sería general del Ejército de los Estados Unidos Douglas MacArthur (1880-1964), que fue vestido con faldas por su madre hasta que tuvo ocho años. Durante toda su vida sufrió un fuerte complejo de Edipo que, sin embargo, al parecer, no añadió trastornos de personalidad conocidos a su estado mental.

El atleta etiope Abebe Bikila ganó su primera maratón olímpica en los Juegos Olímpicos de Roma de 1960 corriendo los 42 kilómetros y 195 metros descalzo. Cuando cuatro años después repitió su triunfo en los Juegos Olímpicos de Tokio de 1964, ya lo hizo calzando unas convencionales zapatillas deportivas, pero su victoria también tuvo algo de épica, pues se produjo unas semanas después de ser operado de apendicitis. En 1968, participó en la misma prueba de los Juegos Olímpicos de México, donde tuvo que abandonar. En 1969 sufrió un grave accidente de automóvil, a consecuencia del cual quedó paralítico y condenado a vivir en una silla de ruedas. Sin embargo, no se desanimó del todo y participó en los Juegos para parapléjicos de Stoke Mandeville, en Inglaterra, en la competición de baloncesto en silla de ruedas. En 1973, una hemorragia cerebral acabó con su vida a los 41 años.

Casualidades y coincidencias

La corriente eléctrica fue descubierta casualmente por el profesor de anatomía de la universidad italiana de Bolonia, Luigi Galvani (1737-1798). Un día de 1786, mientras él diseccionaba una rana, un ayudante produjo una chispa con una máquina electrostática situada en la misma habitación. La chispa causó una corriente eléctrica que conectó con Galvani y, a través de su escalpelo metálico, pasó a la rana muerta, que contrajo sorprendentemente sus músculos, «como si hubiese sufrido un calambre» (en palabras del profesor Galvani). Deduciendo del fenómeno la existencia de lo que él llamó *electricidad animal*, Galvani dio un paso crucial en la demostración experimental de la existencia de lo que luego se llamaría *corriente eléctrica.*

El 5 de diciembre de 1664 se hundió un barco en el estrecho de Menay, en la costa norte de Gales, muriendo 82 pasajeros, todos los que componían el pasaje, salvo un hombre llamado Hugh Williams. El 5 de diciembre de 1785, otro barco se hundió, pereciendo 60 pasajeros y dejando un único superviviente, llamado Hugh Williams. El 5 de agosto de 1860, el hundimiento de un tercer barco provocaba la muerte de 25 pasajeros y un único superviviente, llamado –¿cómo no?– Hugh Williams.

El 11 de noviembre de 1913, una tempestad hundió doce barcos en el Lago Superior de Norteamérica, con el resultado de 254 personas muertas. Diecisiete años después, también el 11 de noviembre, otra tempestad hundió cinco embarcaciones en el mismo lago, muriendo 67 personas. En 1975, ese mismo 11 de noviembre, un carguero repleto de mineral, el *Edmund Fitzgerald*, se rompió en dos en su travesía del lago a causa de una tormenta, muriendo sus 29 tripulantes.

Los cinco hijos del matrimonio estadounidense formado por Ralph y Carolyn Cummins nacieron un 20 de febrero pero de distintos años: Catherine, en 1952; Carol, en 1953; Charles, en 1956; Claudia, en 1961, y Cecilia, en 1966. ¡Todo un milagro de exactitud! Hay que tener en cuenta que se ha calculado que la probabilidad de que cinco hermanos no gemelos tengan la misma fecha de nacimiento es de 1 contra 17.797.577.730.

En la primavera de 1975, un bebé cayó desde una altura de 14 pisos en la ciudad estadounidense de Detroit, aterrizando sobre Joseph Figlock, ocasional transeúnte. Un año después, volvió a ocurrirle lo mismo al señor Figlock con otro niño. En ambos casos, todos los implicados sobrevivieron.

El constructor de la ciudadela de la Bastilla, Hugues Aubriot (?-1382), preboste de París y constructor también del Châtelet, el puente de Saint Michel y el primer sistema de cloacas abovedadas de la capital francesa, fue la primera persona encerrada en la Bastilla, cuando ésta pasó a ser cárcel, acusado de impiedad y herejía, a la muerte de su protector el rey Carlos V de Francia. Sin embargo, inaugurando otra costumbre, el pueblo se amotinó y lo liberó.

Hay ocasiones en que la historia parece rizar el rizo de la verosimilitud. Es el caso, por ejemplo, de lo sucedido al rey Humberto I de Italia (1844-1900), que cierto día de 1900 se asombró al observar que el propietario del restaurante donde cenaba tenía un gran parecido físico con él. Impresionado por la coincidencia, le mandó llamar y comprobó aun con mayor sorpresa que ambos habían nacido el mismo día del mismo año (14 de marzo de 1844); que el propietario estaba casado con una mujer que tenía el mismo nombre de pila que la reina (Margarita), y que había abierto su establecimiento el mismo día que el rey era coronado (9 de enero de 1878). Simpatizando con él ante tantas coincidencias, el rey invitó al propietario del restaurante a asistir al día siguiente (29 de julio de 1900) a un festival atlético que su majestad iba a presidir en Monza. En pleno acto deportivo, poco después de que el rey fuera informado de que el retraso de su invitado se debía a que había sido asesinado a balazos aquella misma noche, el anarquista Gaetano Bresci disparó sobre el monarca, matándole.

En cierta ocasión, el erudito francés Jean François Champollion (1790-1832) visitaba el Museo de Turín cuando en uno de sus almacenes encontró una caja que contenía restos de papiros. A la vista de que nadie sabía decirle de qué se trataba exactamente, y viendo que estaban clasificados como material inútil, comenzó a investigar los fragmentos, reuniéndolos pacientemente y ordenándolos, resultando que se trataba de la única lista existente de las dinastías egipcias, con los nombres y cronología de los faraones. Un documento de incomparable valor histórico.

El 2 de febrero de 1852, el sacerdote Martín Merino (1789-1852) –al que no hay que confundir con el más famoso Cura Merino, notable héroe de la Guerra de la Independencia y de las guerras carlistas– intentó asesinar a la reina española Isabel II (1830-1904), que salía de una misa de acción de gracias por su reciente parto. Pero el cuchillo se enganchó en las ballenas del corsé de la reina, desviándose la puñalada y causando sólo un leve rasguño a su majestad. El frustrado regicida fue rápidamente juzgado y ahorcado.

No es un hecho muy conocido el que el *Titanic,* aquel buque insumergible que se sumergió en su primera travesía oceánica, fue construido a semejanza de un barco gemelo, aunque algo más ligero, llamado *Olimpic.* Al ser botado, el

Olimpic chocó con el crucero británico *Hawke* y tuvo que ser llevado a los astilleros de Belfast para su inmediata reparación.

Pero esta no es la única casualidad o coincidencia notable relacionada con el *Titanic.* En una novela escrita en 1898 por Morgan Robertson (1861-1915), titulada *Futilidad,* se narraba el hundimiento del buque transoceánico de lujo *Titán,* calificado de insumergible, al chocar contra un iceberg en aguas del Atlántico, una noche de abril. En la novela, como en el caso real, la ineficacia de los planes de salvamento, la carencia de un número suficiente de botes salvavidas y la extrema frialdad del agua hacen perecer a todos los viajeros. Lo curioso del caso es que esta novela fue publicada catorce años antes de que, en 1912, ocurriese el verdadero hundimiento del *Titanic.*

Y aún hay más. Parece ser que, en 1935, 23 años después del hundimiento del *Titanic,* William Reeves, marinero nacido precisamente el mismo día en que se hundió el trasatlántico, que estaba de guardia en su barco, tuvo un extraño presentimiento e hizo detener la marcha al cruzar una zona del océano Atlántico cercana a donde se había producido en 1912 aquella terrible catástrofe. Al observar detenidamente la zona, se comprobó que aquella parada había sido providencial, puesto que el buque estaba en rumbo de colisión con un gran iceberg. Lo más curioso de todo es que este tercer barco se llamaba *Titanian.*

Según cuentan biógrafos aficionados a este tipo de curiosidades, la vida del compositor alemán Richard Wagner (1813-1883) estuvo marcada por la sombra del número 13. Además de nacer en 1813, su nombre y apellido tienen 13 letras (en alemán, la *ch* equivale a dos letras) y los números de su año de nacimiento suman 13. Sintió su primer impulso musical un 13 de octubre. Sufrió un destierro de 13 años. Compuso 13 óperas, terminando una de las más famosas, *Tannhäuser,* un 13 de abril. Esta misma obra, que fue estrenada en París el 13 de marzo de 1845, estuvo cincuenta años sin ser repuesta hasta el 13 de mayo de 1895. Su primera actuación al frente de una orquesta se produjo en Riga, en un teatro inaugurado un 13 de septiembre. Se fue a vivir a Bayeuth a una casa que fue abierta un 13 de agosto y que abandonó un 13 de septiembre. Su suegro, Franz Listz, le visitó por última vez el 13 de enero de 1883. Como no podía ser menos, Wagner falleció el 13 de febrero de aquel mismo año, en el que, por cierto, se conmemoraba el decimotercer aniversario de la unificación nacional alemana... No hay constancia de que Richard Wagner sufriera triscadeicafobia (es decir, fobia al número 13), pero evidentemente hubiera tenido razones para ello.

No se sabe si guarda o no alguna relación con esta insistente coincidencia con el fatídico número 13, pero lo cierto es que la biografía de Wagner está salpicada de desgracias y momentos delicados. Acuciado por perennes problemas de dinero, su vida estuvo marcada por un constante peregrinaje por diversas capitales europeas huyendo de sus acreedores. Por ejemplo, al ser despedido en 1839 de su cargo de director de la orquesta de Riga, la capital de Letonia, él y su esposa (y también su perro) huyeron del país en un pequeño bote con destino a Londres, literalmente perseguidos por los acreedores. En 1849, se combinaron además los problemas políticos y tuvo que huir apresuradamente de Dresde, escondido en un vagón de carga y con un pasaporte falso. En 1864, viviendo de nuevo en Dresde, no tuvo oportunidad de escapar de sus perseguidores y fue encarcelado por deudas. Afortunadamente para él, ese mismo año subió al trono de Baviera Luis II que, en su faceta de gran mecenas del arte, le tomó bajo su protección, eliminando de una vez por todas sus problemas económicos.

Los norteamericanos, aficionados como ellos solos a la búsqueda de coincidencias en las vidas de sus personajes ilustres han señalado una numerosa lista de ellas en las respectivas biografías de los presidentes Abraham Lincoln (1809-1865) y John Fitgerald Kennedy (1917-1963). Para empezar, ambos fueron elegidos congresistas en 1847 y 1947, respectivamente, y designados presidentes en 1860 y 1960. Los dos medían 1,83 metros de estatura y sus apellidos tienen siete letras. Sus secretarios, apellidados, respectivamente, Kennedy y Lincoln, les aconsejaron no ir a los lugares donde ambos fueron asesinados. Los dos magnicidios ocurrieron en viernes, y ambos estadistas recibieron balazos en la cabeza, disparados desde atrás y en presencia de sus mujeres (las cuales, por cierto, perdieron un hijo durante su estancia en la Casa Blanca). El asesino de Lincoln, Booth, disparó sobre él en el teatro Ford y se escondió en un almacén. El de Kennedy, Oswald, le disparó cuando viajaba en un automóvil de la marca *Ford* (modelo *Lincoln*) desde un almacén, ocultándose en un teatro. Los magnicidas, cuyos nombres completos tenían 15 letras en cada caso, eran sureños y habían nacido en 1839 y 1939, y ambos fueron asesinados a su vez horas después de cometer los magnicidios (sin haber confesado su autoría). Los dos presidentes fueron sucedidos por los vicepresidentes Andrew y Lyndon Johnson, que eran senadores, demócratas sureños y nacieron respectivamente en 1808 y 1908. ¿Será todo esto puro azar?

Aunque posiblemente otros investigadores ya habían aislado previamente esta sustancia, el descubrimiento oficial del valor edulcorante de la sacarina se produjo en 1879 en el laboratorio del químico estadounidense Ira Remsen, en el que trabajaba un joven científico, de apellido Fahlberg, que dio casualmente con este importante descubrimiento. Cierto día, mientras Fahlberg almorzaba, notó un sabor dulce en la sopa y se lo hizo ver a la cocinera, que, indignada, probó el caldo y no notó el supuesto sabor dulce. A continuación, el científico comprobó que el pan también tenía el mismo sabor, lo que le llevó a sospechar que tal sabor extraño tenía otro origen. Intrigado, lamió la palma de su mano y advirtió ese mismo sabor. Lo antes que pudo volvió a su laboratorio y, tras un minucioso examen, llegó a la conclusión de que el sabor dulce provenía de una sustancia desconocida que había surgido en el curso de su investigación sobre la hulla en busca de nuevos colores de reacción, que pronto identificó y patentó con el nombre de *sacarina.*

Hub Beardsley, presidente de la empresa farmacológica *Doctor Miles Laboratories*, visitó en el invierno de 1928 las instalaciones de un periódico de la ciudad de Elkhart, en el estado norteamericano de Indiana, coincidiendo con una fuerte epidemia de gripe. En el curso de la visita, observó que ninguno de los empleados del periódico sufría los síntomas de la enfermedad. Comentando la curiosa circunstancia con el director de la publicación, éste le contó que ello era resultado de que había hecho que todos tomasen un remedio casero de su invención, consistente en una mezcla de aspirinas y bicabornato a partes iguales. De vuelta a su empresa, Beardsley encargó a uno de sus químicos, Maurice Treneer, la fabricación de una pastilla con esa combinación. De esta forma tan casual nació, en 1931, el *Alka-Seltzer.*

La Cueva de Altamira fue descubierta en 1868 gracias a que el perro de un cazador se introdujo por una ranura entre las piedras que taponaban su entrada. Desde entonces, un arqueólogo aficionado santanderino, Marcelino de Sautuola, la visitó repetidamente en busca de restos arqueológicos. Pero hasta el verano de 1879 no encontró las pinturas rupestres en su interior. En esta fecha, la hija pequeña de Sautuola, María, que le acompañaba en una de sus frecuentes visitas a la cueva, ante la sorpresa de su padre, dio casualmente con la sala donde están las pinturas. Sautuola, una vez que comprendió la importancia del hallazgo, lo dio a conocer mediante un breve informe publicado al año siguiente (1880). Sin embargo, la comunidad científica internacional no concedió ningún crédito a su hallazgo, hasta que, al descubrirse dos décadas después otras cuevas con pinturas rupestres de similar calidad en parajes franceses, volvió a la actualidad el descubrimiento de Sautuola (que había muerto en 1888) y se aceptó finalmente que las maravillosas pinturas de Altamira no eran una falsificación, como se había pensado en principio.

En 1839, se produjo otra de las muchas casualidades que han hecho avanzar la investigación científica. En un descuido, el químico americano Charles Goodyear (1800-1860), que trataba de averiguar cómo eliminar la pegajosidad del caucho, dejó caer unos trozos de este material mezclado con azufre sobre una estufa encendida. Al comenzar a quemarse el caucho, Goodyear se dio cuenta de su descuido, pero observó sorprendido que el caucho no se fundía, sino que sólo se carbonizaba lentamente, como si fuese cuero. Inmediatamente clavó el trozo de caucho medio carbonizado en la parte exterior de la puerta de la cocina de su casa para que se enfriara con el intenso frío que hacía fuera, olvidándose de él al rato. A la mañana siguiente, comprobó con sorpresa que el trozo de caucho carbonizado se había transformado en un material que conservaba su flexibilidad y elasticidad (ésta incluso acentuada), pero que ya no era pegajoso. La conclusión era obvia: agregando azufre al caucho, sometiendo la mezcla a una temperatura mayor que su punto de fusión (proceso que, en 1842, el inglés Thomas Hancock llamaría *vulcanización*) y enfriándola rápidamente, se producía una estabilización de las propiedades del caucho que abría todo un mundo de nuevas aplicaciones para este producto que hasta entonces sólo se utilizaba como goma de borrar. Como pronto se comprobó, el caucho vulcanizado podía ser estirado hasta doce veces su tamaño original, sin romperse ni deformarse irreversiblemente.

En 1837, Edgar Allan Poe (1809-1849) publicó *Las aventuras de Arthur Gordon Pym*, novela en la que se relata la aventura de cuatro supervivientes de un naufragio que, tras permanecer muchos días en un bote a la deriva –contando por único *alimento* con una botella de oporto–, acuciados por el hambre, deciden sortear entre ellos cuál servirá de alimento a los demás, para lo que cortan cuatro pajitas (una de ellas mas corta) y eligen cada uno una. La fortuna quiere que el elegido sea un grumete llamado Richard Parker, al que sus compañeros, de acuerdo a lo pactado, asesinan y devoran. 47 años después, en 1884, la yola *Mignonette* zozobró al sur del océano Atlántico, logrando salvarse sus cuatro tripulantes a bordo de un bote; acuciados por el hambre, decidieron asesinar y comerse a uno de ellos que, enfermo y desnutrido, se encontraba en franco estado agonizante. Se trataba del que había sido grumete de la yola, cuyo nombre era Richard Parker.

En 1911, tres hombres apellidados Green, Berry y Hill asesinaron en su residencia de Greenberry Hill a Sir Edmond Godfrey.

Un aprendiz del fabricante de lentes Hans Lippershey (1570-1619), aprovechando la ausencia momentánea de su maestro, pasaba el rato jugando con las lentes. Inesperadamente, al mezclar unas con otras, dio con una combinación que le permitía ver las cosas mucho más de cerca. A la vuelta del maestro le contó el curioso fenómeno y Lippershey, insertando las lentes en los dos extremos de un tubo opaco, inventó de ese modo el telescopio.

Las huellas más antiguas que se conocen del primer antepasado del hombre, el *australopithecus afarensis*, fueron descubiertas en Laetoli, Tanzania, en el transcurso de un partido informal de fútbol (con una boñiga de vaca como pelota), con el que se divertían los miembros de una expedición científica. Uno de los antropólogos cayó rodando por un terraplén y, paradójicamente a cuatro patas, se topó literalmente de narices con la prueba de que hace 4 millones de años el hombre andaba erguido.

En 1840, el químico germano-suizo Christian Friedrich Schönbein (1799-1868) experimentaba en su laboratorio dejando pasar aire seco entre dos electrodos conectados a una corriente alterna de varios miles de voltios cuando comenzó a percibir un cierto olor que, en un primer momento, identificó como el olor de la electricidad. Dado que dicho olor le recordaba al del cloro, llegó a la conclusión de que lo que realmente estaba oliendo era una combinación inesperada de cloro con algún otra sustancia que no reconocía. De este modo, ignorando qué estaba oliendo realmente, acudió al griego y llamó a aquel gas desconocido *ozono,* es decir, en griego, "yo huelo", denominando a la forma más reactiva del oxígeno con un nombre que resultó plenamente apropiado, pues si algo caracteriza a este gas es precisamente su penetrante olor.

Cierto día de 1846, este mismo científico, derramó accidentalmente una mezcla de ácido nítrico y sulfúrico, utilizando un delantal de algodón para secarlo. Posteriormente, colgó el delantal en una estufa para que se secara, pero, una vez seco, éste detonó y desapareció. De esta forma, descubrió que transformando la celulosa en nitrocelulosa se conseguía un nuevo y potente material explosivo: el *algodón pólvora*.

El descubrimiento del papel secante se debe a un error y a una casualidad. En cierta ocasión, un empleado de una fábrica de papel de la ciudad estadounidense de Berkshire olvidó añadir la cola requerida durante el proceso de fabricación de papel de escritura. Como resultado de ello, aquella partida de papel hubo de ser almacenada como inservible y el empleado fue despedido. Sin embargo, poco después, el dueño de la fábrica utilizó una hoja de este papel inservible para secar unas gotas de tinta derramada y se dio cuenta de que absorbía con extraordinaria rapidez, por lo que podría ser aprovechado como papel secante. De lo que no ha quedado constancia es de si el empleado fue readmitido en la empresa.

Hacia el año 80 a. de C., los soldados de una legión romana que invadía el Asia Menor hallaron en un pozo unos manuscritos de las obras de Aristóteles y los llevaron a su general, Sila, quien ordenó que fueran llevados a Roma, donde fueron copiados rápidamente. De esta forma casual nos han llegado gran parte de la obra de Aristóteles.

Según daba a conocer el 28 de julio de 1977 el periódico *San Francisco Chronicle*, Michael Maryn había sido víctima en un corto periodo de tiempo de nada menos que 83 atracos y 4 robos de coche, sin que, aparentemente, su profesión o estilo de vida favorecieran este tipo de incidentes o aumentasen su riesgo de sufrirlos.

El artista español Ponciano Ponzano (1813-1877), escultor de cámara de Isabel II, siempre mantuvo su negativa a esculpir animales en mármol, cosa que, según su opinión, da mala suerte. Sin embargo, no pudo negarse al recibir el encargo de esculpir dos leones para decorar la fachada del Palacio de Congresos madrileño. Desoyendo su prevención comenzó la obra con la desgracia de que el 15 de septiembre de 1877 falleció repentinamente, sin haber acabado de esculpir los leones.

En cierta ocasión, el actor Anthony Hopkins buscaba sin éxito una novela de George Feifer, cuyas ediciones estaban agotadas, con objeto de realizar una película sobre aquel argumento que había conocido tiempo atras. Casualmente, halló un ejemplar anotado abandonado en el metro. Durante el rodaje de la película, el autor de la novela reconoció aquel ejemplar: un amigo suyo lo había extraviado, con gran pesar, en el metro.

Isaac Newton nació el día de Navidad de 1642 en Woolsthorpe, justamente el mismo día en que moría Galileo Galilei en Arcetri, a las afueras de Florencia. Ello dio lugar a que el filósofo inglés Bertrand Russel bromease tres siglos después sobre esta circunstancia, haciendo ver, con humor, que daba un espaldarazo definitivo a las tesis de los defensores de la teoría de la transmigración de las almas o metempsicosis.

COSTUMBRES, USOS Y TRADICIONES

En las inscripciones de una tablilla asiria, de alrededor del año 2800 a. de C., se puede leer el siguiente texto: «En estos últimos tiempos, nuestra tierra está degenerando. Hay señales de que el mundo está llegando rápidamente a su fin. El cohecho y la corrupción son comunes». Más de 2.000 años después (pero 2.800 antes de nuestros tiempos), Sócrates decía: «Los hijos son ahora tiranos... ya no se ponen de pie cuando entra un anciano a la habitación. Contradicen a sus padres, charlan ante las visitas, engullen golosinas en la mesa, cruzan las piernas y tiranizan a sus maestros». Y Platón redundaba en las opiniones de su maestro: «¿Qué está ocurriendo con nuestros jóvenes? Faltan al respeto a sus mayores, desobedecen a sus padres. Desdeñan la ley. Se rebelan en las calles inflamados de ideas descabelladas. Su moral está decayendo. ¿Qué va a ser de ellos?». Como se ve, los problemas no han cambiando tanto como solemos creer.

San Nicolás de Bari (?-342) fue un piadoso monje nacido en Licia (al sudeste de la actual Turquía) que destacó en el primer Concilio de Nicea, donde acudió como arzobispo de Myra, y que es venerado hoy en día especialmente por los ortodoxos, latinos y rusos. Se le atribuye la resurrección de tres niños, asesinados por un carnicero para vender su carne en su establecimiento. Por éste y por otros hechos similares, es considerado santo patrón de los escolares, celebrándose su festividad el 6 de diciembre. Tradicionalmente, se repartían juguetes en Holanda en esa fecha; la costumbre se extendió posteriormente a los países anglosajones, aunque trasladándola al día de Navidad. San Nicolás de Bari es conocido en muchos países con los nombres de *Sanctus Nicolaus* y, abreviadamente, *Santa Claus*, que es una interpretación fonética norteamericana del neerlandés *Sinter Klaas*. Durante la Reforma protestante, en el siglo XVI, desapareció la figura de San Nicolás, siendo sustituida por otras de carácter más secular, como *Father Christmas* en Gran Bretaña y *Papa Noël* en Francia. Sin embargo, los holandeses mantuvieron viva su tradición, que ha revivido con fuerza a comienzos de este siglo, imponiéndose nuevamente en grandes zonas del orbe cristiano, en competencia con los Reyes Magos.

El día 25 de diciembre pasó a ser la fecha oficial del nacimiento de Cristo (y, por tanto, la fecha en que se celebra la Natividad o *Navidad*) en el año 440, aunque se trata de una festividad instituida, según la tradición, por el papa Telesforo, en el siglo II. La elección de tal día se debió, al parecer, a que el 25 de diciembre los romanos celebraban el *Natalis Solis Invicti*, la festividad del Sol Naciente Invencible. Al elegir esta fecha, la celebración del nacimiento de Jesús por los primeros cristianos quedaba disimulada entre los festejos paganos generales. En todo caso, la elección de esa fecha no fue unánimemente aceptada, como demuestra, por ejemplo, que, en el siglo III, Clemente de Alejandría propusiera el 20 de mayo como día del nacimiento de Cristo y que la Iglesia de Armenia aún sostenga que la fecha correcta es el 6 de enero.

La costumbre del Arbol de Navidad surgió en la Alemania de la primera mitad del siglo VIII. Según un relato tradicional, estando predicando el misionero británico San Bonifacio (680-755) un día de Navidad en tierras de germanos infieles, seguidores de las creencias druidicas, intentó destruir el carácter sagrado del roble talando uno. El roble, al caer, derribó todos los arbustos que le rodeaban menos un pequeño abeto, cuya supervivencia interpretó el llamado *Apóstol de los Alemanes* como un milagroso mensaje divino, bautizándole en aquel mismo momento *Arbol del Niño Jesús*. El suceso caló entre los cristianos alemanes y desde entonces cundió la costumbre de adornar un abeto por Navidad. Siglos después, Martin Lutero (1483-1546) instituyó la costumbre de adornarlo con velas encendidas.

Algunos autores consideran que la primera tarjeta de felicitación navideña o *christmas* de que se tiene constancia fue enviada a un amigo en 1884 por el inglés W. E. Dobson, miembro de la Real Academia de Bellas Artes de Londres, para agradecerle unos favores prestados. Aquella felicitación consistió en una carta en la que había dibujado un grupo de amigos brindando por uno ausente. Sin embargo, estudios recientes demuestran que esta costumbre ya estaba extendida mucho antes. Según estos estudios, la primera tarjeta de felicitación navideña destinada a la venta fue creada en el verano de 1843 por el artista londinense John Calcott Horsley, que la confeccionó por encargo de Henry Cole, un innovador empresario que quería felicitar la Navidad a sus clientes de ese modo tan original.

Era costumbre entre los romanos regalarse entre ellos, con ocasión de las festividades de año nuevo, tres higos secos guarnecidos de hojas de laurel y de ramitas de olivo, así como unas pequeñas lámparas (de bronce, los pudientes; de barro, los más menesterosos), en las que se solía escribir alguna leyenda alegórica a los deseos venturosos para el año que se iniciaba. Al parecer, de esta costumbre proviene la nuestra de hacernos regalos en época navideña.

En las primeras comunidades cristianas de finales del primer siglo de nuestra Era, surgió la necesidad de distinguir sus ritos, ante los dominadores romanos, de los judíos, y especialmente de diferenciar su día sagrado. Para los judíos era y es el sábado, así que se abrió un debate entre los cristianos para señalar otro día de la semana como el sagrado. Unas comunidades eligieron el viernes (*dies veneris*), por indicar la tradición que se fue el día en que murió Jesús. Otras optaron por designar como *dies domina* o *Día del Señor* (que se transformaría posteriormente en *domingo,* por iniciativa del papa San Silvestre) al primer día de la semana según el calendario romano, es decir, el posterior al sábado judío, que hasta entonces estaba consagrado al sol y era llamado en consecuencia *dies solis*.

El emperador romano Marco Aurelio Flavio (213-270), elevado al trono como Claudio II y conocido con el sobrenombre de *El Gótico,* prohibió a sus soldados el matrimonio en el año 270, al considerar que los hombres casados son malos guerreros y, por tanto, habrían de servir mal a las necesidades del Imperio. San Valentín, por entonces obispo de Interamna, se opuso, invitando a las parejas de jóvenes enamorados a acudir a él para unirlos en secreto en el sacramento del matrimonio. Enterado el emperador de estas prácticas contrarias a su decreto, le hizo llamar y trató de convencerle de sus tesis, exigiéndole el cumplimiento de su mandato, so pena de ser ejecutado. Valentín se negó a abjurar de sus convicciones e, incluso, trató de convertirle a él al cristianismo. El 14 de febrero de 270, San Valentín fue apaleado, lapidado y finalmente decapitado. Cuenta también la leyenda que mientras el obispo esperaba el cumplimiento de su sentencia, se enamoró en la cárcel de la hija ciega de su carcelero, Asterius, y que gracias a su fe le devolvió milagrosamente la vista. Al despedirse, dejó un mensaje para la muchacha, que firmó «De tu Valentín». Doscientos años después, el papa Gelasio instituyó la festividad de San Valentín, considerándole santo patrón de los enamorados, lo que, andando el tiempo, daría lugar a la costumbre del *Día de los Enamorados* o *Día de San Valentín*. Por cierto, los restos mortales de este santo se conservan en la madrileña iglesia de San Antón (sita en la castiza calle de Hortaleza), donde llegaron como presente papal a la corona española.

A partir del Renacimiento, en Europa, contra lo que cabría pensar, los hábitos higiénicos de los europeos se hicieron aún más deplorables y escasos de lo que ya lo eran. Los baños pasaron a ser considerados como un peligroso hábito que sólo se debía practicar bajo rigurosa prescripción facultativa. Por ejemplo, a la reina Isabel de Valois (1546-1568), esposa de Felipe II de España, en una ocasión en que deseaba tomar un baño para recibir a su marido que volvía de un viaje, le fue taxativamente prohibida tan *peligrosa* acción, «puesto que no estaba enferma». Los cronistas históricos cuentan que el rey francés Luis XI (1423-

1483) sólo se bañó una vez en toda su vida, y ésta fue por prescripción facultativa irrebatible. El 11 de julio de 1611, el médico Jean Hérouard describía en su diario como Luis XIII de Francia (1601-1643) era obligado a descansar todo el día en cama tras tomar un baño matinal.

El propulsor de la llamada *ley de Lynch* (es decir, del colgamiento sin juicio formal de los acusados de ciertos delitos o *linchamiento*) fue el capitán William Lynch (1742-1820), de Pittsylvania, Virginia, Estados Unidos. Al parecer, aquellos primeros linchamientos se efectuaban sentando al acusado sobre un caballo, con una soga anudada al cuello, y dejándole abandonado en aquella postura. Cuando el caballo sentía hambre o sed, naturalmente se marchaba del lugar, descabalgando al infeliz acusado, que consecuentemente moría ahorcado. De esta manera, se eludía la responsabilidad directa de los linchadores en la muerte del acusado.

La costumbre de numerar las casas se inició, al parecer, en el *Pont de Nôtre Dame* de París en 1463. La modificación de hacerlo reservando los números pares e impares para ambas aceras de una misma calle fue una innovación surgida muchos años después en algunas ciudades de los Estados Unidos.

La iniciativa de instituir oficialmente un *Día de la Madre* surgió en los Estados Unidos en 1914, tras propuesta de Anna Jarvis al Congreso para que instituyese este día en homenaje a todas las madres. Anna Jarvis llevaba algunos años poniéndose un clavel blanco y celebrando oficios religiosos en recuerdo de su madre todos los segundos domingos del mes de mayo. A partir de entonces, muhos países lo celebran en esa misma fecha, y otros, como España, el primer domingo de mayo.

El 31 de marzo de 1919, el Congreso de los Estados Unidos adoptó por primera vez en la historia la decisión de adelantar los relojes en primavera para alargar las horas diurnas y, por tanto, ahorrar energía eléctrica.

Los hombres mayas cambiaban de nombre dos veces a lo largo de su vida. Su nombre original estaba ligado al día de su nacimiento. Al superar la pubertad, recibían otro que, supuestamente, describía su carácter. Pero, al casarse, volvían a recuperar su nombre original.

Hasta mediados del siglo XVI, los fieles católicos comían huevos sin ningún reparo los días de vigilia, e incluso en Cuaresma, porque las autoridades eclesiásticas consideraban que, de acuerdo con el relato del Génesis, aves y peces, al haber sido creados el mismo día, procedían igualmente del mar y, por tanto, no habían de ser considerados como carne. Sin embargo, el papa Julio III cambió de opinión hacia 1552, prohibiendo los huevos como alimento de Cuaresma. En esta prohibición se halla el origen del simbolismo de los llamados *huevos de Pascua*, que se hacían cocer en un baño de granza y eran presentados, para su bendición, en el Viernes Santo y comidos tradicionalmente en el Domingo de Resurrección, durante el banquete pascual.

Por cierto, a principios de la década de 1880, en ciertos lugares de Alemania, los padres utilizaban los huevos de Pascua como certificado de nacimiento. Para ello teñían huevos con colores indelebles y grababan en la cáscara el nombre y la fecha de nacimiento del hijo, recordando para siempre tal acontecimiento (siendo aceptados como partida de nacimiento, en casos excepcionales, por los tribunales).

Aunque fueron los griegos los primeros en introducir el simbolismo de la *herradura de la buena suerte* en la cultura occidental hacia el siglo IV, la tradición anglosajona atribuye tal hecho a San Dunstan (925-988), un herrero de profesión que llegaría a ser arzobispo de Canterbury en 959. Según el relato legendario, este personaje recibió la visita de un hombre que le pidió unas herraduras para sus extraños pies, que parecían pezuñas. Dunstan reconoció inmediatamente en él a Satanás y le dijo que para atender su petición le habría de encadenar a la pared, a lo que accedió el cliente. Con tal argucia consiguió Dunstan realizar su labor causando tales dolores al diablo que éste le pidió repetidamente misericordia. Dunstan se apiadó finalmente, pero le hizo jurar antes de soltarlo que nunca entraría en una casa en cuya puerta viera colgada una herradura. Desde la difusión de esta leyenda, aproximadamente en el siglo X, no faltaron las herraduras de la suerte colgadas en las puertas de las casas de los cristianos, cumpliendo la doble función de talismán y de picaporte.

Durante siglos, el ser humano ha creído supersticiosamente que a través del estornudo se escapa una parte del alma, esforzándose por retenerlo o, al menos, por contrarrestarlo cuando finalmente se escapa. Aristóteles e Hipócrates explicaron el estornudo como la reacción de la cabeza contra una sustancia extraña ofensiva que se introduce por la nariz, observando que, cuando se asociaba a una enfermedad, presagiaba la muerte, por lo que aconsejaban contrarrestarlo con bendiciones tales como «¡Larga vida para ti!», «¡Que goces de buena salud!» y «¡Que Zeus te guarde!». Muchos romanos pensaron que cuando una persona sana estornudaba, el cuerpo intentaba expulsar los espíritus siniestros de enfermedades futuras, por lo que desaconsejaron su retención. Así, la explosión súbita del estornudo era seguida de toda clase de bendiciones, parabienes e invocaciones («¡Felicidades!»). Esta costumbre se mantuvo durante siglos, hasta que, en el año 591, coincidiendo con una enfermedad epidémica que asolaba Italia, uno de cuyos primeros síntomas eran los estornudos, el Papa Gregorio I aconsejó a los creyentes cristianos que, ante un estornudo, hiciesen inmediatamente una invocación del tipo «¡Jesús!» o «¡Que Dios te bendiga!».

En la República de Uruguay se volvieron a autorizar los duelos en 1920, aunque la costumbre los restringió a asuntos ideológicos, más que de honor. Precisamente, por una controversia de índole política se batieron en 1968 el periodista Jorge Batke y el senador Flores Mora.

Según cuenta Herodoto, los babilonios subastaban anualmente a las muchachas casaderas. Lógicamente, los hombres pujaban por las más bellas. Con el dinero de sus pujas se constituía una bolsa de fondos con que posteriormente se formaban dotes para que las muchachas menos bellas pudieran encontrar marido.

Con anterioridad al siglo XV, los jueces chinos utilizaban unas primitivas gafas de sol de cristal de cuarzo para ocultar su expresión mientras administraban justicia. Al conocer las gafas de cristal graduado, tiñeron sus cristales y fueron usadas por los jueces con problemas de visión.

Una ley del territorio norteamericano de Maryland de 1634 obligaba a las mujeres viudas que habían heredado propiedades de sus maridos a casarse en un plazo máximo de seis años. Si no lo hacían, perdían sus pertenencias, que pasaban al pariente masculino más cercano.

En la antigua Esparta el adulterio era permitido siempre y cuando la mujer se entregara a un hombre más alto y robusto que su propio marido. Además, la soltería estaba penada con el destierro. Si un espartano no se había casado a los 30 años perdía el derecho de sufragio y se le prohibía asistir a festejos.

En Abisinia, nombre antiguo de la actual Etiopía, se elegía a un perro emperador, cuidándole y mimándole con suma atención. Todas sus reacciones condicionaban el devenir político del pueblo: si se mostraba alegre, se interpretaba como que el pueblo estaba siendo bien gobernado; pero si ladraba a algún sirviente o visitante, éste era condenado a muerte.

Tras derrocar al tirano Hipias en el año 510 a. de C., los atenienses trataron de alejar cualquier nuevo fantasma de tiranía. Para ello, una de las medidas que tomaron fue el establecimiento de un mecanismo democrático que acabase con tal posibilidad: el *ostracismo,* práctica propuesta, en opinión de Aristóteles, por Clístenes, que, por cierto, fue una de sus primeras víctimas. Una vez al año, si los ciudadanos lo consideraban necesario, la asamblea popular ateniense efectuaba una votación con objeto de designar una persona en quien se hubiera apreciado cualquier signo de tendencia tiránica o simplemente que estuviera acumulando excesivo poder a ojos de todos los demás. Esta persona, por el simple hecho de recibir más de 6.000 votos (aproximadamente la cuarta parte de los ciudadanos con derecho a ello), era desterrada por un periodo de 10 años (periodo que posteriormente fue rebajado a la mitad), es decir, sufría el ostracismo. Los votos eran emitidos escribiendo su nombre en unos tejuelos con forma de concha hechos al efecto y llamados *óstrakon,* de donde deriva el nombre de la institución. No obstante, no se trataba de un exilio deshonroso: no se confiscaban sus bienes, ni su familia era objeto de desconsideración alguna; incluso, a su regreso, recibía una bienvenida cordial.

Según los historiadores, era tal el número de fiestas de todo tipo que se celebraban en la Roma imperial que prácticamente por cada día laborable había dos festivos. Claro está que, en realidad, no eran muchos los ciudadanos romanos que trabajaban al uso actual: para eso estaban los esclavos y, por tanto, la costumbre no afectaba, sino todo lo contrario, a la buena marcha de los asuntos económicos del Imperio.

En tiempos del emperador Augusto (hacia el año 30 a. de C.) se hizo costumbre en Roma el beso como fórmula de saludo entre los varones romanos, y especialmente entre los nobles y patricios. Durante el imperio de Claudio I, al desatarse una epidemia de erupciones cutáneas, pudo comprobarse que la enfermedad sólo afectó a los varones patricios, y no a las capas medias y bajas, ni a las damas de cualquier estrato, ni tampoco a los esclavos, lo que hizo deducir que el vehículo de contagio era precisamente aquella costumbre del beso. No obstante, la moda continuó, extendiéndose al poco, ya en tiempos de Domiciano, al resto de ciudadanos romanos (de lo que, por ejemplo, se quejaba el poeta Marcial, al señalar que era imposible sustraerse en Roma a esa forma de saludo y que, por tanto, se hacía incómodo pasear por la ciudad).

Durante muchos siglos, fue una práctica legal común en Gran Bretaña encarcelar a los morosos por tiempo indefinido hasta que abonasen sus deudas (lo cual, para casi todos, resultaba harto difícil estando encarcelados). Incluso se permitía a los deudores condenados instalarse en la cárcel con toda su familia. En la práctica, dichas penas se convertían en muchas ocasiones en cadenas perpetuas. En esa circunstacia pasó sus primeros años el escritor Charles Dickens (1812-1870), lo que luego, por cierto, le permitiría describir tan perfectamente el ambiente carcelario.

Los diputados de la Cámara de los Comunes inglesa ajustan su comportamiento parlamentario a muchas tradiciones, algunas de las cuales cabe calificar de curiosas. Por ejemplo, si un diputado pretende dirigir la palabra a la asamblea durante una votación es requisito indispensable que lo solicite a la presidencia poniéndose el sombrero. En tiempos pasados ello no constituía mayor problema, pero dado el escaso uso moderno de sombreros, hoy en día provoca curiosas escenas cuando un diputado, deseoso de tomar la palabra, se toca la cabeza con cualquier adminículo que tenga a mano.

Las pócimas, ungüentos, mascarillas y pomadas cosméticas han variado mucho a lo largo de la historia; pero en casi todas las épocas se han utilizado algunas de composición realmente sorprendente. Veamos algunos ejemplos. Las mujeres de la nobleza egipcia de tiempos de Cleopatra utilizaban todo tipo de desodorantes, tónicos capilares y corporales, mascarillas faciales, blanqueadores, suavizantes, pomadas antiarrugas..., hechos con sustancias tales como leche de burra, harina de avena y habas, levaduras, miel, arcilla, lodo del Nilo, aceites de palma, cedro y almendras. Las romanas (y romanos) de los tiempos de Nerón usaban sustancias como el albayade y la tiza para aclarar el rostro; harina y mantequilla para curar espinillas y erupciones cutáneas; piedra pómez, mezclada con orina de niño, para blanquear los dientes; loción de amapolas como base para aplicarse blanco de cerusa sobre el rostro; y vinagre, arcilla y corteza de encina macerada con limón para endurecer los pechos. Juvenal menciona en uno de sus escritos el uso del sudor de lana de oveja como excelente crema de noche. Este producto puede parecer realmente extraño, pero ha de decirse que no es ni más ni menos que el equivalente a la actual lanolina.

Perdido el gusto cosmético durante la Edad Media, a partir del Renacimiento volvió con verdadera fuerza, surgiendo costumbres verdaderamente curiosas. Por ejemplo, la reina escocesa María Estuardo se bañaba en vino. Isabel de Baviera solía bañarse en jugo de fresas. Y la profusión cosmética también afectaba a los hombres. El rey inglés Enrique VI popularizó una pomada perfumada elaborada con manzanas y grasa de perro joven. El barón Dupuytren se aplicaba un crecepelo elaborado con 150 gramos de virutas de madera de boj maceradas durante dos semanas en 300 mililitros de vodka, a lo que se añadía luego 50 de extracto de romero y 13 de extracto de nuez moscada; con él se masajeaba dos veces al día, mañana y noche. Por aquel tiempo, volvieron también a ponerse de moda las mascarillas, fueran sencillas, como un filete de ternera, o más complicadas, como la utilizada por la duquesa de Alba (la que fue retratada por Goya en 1797), quien se trataba las arrugas de su rostro con una singular mascarilla hecha con cuatro claras de huevo batidas y cubiertas con agua de rosas, llevadas a ebullición y espolvoreadas después con 15 gramos de polvo de alumbre y 7 de aceite de almendras. María Antonieta, por su parte, combatía el acné, al que era muy propensa, con otra elaborada con una emulsión cocida a fuego lento de leche, limón natural y brandy.

La reina francesa Catalina de Medicis (1519-1589) decretó que, para ajustarse al canon de belleza, las damas de su corte debían de tener una cintura de 35 centímetros.

A pesar del tópico, la costumbre de arrancar cabelleras no era propia sólo de los indios norteamericanos. Esta salvaje práctica fue también utilizada por los colonos blancos a modo de prueba de la caza y muerte de los indios que permitiera recibir la recompensa que, en determinadas zonas de Norteamérica, se pagaba por su exterminio. Se suele atribuir al gobernador del antiguo territorio de Nueva Holanda, William Kieft, el dudoso mérito de haber sido el primero que instituyó esta costumbre en el decenio de 1630. En 1703, la colonia americana de Massachusetts ofrecía unos 60 dólares por cabellera, y a mediados de siglo, Pennsilvania ofrecía ya unos 134 dólares por la cabellera de un hombre indio y 50 por la de una mujer.

En el Código de Hammurabi (un conjunto de leyes que regulaban la sociedad babilónica hacia el año 1700 a. de C.) la venta de cerveza en mal estado era castigada con la pena de muerte.

Carlomagno (742-814) prohibió la usura entre sus súbditos hacia el año 800, considerando como tal «todo aquel negocio en que se exige más de lo que se da». En 1179, durante el III Concilio de Letrán, la Iglesia promulgó que se negara sepultura cristiana (lo que equivalía a ir directamente al infierno) a todo cristiano que prestara dinero a cambio de interés.

Según una tradición francesa, los cuchillos de mesa tienen punta redonda desde que el Cardenal Richelieu mandó redondearlos al ver que el Canciller Pierre Séguier los utilizó ante él para limpiarse los dientes con la punta.

La constitución de la República romana tenía ya previsto hacia el año 500 a. de C. que, en caso de producirse una emergencia o un estado de excepción en que fuera necesaria la acción rápida, se pusiera en marcha un mecanismo político por el cual una especie de rey temporal afrontara la situación transitoriamente, sin ningún tipo de traba ni cortapisa senatorial. Mientras durase su mandato, la palabra de este temporal rey absoluto sería considerada ley. Por ello era designado con la palabra latina equivalente a nuestra *dictador,* con el significado de "[el que] ha dicho". El dictador estaba dotado de una total e inapelable capacidad de decisión, salvo en lo que afectaba a dos cuestiones: el erario público, del que no podía disponer sin consentimiento expreso del pueblo, y su salida de Italia, que le estaba prohibida. El Senado tenía la prerrogativa de nombrar al dictador que, de ordinario, desempeñaba este cargo por un periodo máximo de seis meses, al final de los cuales tenía que rendir cuentas a la propia asamblea

Por ejemplo, en el año 459 a. de C., el general retirado Lucio Quintio Cincinato (519-438 a. de C.) fue nombrado dictador para afrontar la amenaza de un ejército enemigo que avanzaba hacia el territorio romano. Marchó Cincinato a la guerra, derrotó al enemigo, regresó y, cual era norma, renunció al cargo inmediatamente, a los 16 días de haberlo asumido. En el transcurso de muy pocos años, tanto Sila como Julio César se hicieron nombrar dictadores perpetuos, excepciones que siempre se consideraron anómalas e indeseables por los ortodoxos. Tras la muerte de Julio César, esta institución política fue abolida por una ley promulgada el año 40 a. de C. por Marco Antonio.

La primera ilustración que se conoce del uso del tenedor en una mesa europea nos la ofrece un manuscrito de 1022 encontrado en el monasterio italiano de Montecassino. El tenedor fue importado a Roma desde Bizancio por algunos mercaderes venecianos, pero continuó siendo un capricho, casi con categoría de adorno, y casi siempre también de extravagancia, en la casa de las familias más ricas. Por ejemplo, en un inventario de la plata de Eduardo I de Inglaterra, datado en 1297, se consigna que el rey inglés poseía un único ejemplar. En 1328, la reina Clementina de Hungría tenía 30 cucharas y 1 tenedor. Al parecer por aquel entonces el tenedor sólo se utilizaba, en ocasiones excepcionales, para comer algún tipo especial de fruta (por ejemplo, peras o fresas), pero no la carne o el pescado. Según la mayoría de los investigadores de estos pormenores históricos, el primer uso público del tenedor en Europa no se dio hasta 1582, en que fueron utilizados en el restaurante *La Tour d'Argent,* de París.

El rey visigodo Chindasvinto (563-653) ordenó castrar a todo aquel que fuese sorprendido practicando la sodomía, salvo que el sodomita perteneciese al clero, en cuyo caso era perdonado (no se sabe muy bien por qué).

Era costumbre culinaria romana, y de las más apreciadas, la degustación de lirones, especialmente de los condimentados con salsa de miel. Se sabe que en el siglo I de nuestra era Quinto Fulvio Lipenio introdujo la crianza de estos animales, para proveer el mercado romano.

Hasta principios del siglo XX estuvo vigente en Inglaterra una ley que permitía al marido pegar a su esposa «siempre que no fuera con una vara más ancha que el pulgar del marido».

Durante el año de 1561, los sabios de la Sorbona de París debatieron la posibilidad de prohibir el uso de la barba a los sacerdotes. Tras sesudas discusiones, llegaron a la conclusión de que la barba era contraria a la humildad propia de los sacerdotes de la Iglesia.

El 18 de agosto de 1671, una Real orden del rey español Carlos II *El Hechizado* (1661-1700) prohibió el ejercicio de la mendicidad pública para todos aquellos pobres que no contasen con autorización oficial y que no llevasen colgada del cuello una tablilla con la estampa de la Virgen.

En los Estados Pontificios estuvo antiguamente en vigor un método para aplicar la pena de muerte consistente en golpear en la sien al condenado con un mazo, para después cortarle la cabeza. Este método recibía el nombre de *mazzatello*.

Según un antiguo tratado culinario romano, escrito en el año 228 a. de C., la salchicha era el producto de consumo predilecto en las lupercales, unas fiestas anuales paganas que se celebran el 15 de febrero en honor del dios pastoril Luperco (correspondiente al griego Pan). Estas fiestas, en las que se sacrificaban ritualmente un macho cabrío y un perro, incluían unos ritos de iniciación sexual y algunos escritores han sugerido la idea, aunque sin aportar pruebas fehacientes, de que las salchichas no sólo tenían una finalidad culinaria. Sea como fuere, la Iglesia suprimiría las lupercales y consideraría pecaminoso comer salchichas durante muchos siglos. No obstante, el consumo popular de morcillas y salchichas, al menos en su faceta culinaria, sobrevivió a cuantas reiteradas prohibiciones se le opusieron.

En la actualidad se conoce con el nombre de *pasquín* todo escrito anónimo, fijado en sitio público (o, simplemente, dado a la publicidad), en el que se contienen expresiones satíricas contra el gobierno o contra una persona particular o corporación pública determinadas. El origen de esta costumbre se halla en un escrito que, con estas características, fue fijado a la estatua romana de Pasquino. Este personaje fue un zapatero romano del siglo XVI, famoso por sus sátiras, que generalmente le eran replicadas por su colega Marforio, y en cuyo honor y recuerdo los romanos bautizaron con su nombre un torso marmóreo de gladiador que adornaba una calle de Roma. Aquel primer pasquín iba dirigido contra la persona del Papa Urbano VIII, miembro de la familia Barberini, por haber mandado fundir bronces artísticos para fabricar cañones, y su texto decía así: «Lo que no hicieron los bárbaros, lo hicieron los Barberini».

El 14 de agosto de 1893, París se convirtió en la primera ciudad del mundo en prohibir la conducción de automóviles o motocicletas sin permiso de circulación extendido por la policía. Desde esa fecha, los aspirantes a este permiso tenían que pasar un test que se convirtió así en el primer examen de conducir de la historia.

En los primeros años de la automoción fue promulgada una ley en Inglaterra por la que se obligaba a todo vehículo automóvil, en previsión de accidentes de tráfico, a ser precedido por un hombre agitando una bandera roja. Esta ley no fue derogada hasta el 14 de noviembre de 1896.

En la Edad Media, la castración se utilizó como pena habitual contra el libertinaje. Esta bárbara costumbre continuó en Turquía hasta 1893. Durante el Renacimiento, la castración era un remedio quirúrgico contra la hernia y tampoco faltaron voces, como la de Boecio, que aconsejaran la castración de los enfermos de locura, epilepsia, gota, lepra o cualquier otra enfermedad susceptible de transmitirse por herencia.

Miembros de las antiguas tribus afganas jugaban a un deporte similar al actual polo, pero utilizando como pelota las cabezas de sus enemigos. Pero no se quedaban atrás los aztecas que practicaban, hace unos seiscientos años, un deporte de pelota en el que se enfrentaban dos equipos uniformados. En las ocasiones solemnes, el capitán del equipo perdedor era inmediatamente decapitado en un campo de juego cuyas gradas estaban *adornadas* con los cráneos de antiguos capitanes que no habían sabido llevar a la victoria a sus equipos.

CUESTIONES ZOOLOGICAS

Los paleozoólogos han calculado que hace unos 12.000 años el ser humano amaestró al lobo, siendo éste pues el primer mamífero domesticado, aunque otros investigadores creen que el reno pudo serlo ya mucho antes, hacia el año 18000 a. de C. Después vendrían el carnero, la oveja y la cabra, hacia el 7700 a. de C.; hace unos 7.000 años, el cerdo, la gallina y el ganado vacuno; hace 5.000 años, se generalizó la domesticación del asno, el caballo y el dromedario, seguidos del búfalo y el gato. Durante el primer milenio después de Cristo, se añadieron a la lista el conejo y el resto de reses lanares. Por su parte, según todas las pruebas arqueológicas, el ave domesticada en primer lugar fue el ganso silvestre, que ya acompañaba al hombre en el periodo neolítico, hace unos 20.000 años, en Europa suroriental y Asia Menor. Por su parte, los primeros pollos fueron domesticados en China hace unos 6.000 años. Finalmente, se sabe que los mayas domesticaron al pavo mucho antes de la llegada de los españoles a América.

El gato no fue considerado en Europa como animal doméstico hasta bien entrada la Edad Media, en que unos mercaderes orientales introdujeron este animal en Venecia como remedio contra una plaga de ratas que infestaba aquella república adriática. Hasta entonces, el gato era considerado como animal salvaje y un apetecible manjar, y como tal era cazado y degustado. Se cree que el gato doméstico proviene del cruce de dos especies salvajes: el gato europeo y el gato de los matorrales de Africa; este último es el que convivía en los hogares del antiguo Egipto hace más de 3.000 años.

Hay pruebas arqueológicas que demuestran que los egipcios entrenaban a mandriles para que sirvieran las mesas. Por su parte, los chinos, durante el reinado de Kublai Jan (1215-1294), amaestraban leones para que abatiesen búfalos y osos y aguardaran junto a la presa la llegada de los cazadores. Asimismo, también utilizaban grillos como perros guardianes, pues estos animales dejan de cantar en cuanto oyen el menor ruido. También tenía mucho éxito en China, hace más de 1.000 años, la lucha entre grillos como una de las distracciones más populares. Pero aún antes de todo eso, los chinos pusieron en marcha un eficaz sistema de reparto de correspondencia a larga distancia, mediante gansos amaestrados que, a modo de palomas mensajeras, llevaban de un lugar a otro toda clase de documentos y noticias.

La gran alca o pingüino gigante fue, en tiempos pasados, un animal muy común y abundante en las áreas costeras rocosas de Canadá, Islandia, Groenlandia y Europa Septentrional. Emparentado con el pingüino antártico, el alca era capturada por sus huevos y sus pieles. El último ejemplar conocido fue cazado en junio de 1844 en la isla de Eldey, frente a las costas de Islandia. Se trata de una de las pocas especies animales desaparecidas por la acción del hombre cuyo momento de extinción final fue documentado con certidumbre.

Otra especie en ese mismo caso es la paloma migratoria o viajera, a la que el 1 de septiembre de 1914 se dio por desaparecida para siempre. Este ave, no hace aún cien años, poblaba los cielos de prácticamente todo el mundo, volando en bandadas numerosísimas, como, por ejemplo, aquella que, en 1810, se calculó estaba formada por unos 2.230.272.000 de individuos. Hace poco más de un siglo se habló también acerca de una bandada de palomas viajeras, volando en una columna de unos 460 metros de anchura, que tardó 3 horas en pasar sobre el observador y que se calculó que estaba formada aproximadamente por 1 billón de aves. La caza masiva y la desaparición de masas forestales acabaron, sin embargo, con esta especie animal en un relativamente corto periodo de tiempo. En 1869, en una sola cacería con redes llevada a cabo en los Estados Unidos, se llegaron a capturar más de 7.500.000 de palomas migratorias. El último ejemplar, una paloma bautizada *Marta,* murió en 1914 en el zoo estadounidense de Cincinnati, Ohio, convirtiéndose en el símbolo de la cruzada contra la extinción de los animales.

En 1874, tras la inauguración de la línea de ferrocarril *Union-Pacific,* más de 5.000 cazadores de Kansas City se trasladaron a las grandes praderas para aniquilar bisontes (*Bison bison*), los mal llamados "búfalos". En el verano de aquel año, más de 2.000 cazadores salían diariamente a dar caza a estos bóvidos en las proximidades del río Rickaree. La marca diaria de estos sanguinarios cazadores era de 60 bisontes por hombre y unos 1.200 por temporada. A pesar de que no eran aprovechadas su carne ni su piel, un equipo de 16 cazadores llegó a abatir 25.000 ejemplares en un año. El famoso *Búfalo Bill* Cody afirmó haber matado 4.862 bisontes en una sola temporada de caza, incluyendo un récord de 69 en un sólo día. Así se llegó a la situación de que en 1889 quedaban solamente 540 animales. Desde entonces, la especie quedó protegida y actualmente aún se está recuperando de aquella enorme matanza.

Por su parte, los últimos ejemplares salvajes del bisonte europeo (*Bison bonasus*) fueron cazados durante la Primera Guerra Mundial en los bosques de Bialovicza, en Polonia, sobreviviendo a partir de entonces sólo en los zoológicos, hasta que en 1959 se soltó una nueva manada en dichos bosques.

El pájaro indicador, un ave propia del Africa subsahariana, se alimenta principalmente de larvas y cera de abejas. Pero como no puede romper por sí sola los panales, pía para atraer la atención del ratel (un pequeño mustélido parecido al tejón), de otros animales y del hombre. Por ejemplo, los boran y los wanderobo, tribus nómadas del norte de Kenia, se benefician de esta curiosa simbiosis entre animales y hombres. Los pájaros gritan, revolotean y emiten determinados sonidos que son descifrados por los nativos, que los contestan con silbidos y golpeando troncos de árboles. El pájaro indicador espera, entonces, que los hombres abran el nido, lleguen hasta los panales y espanten a las abejas, para que, así, unos y otros –hombres y pájaros– cosechen la miel.

El Corán detalla el momento preciso en que supuestamente comenzó la cría de los pura sangre árabes, datándolo en el año 622 de nuestra era, fecha en que se produjo la Hégira o huida de Mahoma de La Meca a Medina. Según el texto sagrado, durante el camino Mahoma consiguió domesticar a cinco yeguas, separadas del rebaño que estaba abrevando en el manantial del oasis en que descansaba el profeta. Mahoma se acercó y, posando su benefactora mano sobre ellas, las impuso un nombre a cada una. Una, llamada *Al Buraq* ("Relámpago") fue durante muchos años la yegua preferida de Mahoma y otra, *Kohailan,* es, según la leyenda, la yegua madre de todos los caballos de pura sangre árabes.

En cuanto a la genealogía de los actuales pura sangre de carreras, James Weatherby publicó en 1791 el primer registro genealógico de caballos (*General Stud Book*), en el que se incluían los pedigríes de tres famosos caballos orientales importados a las Islas Británicas a finales del siglo XVI: el turco *Byerley* y los árabes *Darley* y *Godolfin,* a partir de los que se creó la fructífera estirpe de caballos de pura sangre de carreras ingleses. Se supone que todos los pura sangre del mundo descienden por línea masculina directa (aproximadamente en unas 30 generaciones) de aquellos tres sementales.

La introducción de conejos en Australia por los primeros colonos ingleses a mediados del siglo XIX casi desertizó por completo el territorio interior de esta isla-continente. Sin encontrar casi ningún enemigo natural –los colonos habían acabado casi con la población de dingos (perros salvajes) y otros depredadores potenciales–, se reprodujeron con gran rapidez a partir de las siete parejas llevadas allí en 1859 por el inglés Thomas Austin, acabando con la reserva de pastos del interior australiano, que fue esquilmado de tal forma que su suelo prácticamente se convirtió en un desierto de arena sin ninguna defensa natural y fue barrido por los vientos. En 1950, el virus mortal de la mixomatosis fue llevado a Australia y consiguió controlar la plaga de conejos, que por entonces se llegó a calcular que estaba formada por no menos de 1.000 millones de ejemplares. Este virus, que transmiten los mosquitos, fue descubierto en los roedores de Brasil, en los que produce una enfermedad endémica leve. En 1953, un ciudadano francés inyectó el virus a los conejos que asolaban su finca, dañando sus cosechas. De ahí se extendió el virus por toda Europa, causando grandes estragos en la población de conejos europea.

Se supone que las primeras avispas europeas llegaron a la isla Norte de Nueva Zelanda en 1945, a bordo de un avión. Rápidamente se multiplicaron, estableciéndose en una región de más de 78.000 km^2 y convirtiéndose en una verdadera plaga que llegó a amenazar el futuro de los huertos de la floreciente agricultura neozelandesa.

El bontebok o damalisco de frente lisa es un veloz antílope que estuvo a punto de ser exterminado, y que hoy sólo sobrevive gracias a un granjero de la región sudafricana de El Cabo que salvaguardó a varios ejemplares en su propiedad, formando posteriormente con ellos una manada que pudo reproducirse libremente.

El milú –conocido también como ciervo del padre David en honor a Armand David (1826-1900), un misionero francés que lo descubrió en 1865 en el coto de caza que el emperador chino poseía en las cercanías de Pekín–, hace ya mucho tiempo que se halla extinguido en el medio natural, aunque en el parque de Woburn, en Gran Bretaña, quedan aún algunos cientos de ejemplares.

DESPUÉS DE MORIR

San Lorenzo, mártir de la Iglesia Católica, murió en el año 258 quemado lentamente en una parrilla por negarse a entregar los tesoros de la Iglesia al prefecto de Roma. Sobre su tumba se levantó una iglesia, que aún es hoy una de las siete basílicas de Roma. Sin embargo, otras parroquias italianas aseguran tener las reliquias del santo y de su martirio: la parrilla, un omóplato, un brazo, la mandíbula, una parte de la espina dorsal, un dedo, un pie, dos costillas y un poco de grasa. A este mismo santo está consagrada la basílica de San Lorenzo de El

Escorial, cuya planta, en forma de parrilla, recuerda el método de tortura con que fue martirizado.

De acuerdo con su voluntad expresa, el cadáver de Carlomagno (742-814) fue embalsamado ataviado con sus ropajes reales de gala, con una corona sobre la cabeza, un cetro en una mano y la otra sujetando un Evangelio encuadernado en oro que reposaba en sus rodillas. Sentado en su trono de mármol, permaneció en una cripta bajo la cúpula de la catedral de Aix-en-Provence. Este sepulcro fue profanado en diversas ocasiones, la primera de las cuales fue protagonizada por Otón III (980-1002), quien se *contentó* con llevarse una cruz de oro y pedrería que el cadáver tenía sobre el pecho. Poco después, Federico I *Barbarroja* (1122-1190) le despojó de todo cuanto de valor le rodeaba, aunque, eso sí, a cambio, le hizo canonizar. En total, el cuerpo embalsamado de Carlomagno permaneció en este trono durante unos cuatrocientos años, hasta que en 1215 el rey Federico II (1194-1250) ordenó que fuera enterrado en un ataúd de oro y plata en la catedral de Aquisgrán.

A instancias del co-emperador romano Lamberto (880-898), se celebró un sínodo en el año 896, ocho meses después de haber fallecido el papa Formoso (816-896), para declarar nulo su mandato, que había durado cinco años, y para anular consecuentemente el nombramiento de Arnulfo (850?-899), acérrimo enemigo de Lamberto, como co-emperador de Roma. Durante el sínodo se procedió a la exhumación del cadáver del papa, que fue colocado en el banquillo de los acusados, mientras el nuevo pontífice, Esteban VI, actuaba de fiscal, y un diácono oficiaba de defensor. Hallándosele culpable, se le despojó de las vestimentas papales y su cadáver fue arrojado al río Tíber. Un posterior concilio presidido por Juan IX declaró nuevamente válido el pontificado de Formoso.

Durante el funeral de Guillermo I de Inglaterra (1027-1087), celebrado en la iglesia de San Esteban, en la ciudad francesa de Caen, cerca de donde había muerto víctima de un accidente fortuito, los obispos actuantes insistieron en que el cuerpo del rey inglés, bastante descompuesto, entrase a presión en el estrecho sarcófago. En el transcurso de esta operación, el estómago del monarca estalló, liberando un hedor insoportable que hizo huir a casi todos los presentes. Pese a todo, el entierro se llevó a término. En 1562, los vándalos profanaron la tumba del monarca inglés, llevándose todo, excepto un fémur, que sería vuelto a enterrar ochenta años después en otra tumba. Sin embargo, esta tumba también fue saqueada durante la Revolución Francesa, no conservándose en la actualidad ningún resto de Guillermo I de Inglaterra.

Según las crónicas, Rodrigo Díaz de Vivar (1030?-1099), el *Cid Campeador*, murió el 10 de julio de 1099 en su feudo de Valencia. Siguiendo sus postreras instrucciones, su cuerpo fue embalsamado y cabalgó sobre su caballo Babieca en la siguiente batalla en la que sus tropas, envalentonadas por la reaparición de su capitán, derrotaron a las del rey Búcar de Valencia.

La figura de Thomas Becket (1118?-1164), arzobispo de Canterbury, seguía siendo tan influyente trescientos años después de su muerte, en su calidad de rebelde frente al trono inglés y mártir, que Enrique VIII decidió exhumar su cadáver y someterlo a un nuevo juicio público que acabase de una vez por todas con su leyenda. Así pues, el cadáver de Becket fue llevado a la cámara de acusación, donde fue juzgado bajo el cargo de usurpación de la autoridad papal, resultando convicto de traición y siendo condenado a que sus huesos fuesen públicamente quemados en la hoguera.

John Wyclef (1320?-1384), reformador religioso inglés, fue al patíbulo cuarenta y cuatro años después de su muerte. En 1415, el Concilio de Constanza le declaró hereje, ordenando que su cadáver fuera exhumado, quemado y desperdigadas sus cenizas. La sentencia se cumpliría finalmente en 1428.

En 1412, el rey Enrique V de Inglaterra (1387-1422) hizo desenterrar el cuerpo de su antecesor en el trono Ricardo II (1367-1400), muerto doce años antes, y lo exhibió públicamente con sus vestiduras reales. Tres días más tarde, Enrique presidió un segundo funeral de Ricardo en la abadía de Westminster, tras lo cual fue enterrado en una tumba en uno de cuyos laterales se dejó una abertura para que sus visitantes pudieran tocar la calavera del rey. En 1776, un estudiante robó la mandíbula del antiguo rey a través de dicho agujero. Los descendientes del profanador retuvieron la reliquia hasta 1906, cuando fue restituida a la tumba.

A los veinticuatro años de la muerte de la heroína francesa Juana de Arco (1412-1431) en la hoguera de Ruán, acusada de brujería, su caso fue reabierto por el rey Carlos VIII (1403-1461), el mismo que en su momento la había abandonado en las manos inquisitoriales, tras ser coronado por la joven heroína. Tres obispos estudiaron nuevamente el caso, permitiéndose que la familia de la *Doncella de*

Orleáns presentase nuevas pruebas absolutorias. El juez anuló el veredicto anterior, declarándolo «un atroz error judicial». Casi quinientos años después, en 1920, Juana de Arco fue canonizada por la Iglesia Católica tras un largo y controvertido proceso.

El estadista inglés Thomas More (1478-1535), más conocido en España como Tomás Moro, murió decapitado por orden del rey Enrique VIII por negarse a reconocer el cisma anglicano de la Iglesia Católica. Su cabeza fue hervida, clavada en un palo y exhibida en el puente de Londres. Un mes después, su hija, Margaret Roper, sobornó a los vigilantes del puente para que le entregasen la cabeza. Una vez en su poder, la guardó en una caja de plomo y la preservó con esencias aromáticas. Sin embargo, poco después fue detenida por aquel soborno y encarcelada. Murió en 1544 y la cabeza de su padre fue enterrada con ella. En junio de 1824, fue abierta la tumba y la cabeza de Tomás Moro fue públicamente expuesta en la iglesia de San Dustane, en Canterbury, hasta fecha muy reciente.

El pirata, explorador y consejero real inglés Walter Raleigh (1552-1618) murió decapitado por orden del rey Jacobo I. Su esposa enterró el cuerpo, pero hizo embalsamar su cabeza, conservándola en una bolsa de piel roja que mantuvo a su lado los restantes veintinueve años de su vida. Su hijo, Carew, cuidó la reliquia hasta que murió en 1666, cuando fue enterrado junto a la cabeza embalsamada de su padre. En 1680, la cabeza de Raleigh vio de nuevo la luz cuando Carew fue exhumado y vuelto a enterrar (con la cabeza de su padre) en West Horley, Surrey.

Dieciséis años después de la muerte del filósofo francés René Descartes (1596-1650) en Estocolmo, el cadáver fue exhumado a petición de sus amigos y trasladado a París, excepto el dedo índice derecho, que se lo quedó el embajador de Francia, alegando que «quería poseer el dedo que había escrito las palabras *cogito, ergo sum*». En el viaje, un capitán de la guardia sueca que custodiaba la reliquia, sustituyó el cráneo del filósofo por el de otro difunto. El cráneo verdadero fue decorando las vitrinas de una serie de coleccionistas, hasta que cayó en manos del químico sueco Jöns Jakob Berzelius (1779-1848), quien se la ofreció definitivamente al naturalista francés Georges Cuvier (1769-1832).

El estadista inglés Oliver Cromwell (1599-1658) fue desenterrado dos años después de haber sido honrosamente inhumado en la Abadía de Westminster y su cuerpo, tras ser arrastrado en trineo hasta Tyburn, fue colgado hasta el ocaso. El verdugo de aquella ciudad descolgó el cuerpo, lo arrojó al patíbulo (destrozando por cierto su embalsamada nariz) y, de ocho hachazos, le cortó la cabeza. El cuerpo fue tirado a un foso y la cabeza empalada en un poste de ocho metros de altura con punta de hierro, que fue amarrado al tejado de Westminster Hall. Allí permaneció veinticuatro años hasta 1685, cuando una tormenta lo arrancó de su soporte. Un capitán de la guardia robó los restos y los escondió en la chimenea de su casa, mientras que se iniciaba una ardorosa búsqueda de la reliquia. El capitán mantuvo su secreto hasta que, en el lecho de muerte, lo confesó a su única hija. En 1710, la cabeza apareció en un espectáculo de curiosidades, siendo finalmente subastada por sesenta guineas. En 1775, la reliquia pertenecía al actor Samuel Russell que la ofreció al *Sydney Sussex College,* del que Cromwell había sido alumno, pero la dirección declinó la oferta. Poco después, arruinado Samuel Russell, sobrevivió con las ganancias de exponer al público la reliquia. En 1787, Russell la vendió por 118 libras esterlinas a un joyero llamado James Fox. Diez años después, Fox la vendió por 230 libras a tres empresarios que la exhibieron en la calle Bond de Londres, con muy poco éxito de público. En 1814, la propiedad, en manos de la hija de uno de aquellos empresarios, fue vendida al doctor Wilkinson. En 1960, finalmente, la familia Wilkinson la ofreció de nuevo al *Sydney Sussex College,* que esta vez la aceptó, enterrándola discretamente en los jardines de la institución.

James Scott, duque de Monmouth (1649-1685), hijo ilegítimo del rey Carlos II de Inglaterra (1630-1685), fue decapitado acusado de rebeldía, en una ejecución que necesitó hasta cinco golpes de hacha. Sin embargo, antes de ser enterrado, se tomó la decisión de realizar un retrato del duque que legase sus rasgos a la posteridad. Se volvió a coser la cabeza del duque a su cuerpo y pintaron el retrato, que en la actualidad se encuentra en la *National Gallery* de Londres.

El zar Pedro III (1728-1762) gobernó Rusia durante seis meses y, tras ser derrocado, fue asesinado, en junio de 1762, a los 34 años de edad, por esbirros a las órdenes de su esposa Catalina II *La Grande* (1729-1796). Treinta y cinco años después de su muerte fue coronado, tras ser abierto su ataúd con dicho propósito.

En la segunda mitad del siglo XVIII, el gigante irlandés Charles O'Brien Byrne (1761-1783), que medía más de dos metros de estatura, enterado de que el cirujano John Hunter (1728-1793) codiciaba su cadáver para incluirlo en su museo particular, dispuso que al morir fuera colocado en un féretro de plomo y arrojado al fondo del mar. Sin embargo, cuando se produjo la muerte de Byrne, el cirujano consiguió sobornar a sus enterradores y se hizo con el cadáver, hirviéndolo inmediatamente para preservar su esqueleto, que hoy en día forma parte del Museo Hunter, sito en el *Royal College of Surgeons* de Londres. Su esqueleto comparte vitrina con el de la enana siciliana Caroline Crachami, que medía medio metro de altura.

Muestra de la vigencia de la figura de Napoleón Bonaparte (1769-1821) son las muchas supuestas reliquias que se conservan de su cuerpo. Así, por ejemplo, se conserva una de sus muelas del juicio, que le fue extraída en 1817. Poco después de morir, una mano anónima afeitó totalmente su cabeza, y sus cabellos fueron repartidos entre cientos de sus seguidores. De acuerdo a su propia última voluntad, su corazón fue preservado y entregado a su amada María Luisa (1791-1847), y hoy en día se conserva guardado en una jarra de plata. Pero no es esto todo: parte de su estómago también se conserva en un pimentero de plata. Una porción de sus intestinos, que era guardada en el Real Colegio de Cirujanos de Francia, fue destruida por un bombardeo en 1940, durante la Segunda Guerra Mundial. En 1972, su pene, de unos tres centímetros de longitud, que se supone que fue conservado por su confesor, fue ofrecido en pública subasta por la galería *Christie's,* aunque nadie pujó por él. Poco después, se intentó de nuevo su venta incluido en el catálogo de la firma de venta por correo *Flayderman,* y tampoco se encontró comprador. Finalmente, lo compró en 1977 un urólogo estadounidense por 3.800 dólares.

El poeta británico Percy Bysshe Shelley (1792-1822) murió ahogado durante una tormenta en el mar frente a las costas italianas, en el curso de una travesía a bordo de una chalupa por el golfo de La Spezia. Su cuerpo fue quemado en una hoguera a orillas del mar, siguiendo el ritual de los antiguos griegos, en presencia de sus amigos Lord Byron, Edward Trelawny y Leigh Hunt. Cuando el cadáver estaba casi consumido, Trelawny sacó del fuego el corazón, quemándose la mano. El y Hunt se lo disputaron, hasta que Mary Shelley (1797-1851), la esposa del fallecido (también escritora y famosa por su libro *Frankenstein o el moderno Prometeo*), lo pidió. Mary lo conservó envuelto en un paño de seda el resto de su vida. A su muerte, el corazón fue encontrado en su escritorio, reseco y polvoriento, entre las hojas de un ejemplar de *Adonis,* una de las obras de Shelley. Finalmente, el corazón fue colocado en una caja de plata y enterrado en la tumba del hijo de Shelley, Percy, en el cementerio de San Pedro, en Bornemouth.

Lord Byron (1788-1824) entregó su vida luchando por la independencia de Grecia del Imperio Turco. Al morir, su corazón y sus pulmones fueron enterrados en suelo griego, mientras el resto de su cuerpo era enviado a Inglaterra, donde el gobierno impidió que recibirían sepultura en la Abadía de Westminster, a causa de los muchos escándalos de su vida.

El filósofo británico Jeremy Bentham (1748-1832) donó al morir todos sus bienes al *University College Hospital* de Londres, a condición de que su cuerpo fuera embalsamado y presidiese todas las reuniones de la directiva del hospital. El doctor Southward Smith, por petición expresa de Bentham, se encargó de la operación, montando el esqueleto y fijándole una cabeza de cera modelada a imitación del verdadero rostro del filósofo y vistiéndole con sus ropas y un sombrero, –sentándolo en un sillón sosteniendo su bastón favorito. El esqueleto fue colocado en una urna acristalada de madera de caoba y así, durante los noventa y dos años siguientes, presidió todas las juntas directivas del hospital.

Cuando el doctor y misionero anglicano David Livingstone (1813-1873) falleció en Africa, los nativos embalsamaron su cuerpo, enviándolo a Inglaterra, donde fue enterrado en la abadía de Westminster, pero no sin antes arrancarle el corazón, que quedó en Africa y fue enterrado entre las raíces de un viejo árbol.

Vladimir Illich Uliánov *Lenin* (1870-1924) murió aquejado de una esclerosis cerebral en 1924. Tras efectuarle la autopsia, su cerebro fue cortado en veinte mil secciones para ser estudiado por el Instituto Cerebral Soviético.

ENIGMAS, MISTERIOS Y QUIMERAS

En la Isla de Pascua se alzan unas 250 extrañas estatuas, llamadas *moais,* que representan a hombres desnudos de cabezas desproporcionadamente grandes, con largas orejas. Los rostros, de expresiones atemorizantes, muestran características caucasianas (es decir, europeas) absolutamente fuera de lugar en aquella isla. Algunas de las estatuas son tan altas como un edificio de tres plantas y pesan unas sesenta toneladas. Sus cabezas terminaban en unas piedras de color rojo que hoy yacen caídas a sus pies. Se ha especulado si esos remates de color rojo representarían cabelleras pelirrojas, tonalidad capilar inexistente en los pueblos polinesios o americanos autóctonos. Unas cien estatuas están totalmente acabadas y otras 150 fueron abandonadas antes de terminarse. Las leyendas nativas cuentan que, alrededor del año 475 de nuestra era, 300 hombres (a los que denominan *orejas largas*) desembarcaron en la isla, después de una travesía marítima de 120 días desde el este. Veinte generaciones después, los orejas cortas (polinesios indígenas) llegaron y fueron esclavizados por los orejas largas, trabajando en la construcción de las estatuas. En nuestro siglo XVII, los orejas cortas se sublevaron contra los orejas largas, derrotándolos y haciéndoles desaparecer de la escena histórica. ¿Quiénes eran estos orejas largas?

Según una carta remitida al rey de España en 1572 por el virrey de Perú, Francisco de Toledo (1515-1582), se hallaba en su poder un clavo de hierro muy antiguo hallado en una mina peruana, incrustado en una roca que tendría miles de años de antigüedad. De ser cierto, este hecho tiraría por tierra la fundada opinión de que los indios precolombinos no conocían el hierro.

El naturalista romano Plinio *El Viejo* (23-79) describió en su obra *Historia Natural* una máquina segadora utilizada en su tiempo en los campos de las Galias. Según Plinio, este prototipo de segadora estaba formada por «grandes bastidores móviles, provistos de agudos dientes en sus costados y movidos sobre dos ruedas. El trigo segado caía en una gran caja, y todo el vehículo era impulsado por dos bueyes uncidos detrás». Durante mucho tiempo se refutó la veracidad de la existencia de tal máquina por considerarse excesivamente avanzada para el desarrollo general de la tecnología gala de entonces. Sin embargo, hace unos años, el arqueólogo belga Fouss descubrió un relieve en Buzenel, al sur de Bélgica, en el que se reproducía una máquina similar a la descrita por Plinio.

Uno de los hechos más curiosos ocurridos en la entrega anual de los Oscars de Hollywood tuvo lugar en la ceremonia de 1938. La actriz Alice Brady no pudo recoger en persona la estatuilla correspondiente a la mejor actriz secundaria, que había obtenido por su trabajo en la película *Chicago,* por tener un tobillo roto, haciéndolo en su nombre un caballero no identificado. Sin embargo, la sorpresa saltó cuando días después la actriz confesó que no había enviado a nadie en su lugar. Nadie supo encontrar al personaje que espontáneamente lo recogió. Y, por supuesto, nadie encontró tampoco dicha estatuilla.

El marinero español Pedro Serrano, cuyo barco había naufragado en el Caribe en 1528, sobrevivió ocho años en una isla situada aproximadamente a unos trescientos kilómetros frente a las costas de Nicaragua, hasta que fue rescatado por otro barco que acertó a divisar sus señales. Hasta hoy, nadie ha logrado aún identificar dicha isla.

Se han constatado en todo el mundo un total de 168 leyen… relatan o mencio-
o los indios ame-
parentadas entre
ar independien-
cho central: una
e vida animal y
Por ejemplo, un
le Mares") que
rusa, la Tierra
adenó una tor-
ó tres veces al
iciones chinas
Nukua, cuyos

… pez les permitieron salvarse nadando. En el antiguo México se contaba que un hombre y una mujer se salvaron de un diluvio encerrados en una cesta de madera. La mitología griega narra que Zeus, observando que los hombres habían degenerado sus costumbres, decidió enviar un diluvio que acabara con ellos; pero se apiadó de Decaulión, el rey de Tesalia, y de su esposa Pirra, y decidió salvarlos diciéndoles que construyeran una nave; ésta flotó sobre las aguas durante nueve días, varándose, cuando las aguas bajaron, en el monte Parnaso. A instancias de Zeus, Decaulión y Pirra regeneraron la raza humana arrojando piedras sobre el suelo (de las que lanzó él, surgieron los hombres; de las de ella, las mujeres).

Con todo, el más claro antecedente del Diluvio Universal narrado en el Antiguo Testamento lo aporta la mitología mesopotámica, que fue descifrada a partir de las tablillas encontradas en las ruinas de Nínive. En ellas se habla de gotas de lluvia del tamaño de platos que provocaron la muerte de todos los malvados. El héroe de esta epopeya es Gilgamés, que da nombre a la narración, pero el protagonista de la leyenda del Diluvio es Utunapistim, que sobrevivió con toda su familia a bordo de un arca, tras siete días de lluvias. Antes de saltar a tierra este héroe sumerio-babilónico envió una paloma, un vencejo y un cuervo para comprobar si el nivel de las aguas ya había descendido lo suficiente como para dejar al descubierto tierra firme.

A comienzos de nuestra era, en las montañas y altiplanicies de Perú y Bolivia vivía el pueblo mochica, ascendiente directo de los indígenas que siglos después serían llamados por los españoles *incas*. Este pueblo, a pesar de habitar en la cordillera andina, era un pueblo marinero, que curtió su oficio en el lago Titicaca. Según las leyendas populares, en determinado momento de su historia un hombre de tez clara y cabellos rubios que viajaba a lomos de un animal cuadrúpedo desconocido para ellos se convirtió en monarca de los mochicas y en consecuencia fue elevado a la categoría de dios. Su nombre era Lak-Viracocha y reinó hasta que el pueblo se rebeló contra él por desconocidas razones. El dios-hombre hubo de escapar junto a su séquito en dirección al mar, en el que se embarcó y desapareció rumbo al oeste. Por otra parte, cuando los primeros exploradores españoles llegaron a la Polinesia, hallaron, según cuenta una leyenda surgida posteriormente, un pueblo de características étnicas muy peculiares, con largos cabellos rubios, piel blanca y ojos azules, que adoraban al dios Kon-Tiki, en quien algunos investigadores creen ver al legendario Viracocha mochica. Los nativos explicaban que este pueblo había venido desde el este.

Lo cierto es que desde siempre la posibilidad de que algunos navegantes preincaicos llegasen hasta las lejanas islas polinesias desde la costa americana del Pacífico intrigó a aventureros y científicos occidentales. En 1947, el noruego Thor Heyerdahl (1914) organizó y llevó a cabo una expedición a bordo de la embarcación *Kon-Tiki,* confeccionada con madera de balsa, partiendo desde Lima y alcanzando las islas polinesias de Tuamotu. El 29 de junio de 1988, el aventurero español Kitín Muñoz, a bordo de la balsa *Uru,* construida con tallos de totora (planta de la que se servían los antiguos mochicas para construir los barcos con que surcaban el Titicaca), partió desde el puerto limeño de El Callao hacia el oeste, llegando el 22 de agosto, casi dos meses después de partir, a la isla Nukuhiva, la principal del archipiélago de las Marquesas. Ambas aventuras vinieron a demostrar la viabilidad de un viaje desde la costa occidental de América a las islas polinesias por parte de los antiguos mochicas.

En 1922 se produjo el descubrimiento arqueológico de la tumba intacta de Tutankamon, el adolescente y poco importante faraón egipcio de la XVIII dinastía casado con una hija de la reina Nefertiti y muerto a los dieciocho años. Pocos meses después del hallazgo, George Edward Stanhope Molineux Herbert, quinto conde de Carnarvon (1866-1923), egiptólogo y filántropo que financiaba los trabajos del arqueólogo descubridor del hallazgo, Howard Carter (1873-1939), fue picado por un mosquito; al afeitarse se cortó la hinchazón y el 5 de abril de 1923 moría en El Cairo, víctima de una septicemia. Su fallecimiento avivó las especulaciones referente a la maldición que, según las tradiciones ancestrales egipcias, habría de caer sobre los que profanasen las tumbas de los faraones. Según el relato de algunos contemporáneos, en el momento exacto en que el conde británico fallecía, se produjo un apagón en la capital cairota. Poco después, dos hermanastros y la esposa del conde fallecían también, al igual que un ayudante (A. C. Mace) y el secretario de Carter, el hijo de lord Westbury (cuyo padre se suicidó, desesperado, al año siguiente). El egiptólogo Arthur Weigall, que había estudiado la momia de Tutankamon, murió súbitamente aquejado de unas fiebres desconocidas. Archibald Douglas Reid también falleció repentinamente, mientras examinaba una momia por rayos X. Un magnate americano y un egiptólogo francés sufrieron también sendos accidentes tras visitar la tumba, avivando todo ello la leyenda de la maldición.

El físico holandés Christian Huygens (1629-1695) regaló al rey francés Luis XIV el considerado como primer péndulo de la historia. Al morir el monarca, el 1 de septiembre de 1775, a las 7,45 horas de la mañana, el péndulo dejó inexplicablemente de moverse.

El actor Glenn Ford, sometido a hipnosis, recordó dos vidas anteriores. Una en la persona del vaquero Charlie Bill, al servicio de un ganadero de nombre Charlie Goodnight, en Colorado. Otra como Charles Stuart, un profesor escocés de piano. El actor, hipnotizado, llegó a tocar el piano con habilidad, a pesar de que, según declaró, «no sé tocar ni una nota».

En julio de 1887, cuatro buscadores de oro hallaron en Spring Valley, cerca de Eureka, en el estado norteamericano de Nevada, los restos fosilizados de un hueso de apariencia humana. Estudiados los restos por dos médicos, se determinó, sin lugar a dudas, que se trataba de una tibia humana. Lo sorprendente es que medía 99 centímetros, por lo que debería corresponder a un ser humano de más de 3,70 metros de estatura.

El 26 de mayo de 1828 un zapatero de la ciudad alemana de Nuremberg, llamado Georg Weichman, encontró en la calle, perdido, a un extraño muchacho, semidesnudo y asalvajado, que sólo sabía decir dos frases: «no entiendo» y «quiero ser soldado como mi padre». Dado a conocer el caso, enseguida comenzaron a proliferar las especulaciones sobre la procedencia de este muchacho, que se dio en llamar Kaspar Hauser. Viendo que no sabía leer ni escribir, ni siquiera utilizar los cubiertos o reconocer la comida, se pensó que se trataba de algún tipo de subnormal profundo. Sin embargo, en medio año aprendió a hablar más que correctamente y en sólo quince semanas asimiló buena parte de la educación convencional de cualquiera de sus conciudadanos. Cuando ganó en expresividad, contó que había vivido siempre en una pequeña habitación, en la que no entraba luz natural alguna y a la que un misterioso cuidador le llevaba pan y agua para su manutención. Famoso en toda Europa, el burgomaestre de Nuremberg encargó su educación al profesor Friedrich Daumer, mientras que Lord Stanhope le adoptaba oficialmente. Sin embargo, cuando el enigma sobre su origen y procedencia estaba aún en plena ebullición, un nuevo misterio vino a sumarse al anterior. El 14 de diciembre de 1833, cinco años y medio después de su aparición, fue encontrado su cadáver apuñalado en un parque nevado (nieve en la que sólo se encontraron huellas suyas). Nadie logró nunca averiguar cómo y por qué fue asesinado.

Uno de los muchos magnicidios que ha quedado impune en la historia es el asesinato del general y estadista español Juan Prim (1814-1870). En total se dictaron 105 autos de procesamiento contra otras tantas personas distintas, se recogieron 2.485 declaraciones y se efectuaron no menos de 89 careos, incoándose un expediente de más de 11.500 folios; sin embargo, el sumario fue finalmente sobreseído, sin que se llegara a ninguna conclusión cierta y sin que se acusara formalmente a nadie del asesinato.

Según una leyenda, en los primeros años del siglo XIX, un capitán escocés enterró un tesoro en la deshabitada isla de Cocos, en el Pacífico, al oeste de Costa Rica, por orden de las autoridades coloniales españolas que querían evitar que cayera en manos de los independentistas sudamericanos. Al parecer, el llamado *Tesoro de Lima* estaba formado, entre otras cosas, por unas 30 toneladas de oro y piedras preciosas, una estatua de la Virgen de tamaño natural, así como gran cantidad de custodias y objetos eclesiásticos, además de 273 espadas de oro macizo e incrustadas de piedras preciosas. Al menos 500 expediciones han viajado desde entonces a dicha isla, en una búsqueda, hasta ahora, infructuosa.

En el año 1590, el soldado español Juan Valverde recibió un gran regalo de su suegro, un jefe indio, consistente en una docena de lingotes de oro de cien libras cada uno –valorados en más de 2.000 millones de pesetas actuales–, y lo escondió en una cueva del macizo Llangantani, en Ecuador, en espera de poder llevárselo a España. Ante la presión de las autoridades coloniales, al tanto de la donación, Valverde, previo pago de un rescate, reveló la localización de la cueva. Sin embargo, todas sus referencias habían desaparecido con el natural cambio de la vegetación de la selva y el tesoro no pudo ser encontrado. Desde entonces, un gran número de aventureros fue en su búsqueda infructuosamente, hasta que el joven austriaco Thour de Koos encontró la cueva. Sin embargo, antes de que pudiera llevarse el tesoro, contrajo una pulmonía fatal y se llevó su secreto a la tumba. Nadie hasta ahora ha logrado reencontrar aquel legendario tesoro.

El papa Pío V (1504-1572) aseguró haber *visto* la batalla de Lepanto desde Roma. Lo cierto es que celebró la victoria antes de que la noticia llegara efectivamente a Roma.

El autor del libro del *Apocalipsis* o *Libro de la Revelación* (según la tradición, San Juan) menciona el número 666, simbolizando un monstruo de siete cabezas y diez cuernos, que era la representación del Anticristo. Esta cifra, conocida desde entonces con el nombre de *Número de la Bestia*, que pasó a ser considerada por los ocultistas como la representación del demonio, ha sido interpretada después como una referencia velada al emperador Nerón (*La Bestia*), que elude el peligro de aludir en sus escritos al emperador romano, con las consecuencias que ello tenía en aquella circunstacia histórica. Sin embargo, han sido numerosas las distintas interpretaciones que a lo largo de la historia de la teología católica se han dado a esta cifra. Por ejemplo, el teólogo Pedro Bungo escribió un largo tratado (de 700 páginas) en el que trataba de demostrar que el número 666 era en realidad un criptograma del nombre de Martin Lutero. Éste replicó interpretándolo como una profecía sobre la duración del Papado. El matemático protestante Stifel creyó ver en el número una referencia al papa León X y de él dedujo (por medio de unos vericuetos especulativos irreproducibles) que el fin del mundo ocurriría en el año 1533. Otros teólogos han querido entender el *Número de la Bestia* como una alusión profética a, entre otros, Calígula, Mahoma, Napoleón o Hitler.

ERRORES, GAZAPOS Y PATINAZOS

El secretario de estado de Relaciones Exteriores norteamericano, William Jennings Bryan (1860-1925), encargado de la organización de los actos de inauguración oficial del canal de Panamá (1920), invitó a todos los países occidentales a enviar una representación de sus respectivas armadas a los actos. Lo curioso es que llevó a tal extremo su celo diplomático que llegó a invitar a la inexistente Armada de Suiza.

El explorador español Francisco Fernández de Córdoba (?-1518) desembarcó en 1517 en una península a la que llamó *Yucatán,* porque los nativos pronunciaban dicha palabra contestando a su pregunta de cómo se llamaba la costa en la que había desembarcado, lo que le hizo pensar que tal era su nombre. En realidad, *yucatán* quiere decir en lengua maya "no entiendo". Algo así como si a la vuelta de Londres dijéramos que hemos estado en *Aidonanderstán.*

Hacia 1860, el senador estadounidense George M. Willing bautizó con el nombre de *Idaho* a la extensa región minera de Pike's Peak, aduciendo que dicha palabra india significaba "perla de la montaña". El Congreso de los Estados Unidos, al hacer las oportunas averiguaciones, llegó a la conclusión de que esa traducción no era correcta, y decidió llamar al territorio *Colorado* por el nombre del río que la atraviesa. Sin embargo, el topónimo *Idaho* quedó ahí y, dos años después, cuando hubo que buscar un nombre a un nuevo territorio del noroeste de la costa del Pacífico, alguien lo recordó y lo propuso, siendo aceptado en 1863. Cuando el territorio fue elevado a la categoría de Estado de la Unión, en 1890, se mantuvo su nombre. Sin embargo, posteriormente se descubrió que esa palabra significaba en idioma aborigen "mierda de búfalo".

En cierta ocasión en que presentaron a la firma de la reina inglesa Victoria (1819-1901) una ley contra la homosexualidad, ésta eliminó escandalizada toda referencia a la variante femenina. Sin embargo, el hecho tuvo consecuencias paradójicas, ya que, mientras que la homosexualidad masculina quedó tipificada como delito, el lesbianismo continuó siendo legal.

La reina Isabel II de Inglaterra fue coronada el 2 de junio de 1953, un día que, según los meteorólogos sería el más soleado del año. Sin embargo, llovió abundantemente.

La Asociación de los Judíos de la Nación Alemana pidió públicamente el voto para Adolf Hitler en las elecciones de 1933.

Llevado por su celo realista, el pintor renacentista italiano Jacopo Robusti *Tintoretto* (1565-1590) pintó una gran reproducción del Exodo de los hebreos desde Egipto a la Tierra Prometida. El cuadro, titulado *Los israelitas recogiendo el maná en el desierto*, mostraba a los judíos dirigidos por Moisés armados con una especie de escopetas; un anacronismo ciertamente notable.

En uno de los aproximadamente 3.000 retratos que pintó el inglés Joshua Reynolds (1723-1792) se ve a un personaje inmortalizado con un sombrero en su cabeza... y otro debajo del brazo.

En la línea 114 de la escena 2ª del acto II de la versión original de la obra de William Shakespeare *Julio César*, el personaje de César pregunta a Bruto: «¿Qué hora ha dado ese reloj?», y el aludido responde: «César, son las ocho». Estas frases no dejarían de ser un intercambio de información banal, si no fuera por el anacronismo de situar un reloj que *da* las horas en tiempos romanos, cuando tales avances mecánicos no se producirían hasta catorce siglos después.

En cierta ocasión, la Casa de la Moneda estadounidense lanzó al mercado unas monedas en las que se podía leer *In Gold We Trust* (es decir, "Creemos en el Oro"), en vez del lema que hubiera sido correcto *In God We Trust* ("Creemos en Dios").

En 1920, el Departamento de Agricultura de los Estados Unidos publicó un folleto recomendando a los agricultores el cultivo de marihuana por ser extraordinariamente rentable.

En 1948, en plena guerra entre judíos y árabes, el embajador estadounidense ante las Naciones Unidas, Warren Austin, apeló al buen sentido de los dirigentes de ambos bandos, sugiriendo que arreglasen sus desavenencias por vía pacífica como *buenos cristianos*.

Cuando el *insumergible Titanic* se hundió en 1912 en aguas del Atlántico, el Senado estadounidense abrió una investigación para tratar de aclarar las causas del trágico suceso. Tras oír la descripción técnica del trasatlántico por parte de un experto, el senador William A. Smith, representante del estado de Michigan, le preguntó ingenuamente: «¿Por qué no se refugiaron los pasajeros en los compartimentos estancos que ha mencionado para evitar ahogarse?». Evidentemente sus conocimientos navales no eran muy profundos o, dicho con otras palabras, su ignorancia en el tema era tan profunda como las aguas del Atlántico en que se hundió el barco, compartimentos estancos incluidos.

El 22 de julio de 1962, el cohete espacial estadounidense *Mariner I,* que viajaba rumbo a Venus, hubo de ser destruido desde tierra al mostrar un desvío incorregible en su rumbo. Inmediatamente se abrió una investigación que llegó a la conclusión de que este desvío se había debido a un error en la programación de los ordenadores de a bordo, consistente en la omisión de un guión ortográfico en su programa de vuelo. Esta nimia omisión se calcula que supuso unos 18,5 millones de dólares de la época.

El récord de erratas en un periódico diario registrado está en posesión de la edición del londinense *The Times* del 22 de agosto de 1978, en la que aparecían en una sola columna de la página 19 un total de 97 erratas. Todas ellas consistían en la omisión de la última letra de la palabra *Pope (*"Papa"*)* referida al pontífice Pablo VI.

Los arquitectos que proyectaron la Torre de Pisa, Bonanno de Pisa y Guillermo Tedesco, cometieron el error de cavar unos cimientos de sólo cuatro metros de profundidad al comenzar su construcción en 1174. Ya a mitad de la obra, el suelo se deslizó y la torre creció ya inclinada, obligando a abandonar el proyecto. Finalmente, el edificio sería terminado en 1350, con tres de sus ocho pisos construidos en vertical, intentándose alterar convenientemente su centro de gravedad y sostener así en pie esta torre o *campanile* con sus más de cinco metros de inclinación. A la vista está que aquel intento no tuvo éxito, ya que hasta fecha muy reciente, la torre ha seguido inclinándose a razón de 0,75 cm anuales. Recientemente, sin embargo, parece ser que esta progresiva inclinación se ha detenido, a causa de un nuevo corrimiento de tierras en el subsuelo y a la acción de unos contrapesos instalados en su base.

El óleo de 1928 de la pintora estadounidense Georgia O'Keefe titulado *Oriental Poppies* ("Amapolas orientales"), que se exhibe en el museo de la universidad de Minnesota, en los Estados Unidos, estuvo colgado verticalmente durante treinta años, cuando en realidad fue pintado en sentido horizontal.

En 1961, se expuso colgado boca abajo durante 47 días en el Museo de Arte Moderno de Nueva York el cuadro *Le Bateau* ("El barco") del pintor francés Henri Matisse (1869-1954), antes de que alguien se diera cuenta del error. En ese tiempo, se calcula que el lienzo pudo tener aproximadamente unos 116.000 espectadores.

La ciudad estadounidense de Nome, un enclave turístico del estado de Alaska, debe su nombre a un error. En un viejo mapa británico, se podía leer la inscripción *Name*? (en español, "¿Nombre?") sobre la localización de este asentamiento, indicando que aún no había sido bautizado. Algún funcionario poco cuidadoso lo copió como *Nome* y así ha quedado hasta hoy.

El nombre del continente americano proviene del de Américo Vespucio (1454-1512), un navegante florentino que realizó varios viajes de exploración a las Indias, en el curso de los cuales dibujó cartas y mapas de los nuevos territorios, llegando incluso a dar el nombre de Colombia, en honor de Colón, a las tierras en que desembarcó. En principio, creyó que aquellas tierras no pertenecían, como se pensaba, a una isla, sino que eran el extremo oriental de Asia. Mediante cálculos, llegó a la conclusión de aquel confín estaba mucho más allá del *finis terræ* señalado por Tolomeo, lo que le llevó a ser el primero que, según se cree, advirtiera que se trataba de un nuevo continente, afirmación que revolucionó la Geografía. Al mismo tiempo, en 1507, en Saint-Dié, pequeña localidad de los Vosgos franceses, el cosmógrafo Martin Waldseemüller (1475-1521) se dedicaba a escribir una introducción a los libros de Tolomeo. Al tener noticia de las afirmaciones de Américo Vespucio, introdujo el nombre de América en el planisferio que acompañaba a dicha obra, adjudicándolo al nuevo continente. Tal denominación tuvo éxito en los ambientes científicos y pasó a ser la denominación oficial del Nuevo Mundo, a pesar incluso del propio cosmógrafo alemán, que intentó deshacer su errónea atribución, evidentemente sin obtener resultado.

En el curso de su circunnavegación terrestre, Hernando de Magallanes (1480-1521) y su tripulación asistieron a una danza ritual bailada por un indígena techuelche en una playa de una tierra al sur del continente americano. Observando su gran corpulencia y el desproporcionado tamaño de sus pies, decidió llamar a aquellas tierras *Patagonia* (es decir, "tierra de los de la pata grande"). En realidad, los indios no tenían los pies grandes, sino que los llevaban forrados de pieles para defenderse del frío.

Unos meses antes, Magallanes y sus hombres habían llegado a las costas de la actual Uruguay, frente a las cuales Magallanes exclamó «¡Monte video!»

("¡Monte veo!"). Tiempo después, en 1726, éste fue el nombre que se dio a la ciudad allí fundada por el español Bruno Mauricio de Zabala (1682-1736), y que, con el paso del tiempo, sería la capital uruguaya, Montevideo.

En 1905, el escritor estadounidense Jack London (1876-1923) se presentó como candidato a la alcaldía de su ciudad natal, Oakland, en California, obteniendo un sonoro fracaso, al recibir menos de 500 votos.

En 1860, la revista norteamericana *Godey's Lady's Book*, haciéndose eco de la popular prevención sobre los efectos venenosos de los tomates, aconsejaba no comerlos sin haberlos cocido, al menos, durante tres horas.

Durante la prohibición alcohólica impuesta en los Estados Unidos por la llamada Ley Seca se calcula que funcionaron en aquel país más de 200.000 tabernas ilegales. Solamente en la ciudad de Nueva York, unos 32.000 establecimientos clandestinos continuaron con el negocio que antes de la prohibición atendían no más de 15.000 tabernas.

Como los inmensos esqueletos que fueron reconstruidos a partir de restos óseos fosilizados eran de naturaleza aparentemente reptiliana, fueron designados por el zoólogo británico Richard Owen (1804-1892) con la palabra de origen griego *dinosaurios,* que significa "lagartos terribles". Sin embargo, en opinión de los expertos actuales, aquellos gigantescos reptiles están emparentados más estrechamente con los cocodrilos que con los lagartos, por lo que deberían llamarse, con mayor propiedad, *dinocrocodilios.*

En el estado norteamericano de Nueva Jersey, al darse a conocer el descubrimiento de Wilhelm Conrad Roentgen (1845-1923) de los rayos X, se dictó una ley prohibiendo su posible aplicación en los binoculares de teatro, bajo la sospecha de que servían para ver el cuerpo desnudo de las damas a través de sus ropas; sospecha promovida subrepticiamente por una oportunista campaña publicitaria de un fabricante de binoculares. Mientras tanto, en Londres se llegó a vender ropa interior *a prueba de rayos X.*

El Papa Benedicto XIV (1675-1758) llamó *influenza* a la gripe por considerar que era causada por la influencia de los astros.

En 1783, los habitantes de la ciudad francesa de Gonesse estaban seguros de que el *visitante del cielo* que había caído sobre la ciudad había sido enviado por Satanás y lo atacaron con horcas. Luego ataron los restos, desinflados y siseantes, a la cola de un caballo, que al galopar por el campo, los deshizo por completo. Según se comprobó después, el *visitante* no era otra cosa que la seda impermeabilizada de uno de los primeros globos aerostáticos llenos de hidrógeno que surcaban los cielos europeos.

El pintor flamenco Peter Paul Rubens (1577-1640) se permitió la licencia artística, en su famosa obra *Madona del papagayo*, de pintar a la Sagrada Familia con un papagayo del Brasil; anacronismo ciertamente curioso tratándose de un ave que no se conoció en el Viejo Mundo hasta que los conquistadores españoles se adentraron en América y que, por tanto, mal podría haber estado presente en cualquier escena de la vida de la Sagrada Familia.

En 1846, el ministro de Hacienda español trató de imponer una iniciativa por la cual los sueldos de los funcionarios públicos se abonarían a partir de aquel momento trimestral y no mensualmente. Con ello trataba, en sus propias palabras, «de simplificar la contabilidad». Naturalmente, se elevó un clamor general de protesta, cuya intensidad hizo desistir en su empeño al innovador ministro.

En la escena final de la ópera de Gioachino-Antonio Rossini (1792-1868) *La muerte de Porlici*, más conocida por *Masaniello,* la heroína se arroja al cráter del Vesubio literalmente «desde el balcón del palacio real de Nápoles», situado en realidad a una distancia de unos 15 kilómetros.

En el año 526, los errores del calendario juliano vigente habían ido acumulando un desfase en la celebración de las fiestas religiosas que obligó al papa Juan I a encargar al erudito Dionisio *El Exiguo* un estudio cronológico que sirviera de base para establecer una decisión definitiva sobre la fijación de las fiestas anuales. Dionisio decidió replantearse todo partiendo desde la fecha del nacimiento de Jesús. Hizo los cálculos oportunos y la fijó en el 24 de diciembre del año 753 de la era romana, lo cual significó un error –intencionado o no de varios años con respecto a lo que ahora calculan los expertos. Sea como fuere, esta forma de computar los años de acuerdo con el presunto nacimiento de Cristo no se impuso de inmediato en el orbe cristiano. Ninguna comunidad nacional lo aceptó hasta que, en el año 644, lo hiciera la Iglesia de Inglaterra en el Sínodo de Whitby, aunque tampoco esta vez se pusieran de acuerdo todos los eruditos. Años después, el espaldarazo definitivo lo dio el muy respetado erudito Beda *El Venerable* (673-735), que contribuyó a su aceptación general al redactar su obra *Historia eclesiástica de los ingleses* adecuando las fechas mencionadas en su relato a aquella nueva cronología (por lo que se puede afirmar que, hasta donde se sabe, fue el primero que distinguió entre antes y después de Cristo). La Iglesia de Francia asumió el sistema de la era cristiana en el año 742, en el llamado *Concilium Germanicum*, y más tarde lo hicieron las Iglesias de Hispania e Italia. En todo caso, lo que parece seguro hoy es que Jesucristo nació en una fecha desconocida situada entre los años 7 y 4 *antes de Cristo*.

El filántropo Eugene Scheifflin concibió la idea, alrededor de 1890, de poner en marcha un proyecto para llevar a América todos los pájaros mencionados por Shakespeare en sus obras. Bienintencionada, pero desgraciadamente, Scheifflin logró que se soltaran estorninos en el Central Park neoyorquino. Hoy en día estas aves han proliferado por millones desde Alaska hasta México, sin verse molestadas por ningún depredador y convirtiéndose en una plaga perniciosa, al alterar el equilibrio ecológico.

La distancia que se cubre actualmente en una carrera de maratón olímpica es de 42 kilómetros y 195 metros. Esta distancia se hace equivaler muy a menudo con la que separa Atenas de la llanura de Maratón, donde se celebró la batalla que recuerda el nombre de esta moderna carrera. Sin embargo, no es así: la distancia entre Atenas y Maratón es de aproximadamente 40 kilómetros (aunque varía mucho según el camino elegido). Y, de hecho, en los primeros Juegos Olímpicos, esa fue la distancia que se corrió. Sin embargo, al ir a disputarse la carrera en los IV Juegos Olímpicos celebrados en Londres en 1908, el Príncipe de Gales (encargado de dar la salida) pidió al Barón de Coubertin que la competición se iniciase en los jardines del Castillo de Windsor, donde residía, y no en el punto de salida inicialmente previsto. Así se hizo, y habida cuenta de que la distancia desde estos jardines hasta la meta del Estadio Olímpico era de 42 kilómetros 195 metros (26 millas y 385 yardas), ésta pasó a ser la distancia oficial de la carrera de maratón.

En febrero de 1888, el gobierno español, presidido a la sazón por Práxedes Mateo Sagasta (1827-1905), anunció la próxima puesta en circulación de una nueva emisión de monedas de cinco pesetas de nuevo cuño. Sorprendentemente, una gran cantidad de estos nuevos duros falsos, como luego se comprobó, aparecieron en el mercado antes de lo anunciado. El gobierno, ante tal fracaso, hubo de retirar la anunciada emisión y lanzarse a una infructusa persecución de los falsificadores, que por una vez se habían adelantado a los acontecimientos.

EXTRAVAGANCIAS Y LOCURAS

El orador, médico y poeta del siglo XVII Gaspar Balaus, se creyó hecho de mantequilla, por lo que eludía cualquier fuego o fuente de calor por miedo a derretirse. Un día muy caluroso, temiendo fundirse, se arrojó de cabeza a un pozo y murió ahogado.

La reina Cristina de Suecia (1626-1689) odiaba tanto a las pulgas que mandó construir un cañón en miniatura de menos de 15 centímetros de longitud, armándolo con diminutas balas. Con él disparaba inmisericorde a cuanta pulga viese allá donde estuviera. En la actualidad, este cañón enano se guarda en el arsenal de Estocolmo.

El fisicoquímico inglés Henry Cavendish (1731-1810), a falta de otros instrumentos, medía la potencia de las corrientes eléctricas de forma directa, calculando por el dolor que le producían. No obstante, vivió hasta los 80 años. Este gran científico, poseedor por herencia de una de las mayores fortunas de su época, era extremadamente tímido, tal vez a causa de un ligero tartamudeo, y rehuía siempre que podía cualquier conversación o encuentro, sobre todo si se trataba de mujeres. Hasta tal punto llegaba esto que, incluso, prefería comunicarse con su servidumbre por medio de notas. Y ya en el colmo, se asegura que si llegaba a cruzarse en su camino con una sirvienta, ésta era inmediatamente despedida. Para poder mantener su aislamiento, hizo construir en su casa una entrada a su exclusiva disposición.

El rey español Felipe V (1683-1746) fue progresivamente vencido por la melancolía, la hipocondría y la más profunda locura. Se creyó atacado por el sol cuando cabalgaba la mañana del 4 de octubre de 1717 y desde entonces se sintió al borde de la muerte. No se dejaba cortar el cabello ni las uñas ante el temor de que aumentasen sus males, por lo que las uñas de los pies le crecieron tanto que no podía casi caminar. Se mordía continuamente los brazos de ansiedad e, incluso, se creía muerto, preguntando por qué no había sido enterrado. En otras ocasiones, afirmaba que carecía de brazos y piernas. Su comportamiento fue cada vez más y más extravagante: ordenaba abrir las ventanas en pleno invierno; se envolvía en mantas en verano, y algunas noches se creía convertido en rana. Su locura le llevó a temer ser envenenado con una camisa (sic) y desde entonces pasó un año entero sin mudarse. Después optó por razones de seguridad por vestir únicamente camisas usadas de su esposa, Isabel de Farnesio.

Nueve miembros de un club de alpinismo australiano coronaron la cima del monte Huascarán (6.768 metros), en Perú, con una mesa, sillas, comida de tres platos y vino y celebraron en la cumbre la que, sin duda, es la comida formal celebrada a mayor altura de la historia.

El rey Eduardo VII de Inglaterra (1841-1910) se ponía nervioso con el tintineo de las monedas y prohibió que nadie compareciera ante él con calderilla en el bolsillo.

El pintor holandés Vincent van Gogh (1853-1890), en las fases agudas de su locura, sólo podía conciliar el sueño si rociaba el colchón y la almohada con alcanfor. Más y mejor conocido es que Van Gogh intentó matar, en un acceso de locura, a su amigo y colega Paul Gauguin. Arrepentido de su acción, se autolesionó, cortándose parcialmente una oreja. Aunque sus crisis de demencia se debieron, al parecer, a un problema de tipo genético, también contribuyó a ellas su escaso éxito artístico. Según todas las pruebas aportadas por sus biógrafos, de los 879 cuadros que se ha calculado que pintó en total, van Gogh sólo vendió un cuadro en vida: el titulado *La viña roja.*

El emperador romano de procedencia siria Vario Avito Basiano (205-222), coronado a los 14 años con el nombre de Marco Aurelio Antonino, aunque más conocido con el sobrenombre de *Heliogábalo,* tuvo una vida ciertamente extravagante. Desde su primer día en Roma no dejó de asombrar a sus súbditos. Entró en la metrópoli subido a un lujoso carro tirado por mujeres desnudas. Era tan afeminado que se vestía frecuentemente con ropas femeninas y simulaba que se casaba con gladiadores. Según los relatos (la mayoría de los cuales nos han llegado gracias a que el propio emperador dispuso que un cronista legase para la posteridad el detalle de sus festines y andanzas), sus banquetes no sólo eran pantagruélicos, sino a cada uno más extravagante. A uno de ellos, por ejemplo, invitó a ocho jorobados, ocho cojos, ocho gordos, ocho esqueléticos, ocho enfermos de gota, ocho sordos, ocho negros y ocho albinos. Durante los banquetes se complacía en gastar continuas bromas (de diferente gusto) a los invitados. Por ejemplo, a la hora de los postres, cuando ya todo el mundo se hallaba bastante *afectado* por la bebida, el emperador mandaba cerrar las salidas del comedor y hacía soltar una manada de fieras salvajes a las que previamente había hecho arrancar los dientes y las garras (claro que tal extremo lo desconocían los aterrados comensales). En cuanto al lujo y derroche de su vida, quepa decir que se jactaba de no haber bebido nunca dos veces en el mismo vaso (se entiende que todos ellos eran de oro y plata).

A la muerte de la zarina rusa Isabel I Petrovna (1709-1762) se comprobó que su guardarropa contenía la nada despreciable cifra de unos 15.000 vestidos. Se cuenta que solía cambiarse hasta tres veces en una misma noche.

Guglielmo Marconi (1877-1937), inventor del telégrafo, trabajó durante bastante tiempo en un aparato que, según él, le permitiría recibir y grabar voces del pasado. Su máxima ilusión era grabar las últimas palabras de Cristo en la Cruz.

La vida de la emperatriz francesa y esposa de Napoleón Bonaparte, Josefina (1763-1814), nacida en la isla de la Martinica como Josephe Tascher de la Pagerie y posteriormente Josephine Beauharnais tras un primer matrimonio que quedó roto al morir su marido bajo la guillotina revolucionaria (1794), fue famosa por los gastos suntuarios con que se regalaba. Una de sus aficiones preferidas eran los animales. A poco de que su marido se instalase en el trono imperial, Josefina comenzó a introducir en palacio una colección de perros y pájaros exóticos. Por ejemplo, a un solo pajarero, Renaux, le compró en 1807 una partida de pájaros valorada en 7.312 francos, gastando una cifra superior a los 30.000 en los tres años siguientes. También era aficionada a las plantas raras, por lo que de todo el mundo comenzaron a llegar a palacio toda clase de plantas y árboles exóticos. Se dice que por su iniciativa se plantaron en Francia por primera vez eucaliptos, catalpas, camelias, dalias, mirtos, geranios, mimosas, cactus y unas 150 variedades nuevas de rosales. Pero su gran placer y su mayor gasto eran los vestidos. Por ejemplo, en un solo año compró 20 chales de cachemira, 73 corsés, 70 pares de medias de seda, 780 de guantes y 520 de zapatos. En 1809, tenía en su guardarropa 676 vestidos nuevos, 252 sombreros y multitud de cintas, flores de tela, plumas, tules y otros adornos y complementos.

Parece un hecho comprobado que Luis XIV de Francia (1638-1715), el llamado *Rey Sol*, sólo se bañó dos veces en su vida, y en todo caso siempre bajo prescripción facultativa. Otra de sus costumbres era la de conceder audiencias sentado en el retrete real. No obstante, era una persona refinada según los cánones de la época. Por ejemplo, escribía versos (al parecer muy malos) y fue un admirador del ballet, hasta el punto de que él mismo bailó en más de 30, que a tal fin compuso Jean Baptiste de Lully, su compositor de cámara. Por ejemplo, desempeñó el papel de *Rey Sol* en el *Ballet de la Nuit*, representado en 1653. Los 43 cuadros de la obra duraron, de forma simbólica, 12 horas, y el rey apareció en la cuarta y última parte, bailando desde las 3 de la madrugada hasta el amanecer. En aquella ocasión, Luis, con 15 años de edad, iba vestido con un traje masculino de falda festoneada corta y tocado de plumas adornado con el Sol y sus rayos.

En los ballets representados durante su reinado, Luis interpretó otros grandes papeles; por ejemplo: Apolo, Neptuno y Júpiter. Su última aparición data de 1669. Complementariamente, Luis XIV, quizás por influjo de su esposa, la española María Teresa, también tocaba la guitarra, y al parecer con cierta maestría, tras ser instruido por profesor español Roberto de Viseo, que compuso para su alumno algunas piezas, publicadas en 1686.

Poco después de que fuera probada con éxito en 1887 la primera silla eléctrica de la historia, los fabricantes recibieron un pedido de tres unidades del *Negus* de Abisinia (Etiopía) Menelik II (1844-1913). Cumplido el encargo, el emperador abisinio, comprometido con un programa de modernización de su país, no pudo llegar a estrenarlas por la sencilla razón de que Abisinia no contaba por entonces con energía eléctrica. El emperador, una vez superado el enfado con sus asesores, utilizó aquellas sillas como tronos imperiales.

En otra ocasión, se cuenta que Menelik dudaba de la posible solidez de un futuro puente cuya maqueta le presentaban para su aprobación. El monarca, tratando de demostrar su opinión, se acercó a la maqueta y la golpeó con el puño, causando el natural estropicio en el modelo, lo que, a sus ojos, demostraba la falta de solidez del futuro puente. Sus consejeros, ya escarmentados, prepararon un segundo modelo, esta vez con sólida madera; Menelik inmediatamente intentó aplastarlo de nuevo y como no pudo, aprobó el proyecto.

El emperador romano Domicio Claudio Enobarbo *Nerón* (37-68) hizo un viaje artístico a Grecia en el año 66 y aprovechó para participar en los Juegos de Olimpia, Delfos y Corinto. Fue necesario coronar al imperial concursante con los laureles de vencedor. Regresó a Roma dos años después, llevando consigo más de mil ochocientas coronas de triunfador. Por ejemplo, obtuvo un título olímpico de carreras de carros en el año 67, además de algunos otros en poesía. En aquella ocasión, ganó, entre otras razones, porque corrió en solitario. Años después, tal vez en recuerdo de sus *glorias* olímpicas, Nerón instituyó los *Juegos Juvenales* para conmemorar que se había afeitado la barba, dedicándola a Júpiter.

En otra época de su vida, Nerón tomó lecciones de canto y debutó en la actual Nápoles. El público huyó despavorido al coincidir su interpretación con un temblor sísmico. En las siguientes actuaciones, sin dejarse intimidar por los elementos, Nerón obligó a cerrar las puertas para que nadie se marchase durante su actuación.

De Nerón también se dice que fue el inventor de la moda del agua de rosas, por la que sentía tal predilección que en cierta ocasión gastó 4 millones de sestercios (equivalentes a unos 20 millones de pesetas actuales) en aceite, agua y pétalos de rosa para sí mismo y sus invitados en una sola fiesta nocturna ofrecida en pleno invierno a uno de sus mejores amigos personales. Y se sabe que en el entierro de su esposa Popea, en el año 65, se gastó una cantidad de perfume que superaba la producción anual de Arabia. Incluso se perfumó a las mulas que formaron parte del cortejo fúnebre.

Pero si la vida del emperador Nerón estuvo llena de excentricidades, no le fue mucho a la zaga la de su esposa, la mencionada Popea Sabina, de quien, por ejemplo, las crónicas históricas cuentan que no se separaba nunca de su bañera de plata ni de las 500 asnas que suministraban la leche necesaria para sus baños, con lo que pretendía mantener la famosa blancura de su piel. Popea, por cierto, murió a consecuencia de un puntapié de su cruel marido que complicó fatalmente su embarazo.

El general George Smith Patton (1885-1945), héroe militar estadounidense de las dos Grandes Guerras, aseguraba haber vivido otras muchas vidas anteriores, en las que había luchado en la guerra de Troya, en las legiones de César contra Atila, en las Cruzadas, en defensa de los Estuardos de Escocia y en el ejército de Napoleón. Por eso decía que era invulnerable, cosa que intentaba demostrar avanzando a cuerpo descubierto al frente de sus tropas. Aseguraba que no moriría hasta que no hubiera acabado victoriosamente la guerra. Y así fue: tres meses después de la rendición de Japón, un tanque de la marca *Sherman,* e irónicamente del modelo *Patton,* con los frenos rotos, aplastaba su *jeep* en la ciudad alemana de Heidelberg, causándole graves heridas que le provocaron una embolia fatal.

La bailarina rusa Ana Paulova (1885-1931), genial intérprete de la coreografía original de Fokine sobre *La muerte del cisne* del compositor francés Camille Saint-Säens, llevó su amor a los cisnes hasta el extremo de cuidar con verdadera dedicación a varios ejemplares en un estanque especialmente diseñado por ella en su residencia londinense, *Ivy House*, en la que también tenía algunos flamencos, un pavo real y una gran pajarera llena con ejemplares de muchas especies reunidos en sus viajes.

A los 27 años, el escritor estadounidense Edgar Allan Poe (1809-1849) se casó con su prima Virginia Clemm, que por entonces sólo tenía 13. Poe pasó a vivir en Baltimore, en la casa de su tía y suegra María Clemm, que rápidamente se convirtió en una nueva madre para el escritor. Cuando escribía, exigía de ella que se quedase a su lado sirviéndole café hasta la madrugada. Fue su época más fructífera. Por entonces, gustaba de leer en público sus composiciones; para ello, pegaba con engrudo sus manuscritos, formando un largo rollo que iba desenrollando a medida que avanzaba su lectura, obteniendo un efecto dramático muy a tono con el talante de sus poemas.

Hijo de una familia de clase media acomodada, el escritor francés Marcel Proust (1871-1922) luchó durante años por hacerse un hueco en la alta sociedad parisina. Una vez conseguido tal propósito, comprobó que ese ambiente le hastiaba y a partir de entonces dio rienda suelta a su excentricidad. Conocido bisexual, contribuyó a financiar un burdel homosexual, al que acudía frecuentemente como espectador de sesiones de sadomasoquismo. Tal hecho trascendió tanto a la opinión pública que el escritor intentó defender su honor retando a duelo de pistola (que se saldó sin heridos) a un periodista que comentó en un artículo sus hábitos sexuales. En otro momento de su vida, vivió un apasionado *menage à trois* con la actriz Louise de Mornand y uno de sus amigos.

Pero sus peculiaridades no terminaban ahí. Se cuenta que trabajaba hasta altas horas de la madrugada, acostándose hacia las ocho de la mañana y durmiendo, al parecer, completamente vestido, incluso con los guantes puestos, como correspondía a un friolero compulsivo que, por ejemplo, con ocasión de la boda de su hermano, apareció abrumado por tres abrigos, varias bufandas y protección especial en el pecho. Proust era además un hipocondríaco impenitente y extremadamente sensible a los ruidos y a los olores. Por eso aisló su fumigado apartamento parisino con paredes de corcho.

Según se cuenta, el rey Carlos XII de Suecia (1697-1718) permaneció diecisiete meses seguidos en la cama, postrado por la depresión que le produjo la derrota infligida a su ejército por las tropas del zar ruso Pedro *El Grande* en la batalla de Poltawa (1709). Esta marca fue superada, sin embargo, por el francés Raoul Duval que, depresivo y andrógino, odió a todo y a todos lo suficiente como para no levantarse de la cama durante dieciocho años seguidos.

El astrónomo danés Tycho Brahe (1546-1601) perdió la nariz en un duelo que sostuvo a los 19 años tras una discusión sobre temas matemáticos. El resto de su vida llevó siempre una nariz postiza de oro y plata.

El escritor satírico británico Alexander Pope (1688-1744) era descrito, sobre todo por sus enemigos, como "un viejo cascarón chiflado" debido a la extrema delgadez de sus brazos y piernas debida a la tuberculosis ósea que sufría. Se dice que para dar más encarnadura a sus esqueléticas piernas siempre calzaba no menos de tres pares de medias y que para mantener erguido su cuerpo vestía siempre trajes de la más rígida lona.

En la corte de Luis XV de Francia (1710-1774) se creó la figura del portacorbatas, un criado cuyo único cometido era anudarle y desanudarle la corbata al rey.

El cirujano real inglés Henry Halford practicó la autopsia del rey Carlos I de Inglaterra (1600-1649) en 1813, casi doscientos años después de que el monarca fuera decapitado. En el transcurso de dicha autopsia, Halford se quedó con la cuarta vértebra cervical, que había sido cortada por el hacha del verdugo. Durante los siguientes treinta años sorprendía a sus invitados utilizándola como salero. Sin embargo, tal práctica llegó a oídos de la reina Victoria que, no muy satisfecha con el humor negro del cirujano, mandó enterrar la vértebra con el resto del cuerpo del monarca.

Cuando el rey Pedro I de Castilla (1334-1369) aún era príncipe, se enamoró de Inés de Castro, con la que se casó secretamente. Su padre, Alfonso XI, temiendo posibles complicaciones políticas, inventó cargos contra la joven, que fue juzgada, hallada culpable y decapitada, lo que provocó la insurrección de su hijo y una guerra civil que sólo acabaría con la muerte del rey en 1357. Al llegar al trono, Pedro mandó exhumar el cadáver de su amada y arrancar el corazón de sus verdugos. El cuerpo de Inés de Castro, vestido y engalanado para la ocasión, fue sentado en un trono y coronado como reina consorte. Todos los altos dignatarios de la corte hubieron de rendirle pleitesía, besándole la mano y tratándola como si estuviera viva. La desventurada vida de Inés de Castro sirvió de tema al escritor Luis Vélez de Guevara para escribir su drama *Reinar después de morir* (1652).

Se cuenta que el rey Carlos I de Inglaterra (1600-1649), mientras jugaba una partida de golf en las instalaciones del condado de Leith un día del año 1642, recibió la noticia de que los católicos irlandeses se habían sublevado. El rey no tomó ninguna iniciativa para atajar la peligrosa revuelta hasta que hubo terminado la partida sin ninguna prisa especial. Años más tarde, siendo prisionero de los escoceses, recibió permiso de los carceleros para seguir jugando al golf. Y es que la locura de los británicos por el golf es un hecho bien conocido. Por ejemplo, en tiempos del rey Eduardo VII (1901-1910), los miembros de la Cámara de los Cómunes acordaron modificar el programa parlamentario para poder jugar al golf los sábados.

Según relatos históricos bien documentados, el sabio y gran visir persa Abdul Kassem Ismael (936-995), apodado por su trato siempre afable Saheb *El Camarada*, viajaba siempre acompañado de su enorme biblioteca formada por unos 117.000 volúmenes. Tal cantidad de manuscritos era transportada por 400 camellos, adiestrados para marchar en perfecta y ordenada fila india, de forma que las obras fueran siempre bien ordenadas en sus consecutivos lomos por el orden alfabético de sus títulos. De este modo, los camelleros bibliotecarios podían poner inmediatamente en manos de su señor cualquier manuscrito que solicitase.

El célebre cuadro de *La Gioconda* fue adquirido en 1517 por el rey Francisco I de Francia (1494-1547), en cuya corte pasó Leonardo da Vinci los tres últimos años de su vida. El monarca francés, que pagó la por entonces respetable cifra de 492 onzas de oro, lo utilizó para decorar su cuarto de baño.

Según cuentan sus biógrafos, Armand Jean du Plessis, más conocido como Cardenal Richelieu (1585-1642), tuvo muchas y diversas excentricidades. Una de las principales fue su gran afición a los gatos (a los que, además de profesarles amor, utilizaba para probar su comida y librarse de cualquier posible veneno). Dispuso en su palacio una estancia especialmente acondicionada para su crianza y cuidado. En ella, los cuidadores (de los que nos ha llegado el nombre de dos: Abel y Teyssandier) los alimentaban con paté de pollo dos veces al día. Al morir, legó una pensión para el sostenimiento de los gatos y de sus cuidadores.

En una determinada época de su vida, según cuenta la tradición, el Cardenal Richelieu pasaba casi todo el día tumbado en la cama, bien defendido por un buen número de almohadones de seda. Tanto es así que, al parecer, en jornadas sin actos sociales, sólo abandonaba su lecho lo justo para despachar con el rey los asuntos diarios. Para mantener mínimamente su forma física, una vez al día se levantaba de la cama y solía hacer ejercicios gimnásticos en su propio palacio, corriendo por los pasillos y saltando por encima de los muebles.

Un gran bebedor de café fue el rey Federico II *El Grande* de Prusia (1712-1786), que solía tomar grandes dosis de café preparado con champán, en vez de con agua. Menos sofisticado en sus gustos, pero también mucho más constante y enardecido fue el sabio francés François Marie Arouet *Voltaire* (1694-1778), del que se dice que era tan aficionado al café que bebió unas cincuenta tazas al día durante toda su vida de adulto, que por cierto duró hasta los 85 años de edad. No sería raro pensar que si alguien le hubiera prohibido tomarlo hubiese reaccionado como el sultán otomano Selim I (1467-1520), del que se cuenta que hizo colgar a dos médicos por aconsejarle que dejara de tomar café.

Y hablando de consumos abusivos, hay que citar el caso de Ahmed Mati Bey Zogú (1895-1961), autoproclamado rey de Albania con el nombre de Zogú I, que aseguraba haberse fumado 300 cigarrillos en un solo día.

El compositor alemán Robert Schumann (1810-1856) sufrió una parálisis intermitente en su mano derecha, provocada por su obsesión por mejorar su técnica de interpretación. Gustaba de ensayar largas horas al piano atando su dedo medio a una tablilla, para así independizar los movimientos del resto, lo que, al parecer, le causó la inutilización total de este dedo. Al final de su vida perdió la razón, diagnosticándosele una neurastenia aguda, manifestada por insomnio, rigidez, alertagamiento, insensibilidad, congestiones violentas y terrores repentinos.

Cuenta una leyenda que el gran filósofo griego Demócrito de Abdera (460-h. 390 a. de C.) se arrancó los ojos para poder meditar mejor.

El escritor sueco August Strindberg (1849-1912), gran aficionado al esoterismo, el ocultismo y la alquimia, se creía poseído de una sobrenatural capacidad para influir psíquicamente en la mente de los demás. Aseguraba, por ejemplo, haber hecho que sus hijas enfermasen levemente para así poder visitar a su tercera esposa, de la que acababa de separarse.

Al parecer, el pasatiempo favorito del filósofo holandés de origen judeo-portugués Baruch Spinoza (1623-1677) era cazar arañas y verlas luchar entre sí.

El escritor irlandés Jonathan Swift (1667-1745), famoso autor de *Los viajes de Gulliver*, solterón amargado y misántropo, vestía de negro en el día de su cumpleaños y rechazaba cualquier alimento. Murió enloquecido a los setenta y ocho años de edad.

Como es bien conocido, el caballo *Incitatus,* el predilecto del emperador Calígula, fue nombrado cónsul y corregente de Roma y como tal era dignificado con los honores propios de su cargo. Claudio, sucesor de Calígula, aunque *destituyó* al caballo, ordenó que siguiera siendo tratado a cuerpo de rey en su establo de marfil, aunque, eso sí, no le invitó a su propia mesa, como hacía su antecesor.

Alfonso de Borbón y Borbón (1866-1934), tataranieto de Carlos III de España, fue bautizado con un total de 94 nombres de pila, algunos de ellos, además, compuestos.

El rey de Inglaterra Carlos II (1630-1685) exhibía en ciertas ocasiones especiales una peluca que había mandado hacer con el vello púbico de sus cortesanas favoritas.

En 1969, el escritor Norman Mailer (1923) intentó ser nominado como candidato demócrata a la alcaldía de Nueva York con una campaña basada en el eslogan «¡Basta de mierda!». Pese a encender una viva polémica, no resultó, sin embargo, elegido.

El investigador holandés Martinus Willem Beijerinckh (1851-1931) afirmó en cierta ocasión que «un hombre de ciencia debe permanecer soltero». Fiel a ese planteamiento, llegó a despedir de su laboratorio a un colaborar que se había casado.

En el invierno de 1740, la zarina rusa Ana Ivanovna (1693-1740) mandó construir una sala de baile con bloques de hielo, aneja al palacio de San Petersburgo. En dicha sala de baile, la zarina celebró grandes solemnidades hasta poco antes de morir.

Con ocasión de la ceremonia del bautizo conjunto del futuro rey francés Luis XIII y sus hermanas Cristina e Isabel, celebrado el 14 de septiembre de 1606, su abuela, la reina María de Medicis (1573-1642), por entonces regente, lució un vestido adornado con 32.000 perlas y 3.000 diamantes.

Según los cronistas de la época, el Gran Mogol de la India Baher (1505-1530) solía viajar con tres palacios desmontables de madera, las piezas de cada uno de los cuales eran transportadas por 200 camellos y 50 elefantes. Además, la caravana real se componía de otros 300 camellos (100 que transportaban rupias de oro y 200 rupias de plata) y 30 elefantes cargados de joyas y armas decorativas. En total, se calcula que la comitiva real se componía de unas 100.000 personas, 40.000 de las cuales eran soldados.

Tras el incendio de Roma del año 64, Nerón se hizo construir un palacio imperial verdaderamente colosal, que se alzaba entre las colinas Velia y Esquilino. La llamada *Domus Aurea* ("Casa Dorada") estaba rodeada por un pórtico de triple columnata que se extendía una milla romana (es decir, 1.480 metros); casi todas las estancias estaban revestidas de oro, nácar, perlas y piedras preciosas (incluidas las vigas del techo, así como multitud de estatuas y obras de arte nuevas y muchas de las expoliadas en los antiguos templos griegos. El palacio contaba con magníficos vestíbulos y columnatas, bibliotecas e innumerables piscinas y baños (con piletas de plata surtidas de agua de mar o de distintas aguas minerales). Los techos de los comedores estaban formados por unas planchas móviles de marfil y oro que, durante los banquetes, se entreabrían para dejar caer pétalos de flores y perfumes variados sobre los invitados. El comedor principal estaba coronado por una cúpula que giraba día y noche en torno a su eje. El palacio se hallaba rodeado además por un lago y un parque de caza muy bien dotado de piezas (con bosques, prados y viñedos). En la plaza que se abría delante del palacio se alzaba un coloso de 35 metros de altura, que representaba a Nerón. Nerón ascendía los pisos de este palacio mediante un ascensor, construido en madera de sándalo, que era elevado, deslizándose por cuatro carriles, mediante una polea y un cable del que tiraban tres esclavos. Se cuenta que, cuando fue inaugurado, Nerón exclamó: «¡Por fin voy a poder vivir como un hombre!».

El mejor *drácula* de las pantallas cinematográficas, el actor Bela Lugosi tenía por costumbre conceder entrevistas, por exigencia de la oficina de prensa de su productora, hablando desde dentro de un ataúd y vistiendo una capa roja y negra. A medida que Lugosi se fue aficionando cada vez más a los estupefacientes para dar mayor viveza a sus interpretaciones, fue interiorizando más y más su personaje cinematográfico, hasta que, ya esquizofrénico, llegó a creerse realmente el Conde Drácula. A partir de entonces, a consecuencia de esta identificación con su personaje, exigió que los rodajes se efectuasen de noche pues él, como su personaje, *odiaba* la luz. Fuera del trabajo, Lugosi vivía encerrado en su casa. Finalmente murió en 1956, totalmente enloquecido por la esquizofrenia, el alcohol y las drogas, y plenamente convencido de ser el verdadero conde Drácula.

Cuenta la tradición que, en cierta ocasión, el filósofo griego Protágoras de Abdera (485-415 a. de C.), uno de los grandes impulsores de la sofística, y su amigo y alumno Pericles (h. 500-429 a. de C.), futuro diseñador del modelo democrático ateniense y líder del periodo histórico de mayor esplendor de la ciudad, permanecieron durante un día completo debatiendo la cuestión de sobre quién recaería la responsabilidad si en un campeonato de lanzamiento de jabalina un espectador muriera al ser alcanzado por ésta: el lanzador o los organizadores de la competición, que no garantizaron la seguridad de los espectadores. No consta quién de los dos se llevó el gato al agua.

Se tiene por seguro que fue Benjamin Franklin (1706-1790) el primero en importar una bañera a los Estados Unidos en el año 1783. Incluso, mejoró su diseño y la utilizó tan a menudo que se cuenta que atendía su correspondencia y efectuaba buena parte de sus lecturas en ella.

Según testimonios contemporáneos, el *dandy* inglés George Bryan Brummel (1778-1840), conocido como *El Bello Brummel*, empleaba unas nueve horas diarias en su acicalado personal. Entre sus más famosas costumbres estaban, al parecer, la de enviar su ropa a Francia para que allí fuese lavada y planchada, y la de suavizar sus hojas de afeitar en pergaminos arrancados de ediciones clásicas. Fue tal su derroche que dilapidó en pocos años su gran fortuna, teniendo que huir de sus acreedores y estableciéndose en Francia, donde, totalmente arruinado, murió en un asilo.

Del estadista y general ateniense Alcibíades (h. 450-404 a.de C.), sobrino de Pericles (o, según otros, nieto) y discípulo de Sócrates, cuenta la leyenda que era tan narcisista y coqueto que se negaba a tocar instrumentos de viento porque éstos deforman el rostro de los ejecutantes, y especialmente la boca; por eso, él prefería tocar la lira.

Del mismo Alcibíades se cuenta, para ejemplificar el talante de su gobierno, que, en cierta ocasión compró un magnífico perro por 60 minas o 7.000 dracmas al que, después de admirarlo toda la ciudad, ordenó que le cortaran su hermosa cola para que los ciudadanos continuaran hablando de él (y así, de paso, *olvidasen* la mala gestión de su amo). Este hecho dio lugar a la frase proverbial «El perro de Alcibíades», que se aplica para designar cualquier acto de un personaje público que pretenda desviar la atención de otros hechos más importantes.

El estadounidense Isaac Merrit Singer (1811-1875), inventor de la máquina de coser, fue un hombre ciertamente original. En cinco matrimonios consecutivos llegó a tener veinticuatro hijos. Propietario de un hotel en la Quinta Avenida neoyorquina, salía de él todas las mañanas en una carroza de 31 asientos tirada por nueve caballos, y con una plataforma trasera preparada para transportar una pequeña orquesta.

Se cuenta que el extravagante y romántico violinista italiano Niccolò Paganini (1782-1840) estaba tan obsesionado con su calidad artística y tan pagado de sí mismo que en ocasiones tocaba con cuerdas de violín gastadas, con la esperanza de que se rompiesen en mitad de una interpretación y así él pudiese demostrar su virtuosismo en tal situación extrema. Además de sus dotes naturales (que eran de tal calibre que se corrió la voz de que eran fruto de un pacto con el diablo), su excepcional calidad técnica era fruto de un constante ejercicio que llegó a deformar tanto sus manos que, extendidas, medían cada una 45 centímetros.

El perturbado mental Hung Hsiu-Chuang encabezó, entre 1851 y 1854, la revuelta social conocida como *Taiping* ("La Gran Paz"), dirigida contra la dinastía Ching reinante en China, y en la que perdieron la vida no menos de 20 millones de personas. Este cabecilla rebelde, entre otras extravagancias, se creía hermano de Jesucristo.

El emperador centroafricano Bokassa encargó unos zapatos con incrustaciones de perlas a la casa fabricante *Berluti* de París, para su ceremonia de coronación celebrada el 4 de diciembre de 1977. Este modelo exclusivo costó 85.000 dólares de la época.

FALACIAS Y FALSEDADES HISTÓRICAS

El emperador romano Tiberio Claudio Druso Nerón (10 a. de C.-54) fue elevado al trono el año 41, a los 51 años, con el nombre de *Claudio I*, justo en el mismo momento en que fue hallado escondido tras unos cortinajes desde donde había sido asistido aterrado al asesinato del anterior emperador y sobrino suyo Calígula. A juzgar por el testimonio de algunos de sus contemporáneos, Claudio era cojo, extremadamente feo, jorobado y tartamudo (el propio nombre de *claudius* significa "cojo"). Sin embargo, como sus dotes de gobierno demostraron, estaba muy lejos de ser un loco o un subnormal, fama que le ha perseguido en los anales históricos. Claudio terminó con las intrigas; dictó una amnistía general; protegió a desposeídos, viudas y huérfanos; disciplinó el comercio; mejoró la seguridad ciudadana; consiguió grandes victorias militares y algunas importantes conquistas (por ejemplo, Tracia, Armenia y Mauritania); mejoró la administración; disminuyó y racionalizó los impuestos, y ordenó muchas y grandes obras públicas, además de demostrar su valía como prosista e historiador con diversas obras (entre otras una historia de los etruscos). Y todo ello sin vencer su fama de subnormal y depravado, pero defraudando profundamente a los soldados que le hicieron emperador con la esperanza de que fuera fácilmente manipulable.

Es casi un tópico ejemplarizar los exiguos hábitos de limpieza e higiene personal de Isabel *La Católica* (1451-1504) haciendo mención a la famosa anécdota de que estuvo varios años sin cambiarse de camisa. Sin embargo, a pesar de su proverbial fama, esta anécdota no es cierta, o al menos se equivoca en el personaje protagonista. En realidad, fue la infanta española Isabel Clara Eugenia de Austria (1566-1633), hija de Felipe II, que reinó en los Países Bajos, la que prometió (y cumplió) no cambiarse de camisa hasta que sus tropas pusieran fin al asedio de Ostende. El sitio duró tres años.

En plena Revolución Francesa, Grégoire de Tours, obispo de Blois, escandalizado por el continuo saqueo de iglesias, dirigió un discurso a la Convención Republicana, en el que, a falta de palabras suficientemente expresivas con que calificar los hechos, acudió a la referencia histórica del recordado saqueo de Roma, tildando de vándalos a los protagonistas de los disturbios anticlericales. Sin embargo, pese a que el *vandalismo* es ya una figura retórica totalmente aceptada, no es muy exacta a los ojos de la historia, pues los vándalos, sin ser un pueblo especialmente civilizado, tampoco destacaron sobre otros por su ferocidad o barbarie.

Pese a la leyenda que habla de la gran revuelta organizada durante el asalto popular a la prisión parisiense con que se inició la Revolución Francesa, conocida históricamente con el nombre de *Toma de la Bastilla* y ocurrida el 14 de julio de 1789, en ella sólo se liberó de forma incruenta a los siete reclusos que había en su interior. Desde entonces, el 14 de julio se celebra, con el nombre de *Día de la Bastilla,* la Fiesta Nacional francesa, como símbolo de la caída del despotismo.

Se aplicó el nombre de *Protocolos de los Sabios de Sión* a un documento supuestamente atribuido a los judíos sionistas, y en realidad preparado por la policía rusa en 1905, aunque aparecido por primera vez a la luz pública en Londres en 1919. En 1921, Ph. Grave probó que se trataba de una obra que nada tenía que ver con los judíos, y que había sido preparado por la policía rusa con el fin de desprestigiarlos ante la opinión pública internacional. No obstante, es de alguna manera el libro sagrado del antisemitismo, al demostrar falsamente las ambiciones de poder universal de los judíos.

Pese a que tan terrible aparato le debe su nombre, el doctor parisino Joseph Ignace Guillotin (1738-1814) no inventó la guillotina, ni murió guillotinado, como se suele pretender. De hecho empleó gran parte de su vida en tratar de que no asociaran su apellido con dicho aparato. En su calidad de miembro de la Asamblea Nacional durante la Revolución Francesa, su única iniciativa fue proponer el 10 de octubre de 1789 la sustitución del procedimiento tradicional con que se cumplían las penas de muerte (decapitación con espada para los aristócratas y ahorcamiento para el pueblo llano) por un nuevo sistema más eficaz y, sobre todo, más igualitario, a tono con los tiempos. Dos años después, la Asamblea aprobó su propuesta y legalizó la decapitación *igualitaria* para todo tipo de condenados. Aprobada su moción, el encargo de diseñar una máquina de decapitar recayó en Antoine Louis, a la sazón secretario de la Academia de Medicina, y el de su construcción en un artesano alemán, Tobias Schmidt (que, por cierto, mejoró el diseño adjuntando una bolsa de piel para recoger las cabezas cortadas). El aparato, cuyo prototipo costó exactamente 329 francos, recibió en principio el nombre de *Louisette* o *Louison,* instalándose en la Plaza de Grève de París y actuando por primera vez el 22 de abril de 1792. La larga lista de ajusticiados la *encabezó,* por así decir, el famoso bandolero Peletier. Sin embargo, pronto surgieron cancioncillas populares que relacionaban la nueva máquina con el doctor Guillotin y, poco a poco, la máquina comenzó a ser llamada popularmente *guillotina.* Tiempo después surgió la falsa anécdota de que el propio doctor Guillotin probó la eficacia de su propuesta. Lo cierto es que quien sí fue guillotinado fue su verdadero diseñador, el doctor Louis. El doctor Guillotin fue efectivamente condenado a muerte por Robespierre pero, al sucumbir éste antes, la pena quedó en suspenso y nunca llegó a ejecutarse, yendo a morir Guillotin veintidós años después, a consecuencia de un carbunclo en el hombro. Sus herederos elevaron una petición formal al gobierno francés para que sustituyera el nombre de la guillotina por otro, pero lo único que consiguieron fue el permiso para cambiar ellos de apellido.

Según cuenta una famosa leyenda (a lo que parece, falsa), enterado el marqués de Villafranca de que su esposa, María del Pilar Teresa Cayetana de Silva y Alvarez de Toledo (1762-1802), duquesa de Alba, había posado desnuda para un retrato pintado por Francisco de Goya (*La Maja desnuda*), anunció que visitaría al pintor para comprobar este hecho y pedirle explicaciones, estando dispuesto a defender su honor como correspondía a un Grande de España. Pero cuando al día siguiente llegó al estudio de Goya se encontró con que éste, efectivamente, había pintado un retrato de su esposa, pero en él la duquesa estaba total y recatadamente vestida (*La Maja vestida*). De ser cierta esta anécdota, ello supondría que Goya pintó un retrato tan perfecto en solamente un día. Una hazaña ciertamente increíble.

En el siglo X, Castilla era gobernada por condes dependientes del reino de León. Según una falsa leyenda castellana, el rey leonés Sancho I *El Craso* (?-967) pidió ayuda al conde castellano Fernán González (?-970) en su lucha contra una insurrección apoyada por los moros. Fernán González acudió en su auxilio y salió victorioso, pero Sancho se mostró renuente a agradecérselo. Por fin, tiempo después, le convocó y Fernán compareció a lomos de un soberbio caballo blanco y con un no menos bello azor entrenado para la cetrería en su mano. Al ver a tan espléndidos animales, el rey leonés se encaprichó de ellos y quiso comprárselos. El conde castellano aceptó a cambio de mil monedas de oro. Sancho, con graves problemas en sus arcas, estuvo de acuerdo con el precio, pero pidió suspender el pago hasta un año después. El conde castellano no puso inconveniente en ello, aunque exigió que en el contrato constase que dicha deuda se duplicaría cada día que pasase de ese plazo. Pasaron cuatro años sin que Fernán González reclamara el pago de esta deuda, pero por fin lo hizo. Sancho se vio entre la espada y la pared de satisfacer una deuda de honor atestiguada por un documento escrito y la imposibilidad de hacerlo porque la cifra se había hecho tan astronómica que no había dinero suficiente en todo el reino para atenderla. En tal situación, Fernán González pidió a cambio del perdón de la deuda la concesión de la independencia de Castilla, que el rey leonés no tuvo más remedio que aceptar. Si bien se trata de un hecho legendario, no por ello deja de ser ciertamente curioso.

El famoso relato de la hazaña del soldado de Maratón que supuestamente corrió desde el escenario de la batalla hasta Atenas para anunciar la victoria griega es falso. Según el relato de Herodoto, un soldado llamado Fidípides fue enviado antes de la batalla (no *después*) a Esparta (no *a Atenas*) para anunciar la llegada de los persas y solicitar refuerzos; tampoco corrió 40 km (ni mucho menos los 42,195 actuales), sino 240 en dos días (lo que engrandece aun más su hazaña).

Según un bulo surgido hacia 1956, instigado por un famoso libro publicado en 1959 por William Moore y Charles Berlitz bajo el título *El misterio de Filadelfia: proyecto invisibilidad*, sobre el que se basó una no menos famosa película, los Estados Unidos realizaron unas pruebas militares secretas en 1943 con el nombre en clave de *Experimento Filadelfia*. Según la ficción de Moore y Berlitz, el experimento consistió en la desaparición instantánea del destructor *Eldridge* de la Marina de Guerra estadounidense, con su correspondiente dotación humana, mediante un fabuloso cambio en la estructura molecular de sus componentes físicos, inducido por un intenso campo electromagnético. Mediante este sistema, según el bulo, se consiguió trasladar por unos instantes al destructor desde el Centro Naval de Filadelfia hasta el puerto Norfolk de Newsport News, en Portsmouth, Virginia. Además, gran parte de la tripulación habría sufrido extraños trastornos mentales y físicos, e incluso algunos marineros habrían muerto calcinados. Diversos estudios han revelado que tal experimento no ocurrió (ni podría ocurrir nunca) y que el libro era un total y absoluto engaño tejido sobre numerosos errores, infundios y tergiversaciones, cuando no simples mentiras.

El detonante de la llamada *Rebelión de los Bóxers* (revuelta xenófoba desatada en China en la primavera de 1900, cuyo episodio más famoso, el asalto a las legaciones extranjeras de Pekín, se vivió entre el 22 de junio y el 15 de agosto), fue la noticia, llegada desde los Estados Unidos, de que una empresa de ingeniería de Nueva York había enviado a Pekín una comisión de expertos para estudiar la demolición de la Gran Muralla, como símbolo de la apertura china al comercio y el intercambio con el mundo. La noticia, que causó un gran rechazo nacionalista en toda China, no era más que una patraña inventada por cuatro periodistas (Al Stevens, Jack Tournay, John Lewis y Hal Wilshire), representantes de los cuatros principales diarios de la ciudad de Denver que, enviados por sus respectivos jefes a realizar un reportaje sobre hoteles y estaciones de ferrocarriles, acordaron inventarse la exclusiva de la estancia de los miembros de la comisión de estudio en Denver, rumbo a la costa oeste, donde se embarcarían hacia China. Al día siguiente, los cuatro diarios publicaron a toda portada la falsa *exclusiva* de los planes para el derribo de la Gran Muralla y esta noticia, a través de las agencias, se distribuyó por todo el mundo, contribuyendo a exacerbar los ánimos de los ultranacionalistas chinos.

Fenómenos naturales

A las 0 horas 17 minutos 11 segundos (GMT) del 30 de junio de 1908 se registró en la taiga siberiana, cerca del río Podkamennaya-Tunguska, una colosal explosión cuya energía se calculó en 12,5 megatones TNT, equivalente a 1.500 bombas como la de Hiroshima. Tres atronadoras detonaciones y un cañoneo aterrorizaron a los habitantes de la cercana ciudad de Vanavara. Según testigos presenciales, momentos antes de la explosión, algunos árboles y *yurtas* (cabañas típicas de la región) fueron violentamente arrancados del suelo; y en los ríos de la zona, olas gigantescas avanzaron contracorriente. En algunas comarcas de la región, la vegetación quedó reducida a cenizas, pero en otras, sin embargo, no se produjeron daños materiales. La causa fue atribuida sucesivamente a un meteorito (1927), a un cometa (1930), a una explosión nuclear (1961), a la antimateria

(1965), a un pequeño agujero negro (1973) y a la explosión de un platillo volante (1978). A pesar de estos intentos, durante muchos años este suceso no obtuvo una explicación científica medianamente convincente, hasta que, en 1992, los físicos rusos Nevski y Balklava dieron a conocer una teoría que parece explicarlo todo. Según ellos, la explosión se debió a que un meteorito atravesó la atmósfera terrestre y fue destruido por un rayo que él mismo generó. Cuando un objeto penetra a alta velocidad en la atmósfera queda envuelto en plasma, su superficie se calienta por el rozamiento y comienza a liberar electrones, que son arrastrados en dirección contraria a la trayectoria de la cola del plasma. Al perder partículas, el meteorito va cargándose positivamente, generando una diferencia de potencial que libera a su vez su energía en forma de rayo. La descarga eléctrica, con una intensidad de cientos de miles de amperios, pudo desintegrar parte de la roca antes de llegar al suelo. En cuanto a las tres detonaciones que constataron los testigos, se explican según la teoría de estos físicos rusos como las correspondientes al propio rayo, a la destrucción del meteorito y a la onda balística provocada por la irrupción en la atmósfera de un objeto a velocidad supersónica. El cañoneo posterior pudo corresponder al habitual eco que provoca el trueno que sigue a un rayo, en los miles de canales de descarga que lo componen. Por lo que respecta al levantamiento de árboles y casas se debió a que la enorme carga positiva del meteorito pudo inducir cargas negativas en los objetos terrestres, produciéndose una atracción electrostática. El rayo también habría producido intensas radiaciones X y neutrónicas, como consecuencia de la síntesis nuclear de deuterio, lo que provocó a su vez mutaciones posteriores en los árboles.

La tradición griega recuerda la erupción del volcán de la isla Santorini, en el mar Egeo, alrededor del año 1628 a. de C. como la mayor de que se tiene constancia histórica. Se ha calculado que su potencia equivalió a cinco veces la que se produjo en 1883 en la isla indonesia de Krakatoa. En la de Santorin explotó la montaña del volcán, formando un cráter de 762 metros de profundidad y 83 km^2 de área, lanzándose al aire unos 24 km^3 de cenizas. A veces se ha especulado que en esta explosión se funda la leyenda de la desaparición de la Atlántida.

En abril de 1815, el volcán indonesio Tambora (situado en la isla indonesia de Sumbawa) produjo la peor erupción de los últimos siglos que se recuerda, liberando por su cráter la energía equivalente a un millón de bombas atómicas como la de Hiroshima. El cielo se ennegreció con las cenizas volcánicas, oscureciendo el brillo del sol. Como consecuencia, las temperaturas del hemisferio norte bajaron cinco grados, lo que resultó fatal para las cosechas. A causa de la propia erupción y del hambre consecuente murieron unas 90.000 personas.

El 27 de agosto de 1883, la explosión de la montaña de Krakatoa (que hasta entonces no era un volcán) hizo desaparecer gran parte de esta isla deshabitada del estrecho de Sonda, entre las islas de Java y Sumatra, en el Pacífico. En las islas vecinas murieron por efectos de la explosión más de 36.000 personas. La erupción volcánica de la isla convirtió una montaña de entre 400 y 800 metros sobre el nivel del mar en un pequeño golfo de 300 metros de profundidad, mientras que olas gigantescas de entre 15 y 30 metros de altura arrasaban las costas adyacentes. Se ha calculado que el material sólido expulsado por el cráter fue de 18.000 m^3 y las cenizas cubrieron un área de 825.000 km^2. El polvo proyectado por este volcán, y por los otros 15 que en un breve plazo de tiempo de aquel mismo año entraron en erupción en la misma zona del estrecho de Sonda, formó una colosal nube que envolvió prácticamente todo el planeta, alterando circunstancialmente el clima.

En el año 1876, un maremoto arrasó la bahía de Bengala tomando la dirección del delta del Ganges. Una ola de 15 metros de altura se estrelló contra la costa (fenómeno que, por cierto, se conoce con el nombre de procedencia japonesa *tsunami,* que significa "ola desbordante"), alcanzando 365 km^2 tierra adentro y ocasionando la muerte a unas 215.000 personas. En 1883 se produjo otro tsunami alrededor de la isla de Krakatoa, en Indonesia, al entrar en erupción un volcán, lo que provocó una ola gigante que se pudo percibir en todos los mares del mundo. El 1 de abril de 1946, los grandes fondos marinos del Pacífico Norte, frente a Alaska, se vieron sacudidos por un fuerte terremoto que originó otra ola gigantesca. Cuatro horas más tarde de la sacudida sísmica, la ola había cruzado 3.600 kilómetros de océano, marchando a la increíble velocidad de 900 km/h, yendo a golpear de lleno en el archipiélago de Hawai, en el que causó un indeterminado pero alto número de víctimas. El tsunami mayor de los registrados en épocas históricas alcanzó los 85 metros de altura. Esta formidable ola chocó contra la isla Ishigaki, en el archipiélago japonés de las Ryukyu, el 24 de abril de 1771, desprendiendo un enorme bloque de coral de 750 toneladas, que salió proyectado, yendo a caer a más 2,5 kilómetros de distancia. Se supone que hace unos 100.000 años un descomunal tsunami de 300 metros de altura, surgido tras la caída de un meteorito, chocó contra las costas de Hawai.

El 12 de julio de 1984, cayó sobre Munich el peor granizo que se recuerda en Centroeuropa. Las piedras de hielo llegaron a medir 9 centímetros de diámetro, cayendo a unos 100 kilómetros por hora. Los estragos causados superaron los 200.000 millones de pesetas, dañándose unos 70.000 edificios y unos 240.000 vehículos, y muriendo 10 personas, con 400 heridos. Un flamante *Boeing 737* resultó seriamente dañado al acercarse al aeropuerto de Munich, aterrizando con los timones deshechos y gravemente perforado todo su fuselaje. Sin embargo, aquella no fue la peor granizada que se recuerda. El récord mundial constatado lo ostenta una granizada caída en el distrito de Golpalganj, en Bangladesh, el 14 de abril de 1986, con piedras de hasta 1 kilo 20 gramos. Por efecto de esta granizada murieron 92 personas.

Un grupo de exploradores, conducido por el general Henry Washburn, descubrió para los occidentales en 1870 el conocido como *Old Faithful* (en inglés, "Viejo Puntual"), uno de los mayores géiseres del mundo, que lanza al aire cada hora una hirviente columna de agua de unos 45 metros durante casi cinco minutos, con total puntualidad y exactitud cronométricas desde que fue descubierto.

Un iceberg de 335 kilómetros de largo por 97 de ancho (es decir, más grande que, por ejemplo, Cataluña o Galicia) fue avistado a 240 kilómetros al oeste de la isla Scott, en el océano Pacífico meridional, por la tripulación del barco estadounidense *Glacier,* el 12 de noviembre de 1956. El más alto conocido hasta la fecha fue visto frente a la costa occidental de Groenlandia en 1958 por el rompehielos norteamericano *East Wind*, calculándose que medía 167 metros de altura.

En numerosas publicaciones científicas de solvencia reconocida se han publicado en diversos momentos de la historia noticias referentes a extrañas lluvias de ranas, sapos, peces, arañas, caracoles, mejillones, escarabajos, hormigas, gusanos, tierras de colores, lana e incluso cruces (como ocurrió en Sicilia en el año 746). Se supone que todos estos sucesos se producen al quedar atrapados estos animales u objetos por los fuertes remolinos que suelen acompañar a las tormentas. Entre las más famosas lluvias extrañas están las que a continuación se comentan:

Según diversas crónicas antiguas, en el año 371 se produjo en la región francesa de Artois una lluvia de lana, seguida de otra de agua grasienta, tras lo cual la tierra, hasta entonces estéril, se convirtió en fértil. Este legendario hecho dio lugar al culto del *Santo Maná* que se sigue en la catedral de Arrás. El 5 de mayo de 1786, tras una larga sequía, cayó una gran cantidad de pequeños huevos negros sobre la capital haitiana de Puerto Príncipe. Algunos de los huevos fueron conservados y empollados, naciendo de ellos unos seres no identificados que, según las descripciones, perdieron rápidamente varias capas de piel y que parecían renacuajos. En el verano de 1804, en las cercanías de Toulouse se produjo una lluvia de sapos. El 14 de marzo de 1813 una lluvia roja, calificada de "gotas de sangre" cayó sobre una amplia zona de Italia, en los alrededores de Nápoles. Tras analizar dichas gotas, se comprobó que se trataba de agua con un alto contenido de hierro y cromo. El 30 de junio de 1838, en pleno corazón de Londres, los transeúntes se sorprendieron al ver llover ranas y renacuajos. El 28 de diciembre de 1857, durante el transcurso de una fuerte tormenta, las aceras de la ciudad de Montreal, en Canadá, se cubrieron con centenares de pequeños mejillones. El 11 de febrero de 1859, se produjo una lluvia de peces (concretamente gobios) en el condado inglés de Glamorganshire. El 3 de mayo de 1876, cayó sobre el sur del condado de Bath, en el estado norteamericano de Kentucky, una lluvia de minúsculos trozos de carne. El 24 de febrero de 1884 y el 19 de julio de 1906 cayeron sendas lluvias de hormigas sobre las ciudades de Nancy (Francia) y Milán (Italia). Pocos meses después, el 22 de agosto, en Bilbao, según las crónicas, «llovieron codornices». El 10 de marzo de 1901, en la ciudad siciliana de Palermo, una nueva lluvia de sangre cayó sobre los despavoridos habitantes de la ciudad. Después se comprobó que se trataba de gotas de lluvia impregnadas con un finísimo polvo de color rojo. A finales de 1971, una lluvia de corpúsculos amarillos cayó en las inmediaciones de la ciudad de Sidney, en Australia. La única explicación oficial dada al caso vino de boca del ministro australiano de Salud Pública, Mr. Jago, que aclaró (!?) que se trataba de «deyecciones de polen no digerido de abejas que sobrevolaron la zona» (sic). El 3 de julio de 1977, una gran nube de heno sobrevoló la localidad inglesa de Devizes, descargando en pleno centro del pueblo.

Parece históricamente cierto que una terrible ola de calor sofocó Centroeuropa en el verano de 1132. Tanto fue el calor, se cuenta, que hasta el cauce del río Rin se secó por completo aquel año. A cambio, en el invierno de 1709 se registraron tan bajas temperaturas en toda Europa que muchos de los canales de Venecia llegaron a helarse.

Hablando de fenómenos climatológicos extraños, hay que citar que el 18 de febrero de 1979 nevó en el Sahara argelino durante media hora. Esta es la única nevada caída en el Sahara de que se tienen constancia. Más impensable y raro aun es saber que la superficie del río Nilo se ha llegado a congelar por completo en tiempos históricos al menos en dos ocasiones que se hayan comprobado: en los años 829 y 1010 de nuestra era.

GENIOS Y GENIALIDADES

Como se sabe, el gran sabio griego Arquímedes (287-212 a. de C.) formuló el famoso principio que lleva su nombre, según el cual «todo cuerpo sumergido en un fluido experimenta un empuje hacia arriba igual al peso del fluido que desaloja». Pero el motivo y el momento de su descubrimiento han pasado también, por su curiosidad, a la historia. Se cuenta que en cierta ocasión el rey Hierón II, en cuya corte de Siracusa servía Arquímedes, le pidió que comprobase si el orfebre que le acababa de hacer una nueva corona le había engañado, cual era costumbre en la época, mezclando plata con el oro que teóricamente componía el 100% de la pieza. Arquímedes no encontraba la forma de comprobarlo, hasta que un día, al sumergirse en una pileta de una casa de baños, se dio cuenta de que cuantas más partes de su cuerpo introducía en ella, tanto más agua se desbordaba. De ello concluyó genialmente que un volumen igual de dos materiales distintos sumergidos en un mismo fluido desplazarían un volumen de éste diferente según fuera su peso específico. Como el oro pesa más que la plata, pudo poner a prueba la honradez del orfebre y atender el requerimiento del rey. Emocionado por el descubrimiento, continúa el relato tradicional, Arquímedes salió corriendo desnudo a la calle repitiendo su famoso grito: *«¡Eureka!»* ("!Lo encontré!"). Poco después, concluye la leyenda, pudo demostrar fehacientemente, para desgracia del orfebre, que Hierón II, como sospechaba, había sido efectivamente engañado.

En otro momento, Arquímedes acuñó la célebre frase «Dadme un punto de apoyo y moveré el cielo y las estrellas». Como Hierón II le pidiera que demostrara su tesis, Arquímedes, valiéndose de poleas, hizo que el propio rey de Siracusa levantara con su mano la proa de un barco cargado, en el puerto de la ciudad.

Uno de los más sorprendentes científicos de todos los tiempos fue sin duda el inglés Charles Babbage (1792-1871), un genio matemático apasionado por la exactitud y el empirismo exacerbados. Su genio fructificó en muchos grandes inventos: aparatos ferroviarios, luces de señales, avances en criptografía, cerraduras, etcétera, etcétera. Babbage mantuvo una constante y fértil amistad con los personajes más importantes de la ciencia europea de su momento: Humboldt, Laplace, Darwin... Y fundó la *Statistical Society,* la *British Association for the Advancement of Science* y la *Royal Astronomical,* además de ocupar la cátedra Lucasian de Matemáticas de la Universidad de Cambridge, que un siglo antes ocupara Newton. Pero su gran pasión fueron las máquinas de cálculo. Diseñó varias de ellas de incomparable perfección, que literalmente estaban muy por delante de los medios tecnológicos con que se contaba en la época. Sin embargo, su extremado perfeccionismo le impidió finalizar la construcción de una sola de ellas: según avanzaba, se le iban ocurriendo novedades y mejoras que iban demorando su finalización.

En una ocasión, llevado por su obsesión experimental, Babbage se introdujo en un horno encendido para constatar y poder registrar lo que le pasaba a su cuerpo sometido a una temperatura de 50° centígrados. De esta experiencia sacó la conclusión de que podría soportar el calor del cráter del Vesubio, al que por cierto descendería años después durante un viaje a Italia. Y es que la personalidad de Babbage fue muy excéntrica; y así, mientras se arruinaba varias veces por su obsesión por construir una máquina de cálculo cada vez más perfecta, protagonizó constantes incidentes curiosos en su vida personal. Por ejemplo, en una ocasión asombró a sus conciudadanos londinenses cuando, llevado por su aversión a los ruidos y especialmente a los producidos por la música callejera, centró sus iras en los organilleros italianos que abundaban en aquellos días por las calles de la capital inglesa. Se propuso perseguirlos legalmente y, mientras él recababa legislación al efecto, los músicos reaccionaron convirtiendo en una costumbre situarse bajo las ventanas de su domicilio de Dorset Street y *ofrecerle* serenatas y cencerradas. El enfrentamiento entre ambos bandos se hizo famoso en la ciudad y cuando Babbage acudía a la policía, irritado por las bandas de músicos callejeros que le perseguían gritándole y mofándose, aquélla optaba por contemporizar y hacerse la sorda (nunca mejor dicho, quizás).

Mientras el científico seguía adelante con sus investigaciones, su casa se fue convirtiendo paulatinamente en un centro de reunión al que acudían toda clase de personas, deseosas de establecer contacto personal con Babbage y ver personalmente sus máquinas inconclusas, famosas ya en todo Londres. Si bien Babbage no encontraba en todos sus visitantes la suficiente comprensión para sus visionarios avances, sí la halló en una joven, Ada Augusta Lovelace, hija de Lord Byron, muy avezada en matemáticas, con quien el científico inició una colaboración muy fructífera y también una relación personal muy íntima. Años después, la joven pergeñaría el que sería primer lenguaje de programación de la historia. Sin embargo, la amistad entre ambos se fue complicando con los años. Ada se aficionó a las apuestas en las carreras de caballos (muchas veces empleando el dinero del científico) y Babbage, acuciado por sus continuos dispendios, abandonó prácticamente todo para dedicarse a buscar una fórmula inflable de apuestas con que acertar los caballos ganadores. Ni que decir tiene que nunca lo consiguió y el desastre acabó con la prematura muerte de Ada Augusta Lovelace, cargada de deudas, a los 37 años por un cáncer de matriz.

Johann Sebastian Bach (1685-1750) se quedó ciego en los últimos años de su vida, a lo que contribuyó en gran medida el hecho de que durante los años de su infancia, vividos al cargo de su hermano mayor, tuviera que copiar música a la luz de la luna, por falta del dinero suficiente para comprarse velas. A pesar de ser considerado hoy en día como uno de los más grandes genios de la música de todos los tiempos, durante toda su vida fue casi más famoso, sin embargo, por sus prodigiosas actitudes para el canto y para el órgano que como compositor. Y su fama, que fue ciertamente grande, corrió pareja a la de otros muchos componentes de su gran familia. Que se conozcan, hubo hasta 52 músicos de primera fila dentro de la familia Bach, y entre ellos, muchos de los 20 hijos que tuvo el propio Juan Sebastián con sus dos esposas.

Honoré de Balzac (1799-1850) concibió su vasto retablo literario *La comedia humana* como un conjunto formado por tres corpus de obras distintos: unos estudios analíticos sobre los principios fundamentales que gobiernan la vida humana (que nunca llegaría a redactar); unos tratados filosóficos sobre las causas últimas de las acciones humanas, y unas narraciones costumbristas divididas en seis tipos de escenas de, respectivamente, la vida privada, provincial, parisina, política, militar y rural de la Francia de su tiempo. La obra completa hubiera constado de unos 137 volúmenes. Su relativamente prematura muerte a los cincuenta años abortó la completa realización de su magno proyecto literario, aunque no fue óbice para que nos legara una amplia e importantísima obra.

El fisiólogo escocés, naturalizado estadounidense, Alexander Graham Bell (1847-1922) es conocido sobre todo por haber sido el inventor del teléfono, pero no acaban ahí ni mucho menos sus méritos científicos. Por ejemplo, inventó también la balanza de inducción, un prototipo del pulmón de acero para la respiración artificial, el fotófono, el radiófono y el gramófono. Además, entre 1896 y 1904, presidió la Sociedad Geográfica de los Estados Unidos y desde 1898 también la Institución Smithsoniana. En otro momento de su vida, Bell también estuvo seriamente interesado en la eugenesia, es decir, en el desarrollo de nuevas especies animales mejoradas, llegando a crear una raza de ovejas mucho más prolífica. La habilidad innovadora y la versatilidad del genio de Bell quedan quizás explicada comentando que ya en su infancia ideó y construyó una muñeca parlante que decía «mamá».

Pero uno de los inventos más curiosos y menos conocidos de Bell fue un instrumento localizador de metales dentro del cuerpo humano. Este invento surgió al serle encargado urgentemente que encontrase dentro del cuerpo del presidente de los Estados Unidos James A. Garfield (1831-1881) la bala que le había herido gravemente en un atentado ocurrido en 1881. La máquina que él diseñó para este fin, teóricamente perfecta, no fue eficaz, sin embargo, por la absurda razón de que las pruebas se llevaron a efecto en el propio lecho en que yacía Garfield y nadie cayó en la cuenta de retirar el colchón de muelles metálicos sobre el que reposaba el cuerpo herido del presidente. Fracasado por tamaña negligencia este intento de exploración mecánica externa, los médicos se decidieron a llevar a cabo una exploración quirúrgica que trajo como consecuencia una infección que, al extenderse por todo el organismo del desdichado presidente, le causó la muerte pocos días después. Sin embargo, el prototipo de detector de metales de Alexander Graham Bell funcionaba a la perfección, como luego se comprobó. Mas la casi inmediata aplicación de los rayos X a la medicina hizo que la máquina quedara pronto obsoleta.

Por otro lado, Bell, dando una nueva prueba de su versatilidad, fue un apasionado de la velocidad. Aficionado a las lanchas hidroplano, estableció con una de ellas una marca de velocidad sobre el agua en 1919, cuando tenía ya 72 años, superando los 116 kilómetros por hora.

El matemático y naturalista francés Pierre Bouguer (1698-1758), uno de los fundadores de la fotometría científica, obtuvo el puesto de profesor en la Escuela Hidrográfica de París a los 15 años de edad.

El escultor, pintor, arquitecto, ingeniero, estratega y poeta italiano Miguel Angel Buonarroti (1475-1564) tenía en su primera juventud un temperamento tan fogoso y apasionado que, en cierta ocasión, llegó a las manos con su condiscípulo Torrigiano, pelea de la cual salió Miguel Angel mal parado, al desfigurársele la nariz para toda la vida.

Girolamo Cardano (1501-1576), filósofo, matemático y médico milanés, fue conocido en su tiempo en los círculos científicos de todo el mundo por su extensa cultura y su escasa aceptación de los errores, así como por su heterodoxia científica y su ferviente defensa de la astrología. Por ejemplo, en 1570, fue encarcelado por la Inquisición por haber hecho el horóscopo de Jesucristo. Por otra parte, curó a un cardenal escocés de asma, prohibiéndole dormir en su lecho de plumas, es decir, anticipando el concepto que hoy en día llamamos *alergia*. Más increíble resulta el hecho, que algunos biógrafos afirman, de que Cardano pronosticó su muerte para el 21 de septiembre de 1576. Al ver que se acercaba a esa fecha sin ningún signo de enfermedad o debilidad, no pudo soportar equivocarse y tomó la firme resolución de completar un ayuno total, que provocó su muerte... y el cumplimiento de su profecía en la fecha señalada.

La cátedra de matemáticas y de filosofía natural de la universidad inglesa de Cambridge, conocida como *Cátedra Lucasian* por haber sido fundada en 1663 por el hacendado Henry Lucas, ha sido ocupada por una serie extraordinaria de grandes científicos, comenzando por Isaac Barrow, que la legó personalmente a

Isaac Newton, al que seguirían Charles Babbage –poco más de un siglo después–, el físico Paul Adrien Maurice Dirac (pionero de la mecánica cuántica y premio Nobel) y su actual poseedor, el famoso Stephen Hawking.

Jean François Champollion (1790-1832), el lingüista francés que descifró la *Piedra Rosetta* y, con ella, los secretos de la escritura jeroglífica egipcia, dominaba en 1801, a los 11 años de edad, el latín, el griego y el hebreo. Dos años después había aprendido también árabe, sirio, caldeo y copto. A los diecisiete años proyectó el primer mapa histórico de Egipto, a la vez que leía ante la Academia de Grenoble, ciudad en la que se educó, una memoria defendiendo la tesis de que el idioma copto era una reminiscencia del antiguo egipcio.

El astrónomo Nicolás Copérnico [Niklas Koppernigk] (1473-1543) fue canónico de la catedral de Frauenburgo sin ser sacerdote, pero también gobernador militar, baile, juez, recaudador de impuestos, vicario general y médico. Su gran contribución científica consistió en remover los cimientos de la astronomía occidental con la publicación de su célebre libro *De revolutionibus orbium coelestium* ("La revolución de los mundos celestes"), de cuyo fenomenal éxito en los ambientes científicos de toda Europa no pudo ser testigo, pues murió, según cuentan las crónicas, el mismo día que el primer ejemplar se ponía a la venta.

Charles Chaplin tuvo su primera actuación pública conocida a los cinco años de edad, cuando su madre, una artista de variedades, perdió la voz durante una actuación y tuvo que dejar el escenario. Entonces salió Charlie y cantó una canción. A mitad de la improvisada actuación, una lluvia de monedas comenzó a caer en el escenario. Charlie dejó de cantar y dijo al auditorio que iba a recoger primero el dinero y después terminaría la canción, consiguiendo por primera vez hacer reír a su público. Se trató del primer detalle genial de alguien de quien el escritor británico George Bernard Shaw (tal vez, con una pizca de cinismo) dijo en cierta ocasión: «Si alguna vez se nos recuerda, será porque fuimos contemporáneos de Charles Chaplin».

Tal vez, sólo tal vez, una de las causas de la peculiar personalidad de Salvador Dalí (1904-1989) sea el hecho de que tuvo un hermano, muerto prematuramente, llamado, como él, Salvador. Esto, según algunos psiquiatras, suele generar en la madre un deseo de sustitución que, a su vez, provoca en el hijo lo que ellos llaman un *trauma pre-natal,* que marcaría de algún modo el resto de su vida, poniendo en peligro su equilibrio mental, pero también agudizando su sensibilidad y su introspección creativa. Este trauma también se manifestó, según la misma teoría, en Vincent van Gogh (1853-1890), el genial y loco pintor holandés, que también vino a sustituir, a ojos de sus padres, a un hermano (del mismo nombre) muerto prematuramente.

Entre las innumerables anécdotas atribuidas a Salvador Dalí recordemos aquí, como ejemplar de su peculiar personalidad, aquella vez en que, con ocasión de una conferencia que había de pronunciar en Londres, el artista gerundés se presentó ante el atónito auditorio con una escafandra en la cabeza, con un impresionante puñal de pedrería ensartado en un ancho cinturón de cuero, asiendo en su mano derecha un taco de billar y conduciendo por el dogal a dos perros lobos con la izquierda. Su explicación para tan excéntrica presentación fue que con su extraño atuendo pretendía manifestar al público su voluntad de «bucear hondamente en la mente humana».

En su famosa obra *Vidas paralelas*, el historiador y biógrafo Plutarco relata la peripecia vital del gran orador griego Demóstenes (384-322 a. de C.). Según él, Demóstenes, hijo de un acaudalado fabricante de armas, quedó huérfano de padre a los siete años, viviendo su infancia entre los mimos de su madre con un total descuido de su educación. A los 16 años oyó hablar a Calistrato y esto decidió su vocación de orador. Sin embargo, adolecía en los comienzos de su carrera pública de cierta falta de voz, torpeza expresiva, tartamudez debida a una incorrecta respiración e, incluso, de lo que hoy llamaríamos fobia a hablar en público, todo lo cual lógicamente lastraba su arte oratorio. Consciente de sus limitaciones y aconsejado por el actor Satiros, Demóstenes se propuso superarlas con su propio esfuerzo. Para ello, se hizo construir un estudio subterráneo y se encerró en él para ejercitar su voz y perfeccionar su oratoria. Incluso, cuenta Plutarco, se afeitó media cabeza para que su aspecto fuera tan grotesco que le impidiera salir a la calle. Allí pasó tres meses seguidos sin ver la luz del día, practicando sin cesar y declamando con piedras en la boca. El éxito de su fuerza de voluntad aplicada en dicho encierro fue asombroso, a juzgar por su fama de mejor orador griego de todos los tiempos.

Diógenes de Sínope (414-323 a. de C.), conocido como *El Cínico*, odiaba a los ricos y criticaba sin piedad todo cuanto significase lujo y ostentación, tal vez por haber vivido la deshonra de tener que abandonar su ciudad natal al ser expulsado su padre, Jefe de la Moneda, precisamente por falsificación de monedas.

Despreciando todo signo de riqueza, caminaba descalzo, vistiendo exiguos trajes, aun en época invernal, y alimentándose con comidas extremadamente frugales y sencillas. Reposaba de día en los pórticos y de noche en un tonel.

A este hombre, sin duda excepcional, se atribuyen numerosas anécdotas legendarias, pero reveladoras de su carácter y de su gran fama en el mundo antiguo. Diógenes suele ser representado sosteniendo en una mano la linterna encendida con que, según la leyenda, buscaba en pleno día por las calles de Atenas un hombre merecedor del apelativo de honrado. Por otro lado, desdeñoso como era Diógenes de toda teoría, demostró a Xenón *El Escéptico* que existía el movimiento, levantándose y comenzando a caminar. En otra ocasión, habiendo oído que Platón definía al hombre como un animal bípedo sin plumas, arrojó entre su auditorio un gallo desplumado, diciendo: «he ahí el hombre de Platón». Se cuenta que hallándose Diógenes reposando junto a su tonel, le visitó Alejandro Magno, atraído por su fama, y le preguntó qué era lo que más desearía en aquel momento, a lo que el filósofo contestó que lo que más deseaba era que Alejandro se apartase para que su sombra no le impidera gozar del sol. Un día, viendo a un niño bebiendo de una fuente con el hueco de la mano, dijo «este niño me hace ver que conservo todavía algo superfluo», y rompió la escudilla en que solía beber.

El artista franco-estadounidense Marcel Duchamp (1887-1968) destacó primero como pintor cubista, para abandonar después la pintura y consagrarse como escultor, haciendo famosas sus obras confeccionadas a partir de objetos prefabricados comunes o, como él mismo decía, «encontrados». Pero su evolución no acabó ahí. En los últimos 40 años de su vida abandonó casi por completo toda actividad artística, dedicándose casi exclusivamente a la práctica y el estudio del ajedrez.

El inventor estadounidense Thomas Alva Edison (1847-1931) mostró una gran curiosidad científica y vital desde su más tierna infancia. A los doce años se marchó de su ciudad de residencia a Detroit en el ferrocarril *Grand Trunk*, vendiendo periódicos, revistas y caramelos en las estaciones por las que transitaba este tren. Se ganó la simpatía de los empleados y jefes ferroviarios, que le permitieron instalar en un vagón de la compañia un pequeño laboratorio y una imprenta, con la que publicaba una hoja periódica que llamó *Weekly Herald.* Cierto día, un accidente rompió una botella que contenía fósforo causando un fuerte estallido y el consiguiente incendio, que provocaron que el encargado del convoy lo expulsara. Poco después, al intentar subirse a un tren en marcha, se quedó colgado del estribo, y a punto estuvo de caerse si no hubiera sido por uno de los empleados del tren que, asiéndole de las orejas, consiguió alzarle. Sin embargo, aquel extraño incidente le causó a Edison una lesión irreversible en ambos oídos internos, por lo que quedó prácticamente sordo para toda su vida. En 1862 un tercer accidente marcó definitivamente el destino de Edison. Al observar que un vagón de mercancías se abalanzaba sobre un chico que jugaba distraído en las vías, Edison, que por entonces tenía sólo quince años, corrió y logró ponerle fuera de peligro. El padre del niño, agradecido, pero pobre, sólo pudo compensarle enseñándole el código Morse. En muy poco tiempo, Edison se convirtió en uno de los telegrafistas más rápidos de todo el país. Además, años después se lo enseñaría a la que fue su esposa y gracias a ello, utilizándola como intérprete, pudo hacer una vida normal, asistiendo, por ejemplo, al teatro, en el que su esposa le reproducía los diálogos con un ingenioso sistema de comunicación mediante golpecitos en las manos.

En 1868, se marchó a Boston, trabajando nuevamente como telegrafista. Aquel mismo año, aprovechando sus ratos libres, diseñó y patentó su primer invento: un dispositivo para registrar mecánicamente los votos del Congreso, que, pese a su utilidad, no consiguió vender. En 1869, trasladado a Nueva York y trabajando en una oficina de inversiones de Wall Street, también de telegrafista, fue cuando realmente comenzó su carrera de inventor. Aunque sus comienzos no fueron fáciles, pronto aprendió a detectar necesidades y a producir inventos realmente útiles (y, por tanto, lucrativos). Pero aún le quedaba por aprender otra lección. En cierta ocasión se presentó ante el presidente de una gran empresa para intentar venderle un indicador eléctrico y automático de cotizaciones de bolsa. Llegado el momento de fijar el precio, Edison dudaba si pedir 3.000 dólares o arriegarse y pedir 5.000; ante la duda, le rogó a aquel hombre de negocios que le hiciera una oferta. «¿Qué le parecen 40.000 dólares?», contestó el ejecutivo. Edison comprendió rápidamente que la modestia no era buena consejera en los negocios. Ese fue el verdadero comienzo de una carrera que le llevó a patentar unas 1.500 invenciones, entre ellas la para él más querida del fonógrafo, pero también muchos otros artilugios prácticos de gran originalidad, como, por ejemplo, un ingenio para electrocutar cucarachas (1866).

Los padres de Albert Einstein (1879-1955) llegaron a temer muy seriamente que su hijo fuera retrasado mental, al ver que hablaba con mucha dificultad hasta los nueve años de edad. Y no es que entonces mejorase: al parecer, le costaba mucho poder responder hasta a las preguntas más sencillas. En el colegio arrastró unas calificaciones muy bajas, salvo en matemáticas. Fracasó en su primer intento de ingreso en el Instituto Politécnico de Zurich y, al acceder al mercado laboral, tuvo muchísimas dificultades en encontrar y mantener empleos. Pero, mientras tanto, ya estaba labrándose una de las aportaciones más significativas de toda la historia de la ciencia. Y también una de las que más pasiones encontradas desató en vida. Por ejemplo, en vida de Einstein se fundó una asociación en su contra; incluso, una persona fue llevada a los tribunales por incitar a su asesinato, siendo condenada a pagar una irrisoria multa de 6 dólares. Algo después, se llegó a publicar un libro con el título *Cien autores contra Einstein*, ante cuya publicación Einstein exclamó: «Si yo no tuviera razón, ¡bastaría con uno solo!». En el otro platillo de la balanza, cabe recordar que en 1952 le fue ofrecida la presidencia del recién creado estado de Israel. Rechazó el ofrecimiento «por no tener cabeza», dijo, «para los problemas humanos». Albert Einstein fue sucesivamente ciudadano alemán, suizo y norteamericano, lo que le llevó a reflexionar públicamente: «Si la teoría de la relatividad se revela justa, los alemanes diran que soy alemán, los suizos que soy suizo y los franceses que soy un gran científico. Si resulta falsa, los franceses dirán que soy suizo, los suizos que alemán y los alemanes que soy judío».

El erudito y humanista holandés Desiderio Erasmo de Rotterdam (1466-1536), hijo natural de un sacerdote, quedó huérfano a los 14 años, pasando a ser tutelado por unos parientes, que rápidamente dilapidaron la pequeña fortuna heredada por el muchacho. Consumida la herencia, le internaron en el convento de agustinos de Stein, que Erasmo abandonó para continuar sus estudios en París y Bolonia. Después, fue corrector de pruebas en la imprenta de Aldo Manuccio, en Venecia. En 1499 marchó a Inglaterra como tutor de un joven inglés, William Blount, cuarto barón de Mountjoy. Posteriormente, en 1506, obtuvo el título de doctor en Teología en Turín, para pasar a residir en Roma bajo la protección del cardenal Médicis. Más tarde ejerció de profesor de griego en las universidades de Oxford y Cambridge. Fue nombrado consejero del futuro Carlos V, cargo que abandonó para volver a ejercer como profesor universitario, llegando a ser nombrado rector de la universidad de Basilea. Y compaginando este frenético trajín vital, aun encontró tiempo para traducir a Eurípides (del griego) y a Luciano (del latín); preparar ediciones del Nuevo Testamento de San Agustín, así como de las obras de Tolomeo, y escribir además numerosas obras propias en latín. Para dar ejemplo de su capacidad de trabajo, se cuenta que escribió su obra más famosa,

Elogio de la locura, en sólo siete días y sin consultar ningún libro. No cabe duda de que su actividad fue portentosa.

El matemático suizo Leonhard Euler (1707-1783) dejó tantos manuscritos inéditos (unos 900) que cincuenta años después de su muerte todavía estaban siendo publicados por primera vez. Sus obras escogidas (no completas) fueron editadas a partir de 1910 y ocuparon finalmente 72 volúmenes, y ello a pesar de que se quedó ciego los diecisiete últimos años de su vida, teniendo que trabajar de memoria.

También Galileo Galilei (1564-1642) se quedó totalmente ciego cinco años antes de morir, se supone que a consecuencia de las muchas horas que pasó observando el sol.

El escritor alemán Johann Wolfgang Goethe (1749-1832), además de ser sin discusión el más inmortal de los escritores alemanes, desempeñó un gran número de profesiones y destacó en otros muchos campos. Entre otras cosas, fue jefe de bomberos, Ministro del Exterior, director y actor de teatro, abogado, pintor, comisario de minas, mujeriego de mala fama y científico. En esta última faceta, en la que alcanzó gran renombre en su época, su logro más importante fue el descubrimiento del hueso intermaxilar o *hueso de Goethe*. Sin embargo, muchas de sus teorías científicas han quedado claramente desfasadas. Por ejemplo, defendió la teoría geológica llamada *neptunismo,* según la cual las rocas que conforman los continentes llegaron del espacio y se depositaron sobre un único océano que cubría toda la superficie original de nuestro planeta. Rechazaba la otra teoría, conocida como *vulcanismo,* que es la que finalmente triunfó, según la cual las rocas de la superficie terrestre surgieron del interior del planeta a través de volcanes y otras fallas de la corteza.

El científico británico William Thomson (1824-1907), más tarde nombrado Lord Kelvin of Largs (nombre por el que es más conocido en la historia de la ciencia), ingresó a los 10 años y 4 meses, en octubre de 1834, en la Universidad de Glasgow, matriculándose el 14 de noviembre del mismo año.

Antony van Leeuwenhoek (1632-1723), conserje del ayuntamiento de la ciudad holandesa de Delft y sin formación académica alguna, descubrió con su labor autodidacta los glóbulos sanguíneos, los espermatozoides, los protozoos y lo que después sería llamado bacteria. Este extraordinario caudal de descubrimientos fue hecho con microscopios artesanales, que Leeuwehoek fabricaba con sus propias manos. El mejor de todos los que construyó era capaz de hasta 270 aumentos.

Entre los dibujos de diseños e invenciones legados por Leonardo da Vinci (1452-1519) los expertos han creído reconocer prototipos y antecedentes de, al menos, los siguientes artilugios actuales: el paracaídas, el chaleco salvavidas, la bomba de agua, las aletas para natación, la perforadora de pozos, el barco impulsado por paletas, el carro sin caballos (es decir, el automóvil), la cadena de rodillos, la pistola de vapor, la turbina de agua, una máquina para pulir lentes, las granadas de fragmentación, la ametralladora, el aeroplano, el helicóptero y el submarino. Se dice, incluso, que Leonardo inventó también el primer despertador del que se tiene noticia, que consistía en un dispositivo que frotaba los pies del durmiente. Asimismo, se ha comprobado que tuvo nociones o intuiciones respecto a conceptos tan modernos como la fabricación en cadena, los fósiles, la circulación de la sangre, teorías astronómicas no geocéntricas y otras muchas relativas a la caída de los cuerpos y a la anatomía. Su poder de observación y su gran habilidad para el dibujo eran tales que sus dibujos de ondas y burbujas en el agua solamente pudieron ser mejorados por la cámara fotográfica. Sin embargo, gran parte de su genio resultó infructuoso. Guardó estas ideas para sí mismo, anotadas en voluminosos cuadernos de notas explicativas escritas de derecha a izquierda, que sólo pueden ser leídas en un espejo, hurtando la mayoría de aquellos avances a los ojos de sus contemporáneos. La mayor parte de sus cuadernos permanecieron sin ser publicados hasta bien entrado el siglo XIX, e incluso algunos de ellos permanecieron desaparecidos durante siglos. Por ejemplo, dos cuadernos fueron encontrados y dados a la luz en 1965 en la Biblioteca Nacional de España de Madrid. De la capacidad y el tesón de Leonardo da Vinci da fe, por ejemplo, el hecho de que, cumplidos ya los sesenta años, sufrió un ataque de parálisis que le inmovilizó el brazo derecho; él no se arredró por ello y rápidamente aprendió a pintar con la mano izquierda.

La actriz polaca Helena Modjeska (1844-1909) era enormemente popular en su país gracias a la calidad interpretativa y al realismo con que actuaba. En cierta ocasión, se le pidió que dirigiese unas palabras a los comensales de un banquete oficial al que había sido invitada durante una breve estancia en otro país europeo. La portentosa actriz se levantó y comenzó a hablar en polaco ante los sorprendidos comensales que nada sabían de esta lengua. Sin embargo, superado un primer momento de estupor, los oyentes se emocionaron ante la emotividad transmitida por el discurso de la actriz, que todos aplaudieron fervorosamente, aunque nadie llegó a comprender ni una sola palabra. Lo verdaderamente extraordinario del caso es que, según confesó después Helena Modjeska, no había hecho más que recitar una y otra vez, emocionadamente, eso sí, el alfabeto polaco.

Además de su faceta de inventor, cuyos mayores logros fueron el telégrafo eléctrico y la clave *Morse,* el estadounidense Samuel Finley Breese Morse (1791-1872) practicó con cierto éxito otras actividades destacables. Por ejemplo, fue el introductor en los Estados Unidos del proceso del daguerrotipo, lo que le convirtió en un destacado precursor de la fotografía. También fue un notable pintor retratista. En 1825 fundó la Academia Nacional de Dibujo, de la que fue además primer presidente. Su habilidad y capacidad artística fueron tales que fue profesor de pintura y escultura durante 40 años en la Universidad de la ciudad de Nueva York.

Según sus biógrafos, si hay algún científico que se ajusta al tópico de sabio despistado este es el inglés Isaac Newton (1642-1727). Por ejemplo, se cuenta que, en cierta ocasión, queriendo Newton determinar el tiempo óptimo de cocción de un huevo, se puso a comprobarlo experimentalmente. Para ello, llenó un puchero con agua, lo puso al fuego e introdujo en él su magnífico reloj de bolsillo, mientras, ansioso, huevo en mano, vigilaba el tiempo que iba transcurriendo. Pero no fue éste, ni mucho menos, su único despiste famoso. Él mismo contó que, siendo aún muchacho, en alguna ocasión entró en la cuadra de la granja donde vivía arrastrando por las riendas a un caballo, sin darse cuenta de que, en realidad, el caballo se había zafado. Sus despistes fueron muchos y variados. Quienes le conocieron en sus tiempos universitarios aseguraron que muy a menudo se olvidaba de comer y hasta de dormir (cierta vez estuvo cuatro días seguidos sin hacerlo), abstraído en sus reflexiones. También se equivocaba de puertas o se olvidaba por completo de que tenía invitados en cuanto se ausentaba por algún motivo de la sala en que éstos se hallaban, dirigiéndose hacia su laboratorio y no regresando en horas. Generalmente vestía de manera desastrada, sin peinar y hasta sucio, por puro olvido del más elemental cuidado personal. No era raro verle sentado en cualquier camino de la universidad de Cambridge, trazando en el suelo enrevesadas figuras geométricas, mientras sus alumnos y compañeros le sorteaban, tratando de no estropear aquellos incomprensibles dibujos. Esos mismos alumnos que eludían sus clases porque, muchas veces, no eran sino indescifrables peroratas ensimismadas.

Otro de sus despistes habituales era olvidar comunicar sus descubrimientos e, incluso, anotar complicadísimas operaciones matemáticas en cuadernos y papeles que dejaba en cualquier parte y nunca más volvía a encontrar, teniendo que rehacerlas después. Por ejemplo, se cuenta que en 1684, muchos de los científicos ingleses de la época mantenían un famoso e importantísimo debate sobre las leyes del movimiento de los cuerpos celestes. Este debate surgió a raíz de un encuentro mantenido en enero de aquel año por tres eminencias de la *Royal Society* de Londres: Robert Hooke, Christopher Wren y Edmund Halley, en el que, al no llegar a un acuerdo, Wren, arquitecto de la catedral de San Pablo, ofreció un premio al primer científico que lograse demostrar convincentemente las leyes del movimiento de los astros. Como pasaban los meses y nadie se atrevía a hacerlo, Halley decidió visitar a Newton en Cambridge. En el curso de la conversación, le preguntó por las órbitas de los cuerpos celestes, a lo que Newton contestó que eran elípticas. «¿Cómo lo sabe?», volvió a preguntar Halley, a lo que Newton repuso: «Las calculé hace tiempo». Halley, ansioso y sorprendido, le pidió que le mostrase esos cálculos, pero Newton fue incapaz de encontrarlos, así que no tuvo más remedio que prometerle que los volvería a hacer y se los haría llegar (promesa que cumplió rápidamente).

Poco amigo de alegrías y sonrisas, no consta que Newton se tomara a broma sus continuas distracciones. (Se cuenta, a ese respecto, sin duda de modo exagerado, que sólo se le vio reír francamente un día que un alumno le preguntó cuánto podría valer un obsoleto libro de Euclides.) No obstante, Newton, como suele pasar con los verdaderos despistados geniales, era a la vez muy metódico. A este respecto son famosos los diferentes cuadernos (gran parte de los cuales se conservan) en que anotaba su actividad diaria (desde la más importante a la más cotidiana). Por ejemplo, se conserva su cuaderno juvenil *de pecados*, en el que anotaba diaria y escrupulosamente cuanto pecado hubiera cometido ese día (cosas tales como «impertinencia con mi madre» o «robo de cerezas»).

Pero no se acaban ahí los rasgos curiosos de la personalidad de Newton. Por ejemplo, sentía una verdadera pasión por los experimentos, a los que se entregaba en cuerpo y alma. Por ejemplo, para estudiar la forma en que el ojo humano capta la luz se dedicaba a mirar al sol con un solo ojo para observar los colores e incluso presionaba con un punzón su globo ocular para alterar momentáneamente la curvatura de la retina y constatar las variaciones que ello implicaba. En cierta época de su vida, efectuó completísimos cálculos sobre las medidas del

Arca de la Alianza, el templo de Salomón o, en otro orden de temas, las leyes de propagación histórica de las plagas de langostas en relación a la velocidad de expansión del Islam. No es raro, por tanto, que en el ambiente premoderno en que vivió, su interés cayera finalmente en la alquimia, efectuando innumerables experimentos químicos que llegaron a afectar seriamente a su salud, al provocarle una peligrosa intoxicación de mercurio.

Por otra parte, la célebre disputa surgida entre Newton y Gottfried Wilhem Leibniz (1646-1716) a causa del reconocimiento público de cuál de los dos había enunciado en primer lugar el método matemático del cálculo infinitesimal fue enconada y muy violenta. Actualmente, se sabe con casi total seguridad que fue Newton quien lo hizo en primer lugar, aunque tardó mucho más en publicar sus conclusiones y por tanto éstas no pudieron ser conocidas previamente por Leibniz. Por ello, en realidad, ambos han de compartir ese honor. Pero en aquellos tiempos, la controversia alcanzó repercusión a escala internacional, participando en ella, en un bando u otro, numerosos científicos. Un gran número de artículos defendieron públicamente la candidatura de Newton, aunque casi todos ellos fueron redactados por el propio Newton y publicados con el nombre de sus amigos. Cuando la disputa se fue enconando más y más, Leibniz acudió a la mediación de la *Royal Society* británica, sin dar importancia al hecho de que el presidente de aquella asociación era precisamente su oponente, Isaac Newton. Este, beneficiándose de ello, hizo nombrar una comisión que estudiara el caso formada totalmente por partidarios suyos. No satisfecho aún con ello, redactó personalmente el informe final de la comisión y forzó a la *Royal Society* a que lo publicase. El informe, lógicamente, daba toda la razón a Newton, estigmatizando a Leibniz como plagiario. Incluso, Newton redactó un resumen anónimo del informe para los anales de la Sociedad y manifestó repetidamente en público su gran satisfacción por haber «roto el corazón de Leibniz».

Y es que, de igual modo que ninguno de sus contemporáneos y sus biógrafos pone en cuestión su genialidad, tampoco dudan al calificar a Newton de persona cruel, insensible, vanidosa y extremadamente ambiciosa. La carrera pública de Newton, que llegó a ser el primer científico de la historia que obtuvo un título nobiliario por sus actividades científicas, culminó al obtener el lucrativo puesto de Director de la Real Casa de Moneda, puesto desde el que desató una increíble y despiadada campaña contra la falsificación de monedas, que condujo a la horca a no pocos hombres.

El médico, alquimista y químico alemán Philippus Theophrastus Bombastus von Hohenheim (1493-1541), más conocido con el sobrenombre de *Paracelso,* fue un hombre genial, pero insoportable. A juzgar por el testimonio de sus contemporáneos, Paracelso fue extremadamente vanidoso y engreído, también egoísta y ampuloso, con no pocos rasgos de locura y delirios de grandeza. Por ejemplo, él mismo hizo extender el rumor de que había hecho un pacto con el diablo, por lo que poseía el secreto del elixir de la eterna juventud, había fabricado el *homúnculo* (hombre artificial) y estaba a punto de encontrar el bálsamo natural con que sería capaz de reconstruir cualquier tejido dañado.

El compositor ruso Serguei Prokofiev (1891-1953) compuso una ópera, *El gigante*, cuando tenía sólo siete años, y usando únicamente las teclas blancas de su piano.

El gran pianista y compositor ruso Serguei Vassilievich Rachmaninov (1873-1943) es considerado como el músico de primera fila poseedor de una mayor envergadura digital, alcanzando con sus dedos hasta 12 teclas blancas de un piano convencional, lo que, según se asegura, le permitía producir con la mano izquierda un acorde de do, mi bemol, sol, do sol.

Desde que la artritis hizo presa de los dedos de la mano del pintor Auguste Renoir (1841-1919), éste hacía que le ataran los pinceles a la mano para poder seguir pintando.

El filósofo y escritor francés Jean-Jacques Rousseau (1712-1778) llegó a estrenar dos óperas con libreto y música propios, que obtuvieron un gran éxito de público.

Según se ha calculado, Félix Lope de Vega (1562-1635) escribió entre 1.500 y 2.200 obras de teatro, que sumarían en su conjunto unas 133.000 páginas, con unos 21.000.000 de versos (lo cual le convertiría sin ninguna discusión en el dramaturgo más prolífico del mundo), de los cuales sólo se conservan unas 426 obras y 42 autos sacramentales. Esta ingente actividad creativa (que hizo que Miguel de Cervantes le llamara «Monstruo de la Naturaleza») comenzó con una sorprendente precocidad. Al parecer, Lope de Vega ya leía en latín a los cinco años y tradujo a Claudio cuando tenía diez. A los doce, además de saber tañer instrumentos musicales, cantar y manejar la espada con brío y habilidad, había completado su primera obra en cuatro actos, *El verdadero amante*. Sin embargo, pese a su evidente precocidad y genio, siempre se mostró acomplejado por su origen plebeyo (provenía de una humilde familia santanderina de la Vega de Carriedo), por lo que al comenzar su actividad literaria añadió a su nombre un segundo apellido (*y Carpio*), que en realidad pertenecía a un tío suyo, inquisidor de Sevilla. De este asunto también hizo burla, en su enconada disputa, Luis de Góngora, que sí había tenido cuna noble.

El médico, erudito, políglita y científico inglés Thomas Young (1773-1829) fue un niño prodigio que aprendió a leer a los 2 años y que había leído la Biblia dos veces a los 4. Durante su juventud estudió una docena de idiomas y aprendió a tocar una gran variedad de instrumentos musicales.

GRANDES AMANTES

Según las crónicas, el califa Abderramán II de Córdoba (793-852) sólo hacía el amor con vírgenes, no repitiendo nunca con la misma mujer.

Gabriele D'Annunzio (1863-1938), escritor, aventurero, estadista y *enfant terrible* de la escena cultural italiana durante más de cuarenta años, fue también un famoso conquistador amoroso. Sonados fueron sus romances con célebres bellezas de la época, como Maria Hardouin di Gallese (su esposa), Elvira Leoni, las condesas Maria Anguissola, Giuseppina Mancini y Natalia Golubeva, la actriz Eleonora Duse, la marquesa Alessandra Carlotti di Rudini y la pianista Luisa Bàccara. Pero, además, D'Annunzio poseía una personalidad harto excéntrica. Por ejemplo, tenía la costumbre de dormir apoyando su cabeza en una almohada rellena de mechones de pelo cortados a sus conquistas, o la de servir vino en una copa hecha con el cráneo de una muchacha que supuestamente se había suicidado por él. Según confesión propia, su secreto afrodisíaco era la estricnina, que tomaba antes de cada aventura. Acorde con su personalidad provocadora, este gran escritor afirmaba ser odiado por no menos de mil maridos.

A juzgar por los comentarios de los cronistas de la época, Napoleón Bonaparte (1769-1821) fue protagonista de una actividad amorosa incesante durante su explosivo matrimonio con Josefina. De hacer caso a los biógrafos, los gritos y jadeos de la pareja asustaban a todo el palacio en los momentos de máximo ardor. Según confesó Josefina, a Napoleón le gustaba el sexo veloz y furioso: «como un bombero apagando un fuego». Al parecer, el ardor de la pareja era tal que, en su noche de bodas, el perro de Josefina, creyendo que Napoleón hacía daño a su ama, se abalanzó contra él y le mordió.

El rey Carol II de Rumania (1893-1953) fue, al contar de las crónicas, lo que se conoce como un verdadero *atleta sexual*. Se dice que «debido al anormalmente largo órgano sexual» de su majestad era necesario ampliar quirúrgicamente la capacidad vaginal de sus amantes, so riesgo de que éstas, caso de no hacerlo así, muriesen «como consecuencia de roturas del perineo».

A pesar de que en los registros de sus andanzas que nos han llegado *sólo* constan ciento dieciséis amantes, Giacomo Girolamo Casanova de Seingalt (1725-1798) se jactó públicamente de haber seducido a miles de mujeres, preferentemente esposas e hijas de sus amigos. Según él, el secreto de su resistencia física y de su apetito amatorio residía en la sobredosis de ostras, no menos de cincuenta, con que se desayunaba cada mañana. Según cuenta en sus memorias, otro truco que utilizaba, esta vez para no dejar embarazadas a sus muchas amantes, era un método anticonceptivo *infalible:* introducía una canica de oro de 60 gramos en la vagina de sus amantes-víctimas.

Al parecer, Catalina II *La Grande* (1729-1796), esposa de Pedro III y zarina de todas las Rusias tras destronar a su marido (que murió en circunstancias harto extrañas, a las que ella no fue ajena), gozaba en la época más activa de su vida de un promedio de seis relaciones sexuales al día. Sin embargo sus comienzos matrimoniales no auguraban dicha vorágine sexual. Según parece confirmado, se mantuvo virgen los ocho primeros años de su matrimonio, debido a la fimosis que impidía a su marido serlo realmente. Cuando luego se resarció estableciendo el récord comentado, contaba con veinte amantes oficiales, aunque en determinados momentos llegaron a ser hasta ochenta. Entre ellos: el príncipe Sergio Saltikov, Estanislao Augusto Poniatovski (que gracias a la ayuda de la zarina llegaría a ser rey de Polonia), Gregorio Orlof, Wasseltchikov y el tuerto Gregorio Potemkin. Entre asalto y asalto, aun practicaba su segundo placer: el voyeurismo. Se cuenta, asimismo, que su médico personal, Rogerson, y su alcahueta privada, madame Protas, probaban personalmente a sus amantes antes de aconsejar a su majestad.

Aunque se la tiene por egipcia, la famosa faraona Cleopatra (69-30 a. de C.) nació en Macedonia, hija de Tolomeo XI *Auletes.* Cual era costumbre entre los faraones, se casó con dos de sus hermanos: Tolomeo XII *Dionisio* y Tolomeo XIII, y fue amante de Julio César y de Marco Antonio. Su éxito entre los hombres parece que alcanzó cotas inusitadas. Se supone que se inició en el arte amatorio a los doce años. Posteriormente, fue una alumna aventajada de las cortesanas del Ninfeo, el más afamado burdel de Alejandría. La experiencia le debió resultar gratificante, puesto que años después mandó construir un templo como residencia para sus cientos de jóvenes amantes, a quienes se les administraban drogas para aumentar su lujuria y voluptuosidad. Con ellos practicó tanto dicho arte que, a juzgar por los testimonios que nos han llegado, y a pesar de que, al parecer, no poseía una belleza demasiado espectacular, aunque sí un atractivo irresistible, llegó a ser una consumada maestra, tanto en técnica, como en resistencia: se afirma que era capaz de yacer con cien hombres en una sola noche. No es extraño, a juzgar por estos antecedentes, que tanto Julio César como Marco Antonio cayeran rendidos (tal vez, literalmente) a sus pies.

El general chino Chang Chung Chang (1880-1935) fue durante muchos años un conocido y admirado amante que dominó la escena galante de la corte manchú de la China de comienzos del siglo XX. El general era más conocido, por razones anatómicas obvias, como: *El general de las tres piernas* y *Chang, cañón del setenta y dos.*

El escritor inglés Charles Dickens (1812-1870) compartió domicilio con su esposa, Kate Hogarth, y las dos hermanas de ésta, Mary y Georgina, con quienes aparentemente tuvo una relación más que amistosa. Sin embargo, a despecho de este posible matrimonio a *varias bandas,* su verdadero amor fue la joven actriz Ellen Ternan. No obstante, a pesar de tanta compañía nocturna, Dickens sólo podía dormir, al parecer, si colocaba la cabecera de la cama orientada exactamente hacia el norte y se echaba exactamente en su centro.

Del famoso delincuente estadounidense John Dillinger se cuenta que siempre estuvo bien armado, en más de un sentido. En 1934, este gángster caía acribillado a balazos por agentes del FBI. Durante la autopsia, uno de los forenses le cortó el pene y lo guardó como reliquia, asombrado de su tamaño. Al parecer, su miembro alcanzaba increíblemente los 50 centímetros en acción. Sin embargo, nunca ha vuelto a reaparecer el supuesto pene de John Dillinger y, por tanto, nunca se ha podido valorar este extremo hasta su justa medida.

Al parecer, el rey español Fernando VII (1784-1833) contaba con un órgano genital de dimensiones desmesuradas que hizo aconsejable que la reina María Cristina, su cuarta y última esposa, tomase medidas preventivas por prescripción facultativa. La reina, por consejo médico, interponía una almohadilla agujereada a la entrada de su vagina.

La cortesana griega Mnesarete (siglo IV a. de C.), más conocida como *Friné* (literalmente "sapo", al parecer por el color de su piel), fue considerada como una de las más hermosas mujeres de toda la historia de la antigua Grecia. Su cuerpo sirvió como modelo a Praxíteles, uno de sus muchos amantes, para realizar la estatua de la diosa Afrodita conocida como *Venus de Cnido*. En cierto momento de su vida, en el curso de un festival, se soltó los cabellos, se desnudó y se sumergió en el mar, inspirando al pintor Apeles su *Afrodita Anadiomena*. Pues bien, esta mujer extraordinaria fue una de las *hetairas* o cortesanas más famosas de la Grecia clásica. En cierta ocasión, tras rechazar repetidamente los requiebros y laas solicitudes de un tal Eutías, éste la denunció, acusándola de impiedad (uno de los delitos más graves de la época) al profanar los misterios eleusinianos. Compareció ante el tribunal de los heliastas y estaba a punto de ser condenada a muerte, cuando tomó la palabra en su defensa el buen orador Hipérides. Su bello y encendido alegato no encontró, sin embargo, respuesta favorable del jurado. En un último argumento desesperado, hizo que la acusada se despojara del peplo y apareciese desnuda ante el tribunal, al tiempo que exclamaba: «Olvidad, si os parece, todos mis anteriores argumentos. Pero, ved, ¿no lamentaréis condenar a muerte a la propia diosa Afrodita? ¡Piedad para la belleza!». Tan convincente e inapelable debió ser este último argumento que Friné fue absuelta por el tribunal de todos los cargos y fue puesta inmediatamente en libertad. Puede decirse que, por una vez, triunfó la verdad desnuda. Gracias a su éxito profesional, Friné amasó una inmensa fortuna, hasta el punto de que llegó a financiar la restauración de las murallas de Tebas y levantó en su casa una estatua de oro macizo en honor a Zeus, estatua en la que por cierto se podía leer la siguiente inscripción: «Gracias a la intemperancia de los griegos». Sin embargo, como es natural, los encantos de la bella Friné se desvanecieron al llegar a la vejez, a lo que, como es natural (o, al menos, habitual), Friné no se resignó, recurriendo a multitud de afeites y remedios cosméticos. A propósito de esto, el comediógrafo Aristófanes llegaría a decir: «Friné ha convertido su rostro en una botica».

Al último emperador jarifiano de Marruecos, Muley Ismail Es Semin (1672-1727), conocido por el sobrenombre de *El sediento de sangre*, se le atribuyen 1.056 hijos, 700 de ellos varones, tenidos con sus 8.000 mujeres y concubinas.

El cuarto emperador mogol de la India, Jahangir, que se mantuvo en el trono entre 1605 y 1627, poseía un harén de 300 esposas, otras 5.000 concubinas y 1.000 muchachos con que satisfacer su diversas aficiones sexuales. Además, mantenía en su palacio 12.000 elefantes, 10.000 bueyes, 2.000 camellos, 3.000 venados, 4.000 perros, 100 leones amaestrados, 500 búfalos y 10.000 palomas mensajeras.

El rey francés Luis XIV (1638-1715), además de su esposa, la infanta española María Teresa (1638-1683), tuvo numerosas favoritas, concubinas y amantes reales. Entre las principales estuvieron Louise-Françoise de La Baume, duquesa de La Vallière (que le dio cuatro hijos); la marquesa de Montespan (con quien tuvo 8 hijos); la marquesa de Maintenon (con la que se llegó a casar morganáticamente en secreto), y la duquesa de Fontanges.

Luis XV de Francia (1710-1774), además de la compañía de sus sucesivas favoritas Madame Pompadour (1721-1764) y Madame Du Barry (1743-1793), disfrutaba de un verdadero harén o burdel real en su palacio de Versalles. Este nutrido gineceo fue conocido en la corte de la época como *Le parc aux cerfs* ("El parque de los ciervos"). En los aproximadamente treinta y cuatro años en que este harén fue visitado por el rey, estuvo siempre bien surtido de jovencitas que desde la adolescencia sólo tenían un único cometido: estar siempre dispuestas a satisfacer al rey en cualquier deseo. Cuando cumplían los dieciocho años, eran recompensadas con su matrimonio con un caballero de la corte.

Aunque ella misma aseguraba haber nacido en Sevilla en 1823, la bailarina y cantante María Dolores Gilbert [o Porris] y Montes (1818?-1861), mucho más conocida con su nombre artístico de *Lola Montes*, que recorrió con gran éxito y no pocos escándalos la Europa de la primera mitad del siglo XIX, había nacido en Limerick, Irlanda. Al cumplir los trece años, descubrió que podría conseguir todo cuanto se propusiese si sabía aprovechar su extraordinario atractivo físico; y eso fue algo que hizo durante toda su vida, aunque no por ello dejando de mostrar un criterio muy selectivo. Por ejemplo, en cierta ocasión, se negó a mantener relaciones con el virrey de Polonia porque éste llevaba dentadura postiza. Tras casarse tres veces y mantener escandalosas relaciones con muchos amantes de toda Europa (incluidos Franz Liszt y Alejandro Dumas, padre), se convirtió en amante oficial del rey Luis I de Baviera, quien le otorgó los títulos de baronesa de Rosenthal y condesa de Landsfeld. Cierto escritor contó que el rey le había confesado que la Montes «podía realizar milagros con los músculos de sus partes privadas» y que se convenció de ello cuando «logró que tuviese diez orgasmos en un periodo de veinticuatro horas». Fue tal lo escandaloso de la relación, que, ante la presión cortesana y popular, el rey tuvo que abdicar. Ante el cariz que tomaron los acontecimientos, Lola Montes emigró entonces a Inglaterra, y más tarde a los Estados Unidos, donde se mantuvo fiel hasta el final a ese mismo estilo de vida.

El sobrenombre del nigromántico siberiano Grigorii Efimovich Novy (1872-1916), *Rasputín,* significa en ruso algo así como "libertino". Y no fue, según todos los testimonios, un sobrenombre gratuito ni desacertado. Al parecer, su gran carisma entre las mujeres se debió no sólo a su carácter misterioso y a una gran facilidad verbal e hipnótica (aunque, por cierto, ni siquiera sabía leer y escribir), sino también a cierta parte de su organismo que alcanzaba, según descripción que dejó escrita su propia hija, los 35 centímetros de turgente longitud y que él no se esforzó en mantener inactiva. Cierta parte de su organismo que le fue cortada, por cierto, en el mismo momento de su asesinato. Precisamente, en 1968, apareció en el barrio parisino de Saint-Denis un supuesto *pene de Rasputín*, guardado en una caja de madera y en poder de una anciana mujer, que afirmaba ser la antigua amante de Rasputín.

Una de las más conocidas aficiones del Cardenal Richelieu, además de las de dormir y cuidar gatos, fue la de galantear y sostener aventuras amorosas con cortesanas. Se cuenta que pagó cincuenta mil coronas por pasar una sola noche con la más famosa cortesana de su época, Ninón de Lenclos. Ésta, después de aceptar el dinero, envió a una amiga para que la sustituyese.

Según los textos antiguos, al rey Salomón (h. 1020-929 a. de C.) se le suponía un harén de 1.000 mujeres (700 esposas y 300 concubinas). Además, protagonizó algunos sonados romances con otras mujeres, como la legendaria reina de Saba Balkis o Makeda, con quien tuvo un hijo, Menelik, que fundaría la dinastía abisinia o salomónida de Etiopía.

La escritora francesa Aurore Dupin, baronesa de Dudevant, más conocida en el mundo literario con el seudónimo de *Georges Sand* (1804-1876), fue una fiel seguidora de la corriente romántica. Y no sólo intelectualmente, sino también en su vida personal, hasta el punto de que engrosó la nómina de sus amantes hasta un límite verdaderamente notable. A pesar de haberse casado jovencísima con el barón Casimir Dudevant (a quien, por cierto, sorprendió en la cama con una criada cuando ella sólo contaba 18 años, hecho que tal vez determinó su futura promiscuidad), mantuvo relaciones amorosas, entre otros muchos, con los siguientes personajes famosos: Jules Sandaeu, la actriz Marie Dorval, amante a su vez de Alfred de Vigny (de quien también fue *amiga* la misma Georges Sand), Prosper Merimée, Pietro Pagello, Alfred de Musset y Frédéric Chopin (con quien vivió un conocido romance en la Cartuja de Valldemosa mallorquina). Aunque no todos sus amantes fueron personajes célebres. Por ejemplo, sin romper su matrimonio original, vivió un apasionado romance con un lisiado al que le faltaban las dos piernas.

El pintor francés Henri Toulouse-Lautrec (1864-1901) sufrió en su infancia un accidente que redujo la longitud de sus piernas y curvó su columna vertebral para siempre. Años después, vivía su atormentada existencia de hombre contrahecho y amargado en un burdel en el que, al parecer, era muy querido y en donde encontró por primera vez un hogar. Además de sus cualidades humanas, parece ser que, según algunos comentarios de sus contemporáneos, a despecho de su escasa estatura y su deformado cuerpo, una de las razones del buen recibimiento que obtuvo en dicho burdel fue una hipertrofia tan estratégicamente localizada en cierto órgano de su cuerpo que las prostitutas del burdel le llamaban *La Tetera*.

Tras mostrar una excepcional precocidad intelectual, Lope de Vega se alistó en la Armada Invencible, fue secretario del duque de Alba (1590), del marqués de Malpica (1596), del conde de Lemos (1598) y del duque de Sessa, y vivió una vida sentimental ciertamente movida. Mantuvo una relación amorosa con Elena Osorio, la joven hija casada de Jerónimo Velázquez, su primer mentor, durante cinco años, que concluiría cuando Velázquez le demandó por calumnia y ganó el proceso, consiguiendo que fuera desterrado de Madrid durante diez años. Después se casó con Isabel de Urbina, con la que tuvo un hijo. La siguiente mujer con la que mantuvo una relación duradera fue Micaela Luján (inmortalizada con el nombre de *Lucinda* en sus sonetos), con quien tuvo entre cuatro y siete hijos ilegítimos, a los que no reconoció. A lo largo de su vida, sólo reconoció a un hijo, Carlos, tenido con su segunda esposa, Juana de Guardo. A los sesenta años, mantuvo nuevas relaciones amorosas con la joven Marta de Nevares Santoya, que también le dio hijos, y con Jerónima de Burgos. Finalmente, tomó los hábitos en 1614, convirtiéndose en familiar de la Santa Inquisición ese mismo año. Ese nuevo cargo le obligó a compatibilizar la escritura de comedias ligeras y la redacción de fanáticas condenas contra monjes y legos, a los que condenaba a muerte por herejes, a la vez que, a pesar de su nueva condición de sacerdote, no se privó de continuar sus escarceos amorosos.

Sentimentalmente, como en lo profesional, la vida del gran compositor alemán Richard Wagner no fue nada descansada. Se casó en 1834 con la actriz Minna Planer; después, ya separado de Minna y tras algunas otras aventuras pasajeras, vivió apasionados amores con Jessie Laussot, esposa de un amigo suyo; con Mathilde Wesendonck, casada con uno de sus benefactores (aun cuando simultaneamente se había reconciliado con Minna); con Judit Gautier, y con Cósima von Bülow, esposa del director musical Hans von Bülow e hija de Franz Liszt, con la que tuvo dos hijos ilegítimos, antes de casarse con ella en 1870.

La reina Zingua de Angola, que rigió aquel país a principios del siglo XVII, ha pasado a la historia como una ninfómana ejemplar. La reina, que contaba con un amplio y surtido harén a su entera y exclusiva disposición, se divertía organizando combates a muerte entre sus esclavos, ofreciendo su cuerpo como galardón al campeón, que tras una noche entera de servicios reales, también moría, no obstante, al alba. En cierta ocasión, llegó a decretar la muerte de todas las mujeres embarazadas de su reino, pues no aceptaba que ninguna de sus súbditas hiciera gozar a los hombres. Se cuenta que mantuvo un comportamiento similar hasta que, súbitamente, se convirtió al catolicismo al cumplir los setenta y siete años y cambió por completo su actitud ante la vida.

HECHOS HISTORICOS SINGULARES

La erupción del Vesubio que sepultó la ciudad de Pompeya y las villas de Herculano, Estabia, Oplontis y Nuceria se desencadenó el 24 de agosto del año 79 de nuestra era. Sólo en Pompeya se ha calculado que vivían unas 25.000 personas. La tragedia duró tres días, durante los cuales los gases y partículas lanzados a la atmósfera por la erupción oscurecieron totalmente el sol en la zona. Destruida Pompeya, los anales históricos guardaron el hecho, pero el paso del tiempo hizo olvidar la exacta localización de la ciudad, hasta que en 1711, un campesino llamado Giovanni Battista Nocerino encontró una pieza de mármol mientras excavaba un pozo. Al seguir encontrando más y más objetos en los días posteriores, Nocerino dio a conocer su hallazgo. El hecho llegó a oídos del príncipe d'Elboef de Habsburgo, que organizó unas excavaciones. A veinte metros de profundidad aparecieron unas estatuas, pero por distintas circunstancias, la investigación fue suspendida y el yacimiento fue olvidado. En 1738, Rocco Giacchino de Alcubierre, ingeniero al servicio del rey Carlos III de España, reanudó las excavaciones por orden del monarca. Rápidamente logró identificar la villa de Herculano gracias a una inscripción y, algunos años después, llegó a la conclusión de que un yacimiento cercano era Pompeya. En 1748, se descubrió el primer cadáver petrificado, al que pronto se irían uniendo algunos más. Todos presentaban el aspecto de haberse convertido en piedra súbitamente, sin dar tiempo siquiera a interrumpir sus actividades. Incluso se conserva el cadáver de una madre amamantando a su hijo.

Pocos saben que no fue Johannes Gutenberg (1400-1468) el que finalmente publicó las llamadas *Biblias Gutenberg*, es decir, los primeros libros oficialmente impresos con la imprenta de tipos móviles inventada por el impresor alemán. En efecto, Gutenberg preparó las planchas de la Biblia, pero cuando estaba a punto de comenzar su edición, se le agotó el dinero de que disponía y, acosado y demandado por los acreedores, se vio obligado a entregar sus instrumentos y prensas, además de perder todo derecho sobre la edición y ceder la distinción de ser el editor del considerado como libro más bello de la historia.

Una noche del año 356 a. de C., un pastor prendió fuego, medio siglo después de su construcción, a la cuarta de las Siete Maravillas de la Antigüedad, el *Artemision* o *Templo de Artemisa* (o Diana), diosa de la Luna y de la Caza, de Éfeso, ciudad situada a orillas del mar Egeo, en el Asia Menor; un soberbio edificio de mármol blanco de 130 metros de longitud, sustentado por 127 columnas jónicas de 20 m de altura y 2 de diámetro cada una. A la entrada del templo se alzaba una estatua de la diosa de 5 m de altura, esculpida en oro macizo. El motivo que adujo el pastor, llamado Eróstratos, para convertirse en uno de los más famosos incendiarios de la historia no fue otro, precisamente, que inmortalizar su nombre. Este incendio, según la leyenda, ocurrió precisamente la misma noche del nacimiento en Macedonia de Alejandro Magno.

En la Edad Media ya se sabía que la humedad y los gases eran dos de los principales enemigos de las piedras de los monumentos. El emperador Federico II dictó órdenes estrictas para mantener limpio el aire en 1240. Un herrero fue ejecutado en 1306 en Londres por utilizar carbón de piedra con alto contenido en azufre, a pesar de la prohibición expresa. En Colonia, Alemania, una fábrica metalúrgica de cobre y plomo fue clausurada en 1465 por la contaminación ambiental que producía.

A finales del mes de abril de 1886, la factoría *McCormick* de Chicago despidió a 1.200 trabajadores que se habían negado a darse de baja en las incipientes organizaciones sindicales que habían florecido en aquella ciudad estadounidense, sustituyéndoles con esquiroles reclutados en los bajos fondos de la ciudad. El 1 de mayo de aquel mismo año, más de 40.000 obreros de la ciudad se declararon en huelga en solidaridad con sus compañeros despedidos. Sobre ellos cayeron con saña los esquiroles (o más bien matones) de McCormick. Para protestar contra estas agresiones, los obreros convocaron un mitin para el día 3, a celebrar en las inmediaciones de la propia factoría foco del conflicto. A aquella reunión acudieron también los provocadores de McCormick, que agredieron a los huelguistas, con el resultado de seis muertos y varias docenas de heridos (todos ellos huelguistas). Al día siguiente, hallándose reunidas en un nuevo mitin unas 15.000 personas, aparecieron unos 80 policías y comenzaron a disparar, sin previo aviso, sobre la multitud. En medio de la confusión, una bomba estalló entre los policías, causando algunas bajas. Enfurecidos, los agentes contratacaron sin miramientos, causando a su vez 70 nuevas víctimas y deteniendo a todos los líderes sindicales. Estos fueron juzgados bajo la acusación de haber lanzado el artefacto explosivo y, aunque negaron repetida y fundadamente su culpabilidad, el peso de las pruebas amañadas consiguió que fueran declarados culpables. Ocho de ellos fueron condenados a la pena capital. El 11 de noviembre de 1886 serían ejecutados cuatro de los condenados: George Engel, Adolphe Fischer, Albert Parsons y Auguste Spies. A tres más, Oscar Neebe, Samuel Fielden y Michael Schawb, se les había conmutado la pena de muerte por cárcel y trabajos forzados; mientras que el octavo condenado, Louis Ling, se suicidó ingiriendo una cápsula de mercurio. En 1889, la Segunda Internacional decidió proclamar el 1º de mayo como fecha de reivindicación obrera anual, en recuerdo de la masacre obrera de Chicago. Este carácter reivindicativo se mantendría hasta 1919, año en que sufrió una radical transformación, al convertirse oficialmente en el *Día Internacional del Trabajo*.

El origen de la cruz como símbolo de la fe cristiana se remonta a un hecho biográfico del emperador romano Constantino II *El Grande* (h. 280-337). Según cuenta su biógrafo Eusebio Pánfilo, cuando Constantino se dirigía hacia Majencio, el año 312, donde habría de disputarse una importante batalla (la conocida como del Puente Milvio), apareció ante sí una gran cruz rodeada por la frase *In hoc signo vinces* ("Con este signo vencerás"). Impresionado, Constantino mandó que a partir de entonces figurase en los estandartes o lábaros de sus tropas una cruz cristiana orlada con tal inscripción. Años después, durante el primer Concilio de Nicea, celebrado el año 325, el emperador decretó que fuese adoptada la cruz como símbolo oficial de la religión cristiana.

En 1212, cerca de 40.000 niños y niñas alemanes, arrebatados de entusiasmo por el fervor religioso y combativo de las Cruzadas, abandonaron sus hogares para, guiados por un muchacho llamado Nicolás, cruzar los Alpes y dirigirse a Génova, vía Roma. Desde Francia, cerca de 30.000 niños se sumaron a la empresa, dirigiéndose a Marsella en un insólito hito histórico que los historiadores conocen con el nombre de *La Cruzada de los Niños.* Durante el difícil viaje perecieron un alto número de muchachos. Los líderes de los supervivientes se reunieron con el Papa Inocencio III, que les invitó a que retornaran a sus casas. Muchos desoyeron este consejo papal y embarcaron en Marsella y Génova con destino al norte de Africa y a Alejandría, donde sorprendentemente fueron vendidos como esclavos.

En 1917 se celebró en Moscú el *Juicio del Estado Soviético contra Dios*, en una parodia de Tribunal Popular, presidido por el comisario de Instrucción Pública, Anatoly Lunacharsky (1875-1933). Este tribunal halló a Dios culpable de los cargos imputados, por lo que le condenó a muerte, siendo ejecutada la sentencia por medio de una salva de fusilería dirigida al cielo.

El rey legendario Enlil-Bani llegó a reinar durante 23 años en Isin, una de las dos ciudades que dominaban Babilonia, tras ser elegido *rey por un día* en el curso de una tradicional ceremonia anual de las celebraciones de año nuevo. Enlil-Bani, apodado *El Jardinero*, era realmente jardinero del rey Erra-Imitti. De acuerdo a la costumbre, fue elegido por éste para que reinase durante un día, tras el cual habría de ser sacrificado a los dioses. Pero se dio la circunstancia de que el rey oficial murió durante las celebraciones, y Enil-Bani permaneció en su puesto entre los años 2029 y 2006 a. de C.

En el año 695, Leoncio encabezó una rebelión popular contra el reinado del emperador Justiniano II, al que capturó y mandó cortar la nariz, en la creencia de que tal desfiguración le haría indigno de la corona y le alejaría para siempre del trono. Tres años después, en 698, Leoncio fue derrocado por tropas al mando del general Tiberio, quien le sustitutó en el trono con el nombre de Tiberio III y ordenó a su vez que cortaran la nariz a Leoncio. Tras diez años de exilio, Justiniano II recuperó el trono en el año 705 y ejecutó públicamente a ambos.

Hitler, esperando aislar y degradar a los judíos de Dinamarca, como había hecho en todas partes, ordenó que todos ellos utilizaran un brazalete identificado con la Estrella de David. Sin embargo, su plan se vio frustrado cuando, a las pocas horas de ponerse en vigor la orden, ciudadanos daneses de todas las religiones salieron a la calle portando el brazalete. El rey Cristian X (1870-1947), que también lo llevó, llegó a decir públicamente: «Yo soy el primer judío de mi país».

En ese mismo clima de hostilidad y resistencia pasiva a las fuerzas de cocupación alemanas, en septiembre de 1944, los nazis decretaron la detención inmediata de todos los miembros de la policía danesa, acusada de boicotear la política nazi de ocupación y de no perseguir los sabotajes civiles. Todos los policías daneses fueron inmediatamente deportados a campos de concentración en suelo alemán.

Durante el reinado del emperador romano Antonino Pío (86-161), entre los años 138 y 161, la parte superior del Circo Máximo de Roma, construida con madera, se derrumbó durante un torneo de gladiadores, resultando muertos 1.112 espectadores.

En España se llamó *Crack* de 1929 a la depresión económica iniciada en esa fecha con el hundimiento de la Bolsa de Nueva York y que se prolongó hasta 1934. Tuvo trágicas repercusiones internacionales, debiéndose a un grave desajuste entre la producción y el consumo, unido ello a movimientos especulativos muy fuertes y ruinosos en las bolsas. En octubre de 1929 se empezaron a registrar caídas en la Bolsa de Nueva York. El 24 de octubre, el llamado *Jueves Negro*, la Bolsa de Nueva York se desplomó, vendiéndose unos 132 millones de acciones en aquel único día, lo que causó el hundimiento de las cotizaciones y la casi instantánea ruina de miles de ciudadanos. A lo largo de ese año, los índices *Times* y *Dow Jones* habían dibujado una línea muy quebrada. Sin embargo, aquel día se desató el *Crack*. Cinco jornadas después, el 29 de octubre, el llamado *Martes Negro,* se produjo el definitivo desplome, abriéndose un desastre económico de impredecibles consecuencias.

El 19 de octubre de 1987, los valores contratados en la *New York Stock Exchange*, nombre oficial de la Bolsa neoyorquina de Wall Street, perdieron en una sola sesión 750.000 millones de dólares: una cantidad equivalente a más del doble de la deuda total del Tercer Mundo de aquel momento. El índice *Dow-Jones* cayó 508 puntos, es decir un 22,6%. No obstante, pese a que se supuso que podría significar el mismo descalabro que el *crack* de 1929, la verdad es que las Bolsas se recuperaron pronto.

El mes de septiembre de 1973, Clark Olofsson tomaba como rehenes a cuantos se hallaban dentro de una entidad bancaria de la capital sueca, Estocolmo, que pretendía atracar. Su buen comportamiento con estas personas y, tal vez, la justicia de los móviles de su intento de atraco, hicieron que todos sus rehenes abogaran por él una vez liberados. A partir de este curioso suceso de identificación entre secuestradores y secuestrados se fue elaborando una teoría psicosociológica, corroborada a medida que se fueron constatando casos similares, imponiéndose la denominación común a todos ellos de *Síndrome de Estocolmo* en recuerdo a aquel primer caso registrado y estudiado. Poco tiempo después, lo ocurrido en el caso del secuestro de Patricia *Patty* Hearst, la rica heredera del emporio periodístico de su padre, Randolph Hearst (quien, por cierto, se dice que sirvió de modelo para el *Ciudadano Kane* creado por el cineasta Orson Welles), por el llamado *Ejército Simbiótico de Liberación*, que acabó con la sonada detención de la joven tras su conversión en miembro activo del grupo terrorista, ayudó a popularizar este síndrome, al que se suele invocar invariablemente tras cada secuestro.

El *Escándalo Watergate* fue provocado por la entrada ilegal y subrepticia de cinco hombres en los locales del Comité Nacional del Partido Demócrata de los Estados Unidos, situados en el edificio *Watergate* de Washington, en la madrugada del 17 de junio de 1971. La policía los sorprendió y fueron detenidos, descubriéndose pronto que se trataba de agentes federales a las órdenes del gobierno, por entonces en manos de los republicanos, que trataban de instalar micrófonos en la sede electoral de sus enemigos políticos. El escándalo estalló tras la investigación de dos periodistas del periódico *The Washington Post*, Bob Woodward y Carl Bernstein, y trajo como consecuencia última la dimisión del presidente Richard Nixon el 7 de agosto de 1974.

La huelga más larga de la que se tiene constancia histórica terminó el 4 de enero de 1961, al cabo de 33 años. Concernía al empleo de ayudantes de peluquero en la capital danesa, Copenhague.

La primera vez que se utilizó la clave de morse *SOS* fue en 1909, en el naufragio del barco *Slavonia.* Esto ocurría tres años antes de que fuera adoptada como clave universal en la Conferencia Radiotelegráfica de Berlín de 1912. El mensaje fue captado y el rescate fue un éxito. Por cierto, hay que hacer constar que, pese a que muchas veces se ha apuntado que esta clave morse corresponde a las iniciales de la frase inglesa *save ours ships* ("salve nuestros barcos") o incluso *save ours souls* ("salve nuestras almas"), lo cierto es que no significa nada en sí misma; en realidad, se trata de una de las combinaciones de códigos morses (tres puntos, tres rayas, tres puntos) más fáciles de distinguir en condiciones de máxima urgencia, cuales suelen ser en las que se utiliza.

Unos enviados del rey francés Felipe II Augusto (1165-1223) vinieron a España con plenos poderes para escoger esposa para Luis, el hijo mayor de su monarca y, por tanto, delfín y heredero del trono. En principio, la elegida tendría que haber sido la hija segunda del rey Alfonso VIII de Castilla (1152-1214) y de Leonor de Inglaterra (1156-1214), llamada Urraca, pero precisamente su nombre, que no sonó bien a los enviados, hizo que éstos escogiesen a Blanca, menos bella que su hermana, pero de nombre menos ingrato. La tal Blanca de Castilla (1188-1252), que andando el tiempo sería la esposa de Luis VIII de Francia y madre por tanto de San Luis, demostraría, fundamentalmente durante su regencia, que no fue una mala elección.

Cristóbal Colón volvió a España de su tercer viaje a América cargado de cadenas, acusado de protagonizar una despótica gestión en la colonia de Haití.

Por iniciativa del reverendo estadounidense Robert Finley, se constituyó en 1816 la Sociedad Americana de Colonización con el fin de establecer en Africa una colonia en la que pudiesen establecerse los 200.000 esclavos negros norteamericanos recién libertados (o nacidos de padres libres). La Sociedad persuadió al Congreso estadounidense (con la ayuda de prominentes esclavistas, convencidos de que era mejor que estos esclavos liberados se marcharan del país) para que aportase el capital necesario para comprar tierras africanas. En 1822 se fundó un nuevo país en tierras africanas costeras al Atlántico, al que se llamó Liberia, y cuya capital fue bautizada Monrovia, en honor del presidente de los Estados Unidos, James Monroe. Hacia aquel nuevo país marcharon no menos de 15.000 afroamericanos. El 26 de julio de 1847, este nuevo país fue declarado independiente.

En la ceremonia de coronación del zar ruso Nicolás II (1868-1918), celebrada en 1894 en el campo de Jodinka de Moscú, se prepararon regalos para ser repartidos entre los asistentes. Sin embargo, comenzó a correr el rumor entre las filas de invitados que esperaban su turno para recoger el presente de que no habría bastantes regalos para todos. Ello produjo, de forma imprevista, una incontenible avalancha hacia las mesas dispuestas con los obsequios. La estampida consecuente provocó cientos de muertos, pisoteados y asfixiados por la muchedumbre.

Las crónicas históricas cuentan que cuando las tropas árabes del califa Omar (581-664) tomaron la ciudad de Alejandría en el año 641 quemaron durante seis meses los miles de manuscritos de su famosa biblioteca para mantener el fuego de los 4.000 baños públicos de la ciudad. De esta forma se consumó la destrucción del centro cultural más importante del mundo clásico, junto al Museo de aquella misma ciudad. La Biblioteca de Alejandría había sido fundada por Tolomeo I *Sóter* (355-283 a. de C.) en el siglo III a. de C., perviviendo hasta el III de nuestra era. Pero su deterioro había comenzado mucho antes. En el año 47 a. de C., al entrar Julio César en la ciudad, un incendio, que comenzó en el puerto, alcanzó la Biblioteca, destruyendo casi por completo el edificio que la albergaba y muchos de sus fondos. No obstante, la Biblioteca fue reconstruida, aunque nunca recuperó su anterior esplendor. En el año 270, un grupo de fanáticos cristianos, considerando que algunos de los manuscritos guardados en la Biblioteca eran contrarios a su fe, incendiaron nuevamente el edificio, apagando casi totalmente su actividad, que aun así perduró, muy mermada, hasta que el califa Omar acabó definitivamente con ella.

El viajero veneciano Marco Polo fue el primer europeo (y tal vez el último por ahora) en ser nombrado alcalde de un ciudad china. En efecto, Polo ganó la confianza del emperador Kublai Jan y fue designado jefe de la administración de la ciudad de Yang-Chau, cargo que mantuvo durante tres años.

En la Rusia del siglo XVII, el resultado del Gran Cisma de la Iglesia conocido como *Raskol* dejó a los grupos disidentes (los llamados *raskolniki*), que fueron excomulgados, en tal estado de desesperación que muchos de sus miembros se autoinmolaron sin esperar al fin del mundo que ellos mismos habían predicho que ocurriría antes de que finalizase el siglo. Entre 1672 y 1691, hubo treinta y siete suicidios en masa, en los cuales más de 20.000 *raskolniki* se quemaron voluntariamente hasta morir creyendo que no tenía sentido permanecer en la Tierra y arriesgarse a ser contaminados por la herejía.

En 1626, el holandés Peter Minuit compró a los indios la isla de Manhattan, núcleo de la actual ciudad de Nueva York. El precio que hubo de pagar fue ridículo: un lote de cuentas de cristal, trapos rojos y botones de cobre por un valor total de 24 dólares de la época.

En enero de 1848 se anunció el descubrimiento de oro en California. Con esta noticia se desató una de las mayores *fiebres del oro* que la historia recuerda. La población del territorio pasó, en un solo año, de 1.500 a 100.000 personas, muchas de ellos bandoleros, ladrones, timadores y pistoleros. Se desató un caos y una anarquía tales que el gobierno federal mexicano, preocupado por los desmanes, envió una fuerza armada para restablecer el orden. Fue inútil: la práctica totalidad de la tropa desertó, uniéndose a las filas de los buscadores de oro. El Gobierno mandó entonces un barco de guerra, del que desembarcó una compañía, cuyos miembros desaparecieron igualmente.

En Inglaterra está en vigor una antigua ley que prohíbe que la corona británica salga del país. Por esta razón, cuando en 1911 el que sería Jorge V (1865-1936) decidió ser coronado emperador de la India en la ciudad de Delhi, se hubo de fabricar una réplica de la corona que fue la que se utilizó en aquella ceremonia celebrada fuera de las fronteras inglesas.

Según cuenta una leyenda, basada en el relato del monje de Saint-Gail, el emperador Carlomagno (742-814) emprendió en cierta ocasión la caza de un gran oso que tenía aterrorizados a los lugareños de una comarca de los Vosgos. Decidido a matarle con sus propias manos, el rey se encaró con el enorme animal, entablando rápidamente una simpar lucha, disputada en la cima de una roca, que felizmente acabó con la muerte del oso. Al parecer, según esta narración, fue aquella la primera ocasión en que este rey de los francos fue aclamado como Carlos *El Grande*, es decir, *Carlomagno.*

En 1910 se inauguró oficialmente la plaza de toros de la ciudad turca de Constantinopla. La plaza era de madera y capaz para unos 30.000 espectadores. En su inauguración torearon los maestros José Fernández *Chico de la Camila, Negret* y *Frutitos,* optando por no matar a los astados, para no excitar más los ánimos, ante la propaganda en contra del espectáculo que se desató en la ciudad. A la postre, este tipo de espectáculos no fue del agrado del público turco y las corridas de toros no arraigaron en tan extraño lugar.

Un edicto imperial austriaco, promulgado el 18 de marzo de 1785, prohibió bailar el vals en la corte vienesa, pretendiendo atajar la locura por este tipo de bailes que imperaba en la corte centroeuropea.

Al parecer, en sus primeros tiempos, la policía metropolitana de Londres –la que luego se transformaría en la famosa *Scotland Yard*– disponía de medios tan precarios que, por falta de celdas seguras, se veía necesitada de contratar a unos hombres que, por unos cuantos chelines, accedían a ser esposados con los presos, con lo que teóricamente se garantizaba que éstos no escaparan de la cárcel.

En 1698, el zar ruso Pedro I *El Grande* (1672-1725), tratando de homologar el aspecto de sus súbditos con el del europeo estándar de la época, promulgó un decreto gravando con un impuesto a todos los rusos (excepto los sacerdotes y los campesinos) que se *obcecasen* en llevar barba. Así, los nobles y los negociantes tuvieron que pagar el derecho de mil rublos para conservar la barba, mientras el pueblo llano se veía obligado a pagar un kopeck *por barba*. Para hacer cumplir su decreto, el zar situó a una legión de recaudadores a las puertas de las ciudades para exigir el pago del impuesto o, en su defecto, recurrir a los servicios de un barbero que allí mismo, *ipso facto*, rasurase a los rebeldes.

Años después, este mismo zar compró la colección de especímenes del naturalista y embalsamador holandés Frederic Ruysch (1638-1731), formada por unos 1.300 fósiles, rocas, plantas y embriones y fetos humanos y animales, en perfecto estado de conservación. Inmediatamente, el zar ordenó el traslado de la colección a Rusia a bordo de un barco. Desgraciadamente, cuando el buque arribó a San Petersburgo, la colección estaba diezmada y practicamente perdida, pues los marinos se habían bebido todo el brandy en que estaban preservados muchos de los especímenes.

Comparable iniciativa a la anteriormente mencionada del zar Pedro I tuvo el emperador de Austria José II (1741-1790), que era enemigo declarado de los afeites y maquillajes, y puso en vigor un impuesto indirecto que gravaba el precio de venta del colorete de mejillas, los polvos para el cabello, los tarros de pomada, el *rouge* de labios y demás artificios cosméticos.

Las Cortes de Cádiz denegaron los derechos sucesorios al príncipe Francisco de Paula (1794-1865) por su gran parecido físico con Manuel Godoy, que años antes había sido valido del rey Carlos IV y presuntamente amante de la reina María Luisa de Saboya, madre del aspirante.

Según cuenta el historiador Julián del Castillo en su obra *Historia de los reyes godos* (1624), cuando el monarca español Felipe II (1527-1598) era aún príncipe y viajó a Inglaterra para contraer matrimonio con la reina María Tudor (1516-1558), en el año 1554, juró solemnemente renunciar a su derecho sobre el trono británico si el mítico rey Arturo regresaba de su retiro en Avalon para reclamarlo.

Francisco I de Francia (1494-1547) pagó doce millones de escudos a España por el rescate de sus dos hijos. Estos habían sustituido al monarca como rehenes, tras ser éste capturado en la batalla de Pavía (1525). Cuatro meses tardó España en contar y comprobar todas las monedas que componían el rescate, llegando a rechazar unas 40.000 piezas por hallarlas de inferior valor real que el que habrían de tener. Y es que en aquellos tiempos los estados europeos estaban inmersos en una espiral de devaluación real de sus monedas, en las que poco a poco fue desapareciendo el oro y la plata, siendo sustituidos fraudulentamente por el cobre.

En la primera época del famoso Oráculo de Delfos, las sacerdotisas del templo encargadas de realizar las predicciones, llamadas *pitias* o *pitonisas,* eran jóvenes y hermosas vírgenes, a quienes se exigía un voto de castidad. Pero en el siglo VII a. de C., un griego proveniente de Tesalia, llamado Echecrates, no pudo reprimir sus más bajos instintos y violó a una de las pitias. Este hecho provocó que, a partir de entonces, las pitonisas fueran mujeres intencionadamente feas y siempre mayores de cincuenta años.

El 25 de febrero de 1500, la embarazada reina Juana I *La Loca* (1479-1555), estando a la sazón en Gante, se sintió indispuesta, retirándose al retrete, donde sorprendentemente (por lo rápido e imprevisto) dio a luz a su hijo Carlos (1500-1558), que años más tarde sería coronado como rey de España, con el nombre de Carlos I, y como emperador de Alemania, con el de Carlos V.

En 1920, el presidente de la república francesa, Paul Eugene Deschanel (1856-1922), viajaba camino de Lyon a bordo del famoso tren *Orient Express* cuando se cayó en marcha vestido únicamente con su pijama y en circunstanicas harto extrañas. Aunque sobrevivió al accidente, a lo que no sobrevivió políticamente fue a las burlas que arreciaron sobre su persona y que, cuatro meses después, le obligaron a dimitir.

Nominalmente, Luis Felipe fue rey de Portugal durante unos 20 minutos, con el nombre de Luis III, al resultar herido mortalmente en el mismo momento que su padre, Carlos I, era asesinado, el 1 de febrero de 1908. El suyo es considerado como el reinado más corto que recuerdan los anales históricos.

El rey Prajadhipok (1893-1941) de Siam, la actual Tailandia, firmó un seguro con la *Lloyd's* de Londres que le cubría contra la pérdida involuntaria de su trono. Habida cuenta de que efectivamente lo perdió en 1935, tras diez años de reinado, la compañía de seguros británica le abonó lo pactado y pudo vivir desahogadamente los seis restantes años de su vida.

La mayor multitud congregada en un mismo lugar con un propósito común parece ser la formada por los 15 millones de personas que asistieron al festival hindú de *Kumbh-Mela,* celebrado en la confluencia de los ríos Yamuna, Ganges y Sarasvati (éste último uno de los ríos legendarios, literalmente *invisibles,* de la mitología hindú, que simboliza a la diosa de las ciencias y la armonía y esposa de Brahma), en la ciudad de Allahabad, en el estado indio de Uttar Pradesh, el 6 de febrero de 1989.

En 1880, los arrendatarios rurales del condado irlandés de Mayo, respaldados por la independentista Liga Rural Irlandesa, se rebelaron contra los supuestos abusos de un recaudador de rentas inglés, el capitán Charles Cunningham Boycott, administrador de las posesiones irlandesas del conde de Erne, y principalmente de la finca Connaught, situada en el propio condado de Mayo. Los irlandeses estaban entonces en lucha por la independencia y el famoso orador Charles Parnell, miembro del Parlamento y presidente de la Liga Rural Irlandesa, había recomendado a los campesinos irlandeses que no trabajasen las tierras de propiedad inglesa y sometiesen a un total ostracismo social a sus dueños y arrendatarios, a menos que el Parlamento inglés revocase la Ley Agraria que trataba de imponer. En aquel contexto de rebelión social, el capitán Boycott fue la primera víctima del rechazo popular. Las tiendas se negaban a venderle cualquier cosa; se produjeron ataques contra sus propiedades e, incluso, su correo quedó bloqueado. Boycott, ante tal acoso, tuvo que marcharse de Irlanda. Paradójicamente, al regresar a Inglaterra se convirtió en uno de las más eficaces defensores de los derechos irlandeses, hasta el punto de que, cuando volvió años después a Irlanda, fue aclamado por el pueblo. Este hecho histórico dio nombre desde entonces a lo que se conoce como *boicot.*

La famosa Orden de la Jarretera fue creada en 1348 por el rey inglés Eduardo III (1312-1377). Según Polidoro Virgilio, un día de aquel año, el rey bailaba con la condesa Alicia de Salisbury, con la que se rumoreaba que mantenía un idilio. A la condesa, en el ardor del baile, se le cayó una liga de color azul, que el rey recogió ante el estupor de la corte. Para cortar las murmuraciones, Eduardo III se apresuró a fundar la Orden de *Garter* (palabra inglesa que en español quiere decir precisamente *liga* o *jarretera*), dándola por divisa dicha prenda femenina (que los ordenados han de llevar, visible, en su pierna izquierda) y por *motto* la frase *Honni soit qui mal y pense*, es decir, "Maldito sea quien piense mal". Sin embargo, según otros historiadores, la frase que diera origen a la Orden la había pronunciado este mismo rey en la batalla de Crecy (1346), cuando hizo atar su jarretera a una lanza a guisa de insignia. Sea como fuere, esta misma frase figura también como *motto* del escudo de Inglaterra.

El emperador romano Tito Flavio Sabino *Domiciano* (51-96), además de perseguir con verdadero ensañamiento a los cristianos, expulsó en cierta ocasión del Senado a un grupo de senadores que, según él, se habían deshonrado bailando públicamente. Tiempo después, en el año 89, mandó expulsar de Roma a todos los filósofos.

Deseosa de desembarazarse de él, la reina española Isabel II rompió el protocolo de la corte al negar su brazo en el baile del cotillón de honor de una fiesta real, cual era preceptivo, al por entonces Presidente del Consejo de Ministros, el general Leopoldo O'Donnell (1809-1867), y ofreciéndoselo, a cambio, a Ramón María de Narváez (1800-1868). El *acontecimiento* provocó lo que se dio en llamar *Crisis del Cotillón*, que acabaría con la renuncia al cargo de O'Donnell y su sustitución por Narváez.

IDEAS BRILLANTES

Un día de 1887, el inventor y veterinario escocés afincado en Irlanda John Boyd Dunlop (1840-1921) oyó quejarse una vez más a su hijo de nueve años del molesto traqueteo de su triciclo, equipado con ruedas con bandas macizas de goma, al rodar por las calles de su ciudad. Interesado por el comentario de su hijo, Dunlop se propuso acabar con este inconveniente, que resolvió finalmente inflando un tubo de caucho con una bomba de aire, sujetándolo con una llanta y protegiéndolo con unas tiras de lona. Así nació en 1888 el primer *neumático* comercial de la historia.

En 1596, John Harrington, ahijado de la reina Isabel I de Inglaterra, inventó un retrete con depósito de agua corriente incorporado, que soltaba agua quitando un tapón. El caballero pretendía con este presente volver a ganarse la confianza de la reina, que le había desterrado de la corte por distribuir en ella novelas de tono picante. Sin embargo, el imprudente Harrington escribió y publicó un libro de tono jocoso, titulado *La metamorfosis de Ajax*, en el que ironizaba sobre el retrete de la reina, lo que le volvió a acarrear la salida de la corte hacia el destierro. El retrete con depósito de agua corriente cayó pronto en desuso, al ser tomado a broma (incluso se llegó a afirmar que, al no contarse con tapones de larga duración, ello provocaría continuas fugas de agua que traerían una grave sequía si se generalizaba su uso).

Tres siglos después, en 1884, el hojalatero inglés Thomas Crapper inventó un *WC* (iniciales de la expresión inglesa *water closet*, "armario de agua") que, evitando el despilfarro de agua, resultaba práctico. Este nuevo WC incorporaba un diseño con un tubo de comunicación en zigzag (similar al *sifón* inventado en 1870 por Thomas William Twyford), que retenía agua y mediante el cual se evitaba el problema de los malos olores, mejorando así el diseñado en 1775 por su compatriota Alexander Cumming. Con muy pocas mejoras esenciales, se trata del modelo que seguimos utilizando en la actualidad.

En 1857, el neoyorquino Joseph C. Gayetty lanzó al mercado lo que él denominó *Papel Medicado Gayetty*, bajo el reclamo publicitario «un artículo completamente puro para su higiene». Así nació el moderno papel higiénico, que en aquel entonces consistía en hojas de papel manila sin blanquear, marcadas al agua con el apellido del inventor. Sin embargo, el éxito comercial no acompañó a aquella iniciativa, y el papel higiénico de Gayetty no se vendió mucho. En Inglaterra, el fabricante Walter Alcock intentó lanzar su propio papel higiénico en 1879, pero en vez de fabricarlo en hojas sueltas, lo hizo en rollos de hojas para arrancar, separadas por líneas de perforación. Sin embargo, su iniciativa chocó con el puritanismo inglés de la época, al que parecía inconveniente ver semejante producto en las alacenas de los comercios. Así que el honor de obtener el triunfo comercial de los rollos de papel higiénico hubo de recaer en los hermanos estadounidenses Edward y Clarence Scott, que triunfaron donde los otros dos no lo habían conseguido gracias a una más agresiva y eficaz campaña publicitaria, poniendo en marcha una marca que aún hoy en día domina el mercado.

Allá por 1880, Josephine Cochrane, esposa de un político del estado norteamericano de Illinois, preocupada por la continua merma que sufrían sus espléndidas vajillas y cristalerías al ser limpiadas por la servidumbre tras sus numerosas fiestas y recepciones, se decidió a diseñar una máquina de lavado que fuera más *cuidadosa* que sus criados. Utilizando un cobertizo existente en su propiedad, comenzó a realizar pruebas, hasta que consiguió idear y montar un prototipo formado por una serie de cestos (pensado cada uno de ellos para un tipo distinto de vajilla), que daban vueltas alrededor de una rueda sumergida en una caldera de agua caliente. Un motor bombeaba chorros de agua jabonosa sobre la vajilla, además de hacer girar la rueda. Este primitivo *lavavajillas* pronto se hizo popular y algunos directores de hoteles y restaurantes encargaron réplicas del prototipo. La señora Cochrane patentó el mecanismo en 1886 y fundó una empresa dedicada a su fabricación y venta. Tras muchos años de intentos y después de superar muchas reticencias por parte de los posibles compradores y algunos inconvenientes, esta empresa, y otras competidoras, consiguieron que los lavavajillas domésticos fueran aceptados por las familias estadounidenses y posteriormente por las de todo el mundo.

En 1879, James Ritty, propietario de un bar de la ciudad norteamericana de Dayton, en el estado de Ohio, inventó y fabricó la primera caja registradora, tratando de que sus empleados no le robaran más parte de la recaudación como, según él, venían haciendo. En 1884, la patente fue comprada por la *National Cash Register Company*, que comenzó su comercialización masiva.

En 1937, Sylvan N. Goldman, dueño de dos cadenas de supermercados en el estado norteamericano de Oklahoma, al ver que sus clientes se dirigían a las cajas con una sola bolsa o cesta de compra, inventó el carro de compras para poder aumentar la cantidad de artículos que cada uno de sus clientes compraba en las visitas a sus establecimientos.

El detector de mentiras fue inventado hacia 1930 por Leonard Keeler, un inspector de policía de Chicago, inspirándose para ello en un sencillo mecanismo que otro policía norteamericano de una pequeña ciudad del Medio Oeste había inventado a su vez para amedrentar en los interrogatorios a los sospechosos. Este primitivo mecanismo consistía en un cajón coronado por dos bombillas, una verde y otra roja, instalado en su escritorio. A cada respuesta del interrogado, el policía pulsaba un botón disimulado bajo la mesa que hacía encenderse una de los dos luces según la respuesta le pareciese verdadera o falsa. Keeler adaptó esa idea y diseñó un mecanismo que determinase, con el menor margen de error que fuera posible, cuándo un interrogado decía la verdad. El aparato que finalmente patentó combinaba tres instrumentos médicos: un cardiógrafo (que registra las pulsaciones y la presión sanguínea), un pneumógrafo (que registra el ritmo respiratorio) y un galvanómetro (que mide la resistencia eléctrica de la piel). A ello añadió varios sensores, un amplificador y un mecanismo que movía una aguja entintada, mediante el que reproducir gráficamente las diversas variables y permitir así su análisis posterior.

En el invierno de 1873, Chester Greenwood, un joven de quince años de la localidad de Farmington, en el estado norteamericano de Maine, aficionado a patinar sobre hielo, pero que sufría constantes ataques de otitis, se decidió a probar hasta que encontró el remedio que le permitiera seguir patinando sin sufrir dolores de oídos por el frío. Lo que se le ocurrió fue sencillamente unir dos trozos de tela con un alambre y protegerse con ambos las orejas. De esta forma tan simple nacieron las orejeras, que el joven patentaría con el nombre de *Protectores Greenwood Para Orejas*, convirtiéndose en millonario en muy poco tiempo, gracias a su sencillo invento.

Los primeros patines de ruedas prácticos que el anecdotario mundial recuerda fueron construidos en 1759 por un fabricante de instrumentos musicales belga llamado Jean-Joseph Merlin, con la intención de hacer una entrada triunfal en una fiesta de disfraces que se iba a celebrar en la localidad belga de Huy y a la que había sido invitado. Cada patín tenía sólo dos ruedas alineadas en el centro, que sustituían a la cuchilla habitual de los patines de hielo. Sin embargo, su exhibición fue un rotundo fracaso: efectivamente causó sensación al presentarse en la fiesta tocando el violín y patinando, pero al no saber dominar los patines, no pudo frenar a tiempo y fue a estrellarse contra un espejo. No obstante, su invención, poco a poco, se fue popularizando. El prototipo actual de cuatro ruedas fue patentado por el neoyorquino James L. Pimpton en 1863.

Charles Didelot ideó en 1796 un sistema por el que las bailarinas de ballet podían ser elevadas en el aire por medio de alambres, creando la ilusión de que volaban. Este artificio obtuvo tal éxito que generó un nuevo gusto estético entre los espectadores, al dar un mayor sentido de etereidad al ballet. Este nuevo gusto estético provocó que las bailarinas, en el ansia de reproducir esa nueva estética, aprendiesen a bailar sobre la punta de sus zapatillas.

La cuenta atrás utilizada en el lanzamiento de cohetes fue propuesta por primera vez por el cineasta alemán Fritz Lang (1890-1976) en su película de ciencia-ficción de 1928 *Die Frau im Mond* ("Una mujer en la Luna"), que fue la última película muda que filmó.

El filósofo francés Blaise Pascal (1623-1662), además de otros muchos logros en campos más afines a su formación, ideó en 1621 un transporte colectivo de tarifa individual que se habría de servir de un vehículo de cuatro ruedas por lo menos, al que llamó *ómnibus.* Puesto en circulación a finales del siglo XVII en París, este nuevo medio de transporte colectivo se popularizó bastante después, a partir de 1828.

El pasatiempo por excelencia y antonomasia, y desde luego el más universal de todos, que en España es conocido con el nombre de *crucigrama,* fue inventado en 1913 por el periodista anglo-estadounidense Arthur Wynne. Este periodista trabajaba para *Fun,* el suplemento dominical del diario sensacionalista *New York World.* Cierto día a comienzos del mes de diciembre de aquel año, recibió el encargo de inventar un nuevo pasatiempo y recordó una especie de rompecabezas muy popular durante la era victoriana en su Inglaterra natal, el llamado *cuadrado mágico,* que su abuelo le había enseñado a resolver. Desarrollando aquel recuerdo de su infancia, Wynne creó y publicó el primer crucigrama de la historia en la edición dominical del 21 de diciembre del *New York World.*

El físico-químico estadounidense Edwin Herbert Land (1909) acababa de fotografiar a su hija en la playa cierto día de 1947 cuando ésta le preguntó que por qué no podía ver *ya* la fotografía. Esta pregunta le dio que pensar y pocos meses después inventaba la cámara de fotografías instantáneas Polaroid, tras desarrollar el filtro polarizador de láminas artificiales. En 1963, este mismo inventor patentaría la fotografía instantánea en color.

Art Fry, empleado en el departamento de desarrollo de productos de la compañía *3M,* cantaba los sábados en el coro de la Iglesia Presbiteriana del Norte, en North St. Paul, Minnesota. Tenía la costumbre, por lo demás común, de señalar los cantos más habituales en su libro de cánticos mediante pedacitos de papel, que facilitaban su búsqueda rápida. Pero como también es común, estos pedacitos de papel se solían caer con demasiada frecuencia. En 1974, Fry encontró súbitamente la solución a esta molestia menor (pero muy cotidiana). En sus propias palabras: «No sé si fue debido al pesado sermón o a la inspiración divina, pero mi mente comenzó a divagar y repentinamente pensé en un adhesivo que había sido descubierto varios años antes por otro científico de *3M,* el doctor Spencer Silver». Efectivamente, Silver había desarrollado un adhesivo que rápidamente desechó por no ser suficientemente potente para desarrollar su función prevista. Fry dedujo, sencilla y genialmente, que este adhesivo poco potente podría servir para colocar temporalmente sus señales en el libro de cánticos sin que se pegasen definitivamente; es decir, se trataría, en sus propias palabras, de un «adhesivo provisionalmente permanente». Tras desarrollar el producto durante cerca de año y medio, Fry dio finalmente con el sistema de notas autoadherentes que todos conocemos hoy en día con su nombre comercial: *post-its,* esas pequeñas notas de quita y pon tan habituales ya en las oficinas y los hogares modernos.

Cuentan que el general y parlamentario británico Rowland Hill (1772-1842), al verse sorprendido por una fuerte tormenta durante un viaje a Escocia, se vio obligado a tomar posada. Estando en ella, fue testigo de una curiosa escena en la que un empleado del Servicio de Postas entregaba una carta a una criada, quien, tras examinar concienzudamente el sobre, se lo devolvió al funcionario alegando no disponer de dinero para satisfacer su franqueo. (Por aquel entonces, las cartas eran abonadas por el destinatario, no por el remitente, y las tarifas dependían de la distancia desde donde eran enviadas, sin consideraciones de peso ni naturaleza del contenido.) Hill intervino caritativamente e hizo efectivo el importe. Al irse el cartero, la muchacha le agradeció el gesto, pero aclarándole que la carta no merecía ser pagada puesto que estaba vacía. Ante la sorpresa de Hill, le explicó que como ella no sabía leer, había acordado con su novio, que por motivos de trabajo residía por entonces en otra ciudad, que, mediante determinados signos en el exterior del sobre, le hiciera saber su estado de salud, las circunstancias de su trabajo y el día de su regreso. Por ello, no hacía falta pagar el franqueo de la carta. La anécdota dio que pensar a Rowland Hill, quien, en 1835, propuso a la Cámara de los Comunes la reforma del Correo británico. El proyecto, que fue finalmente aprobado en 1839, preveía la impresión por primera vez en la historia de un sello de correos engomado, cosa que ocurrió el 6 de mayo de 1840. El motivo que ilustraba este primer ejemplar, basado en una idea personal del propio Hill y seleccionado en un concurso de grabados, consistía en una calcografía, impresa en negro, con valor facial de un penique, que reproducía la efigie de la soberana británica, Victoria. Este sistema fue implantado en España, por Real Orden de Isabel II, el 1 de enero de 1850.

Paralelamente a la impresión y lanzamiento de este primer sello, puede decirse que surgió la filatelia, impulsada por John Edward Gray (1800-1875), conservador del Museo Británico y coleccionista de objetos únicos, que adquirió inmediatamente un ejemplar de aquella primera emisión para su colección y que, en 1841, insertó un anuncio en el diario inglés *The Times*, en el que solicitaba que le fuesen enviados sellos usados. El término *filatelia* fue empleado por primera vez en 1864 por el comerciante de sellos francés Hespin.

Durante una excursión alpina en 1948, el montañero suizo George de Mestral se sintió molesto a causa de las cardenchas (o "arrancamoños") que se adherían continuamente a sus pantalones y calcetines. Mientras las arrancaba, comprendió que tal vez fuera posible reproducir un dispositivo de cierre que compitiese con la cremallera, basado en aquellas bolas erizadas de púas. Animado por esa idea, consultó con diversos industriales, hasta que uno de ellos, establecido en Lyon, creyó factible el proyecto. Comenzaron a experimentar hasta dar con la solución. Y así, hacia 1950, se hizo realidad la primera cinta adhesiva de nailon: el *velcro.*

En 1868, coincidiendo con una fuerte escasez de marfil, una compañía neoyorquina ofreció 10.000 dólares a quien encontrase un sustituto del marfil para la manufactura de las bolas de billar. El premio fue ganado por el joven impresor John Wesley Hyatt (1837-1920), que desarrolló y registró un invento teórico hecho en Birmingham, Inglaterra, por Alexander Parkes (1813-1890): el *celuloide,* uno de los primeros plásticos sintéticos.

En 1863, el hombre de negocios francés François Blanc obtuvo la autorización necesaria del príncipe de Mónaco Carlos III para construir en un desolado peñasco del principado un casino de juego. En honor del monarca, se dio al casino el nombre de *Monte Carlo*, que más tarde se convertiría en *Montecarlo.* Hasta entonces, el principado era un desconocido enclave, prácticamente incomunicado con el resto de Europa, pero en pocos años pasó a ser, por iniciativa de Blanc, uno de los más importantes focos de atracción del turismo de calidad de todo el mundo.

Cuando se estaba levantando el puente colgante sobre el Niágara, las obras tropezaron con la dificultad inicial de cómo conseguir tender de un lado al otro un primer cable que permitiera comenzar las operaciones. El contratista ofreció rápidamente un premio de cinco dólares a la primera persona que fuese capaz de hacer volar una cometa hasta la ribera contraria, cuyo cordel permitiese después hacer pasar cuerdas de mayor y mayor grosor, hasta llegar al deseado cable. El primero en conseguirlo fue un niño llamado Homan Walsh, que consecuentemente ganó el premio prometido.

El estetoscopio es un instrumento de diagnóstico inventado por casualidad por el médico francés René Théophile Hyacinthe Laennec (1781-1826). Dado que este hombre de carácter retraído y pudibundo no se atrevía a aplicar su oreja sobre el pecho desnudo de las pacientes para poder escuchar así el latido de sus corazones, empleaba un tubo de papel enrollado, percatándose de ese modo de que dicho tubo reforzaba acústicamente los latidos cardiacos. Desarrollando la idea, inventó el estetoscopio en 1816.

En el año 157, el griego Claudio Galeno (129-199?) fue nombrado médico jefe de la escuela de gladiadores de Pérgamo. En los ratos de ocio que le procuraba este puesto, se dedicó, entre otras muchas cosas, a preparar afeites y cosméticos para las mujeres romanas. En este sentido, Galeno pasa por ser el creador de la primera crema hidratante (lo que hoy llamamos con un anglicismo *coldcream*) de la historia, al descubrir que el aceite vegetal podía ser mezclado con agua y cera de abejas, resultando una crema refrescante que proporcionaba a la piel una gran elasticidad.

A mediados del siglo XIX, el estadounidense J. C. Hart puso en duda en su libro *Romance of Yachting* (1848) que William Shakespeare (1564-1616) hubiese escrito realmente las obras que se le atribuyen. Según él, lo más probable es que bajo el nombre de Shakespeare se escondiese un hombre mucho más culto e instruido que este, según Hart, oscuro comediante pueblerino. Esta opinión –como suele ocurrir con todas las de raíz iconoclasta– encontró pronto partidarios que se pusieron a investigar tratando de descubrir el verdadero autor de las obras atribuidas a Shakespeare. De este modo, el escepticismo fue ganando adeptos, gracias sobre todo al papel jugado por Delia Bacon, una convencida defensora de esta teoría que hizo una entusiasta labor proselitista. William Henry Smith, en un folleto de 1856 titulado *¿Fue Lord Bacon el autor de las obras de Shakespeare?*, fue el primero en apuntar por escrito el nombre de Francis Bacon (1561-1626) como el probable autor de las obras de Shakespeare. El transcurso del tiempo trajo nuevas teorías, a cual más extravagante e improbable. Como posibles autores de las obras atribuidas a Shakespeare se han señalado los nombres del duque de Rutland, el conde de Derby, Ben Jonson, Walter Raleigh e, incluso, a la propia reina Isabel I de Inglaterra, entre otros muchos. Lo cierto es que nadie hasta ahora ha podido demostrar fehacientemente ninguna de estas atribuciones.

Además de ser un lugar común de la historia de la Literatura la cuestión de si William Shakespeare escribió realmente las obras que se le atribuyen, también se ha hablado mucho de si, dando por cierto que él las publicó, plagió en ellas las de otros autores. A este respecto, las acusaciones de plagio se remontan a épocas contemporáneas al propio Shakespeare. En septiembre de1592, el dramaturgo inglés Robert Greene (1558-1592) escribió en su lecho de muerte una carta dirigida a sus amigos y colegas Christopher Marlowe (1564-1593) y Thomas Lodge (1558-1625), previniéndoles contra «un advenedizo, un grajo que se adorna con nuestras plumas, con un corazón de tigre envuelto en piel de cómico». Esta dura acusación de plagiario iba dirigida contra William Shakespeare. Según los historiadores de la literatura, algo había de cierto en esta acusación puesto que Shakespeare escribió un drama en tres actos sobre la vida del rey inglés Enrique VI muy similar en estructura y desarrollo a dos obras escritas años antes por Greene, Marlowe, Lodge y Pool sobre la vida del mismo monarca. El propio Shakespeare se defendió de ésta y otras muchas acusaciones similares que pesaron sobre él escribiendo: «He rescatado las ideas interesantes de unas obras bastante mediocres y las he mejorado». No es difícil mediar en esta cuestión, añadiendo que ambas partes tenían, en última instancia, razón.

El escritor polaco Jerzy Andrzejewski (1909-1980) publicó en 1962 una novela escrita toda ella en una sola frase, cuyas primeras 40.000 palabras se suceden sin ser interrumpidas por signo de puntuación alguno. Para añadir excentricidad, el tema de la novela es una larga descripción de una de las Cruzadas Cristianas, la llamada *De los Niños* (1212), en la que miles de muchachos alemanes y franceses que formaban el grueso de las huestes cruzadas fueron vendidos como esclavos después de llegar a Oriente. La excéntrica novela desarrolla la tesis de que la verdadera motivación de los cruzados no era tanto el amor cristiano, sino la pederastia.

La escritora estadounidense Gertrude Stein (1874-1946) es más conocida hoy en día por ser el epicentro del genial grupo de artistas, en su mayoría emigrados, que pobló de creatividad y aires vanguardistas el París bohemio de los felices años veinte, que por su propia obra literaria. No obstante, ésta no es nada desdeñable, destacando su libro *Autobiografía de Alice B. Toklas* (1933), donde relata la vida parisina de su secretaria, amiga y amante del mismo nombre, ofreciendo un interesante fresco sobre la vida y el pensamiento de los muchos grandes artistas que la rodearon en el efervescente París de aquellas fechas. Lo significativo de su vanguardista actividad literaria (que ella misma calificó de más innovadora y superior a la del irlandés James Joyce) fue su aversión a los signos de puntuación, a excepción del punto y aparte, al que consideraba «con vida propia». Las comas («serviles»), los signos de interrogación y admiración («realmente repugnantes») y demás artificios innecesarios de la escritura le parecían en general despreciables y, por tanto, no los utilizaba. Su estilo se basaba en la repetición, como bien queda representado en su famosa frase: «una rosa es una rosa es una rosa es una rosa...».

En 1939, el músico californiano Ernest Vincent Wright publicó la novela *Gadsby* (de unas 50.000 palabras) escrita con la curiosa premisa de no contener ni una sola letra *e*. Treinta años después, en 1969, apareció la novela francesa *La desaparición*, que, igualmente, tampoco contiene en todo su texto la letra *e*. Por su parte, Jacob Thurber escribió en una ocasión una historia ficticia de un país inexistente en el que no se permitía emplear la vocal *o*.

Según algunos estudiosos, el caso de William Mildin (o Russell, que por ambos apellidos fue conocido), decimocuarto conde de Streatham, pudo servir de inspiración a Edgar Rice Burroughs (1875-1950) a la hora de crear en 1914 su famoso personaje *Tarzán de los monos*. En efecto, este aristócrata inglés desapareció a los once años de edad, al naufragar el barco en que viajaba con su familia frente a la costa occidental de Africa. Sin embargo, por la extraña coincidencia de distintas circunstancias, logró sobrevivir conviviendo durante quince años con una familia de monos de la selva. Finalmente, fue descubierto casualmente en 1883. Conducido de nuevo a Inglaterra, nunca logró adaptarse por completo a su nueva condición de hombre civilizado.

Por cierto, entre las 23 novelas que Burroughs dedicó a las aventuras de Tarzán hay una poco conocida, titulada *Tarzán en el centro de la Tierra*, escrita entre 1929 y 1930. En ella, el rey de los monos viaja a través de un hipotético *agujero polar a* Pellucidar, un mundo situado en la superficie interior de la Tierra, iluminado por un sol central, en el que, curiosamente, no existen direcciones. En aquel mundo, que Burroughs sitúa en una etapa prehistórica, Tarzán se ha de enfrentar a toda clase de monstruos antediluvianos.

La novela *Robinson Crusoe* (1719) de Daniel Defoe (1661-1731) no hace más que transcribir casi punto por punto lo sucedido realmente en las islas Galápagos al marino Alexander Selkirk (1672-1721), nacido en la ciudad escocesa de Largo. Enrolado en 1704 en el barco *Five Ports* como contramaestre, Selkirk encabezó una protesta de la tripulación por las condiciones de vida en el barco. El capitán de la nave, apellidado Strading, le castigó por dicho acto de indisciplina, cual era la costumbre marinera de la época, abandonándole en una isla deshabitada del océano Pacífico, con unas mínimas provisiones. Esta isla resultó ser la que por entonces era llamada Juan Fernández, aunque posteriormente se llamó Más a Tierra y hoy, bajo soberanía chilena, se llama precisamente Robinson Crusoe. Selkirk logró sobrevivir por sus propios medios hasta que fue milagrosamente rescatado, cerca de cinco años después, por un barco al mando del capitán Woodes Rogers, que vio sus señales de socorro. En 1711, Selkirk regresó a Inglaterra, recorriendo el país relatando su peripecia. Es más que probable que el propio Defoe escuchara su relato en persona; lo cierto es que pronto vio las posibilidades narrativas de la historia y se decidió a plasmarlas en un libro. En 1719, Daniel Defoe publicaba efectivamente *La vida y las extrañas y sorprendentes aventuras de Robinson Crusoe, de York, marinero.*

La leyenda y la narración literaria de la existencia del Conde Drácula están basadas en la vida real de Vlad Tepes *El Empalador*, príncipe de Valaquia del siglo XV, que se autotitulaba en 1436 «Vlad, hijo del difunto príncipe Mircea, voivoda de las regiones trasalpinas». Al parecer, según la truculenta leyenda, este príncipe gustaba de celebrar sus antropófagas comidas al aire libre, rodeado de sus víctimas aún vivas (a las que clavaba de pies y manos en un tablero para que la agonía durase más), regando cada plato con la sangre de los infelices, convencido de que esto le daba fuerza y poder sobrenaturales. En diversas ocasiones, dio crueles escarmientos en ciudades que se le oponían, llegando a mandar matar a más de 25.000 personas. Hacía decapitar a los prisioneros turcos, asando sus cabezas y dándoselas a comer a otros prisioneros. Un día, hizo hervir vivo a un gitano y se lo dio a su familia para que lo comiesen. En otra ocasión, una concubina suya aseguró estar embarazada; el príncipe Vlad hizo que abrieran su vientre para comprobarlo, con las consecuencias lógicas... Su morada en lo alto de un monte, conocida como Castillo *Drakula* ("Demonio" en rumano), sugirió el nombre de su novela y el del personaje literario a Abraham *Bram* Stoker (1847-1912), escritor que conoció su historia gracias a un curioso documento que, al parecer, encontró en el Museo Británico.

En ocasiones, la realidad parece superar a la ficción. El famoso cuento *Barba Azul* de Charles Perrault (1626-1703) narra el asesinato de seis de sus esposas por un personaje así llamado bajo la acusación de haber caído en la tentación de abrir por curiosidad una habitación prohibida. Barba Azul es después muerto por los hermanos de su séptima esposa, que había logrado escapar de su ira. Este personaje literario, que ha sido identificado con varios históricos, parece estar basado, según los historiadores literarios, en un hecho real: los horribles crímenes de Guy de Laval, más conocido como Gilles de Rais, compañero de armas de Juana de Arco y luego mariscal de Francia de la primera mitad del siglo XV, que fue condenado por haber torturado y asesinado a 140 niños, después de haber abusado sexualmente de ellos. No obstante, la historiografía moderna ha revisado la biografía de este personaje, hasta el punto de que muy recientemente parece haberse probado que ninguna de las atrocidades que la leyenda atribuye a Gilles de Rais ocurrió realmente.

Josiah Henson (1789-1883) fue un esclavo estadounidense de raza negra, nacido en una finca de Maryland, que acabó trabajando como capataz para su amo, a la vez que se convertía en predicador metodista de la comunidad negra. Al enterarse de que iba a ser vendido a una plantación del sur, escapó a Canadá, llevando consigo a su numerosa familia. Posteriormente, viajó en tres ocasiones a Inglaterra para propagar los ideales antiesclavistas, siendo incluso recibido por la reina Victoria. De vuelta a los Estados Unidos, fue entrevistado en Boston por Harriet Beecher-Stowe (1811-1896), quien basó en su figura la del protagonista de su famosa novela *La cabaña del Tío Tom* (1852).

Delphine Delamare (1822-1848), hija de un acomodado terrateniente francés, se casó con un médico de la ciudad de Ry. Soñadora y ambiciosa por naturaleza, vivió una existencia llena de lujos extravagantes, rodeada de amantes, para acabar suicidándose ingiriendo arsénico. Al conocer el relato de su vida, Gustave Flaubert (1821-1880) se inspiró en ella para componer la personalidad de la protagonista de su novela *Madame Bovary*. Sin embargo, Flaubert negó ésta y otras similares imputaciones de haberse inspirado en personajes reales, que le llevaron incluso a los tribunales, ante los que afirmó: «¡Emma Bovary soy yo!». Y es que Flaubert acumuló suficientes razones como para no mantener mucho cariño por su obra maestra, que fue condenada por pornográfica al poco de ser publicada en 1856 como folletín en las páginas de un periódico, recayendo en su autor la acusación de ofensor de la moral pública y sacrílego. Sometido a juicio formal por estas acusaciones, el tribunal censuró la obra, más absolvió al autor. No obstante, como era de esperar dada esta publicidad, el libro se vendió a millares.

Marie Duplessis (1824-1847) era una bella muchacha empleada sucesivamente en una fábrica de corsés y en una sombrerería, antes de ejercer como prostituta en París. Elevada a la categoría de cortesana e introducida en la alta sociedad parisina, deslumbró por completo a la corte, acumulando amantes y riquezas en muy poco tiempo. Marie, que se convirtió en la mujer más admirada y envidiada de la corte de su tiempo, siempre se adornaba con una camelia blanca. Alejandro Dumas, hijo (1824-1895), narró su peripecia en *La dama de las camelias,* bajo el ficticio nombre de Margarita Gautier.

El doctor Joseph Bell (1837-1911) fue profesor de medicina del futuro novelista Arthur Conan Doyle (1859-1930) en la Enfermería Real de Edimburgo. Impresionó a su alumno no sólo por sus conocimientos médicos, sino también por sus sagaces dotes para la deducción: tras un breve vistazo a los pacientes, era capaz de deducir multitud de circunstancias de sus vidas. Años después, Conan Doyle admitió haber utilizado la figura humana de su antiguo profesor para pergeñar la personalidad de su más célebre personaje, *Sherlock Holmes*. Entre las hazañas detectivescas de este sagaz médico se cuenta, por ejemplo, que descubrió el asesinato de una mujer que su marido trataba de hacer pasar como un accidente doméstico. En efecto, una noche de 1877, Eugène Marie Chantrelle suministró a su esposa, que acababa de firmar una póliza de seguro por 5.000 libras contra muerte accidental, un letal vaso de zumo de limón al que había agregado opio sólido. A la mañana siguiente, simuló un escape de gas en la habitación de su esposa para que pareciese que ésa había sido la causa de la muerte. El doctor Bell encontró un rastro de saliva en la almohada de la señora Chantrelle que permitió demostrar que la limonada contenía el veneno y, por tanto, que se trataba de un asesinato, tras lo que no fue difícil desenmascarar al marido.

La vida de William Brodie (1742-1788) transcurría con normalidad en su respetable papel de ebanista y de dirigente sindical del comité popular de Edimburgo. Sin embargo, este mismo hombre dirigía por la noche una peligrosa banda de delincuentes, sin que nadie sospechara su doble vida. Al parecer, su biografía, una vez dada a conocer, inspiró a Robert Louis Stevenson (1850-1894) su relato *El extraño caso del Dr. Jekyll y Mr. Hyde* (1886).

En la versión original de *La Bella Durmiente* de Giambattista Basile (1575-1632), la princesa durmiente, Talia, que yace dormida (en realidad muerta tras haberse pinchado con una astilla envenenada, oculta entre unos hilos de lino) en un palacio enclavado en mitad de un bosque, es encontrada por un noble, que la viola sin más miramientos y huye, raudo, del lugar. Recuérdese que en la versión dulcificada de Charles Perrault, el noble, transmutado en príncipe, la despierta con un beso tras su largo sueño de cien años. En la versión original, la Bella Durmiente queda embarazada, dando a luz nueve meses después a dos hermosos gemelos, llamados Sol y Luna, sin que, por ello, llegue a despertar. Un día, el pequeño Sol chupa el dedo de su madre y extrae la astilla envenenada, con lo que Talia despierta. Tras algunas visitas esporádicas (pero también *fructíferas*) del príncipe, su mujer legítima, enterada de que la Bella del bosque es madre de varios hijos bastardos de su marido, manda prender a esos vástagos ilegítimos para que sean degollados y servidos en un cruel banquete a su esposo. Afortunadamente, como no todo pueden ser desdichas y crueldades, un cocinero se apiada de los pobres niños y cambia su carne por la de una cabra recién sacrificada.

Lyman Frank Baum (1856-1919), el autor de *El mago de Oz*, reveló en cierta ocasión el verdadero origen del nombre del reino que da título a su fábula. Según él, mientras relataba el cuento a unos chiquillos de su vecindad, una niña, llamada Tweety Robbins, inquirió al escritor acerca del nombre del reino en que transcurrían las aventuras que estaba narrando. Baum, sorprendido por la inesperada pregunta y falto de otra fuente de inspiración, paseó la mirada por la habitación en que se hallaban y reparó en un archivador de tres cajones, cada uno de los cuales mostraba una etiqueta: A-G, H-N y O-Z. Obviamente, al leer ésta última, comprendió que no era ése mal nombre para un fantástico reino imaginario. Algunos biógrafos niegan la verosimilitud de esta versión divulgada por el propio Baum. Lo que está claro es que, en cualquier caso, sea o no cierta la anécdota, refleja la personalidad imaginativa y bromista propia del escritor estadounidense.

El gran escritor romano Publio Virgilio Marón (70-19 a. de C.) dejó instrucciones al morir de que fuese quemado el manuscrito de *La Eneida*, pues no había tenido tiempo de pulirlo y lo consideraba una obra inacabada y, por tanto, imperfecta. El emperador Augusto, a cuya petición había iniciado Virgilio esta obra, ordenó ignorar la última voluntad del poeta, encargando que otros autores puliesen cuanto fuese necesario la obra y que fuera publicada. Gracias a él, por tanto, hemos podido conocer esta gran obra del poeta clásico.

El escritor francés Victor Hugo (1802-1885) protagonizó una conocida y muy ingeniosa anécdota en 1862. Hallándose de viaje y deseando conocer la marcha de la venta de su obra *Los Miserables* (1862), envió una carta a sus editores, *Hurst & Blackett*, con el sucinto texto: «?». Días más tarde, recibió una respuesta no menos lacónica, pero expresiva: «!».

Hacia el año 150 de nuestra era, el filósofo griego Luciano de Samosata (125-192) escribió las obras *Icaromenipo* e *Historia verdadera*, los primeros libros encuadrables en el género de ciencia-ficción. En el primero de ellos, Menipo –un personaje basado en la figura histórica del filósofo cínico griego del mismo nombre, que vivió en el siglo III a. de C.–, gracias a un ala de águila y otra de buitre, vuela desde el monte Olimpo a la Luna, que está habitada por espíritus. Después pretende volar hasta el Sol, pero los dioses le detienen arrebatándole las alas. En la *Historia verdadera*, un barco que navega por el océano Atlántico es elevado por los aires por una tempestad marina y llevado hasta la Luna. Allí, su tripulación participa en una guerra entablada entre el Rey-Luna y el Rey-Sol por la conquista de Júpiter.

En 1638, el obispo inglés Francis Godwin publicó *El hombre en la Luna*, subtitulado *Discurso de un viaje hacia allá de Domingo Gonsales*. En él, el protagonista es llevado a la Luna por un grupo de aves amaestradas, parecidas a cisnes, encontrándola habitada por un pueblo ganadero que deporta a todos los criminales potenciales a la Tierra (especialmente a Norteamérica).

El escritor y espadachín francés Héctor-Savinien Cyrano de Bergerac (1620-1655) fue el primero en mencionar en la historia de la literatura los cohetes como medio de propulsión en su famoso libro póstumo *El otro mundo o Historia cómica de los estados e imperios de la Luna* (1657). En él, la Luna está habitada por hombres de cuatro piernas y voz musical, que usan armas de fuego con las cuales, además de abatir la caza, la cuecen a la vez. La iluminación artificial se consigue mediante luciérnagas y los rayos del sol son atrapados y almacenados en grandes globos. En 1662, se publicaría un nuevo libro póstumo en que se narraban otras maravillas similares, bajo el título *Historia cómica de los estados e imperios del Sol.*

Ya se sabe que entre los escritores abundan los comportamientos extravagantes y las manías a la hora de buscar la mejor manera en que cada uno prefiere escribir sus obras. Comentemos algunas de las más conocidas. Por ejemplo, muchos cuidaban su atuendo a la hora de escribir. Entre ellos, el conde de Buffon, que sólo podía escribir vestido de etiqueta, con puños y chorreras de encaje y espada al cinto; Alejandro Dumas, padre que, cuando escribía, vestía una especie de sotana roja, de amplias mangas, calzando sandalias; Pierre Loti, que vestía trajes orientales, escribiendo en un despacho decorado a la turca, y el poeta inglés John Milton, que escribía envuelto en una vieja capa de lana. Otros eran incapaces de estarse quietos: por ejemplo, Chateaubriand, que dictaba a su secretario paseándose con los pies descalzos por su habitación; Victor Hugo, que meditaba sus frases o sus versos en voz alta paseando por la habitación hasta que los veía completos, pasando entonces a escribir con toda rapidez, y Jean-Jacques Rousseau, que prefería trabajar en pleno campo y, a ser posible, al sol y, si el ruido ambiente le molestaba, se taponaba los oídos con tapones de guata. A otros les preocupaba más el dónde que el cómo; por ejemplo, Montaigne, que escribía encerrado en una torre abandonada. Los había verdaderamente maniáticos, como el poeta alemán Schiller, que sólo podía escribir si tenía los pies metidos en un barreño con agua helada; Lord Byron, que excitaba su inspiración mediante el aroma de las trufas, de las que procuraba llevar siempre algunas en sus bolsillos; o Gustave Flaubert, que era incapaz de escribir ni una sola línea sin antes haberse fumado una pipa. El ya mencionado Victor Hugo, por su parte, no demasiado confiado en su propia voluntad, tenía por costumbre entregar sus ropas a su criado, con la orden de que no se las devolviese hasta que transcurriese un plazo predeterminado, aunque él se las pidiese encarecidamente. De esta forma, se obligaba a escribir sin posibilidad alguna de evadirse. Honoré de Balzac se solía acostar a las seis de la tarde, siendo despertado por una criada justo a medianoche; inmediatamente se vestía con ropas de monje (una túnica blanca de cachemira) y se ponía a escribir ininterrumpidamente de doce a dieciocho horas seguidas, siempre a mano su cafetera de porcelana. Durante todo ese tiempo no paraba de consumir taza tras taza, lo que, en su opinión, no sólo le mantenía despierto y despejado, sino que le inspiraba a escribir. A ese ritmo diario, Balzac consiguió terminar más de cien novelas y narraciones cortas.

Un ejemplo extremo del puritanismo exacerbado de la sociedad británica en tiempos de la llamada Era Victoriana del siglo XIX queda reflejado en el *Libro de etiqueta de lady Gough*, verdadera biblia de las buenas costumbres de la época. En este manual, se llegaba a aconsejar, en aras del decoro, que los libros de autores varones no compartieran nunca estante en la biblioteca de un buen cristiano con los escritos por mujeres, salvo, eso sí, que los autores estuvieran casados entre sí.

La actividad literaria del escritor ruso León Tolstoi (1828-1910) nunca decayó, mostrando además un notable afán perfeccionista que le llevó, por ejemplo, a reescribir *Guerra y paz* no menos de siete veces, con la constante y abnegada ayuda de su esposa, que llegó a caligrafiar todos sus manuscritos, incluidas estas siete versiones de *Guerra y paz*.

Además de ciertos aspectos controvertidos sobre su identidad sexual, el matemático y escritor inglés Charles Lutwidge Dodgson (1832-1898), más conocido por su seudónimo literario *Lewis Carroll* protagonizó a lo largo de su vida muchas divertidas anécdotas. Por ejemplo, en cierta ocasión, remitió un ejemplar de su obra *Alicia en el País de las Maravillas* a una de las hijas de la reina Victoria de Inglaterra, llamada precisamente Alicia. La propia reina lo leyó, quedando gratamente sorprendida por su desbordante carga de imaginación. Inmediatamente, escribió a Carroll, pidiéndole que le hiciese llegar el resto de su obra. Días después, la reina recibiría, efectivamente, varios libros de trigonometría, álgebra, geometría plana y de ajedrez, temas todos ellos en que Lewis Carroll era un reconocido tratadista.

MISCELANEA HISTORICA

Uno de los problemas habituales de las bibliotecas modernas es el de la sustracción de libros por parte de los usuarios; pero ese no parece ser un problema exclusivamente moderno. En 1872, los arqueólogos George Smith (1840-1876) y Hormuzd Rassam (1826-1910), que trabajaban en las ruinas de Nínive, concretamente en el que fuera Palacio de Asurbanipal (el rey asirio del siglo VII a. de C. también conocido con su nombre griego de Sardanápalo), observando las numerosas tablillas de arcilla que formaban parte de la gran biblioteca de este rey (se cree que contenía más de 30.000 volúmenes), descubrieron en su bordes unas marcas con anotaciones relativas a las materias que contenían, así como una severa advertencia contra su sustracción: «Al que se llevare esta tabla, abrúmenle Asur y Belit con su ira, y borren su nombre y posteridad de la faz de la tierra».

Antes de llegar a ocupar la presidencia de los Estados Unidos, John Fitzgerald Kennedy (1917-1963) batió el récord oficioso de los Estados Unidos como orador más rápido, al conseguir articular un discurso, pronunciado en diciembre de 1961, a la increíble velocidad de 327 palabras por minuto.

Muchos de los grandes personajes antiguos nos han llegado descritos con determinados rasgos físicos ciertamente difíciles de comprobar y muchas veces de creer. Es difícil discernir, en este terreno, la verdad de la falsedad y la exageración. No obstante, será curioso comentar alguno de estos datos. Por ejemplo, dice la leyenda que Pipino *El Breve* (714-768) recibió dicho sobrenombre porque sólo medía 1,37 metros de estatura. Sin embargo, empuñó siempre una espada que medía 1,83. Su mujer fue conocida como Berta *La del Gran Pie* a causa de que, al parecer, tenía un pie mucho más grande que el otro. Curiosamente, al hijo de ambos, Carlomagno (742-814), se le atribuye legendariamente una estatura de 2,49 metros. Del rey francés Luis VI *El Gordo* (1081-1137) se dice que era tan obeso que no podía montar a caballo. Y, según las crónicas, la fortaleza física del rey Guillermo I de Inglaterra (1027-1087) –conocido como El *Conquistador,* aunque también como *El Bastardo*– era tal que acostumbraba a montarse de un salto en la silla de su caballo completamente vestido y con los treinta o cuarenta kilos de su armadura encima. Claro que nada le hubiera tenido que envidiar el emperador romano Cayo Julio Vero Maximino (173-238), oriundo de Tracia, del que se supone que medía 2,25 metros y cuya fuerza era tal que, según cuentan, con una sola mano era capaz de levantar un carro cargado y de un puntapié romper la pata de un caballo. Ello no resulta del todo extraño teniendo en cuenta que, según la misma leyenda, comía unas 40 libras de carne y bebía un ánfora de vino al día. No menos fornido era, según cuenta la tradición, el emperador alemán Maximiliano I (1459-1519), padre de Felipe *El Hermoso,* que medía más de 2,60 metros y cuyo cuerpo tenía tal volumen que ensartaba en sus pulgares, a modo de anillos, las pulseras de su mujer. De Sancho I *El Craso*, rey de León, se cuenta que no pudo superar sus graves problemas de obesidad hasta que los médicos cordobeses al servicio de Abderramán III le trataron con ocasión de su exilio en la capital andaluza. En el otro extremo de la balanza, según se asegura, cabe mencionar a Abu Abdallah Boabdil (1460-1527), que fue llamado *El Chico* por su baja estatura.

La acaudalada familia florentina Vespuccio dio, al menos, dos personas que han pasado, por muy distintas razones, a la historia. Una, la más famosa, fue Américo (1454-1512) que, tras viajar repetidamente por la recién descubierta América y describir de modo muy pintoresco las tribus, la fauna y los paisajes que allí vio, dio nombre inapropiadamente al Nuevo Mundo. Otra Vespuccio, mucho menos conocida, fue una bellísima prima del anterior, llamada Simonetta, que sirvió como modelo para los cuadros *La Primavera* y *El nacimiento de Venus* del pintor renacentista italiano Sandro Boticelli.

Hacia el año 756 de nuestra era, el califa Abderramán I (731-787) plantó con sus propias manos una palmera datilera en el jardín de su palacio cordobés como homenaje a su añorada Arabia. Según la tradición, todas las palmeras de España proceden de este árbol.

En 1952, el general Francisco Franco (1892-1975) visitó el recién restaurado monasterio de Poblet. Antes de marcharse, exigió al abad que retirara de la iglesia la tumba del duque de Wharton (1698-1731), un oscuro personaje inglés que había fallecido allí. Los motivos de Franco quedan explicados leyendo un párrafo de un libro que el dictador, utilizando un seudónimo, había publicado aquel mismo año en el que se lee: «Desde que Felipe Wharton, uno de los hombres más pervertidos de su siglo, fundó la primera logia de España hasta nuestros días, la masonería puso su mano en todas las desgracias patrias». La primera logia masónica española fue fundada efectivamente por Wharton y otros colegas en 1728 en el hotel de Las Tres Flores de Lys, sito en la madrileña calle Ancha de San Bernardo.

Se puede afirmar que entre los mayores prestamistas de la historia están numerosos miembros de la familia suaba Fúcar, apellido castellanizado correspondiente al alemán Fugger, procedente de la ciudad alemana de Augsburgo, que se convirtieron durante los siglos XV y XVI en banqueros del Imperio, del Papa y de otros soberanos europeos. Su fundador, Hans Fugger, fue un modesto tejedor de la localidad alemana de Graben en el siglo XIV. Su hijo, también llamado Hans, comenzó a amasar la fortuna de la familia al establecerse en Augsburgo en 1409. Los Fugger financiaron, por ejemplo, las guerras y campañas militares de todos los Austrias españoles. Carlos I y Felipe II, deseosos de mantener el famoso imperio en que no se ponía el sol, fueron endeudándose con esta familia de banqueros, y fundamentalmente con Jakob Fugger *El Rico* (1459-1525), del que recibían préstamos gravados con intereses que oscilaban entre el 7 y el 24%, avalados con la explotación de la riqueza mineral de todo el territorio en manos de la Casa de los Austrias. El empréstito más famoso de Jakob Fugger fue el concedido a los Habsburgo por valor de 543.585 florines. Este dinero se destinó a la compra de los votos de los electores imperiales que convirtieron a Carlos I de España en emperador del Sacro Imperio en 1519. Por los servicios prestados, recibieron en 1534 la cesión en arriendo de las minas de Almadén y Guadalcanal y el privilegio de poder acuñar moneda en España.

Los reyes españoles llegaron a deber el equivalente a 9.000 millones de pesetas actuales, por lo que en 1557 Felipe II se declaró insolvente, proclamando la primera bancarrota oficial de un estado en toda la historia. Los Fugger, pese a la quiebra de su principal deudor, y aun atravesando algunas dificultades y un irreversible declive, no se arruinaron ni mucho menos. Los actuales descendientes de esta familia alemana han calculado que la Casa de Austria les debe, añadiendo los intereses acumulados, más de 10 billones de pesetas. Fue tal su riqueza y su poder que, hoy en día se usa en España la palabra "fúcar" aplicada a la persona muy rica y hacendada.

Del poderío y el boato intrínsecos a la Orden de Caballería del Toisón de Oro habla por sí sola la anécdota de que el banquete con que se cerraron los actos del primer capítulo de esta Orden celebrado en España, que tuvo lugar en Barcelona en 1520, y en el que se honró al maestrante de la Orden, a la sazón el rey de España y emperador de Alemania Carlos I (V), estuvo compuesto por 72 platos, que fueron servidos a lo largo de dos días ininterrumpidos de festejos.

El mayor banquete de que se tiene noticia fue sin duda el que ofreció Julio César a su regreso victorioso de Oriente. En él invitó en varias jornadas a 260.000 personas que se sentaron en 22.000 mesas.

Se cuenta que el año que asesinaron a Julio César, el 44 a. de C., apareció un cometa en el cielo. La mitología popular enlazó ambos hechos dentro de una larga tradición de creencias que relacionan la aparición de cometas con grandes desgracias.

Luis XIV de Francia, *El Rey Sol*, nació el 5 de septiembre de 1638 con dos dientes. También se afirma, aunque con menor fundamento documental, que nacieron con dientes Napoleón Bonaparte y el rey inglés Ricardo III.

El único emperador chino que utilizó gafas fue Henry Pu Yi (1906-1967), el último, que reinó con el nombre de Chuang Tung. Y es que los emperadores, al ser considerados dioses, *no podían* tener mala vista.

Ludwig van Beethoven subtituló su tercera sinfonía *La Heroica* en honor de Napoleón, al que consideraba adalid de las libertades y del nuevo orden politico-social. Mas cuando éste se autoproclamó emperador, Beethoven, decepcionado por esta muestra de egolatría, retiró la dedicatoria.

Según algunos biógrafos, Adolf Hitler (1889-1945) sufrió un cáncer de garganta, del que fue tratado hasta su muerte por Otto Heinrich Warburg, el único médico judío al que el líder nazi, en su locura de odio antisemita, permitió continuar trabajando tras su toma de poder.

En 1589, en la corte inglesa se fijó en las paredes la siguiente advertencia pública: «No se permite a nadie, quienquiera que sea, antes de las comidas, durante las mismas o después de ellas, ya sea tarde o temprano, ensuciar las escaleras, los pasillos o los armarios con orina u otras porquerías».

Según el relato de Marco Polo, Kublai Jan mantenía a 5.000 astrólogos en su corte, encargados, como labor principal, de predecir el tiempo.

En Portugal, a principios del siglo XVIII, la Iglesia era propietaria de las dos terceras partes de toda la tierra.

La casa real de Arabia Saudita puede tener en la actualidad hasta 5.000 príncipes, e igual número de princesas. Hay que tener en cuenta que el rey Abdul Aziz ibn Saud, que reinó desde 1932 hasta su muerte en 1953, tuvo 300 esposas.

El antiguamente llamado Congo Belga (territorio descolonizado e independizado en 1960 con el nombre de Zaire) fue una propiedad privada del rey Leopoldo II (1835-1909), en calidad de presidente de la Asociación Internacional para la Explotación y Civilización del Africa Central, aunque fuese administrado, a efectos políticos, como una colonia del estado belga.

Según una leyenda, un pecho de la reina francesa María Antonieta (1755-1793), esposa de Luis XVI, sirvió de molde para fabricar la primera copa de champán de la historia.

Desde el siglo VI, de modo ininterrumpido, el trono japonés ha venido siendo ocupado por miembros de una sola familia. Familia que incluso, en distintas ramas, lleva reinando en Japón más de 2.600 años, desde el legendario emperador Kamigama Iwarehiko, conocido con el sobrenombre de *Jimmu* o *Zinmu* ("Guerrero Divino"), que probablemente reinó entre los años 660 y 581 a. de C., hasta la actualidad. Aki Hito (nacido en 1933), el actual emperador del Japón, es el 125° en esa extraordinariamente extensa línea sucesoria directa.

Una tradición suiza atribuye la fundación de la ciudad de Berna, actual capital de la Confederación Helvética, al duque Bertoldo V de Zaehringer, quien decidió dar a la ciudad el nombre del primer animal que matara en el lugar donde iba a levantarse. El animal fue un oso, *bär* en alemán, de donde procede su nombre actual *Bearn,* en castellano *Berna.*

En Bolivia se produjeron no menos de 191 golpes de estado desde el año de su independencia, 1825, hasta 1984. Esto supone un promedio de un golpe de estado cada poco más de diez meses.

Uno de los primeros escándalos públicos protagonizados por Edward Kennedy (1932) ocurrió en 1951, cuando fue suspendido en su primer año en la universidad de Harvard al comprobarse que un amigo suyo se había examinado por él en la asignatura de idioma español.

El 29 de junio de 1456, el papa español Calixto III (13781458), que había sido elevado al trono pontificio el año anterior, promulgó una bula papal contra el cometa Halley, que era visible por aquellas fechas. Su decreto pedía que todos los católicos orasen para que el cometa, un «símbolo de la ira de Dios», desapareciese o, al menos, fuese desviado contra los turcos, que acababan de conquistar Constantinopla. De aquella bula papal procede la costumbre del rezo del *Angelus.* Esta oración en honor del misterio de la Encarnación (que comienza con las palabras *Angelus Domini nuntiavit Mariae*, "el Angel del Señor anunció a María"), nacida, pues, para rogar por la desaparición de un cometa, primeramente se rezaba al amanecer y a la caída de la tarde, y actualmente se reza al mediodía.

Al poco de extenderse la costumbre de ingerir chocolate, surgió en el seno de la Iglesia la polémica de si el consumo de este nuevo producto incumplía los preceptivos ayunos tradicionales. Esta discusión teórica se mantuvo viva durante muchos años desde que fue planteada formalmente en 1569 al Papa San Pío V (1504-1572). Nunca hubo un pronunciamiento oficial definitivo.

Se cuenta, como ejemplo de su ideología racista y antisemita, que siempre que Richard Wagner dirigía obras del compositor judío Félix Mendelssohn se ponía guantes porque, según afirmó repetidamente, «le asqueaba dirigir música compuesta por un judío».

Vidkun Quisling (1887-1945) fue el fundador en 1933 del partido noruego *Nasional Samling* ("Agrupación Nacional"), de ideología nazi, después de haber sido consecutivamente Alto Comisario para los Refugiados de la Sociedad de Naciones y Ministro de Defensa. Invadida Noruega por las tropas alemanas durante la Segunda Guerra Mundial, Quisling derrocó al rey Haakon VII y se puso al frente de un gobierno-títere, de inspiración filonazi. Por aquella acción, considerada casi unánimemente por todos los noruegos supervivientes como una traición sin paliativos a su país, Quisling fue ahorcado el 24 de octubre de 1945. Desde entonces, su apellido ha quedado en todo el mundo como sinónimo en todo el mundo de traidor a la patria, llamándose *quisling* por antonomasia al colaboracionista con los gobiernos extranjeros.

El senador Marco Junio Bruto (86-42 a. de C.), que ha pasado a la historia como inductor y coautor del asesinato de Julio César, poseyó una de las más grandes fortunas de su época. En cierta ocasión, exigió a la ciudad de Salamina un interés del 48% por un préstamo, cuando el interés habitual que se aplicaba en aquellos tiempos era el 12%. El filósofo Cicerón, por entonces gobernador de Sicilia, descubrió este caso extremo de usura y lo hizo público. Con ello, la reputación política del senador se vio seriamente afectada.

La dinastía Chin (221-207 a. de C.), de cuyo patronímico deriva el nombre actual de China, enterró vivos a muchos sabios, como consecuencia de su programa de supresión de los conocimientos y del confucionismo.

En la antigua Roma, se llamaba *monitor* al esclavo que acompañaba a su señor por la calle o en los actos públicos para recordarle los nombres de las personas a quien iba encontrando, o para recordarle los datos de un discurso mientras aquél lo pronunciaba.

Los bollos conocidos como *croissant* (o *cruasán*) fueron creados en 1683 por los pasteleros vieneses, tras caer el asedio turco al que había estado sometida la ciudad. La forma de aquel bollo original reproducía el emblema de la bandera turca. Así, cuando los vieneses se comían uno era como si se estuviesen comiendo, simbólicamente, a los turcos y, por tanto, vengándose de ellos.

Durante la segunda guerra anglo-norteamericana (1812-1814), todos los barriles de carne en salazón preparados para el ejército confederado llevaban estampado el sello con las iniciales *U.S.* de *United States*, ("Estados Unidos"), que fueron automáticamente asociadas por algunos trabajadores (tal vez en tono jocoso) con las del sobrenombre de su jefe, Samuel *Sam* Wilson, inspector sanitario de carnes de la ciudad de Troy, en el estado de Nueva York, conocido familiarmente por el apodo de *Uncle Sam* ("Tío Sam"). La confusión o broma local tomó carta de naturaleza y se hizo famosa en todo el país, extendiéndose a cualquier artículo que llevase grabadas las iniciales *U.S.* para indicar que estaba fabricado en el país. Después, durante la Guerra Civil Norteamericana (1861-1865), los periódicos norteños dieron a aquella figura del *Tío Sam* la apariencia física de Abraham Lincoln. Su traje, confeccionado con los colores de la bandera estadounidense, es decir, con las barras y estrellas, se remonta a los años treinta del siglo XIX, tomando la imagen de las caricaturas del humorista político Seba Smith, muy populares en aquellos días. Dan Rice, un célebre payaso, se encargó de popularizar su figura a lo largo de la segunda mitad del siglo XIX. Finalmente, en 1961, el Congreso de los Estados Unidos lo proclamó oficialmente símbolo nacional.

En tiempos de Julio César, se erigieron dos teatros semicirculares colindantes, de tipo griego, de modo que los 20.000 espectadores de uno daban la espalda a los 20.000 del otro. Si se utilizaban para espectáculos circenses, los dos teatros giraban sobre sí mismos (nunca se ha averiguado mediante qué mecanismos), hasta convertirse en un teatro circular, en cuyo interior se desarrollaba el espectáculo.

El historiador romano del siglo I Valerio Máximo relata, en su obra *Factorum et dictorum memorabilium libri IX*, la actividad de importantes abogadas en los últimos tiempos de la República. Entre ellas destaca a Afrasia que, según sus propias (y misóginas) palabras, «acosaba al tribunal con sus chillidos».

Se cuenta que, en cierta ocasión, queriendo el Príncipe de Orange (1502-1530), virrey de Nápoles, aligerar el presupuesto de su casa, despidió en un mismo día a veintiocho de sus innumerables jefes de cocina.

El redactor de la Declaración de Independencia de los Estados Unidos y tercer presidente de aquel país, Thomas Jefferson (1743-1826) fue un activo inventor, que patentó, entre otros logros, el sillón giratorio y la cama empotrable.

Al finalizar la cruenta y destructiva guerra colonial del Sudán, el gobernador británico, Lord Kitchener (1850-1916) planificó la reconstrucción de la destruida capital de aquel reino africano, Jartum. Diseñó una ciudad de nueva planta cuyos planos reproducían, casi perfectamente, los trazos de la bandera británica (la conocida como *Union Jack*).

Charles Chaplin se libró de combatir en la Primera Guerra Mundial al no dar la talla mínima requerida a cualquier recluta. Otro gran personaje que vivió esa misma circunstancia fue, curiosamente, el guerrero, revolucionario y místico Thomas Edward Lawrence, más conocido como *Lawrence de Arabia*. Ambos no sobrepasaban 1,60 metros.

El político norteamericano Franklin Delano Roosevelt (1882-1945), que llegaría a ser Presidente de los Estados Unidos, creó años antes la Oficina para la Fiscalización de los Precios. En calidad de presidente de esta oficina gubernamental, redactó y firmó la siguiente indescifrable disposición: «El máximo precio que un productor de cosméticos puede imponer a un determinado producto, para toda clase de compradores, en relación con las normas para la regulación de precios máximos, debe ser igual al máximo de precios tolerados en las normas de regulación de precios máximos de tales productos vendidos a un comprador de la misma categoría». Sin duda, se trata de un buen ejemplo de falta de transparencia legislativa.

Hasta el 11 de septiembre de 1882, el Vaticano no levantó la sanción contra la teoría coperniquiana de que la Tierra no es el centro del Universo, anatematizada desde 1616. Un siglo después, el 31 de octubre de 1992, una comisión vaticana nombrada al efecto, tras once años de deliberación, declaró ciertas las teorías heliocéntricas de Galileo Galilei, revocando la sentencia que lo condenaba, que fue promulgada 359 años, 4 meses y 9 días antes.

El calendario romano o *juliano* (por Julio César), vigente en Europa hasta finales del siglo XVI, era 11 minutos más largo que el solar, lo que, con el transcurso de los años, generó un importante desfase. En vista de ello, el Papa Gregorio XIII (1502-1585), preocupado porque las fiestas religiosas se fueran desplazando a lo largo del año debido a esta diferencia acumulada, impuso el calendario actual el 24 de febrero de 1582, por medio de la bula *Inter Gravissimas*, a consejos de los sabios consultados al efecto, y especialmente del astrónomo napolitano Aloysius Lilio y del jesuita alemán Christopher Clavius. Este nuevo calendario, llamado precisamente *gregoriano,* suprimió los diez días que iban del jueves 4 al viernes 15 del mes de octubre de aquel año, para así adecuar el almanaque vigente con el calendario solar, por lo que 1582 (llamado a partir de entonces *Año Corrector*) sólo tuvo 355 días. Sin embargo, el calendario gregoriano no fue aceptado instantáneamente por todos los países europeos. Sí, por ejemplo, por España, que reformó la fecha en el mismo día (4 de octubre) que Roma. Ello dio lugar, por cierto, a que Santa Teresa de Jesús, que murió justamente el 4 de octubre de 1582, fuera enterrada el día siguiente, es decir, el 15 de octubre de 1582. Francia adaptó su calendario el domingo 9 de diciembre del mismo año de 1582. Pero otros países tardaron más: Inglaterra no lo hizo hasta 1752 (aprovechando, además, para trasladar el comienzo legal del nuevo año del 25 de marzo al 1º de enero de cada año); Rusia, en 1918, y Grecia, en 1923. El caso inglés, por cierto, dio lugar a otra anécdota. Según los calendarios vigentes en ambos países, Miguel de Cervantes y William Shakespeare murieron en la misma fecha: 23 de abril de 1616. Así se afirma, por lo menos, con equivocada obstinación, en numerosos libros históricos.

Sin embargo, no murieron de hecho el mismo día, sino que Shakespeare lo hizo 11 días antes que Cervantes, puesto que, hasta que en 1752 Inglaterra pasará directamente del 3 al 14 de septiembre, existía tal desfase entre ambos calendarios.

La mayoría personal más alta alcanzada por un político moderno en unas elecciones democráticas fue la obtenida por Boris Yeltsin, el candidato no oficial en la circunscripción de Moscú, en las elecciones parlamentarias soviéticas de marzo de 1989. Yeltsin consiguió cerca del 89% de los votos emitidos, al obtener un total de 4.726.112. Su más directo rival se hubo de conformar con 392.633 votos (casi el 7%).

El científico francés Antoine Laurent Lavoisier (1743-1794) murió guillotinado durante la Revolución Francesa. Se cuenta que la verdadera razón para ser ejecutado fue el odio personal que le profesaba el líder revolucionario Jean-Paul Marat (17431793). Al parecer, el científico había refutado años atrás un nuevo tratado de química que, a su fundado parecer, era simplemente despreciable. El autor de tal tratado no era otro que el propio Marat. Tan pronto como el revolucionario fue tomando poder trató por todos los medios de atacar y hacer impopular la figura de Lavoisier, objetivo que finalmente consiguió plenamente, logrando su ejecución, aunque, eso sí, no antes de que él mismo fuese asesinado. En la vista del juicio en que fue condenado Lavoisier se alegó que un sabio tan distinguido no podía ser guillotinado, a lo que el juez contestó taxativamente: «La República no necesita hombres de ciencia».

El rey de España Carlos I propuso la construcción de un canal en el istmo de Panamá en la temprana fecha de 1524.

El zar ruso Nicolás II (1868-1918) consideró la idea de levantar una cerca electrificada que bordease todo el perímetro de las inmensas fronteras rusas. Del mismo modo, consideró la posibilidad de tender un puente sobre el estrecho de Bering.

Durante el reinado de Felipe II se produjo una fuerte inflación en España que provocó que la moneda de ocho reales de la metrópoli (*real de a ocho*) redujese su valor casi a la mitad del de las monedas de ocho reales que circulaban en las colonias americanas, conocidas como *pesos*. Esto hizo que el peso americano fuese conocido a partir de entonces como *peso fuerte* o *peso duro*, denominación que caló tanto que las monedas que se acuñaron en Gerona en 1808 fueron llamadas *duros* de plata. Aquellas monedas eran octogonales y tenían un valor de cinco pesetas, y desde entonces todas las monedas de este valor han llevado popularmente este mismo nombre.

El 9 de febrero de 1909, una banda militar tuvo que interpretar 16 o 17 veces seguidas el himno nacional inglés, *Dios salve al rey*, en el andén de la estación ferroviaria de Rathenau, en Brandenburgo, mientras esperaba que el rey inglés, Eduardo VII (1841-1910), saliese del vagón que le había traído a Alemania. El motivo del retraso era que Eduardo VII no conseguía enfundarse el ajustado uniforme de mariscal de campo alemán que, según el protocolo marcado para la ceremonia, tenía que lucir al descender en suelo germano.

La primera vez que se ofreció en Roma un torneo de gladiadores fue por iniciativa de los hermanos Marco y Décimo Bruto, durante los funerales de su padre, que se celebraron en el año 264 a. de C., cuando ya habían transcurrido casi 500 años desde la fundación de la ciudad. En aquella ocasión combatieron tres parejas. Sin embargo, cien años después, para honrar la memoria del padre del general Tito Flamineo (230-175 a. de C.), el número de los combatientes aumentó a 74, que lucharon durante tres días consecutivos. Julio César (100-44 a. de C.), en los últimos tiempos de la República, llegó a presentar en un solo torneo a 320 parejas. César Octavio Augusto (63 a. de C.-14), pocos años después, organizó durante su reinado ocho juegos circenses en los que combatieron unos 10.000 hombres. Batiendo todas las marcas, el emperador de origen hispánico Marco Ulpio Trajano (53-117) hizo luchar a 4.941 parejas durante 117 días consecutivos. Pero la progresión no se detuvo ahí: el emperador Cayo Aurelio Valerio Diocleciano (h. 243-313?) llegó a ofrecer espectáculos nocturnos y, falto de otras novedades, hizo combatir entre sí a pigmeos y mujeres. Estos excesos resultarían, sin duda, carísimos, pues se ha calculado que, durante toda la historia del circo romano, un combate de gladiadores medio supondría unos gastos que oscilarían entre uno y siete millones de pesetas actuales.

Hacia el año 210 a. de C. el cruel, despótico y hedonista faraón Tolomeo IV *Filopáter* mandó construir la nave *Tessarakonteres,* un formidable barco sustentado por tres enormes flotadores que medía 128 metros de eslora, 17 de manga y 28 de altura, llevaba cuatro grandes remos timoneros de 18 metros de longitud cada uno y 200 remos de gran tamaño a cada lado del barco, dispuestos en 4 hileras superpuestas, y contaba con una tripulación formada por unos 6.700 hombres, entre remeros (forzados), marineros y sirvientes. La nave estaba acondicionada como un palacio flotante, pues contaba con amplios salones, piscinas, una gran biblioteca y jardines, además de un gran salón para recepciones y fiestas.

Los antiguos astrónomos chinos pensaban que los eclipses era ocasionados por un dragón que inesperadamente trataba de comerse el sol. Cuando esto iba a ocurrir, el emperador concentraba la mayor cantidad de hombres que podía, ordenando que golpearan gongs, de forma que el dragón se asustara por el ruido y huyese, liberando al sol. Pese a la ingenuidad de esta teoría, lo cierto es que los científicos chinos dominaban la predicción de los eclipses ya en tiempos muy arcaicos. Por ello, extrañó sobremanera al legendario emperador Huang Ti que sus dos astrónomos oficiales, Hsi y Ho, no previeran el que ocurrió el año 2640 a. de C. Afortunadamente, aquel año el dragón se sació enseguida y no llegó a devorar todo el sol. Indagando por qué no había sido informado por sus astrónomos, averiguó que éstos se habían emborrachado, descuidando sus deberes. Por ello, ambos astrónomos fueron inmediatamente ejecutados.

Los fenicios utilizaban la fuerte corriente submarina del Estrecho de Gibraltar para remolcar sus embarcaciones mediante unas velas sumergibles que los permitían hacer fácilmente la travesía contra la corriente superficial.

El 14 de enero de 1887, pocos días antes de que se iniciara la construcción de la Torre Eiffel, el periódico *Le Temps* de París publicaba una carta abierta de protesta firmada por numerosos intelectuales franceses (entre otros, Gounod, Maupassant, Leconte de l'Isle y León Bloy), que calificaban la torre de «esqueleto horroroso» y «Notre-Dâme de la quincalla». Pese a esta oposición intelectual, la torre se levantó gracias a los 140 millones de pesetas aportados por el propio Alexandre Gustave Eiffel (1832-1923), a cambio de una concesión para su explotación comercial y turística durante veinte años. Sólo en el primer año, la visitaron 1.968.287 personas. Con lo que pagaron los primeros 200.000, Eiffel recuperó su inversión.

El 31 de marzo de 1889, la construcción de la torre Eiffel se dio por acabada. La torre fue levantada cerca del Campo de Marte en veintiséis meses por un equipo permanente de 60 obreros, siguiendo las indicaciones de los 5.300 planos elaborados por el equipo de ingenieros. Su altura inicial fue de 312,27 metros, aunque con la antena que posteriormente se añadió a su cúspide alcanzó los 320,75. Esta altura varía, de acuerdo a la temperatura y las condiciones ambientales, hasta en 18 centímetros. Su peso total es de 10.000 toneladas, 7.300 de las cuales pertenecen a su esqueleto metálico, lo que para sus dimensiones supone una estructura sumamente ligera (se ha calculado que, si se redujera a una escala 1:1.000, tendría 30 centímetros de altura y pesaría 7 gramos). Por centímetro cuadrado, la torre sólo ejerce una presión de 4,5 kilos sobre sus cimientos. La acción del viento hace que su cúspide metálica oscile en un arco de hasta 6 o 7 cm. Los pilares están orientados a los cuatros puntos cardinales y se inscriben en un cuadrado de 125 metros de lado. En total, la torre tiene 1.792 escalones y contiene 1.050.846 remaches metálicos. En 1980, la torre fue aligerada en 1.343 toneladas de peso, mediante recortes practicados en el suelo del primer piso, puesto que había engordado aproximadamente esos mismos kilos a causa de la batería de antenas y de los ascensores incorporados al diseño original.

La Gran Muralla de China se construyó en las primeras décadas del siglo III a. de C., señalándose el año 220 a. de C., durante el reinado del legendario emperador Huang-Ti, como el de su terminación. El propósito original de la Gran Muralla no fue estrictamente impedir la invasión de los hunos mogoles del norte. Más exactamente, lo que trató de conseguir fue que los hunos, en su indetenible avance hacia el sur, no la pudiesen atravesar con sus caballos, lo que acababa con gran parte de su capacidad conquistadora. La muralla comienza cerca del mar, en la pequeña ciudad de Chau-Hai-Kuan (Chinwangta), a poca distancia al nordeste de Pekín, extendiéndose hasta Yang-Kuan (Jumon), cubriendo una distancia lineal de 3.460 kilómetros en su brazo principal, más otros 2.860 kilómetros en ramales secundarios, con un espesor medio de 9,8 metros. Se dice que en su construcción trabajó durante veinte años un millón de personas, más de trescientos mil de las cuales murieron por las duras condiciones de trabajo. Todas ellas fueron enterradas dentro de los muros de la propia muralla.

En la antigua Grecia se llamaba genéricamente "coloso" a la estatua de tamaño mucho mayor que el natural. Después pasó a designar por antonomasia a una gigantesca estatua de bronce que se levantó a la entrada de los dos puertos principales de la ciudad de Rodas. El rey egipcio Tolomeo I *Soter* (360-283 a. de C.), antiguo general macedonio y amigo personal de Alejandro Magno, que se hizo cargo de la satrapía de Egipto a la muerte del conquistador, famoso además por haber hecho construir la Biblioteca de Alejandría, sitió infructuosamente la ciudad griega de Rodas. Para conmemorar el levantamiento del asedio, los habitantes de esta ciudad erigieron entre los años 292 y 280 a. de C. una colosal estatua consagrada a Apolo, el dios del cielo, y como tal, dios supremo de la ciudad, conocida como el *Coloso de Rodas*, que fue considerada como una de las Siete Maravillas de la Antigüedad. El escultor Chares o Jares de Lindos diseñó un coloso desnudo de 36,6 metros de altura, con un diámetro torácico de 18,30 metros, construido con bloques de piedra con estructura interior de hierro, y recubierto con láminas de bronce. Contra lo que dicen algunas leyendas, se erigía sobre ambos pies juntos, situados sobre un promontorio que dominaba la entrada al puerto de la ciudad, y no a horcajadas de la bocana del puerto.

En el año 224 a. de C., medio siglo después de ser levantada, cayó durante un terremoto. Sus ruinas permanecieron esparcidas por el suelo casi novecintos años, hasta que en el año 667 de nuestra era el califa Omar II, que había conquistado Rodas, vendió las 327 toneladas de cascotes y chatarra de la estatua derruida a un comerciante judío, que las trasladó a Alejandría a lomos de más de 900 camellos.

La construcción del antiguamente conocido como Anfiteatro de los Flavios y hoy en día como Coliseo de Roma (nombre, por cierto, que proviene no de su gran tamaño, como parecería natural, sino de la colosal estatua de Nerón que se alzaba en sus cercanías) fue encargada por el emperador Vespasiano, fundador de la dinastía Flavia, con la intención de que fuera el edificio más grandioso que jamás hubiese sido visto. Su construcción comenzó dos años después de la conquista de Jerusalén, ocurrida en el año 70, y fue inaugurado tan sólo ocho años después, en tiempos ya del emperador Tito. Lo que pretendía Vespasiano, además de inmortalizar su nombre, era algo mucho más práctico: encontrar una diversión que alejara a los casi 300.000 parados de la ciudad, que a la sazón tenía aproximadamente 1 millón de habitantes, de cualquier veleidad rebelde.

En su diseño original, el edificio se ajustaba a unas dimensiones perfectamente calculadas para conseguir que los 50.000 espectadores que podían albergar sus gradas (45.000 de ellos sentados) tuvieran la suficiente sensación de intimidad, pero pudiesen sentir a la vez la grandiosidad del recinto. Para acometer su construcción fue necesario, en primer lugar, trazar una calzada hasta las canteras de Travertino, situadas a 30 kilómetros de Roma, por la que viajaron incansablemente 200 carros tirados por bueyes, acarreando la piedra necesaria para levantar el edificio. Sólo para completar la pared inferior fueron necesarios un total de 292.000 viajes entre la cantera y la obra. Los arquitectos e ingenieros que dirigieron su construcción inventaron el hormigón, material que no sería redescubierto prácticamente hasta nuestro días. Al unir los bloques de piedra, se agregaron grapas de metal para que los pilares de hormigón se compactaran perfectamente.

Finalizada la obra, la arena del Coliseo de Roma podía convertirse en pocos segundos en una gran piscina en donde era posible representar batallas navales, ballets acuáticos interpretados por bellas jóvenes desnudas o encarnizadas luchas entre cocodrilos (sin demasiada amplitud, eso sí). Para que fuera posible este tipo de espectáculos (que, en realidad, no tuvieron un gran éxito de público), se decidió su emplazamiento en la gran depresión entre las colinas Esquilina, Palatina y Celio, en un lugar cercano al acueducto de Claudio colindante con un lago construido por encargo de Nerón, que estaba conectado con la red de cloacas de Roma. Además, fue necesario impermeabilizar el hormigón empleado, al igual que el fondo del piso sobre el que descansaba la arena y la pintura de las paredes. Cuando tiempo después se decidió suspender los juegos acuáticos, se construyeron en el piso inferior de la arena almacenes y celdas donde encerrar a las víctimas de los espectáculos. Desde allí, víctimas y animales salvajes accedían a la arena mediante un complicado sistema de rampas, pasadizos y ascensores.

Las cáveas o gradas del Coliseo de Roma disponían de 252 vomitorios por los que entraba y salía el público con total comodidad. Las mujeres disponían de un espacio reservado separado del resto del aforo masculino. En los espectáculos que se celebraban en plena canícula estival, miles de marineros de la guardia imperial extendían un gran toldo sobre el Coliseo. Para ello, la cornisa interior del suelo era elevada a 50 metros de altura para soportar los cables sobre los que se sustentaban las gigantescas velas de vivos colores.

El acto inaugural del Coliseo de Roma duró cien días y supuso la muerte de 2.000 gladiadores y 9.000 animales.

El sultán mogol Sha Chahán encargó al arquitecto Isa Mohamed erigir un mausoleo de alabastro blanco al morir en 1630 su esposa favorita, Mumtas Mahal, al dar a luz a su decimocuarto hijo. Este mausoleo, hoy conocido como *Taj Mahal*, fue levantado junto al río Jumna, en la ciudad de Agra, en el actual estado de Uttar Pradesh, al norte de la India, dentro de un jardín amurallado adornado con estanques y pavimentos de mármol. En su construcción, que duró unos diecinueve años, intervinieron unos veinte mil obreros. Concluida la obra, el sultán pretendió erigir un mausoleo gemelo para él mismo; sin embargo, fue depuesto por su hijo sin que tuviera tiempo de poner en marcha este segundo proyecto.

La Pirámide de Kéops, cuya construcción fue iniciada en el año 2580 a. de C. como tumba para este faraón de la V dinastía, es la única de las Siete Maravillas de la Antigüedad que se mantiene en pie, a pesar de que su construcción precedió al resto en unos 2.000 años. Esta gran pirámide (la mayor de las 80 que se conservan en Egipto) se halla en las cercanías de la actual ciudad de El Cairo, en la zona de Gizeh. Su superficie ocupa 48.000 m^2, con una altura de 146,60 metros. La longitud de cada uno de los cuatro lados de su base es de 230 m. Está construida con dos millones y medio de bloques de piedra, con un peso medio de 2,5 toneladas. Sus proporciones son tan grandes que en su interior cabría holgadamente la Basílica de San Pedro.

Pero la mayor pirámide, y a la vez el mayor monumento jamás construido por el ser humano, es la pirámide de Quetzacóatl, en Cholula de Ribadavia, a 101 kilómetros al suroeste de la actual Ciudad de México. Tiene una altura de 54 metros y su base ocupa una superficie de casi 18,2 hectáreas, calculándose un volumen total de 3.300.000 metros cúbicos.

El más famoso de todos los harenes musulmanes fue el del palacio otomano de Topkapi, en Estambul. Terminado de construir en el año 1598, y habitado hasta 1839, fecha en que los sultanes pasaron a vivir en palacios de estilo europeo, contaba con cuatrocientas habitaciones para sus ocupantes. Este palacio de Topkapi fue llamado por los occidentales *Serrallo* (palabra que occidentaliza la turca *serai,* que significa posada, albergue y, sobre todo, burdel), y con tal nombre fueron llamados después por los occidentales todos los harenes otomanos.

La Kaaba es una edificación en forma de cubo o arca de 12 metros de largo, por 9 de ancho y 15 de alto, situada en el recinto interior de la Gran Mezquita de La Meca. Es el lugar santo por excelencia entre los musulmanes, y hacia él vuelven su mirada todos los fieles islámicos durante sus oraciones. Parece ser que en este mismo lugar se dio culto anteriormente a una serie de ídolos que Mahoma destruyó. Los peregrinos dan siete vueltas alrededor de La Kaaba en su peregrinación anual. Recuerda a los musulmanes el primer mandamiento del Corán: «No hay más Dios que Alá». La edificación está casi completamente vacía, salvo un ángulo, ocupado por la llamada *Piedra Negra* (un bloque de lava o basalto de color rojo muy intenso, tal vez un aerolito, que ya se adoraba como un fetiche antes de Mahoma), que los fieles tratan de besar o tocar durante la peregrinación. La tradición afirma que tal piedra fue entregada a Ismael por el arcángel Gabriel y representa el centro de la Tierra, simbolizando su color oscuro los pecados de los hombres.

La *Casa Blanca* es el nombre popular con que se conoce la residencia oficial del presidente de Estados Unidos, situada en el número 1.600 de la Avenida Pennsylvania, en la ciudad de Washington, capital nacional ubicada en el distrito federal de Columbia. Es un edificio construido en el siglo XVIII, de estilo colonial y pintado de blanco. También se llama así, curiosamente, el edificio sede del Parlamento (antiguo Sóviet Supremo) de Rusia.

El Circo Máximo de Roma, después de su reconstrucción por Julio César, tenía un aforo de 150.000 personas. A principios del Imperio fue agrandado para dar cabida a otras 100.000 personas más. Los espectáculos deportivos que en él tenían lugar (fundamentalmente carreras de carros) se disputaban en una pista de 1.500 metros.

El edificio central de la mastaba de Sakkara en que reposaron los restos del faraón Lóser, Djóser o Zóser, primer gobernante de la III dinastía, es la pirámide egipcia más antigua y la mejor conservada de las ochenta que aún hoy se conservan. De hecho, se trata del edificio más antiguo, de cualquier clase, construido por el hombre que aún se mantiene en pie y en buen estado de conservación. Diseñada y erigida por Imhotep, arquitecto, astrólogo y primer ministro del faraón, se calcula que fue construida hacia el año 2900 a. de C. con bloques de piedra caliza traídos desde Tura. Sobre una base de 122 x 107 metros, se alzan una sobre otra seis pirámides truncadas de dimensiones decrecientes, alcanzando la cúspide de la superior casi los 62 metros.

La pequeña escultura del *Manneken-pis* ("hombrecito meón") que se puede admirar en la plaza Mayor de Bruselas –que, en realidad, es una reproducción–, conmemora al niño que, según la leyenda, apagó una mecha encendida con tan sencillo método, salvando así a la ciudad del fuego. El original de la estatua, que fue esculpida por Doquesnay en 1619, se encuentra en el Museo de la Plaza de la capital belga.

La palabra "mausoleo" proviene de Mausolo, conquistador de Rodas y sátrapa de la provincia persa de Caria. A su muerte, ocurrida en el año 353 a. de C., su esposa Artemisa (que también era su hermana), le mandó incinerar y bebió sus cenizas mezcladas con vino. En su memoria, la viuda hizo construir un templo funerario en Halicarnaso (cerca de la actual ciudad de Bodrum, en Turquía), que fuera la tumba más hermosa que se hubiese visto nunca. Convocó a los más grandes arquitectos griegos (entre ellos, Briaxis, Leucases, Escopos y Timoteo), y el año 350 el monumento estaba terminado. Constaba de una tumba rectangular de mármol esculpido, colocada sobre una plataforma y rodeada por 36 columnas jónicas que sostenían un arquitrabe, que a su vez sostenía una pirámide coronada con un carro de bronce con las estatuas de Mausolo y Artemisa. El monumento sobrevivió unos 1.900 años, hasta que un terremoto lo derrumbó. Otra tradición explica que fueron los caballeros de la orden de San Juan los que demolieron el Mausoleo para construir con sus piedras una fortaleza.

La famosa Torre de Londres, cuya construcción fue iniciada en 1078 por encargo de Guillermo el Conquistador (1027-1087), alojó durante algún tiempo un zoológico. Posteriormente, también ha servido como observatorio, Casa de la Moneda, prisión y palacio real. En la actualidad, en la torre se custodian y exponen las joyas de la Corona británica.

El diseñador y arquitecto estadounidense Buckminster Fuller (1895-1981) proyectó un edificio prefabricado, al que bautizó con el nombre de *Dymaxion House*, planeado para facilitar al máximo la vida de sus potenciales ocupantes y para el óptimo aprovechamiento de los recursos. El edificio constaría de un pilar central sobre el que se sustentarían los apartamentos simétricos, hexagonales, suspendidos de cables tensados. El edificio, autosuficiente en materia energética, dispondría de paneles de energía solar, además de un generador auxiliar, y un sistema de reciclaje de desperdicios, con duchas y servicios higiénicos conservadores de agua, suelos neumáticos silenciosos, lavavajillas automático, lavandería centralizada, estacionamiento de coches y solarium. Podría ser levantado totalmente en 24 horas sobre cualquier solar y estaría especialmente diseñado para soportar incendios, terremotos, inundaciones y hasta ataques con gases. En 1946, se montó un prototipo en la ciudad de Wichita, en Kansas. El precio calculado entonces para un apartamento de seis habitaciones fue de 6.400 dólares. Sin embargo, este renovador proyecto no encontró eco entre los empresarios y Fuller lo abandonó, dedicándose a otros trabajos de diseño arquitectónico, inventando, entre otros avances, la cúpula geodésica.

El arquitecto norteamericano Frank Lloyd Wright (1869-1959) diseñó al final de su carrera, un portentoso edificio, que bautizó como *Mile-High Illinois*, de 528 pisos y 1.600 metros de altura (es decir, la milla a que hace referencia su nombre), sirviéndose de una mesa de dibujo de 9 metros de longitud. De haberse construido este auténtico rascacielos hubiera sido casi cuatro veces más alto que la Torre Sears que hoy es el edificio de viviendas más alto del mundo. Según las revolucionarias ideas de Wright, con unos pocos edificios como éste, bastaría para contener casi todas las oficinas de una ciudad como Nueva York, liberando una gran cantidad de espacio urbano para otros destinos más recreativos y ecológicos. La estructura, según los cálculos del genial arquitecto, iba a ser tan ligera que no tendría oscilaciones, ni siquiera en su cúspide. Unos ascensores exteriores movidos por energía atómica y funcionando por parejas, se elevarían por unas vías dotadas de mecanismos de trinquete de alta seguridad. El edificio contaría con dos helipuertos con capacidad para 150 aparatos y un estacionamiento subterráneo para 15.000 automóviles. El coste total fue calculado, en 1957, en 100 millones de dólares. Su proyecto, aunque factible desde el punto de vista de los ingenieros, asustó tanto a los constructores, agentes inmobiliarios, arquitectos, bomberos y políticos que fue rechazado sin paliativos.

En la lista de los palacios del mundo que han destacado por su lujo y esplendor hay que incluir la residencia imperial de Bizancio (posteriormente Constantinopla y hoy en día Estambul). Su principal estancia era la sala de ceremonias, conocida con el nombre de *Triclinio de Oro*, de planta octogonal y toda ella recubierta de oro. El trono, realzado sobre una plataforma, se hallaba instalado en el ábside oriental y tanto él como los sitiales que le rodeaban estaban todos hechos de oro macizo. Tras el trono se alzaba una gran cruz de pedrería y a ambos lados, dos leones de oro lo escoltaban. Estos leones, articulados, rugían, abrían sus fauces y hasta se levantaban amenazadoramente cuando algún invitado se acercaba demasiado al emperador. Rodeando el conjunto, se desplegaba un verdadero bosquecillo de árboles de oro de todos los tamaños y tipos, en los que se veían una multitud de pájaros artificiales esmaltados y cubiertos de piedras preciosas que, mediante unos complicados e ingeniosos mecanismos, saltaban de rama en rama y, según testimonios, «piaban naturalmente». Estos autómatas –pájaros y leones– habían sido creados por un orfebre griego llamado, curiosamente, León.

El más impresionante adorno del fastuoso palacio en que residía el emperador mogol de la India Tamerlán (1336-1405) era el llamado *Trono del Pavo Real*, el más fabuloso de los ocho de que disponía en el palacio. Sobre el trono se alzaba un gran dosel de perlas y diamantes, coronado por un pavo real de oro macizo, cubierto de piedras preciosas, entre ellas, un enorme rubí situado en su pecho, del que colgaba, balanceándose, una perla de cincuenta quilates. Doce columnas de oro incrustadas de perlas sostenían dicho dosel. Cuando Tamerlán se sentaba en el trono, colocaban ante él una gran joya trasparente, para que su brillo le acariciase los ojos. En ocasiones solemnes, a todo ello se añadía la figura de un loro de tamaño natural, hecho a base de esmeraldas.

En el siglo III a. de C., el faraón egipcio Tolomeo II *Filadelfo* (309-247 a. de C.), se enamoró de una muchacha que vivía en la isla de Faros, frente a Alejandría. Al parecer, según cuenta la leyenda, fue tan grande su amor que mandó construir un muelle de 1.300 metros de largo que acercase la isla de su amada al palacio y encargó al mejor arquitecto de su tiempo, Sóstrato de Cnido, un monumento cuyo brillo y altura diesen testimonio a la posteridad de la grandeza de su amor. Se tardó veinte años en construir el monumento, conocido posteriormente como el Faro de Alejandría; pero la espera mereció la pena, a juzgar por su inclusión entre las Siete Maravillas de la Antigüedad. Sóstrato levantó un edificio de mármol blanco de 180 metros de altura, coronado por una enorme hoguera, que de día producía una gran humareda y de noche, ampliada por un gran espejo, iluminaba el mar circundante y podía ser vista desde gran distancia, lo que aprovechaban los navegantes para orientarse en el mar. La mitad superior del Faro fue destruida por los árabes, que esperaban encontrar oro en el interior de su estructura; el resto de la construcción se vino abajo a causa de un terremoto que sacudió la isla el año 1375. En recuerdo de aquella gran construcción que, además de bella, resultó ser también muy valiosa para la orientación de los navegantes, se dio su nombre a lo que hoy en día conocemos como *faros*.

Muertes singulares

Cierto día de 1159 el papa Adriano IV (1115-1159), único pontífice inglés de la historia, regresaba caminando hacia su residencia tras haber pronunciado uno de sus acerados sermones maldiciendo y amenazando de excomunión al emperador Federico I, cuando se detuvo ante una fuente pública para refrescarse. Mientras bebía, una mosca le entró accidentalmente por la boca y se le quedó atragantada en la garganta. Los médicos, avisados inmediatamente, no pudieron extraerla y el pontífice murió poco después asfixiado.

Al parecer, Agatocles (361-289 a. de C.), tirano de Siracusa, murió al ahogarse con un palillo (otros historiadores, apuestan por la versión de que fue envenenado a instancias de su nieto). Un caso similar fue el protagonizado por el novelista estadounidense Sherwood Anderson (1876-1941), que falleció en la ciudad panameña de Colón tras ingerir un palillo mientras comía un aperitivo en una fiesta y causarle aquél una peritonitis. Claro que peor fue el caso del pretor romano Fabio, que murió al atragantarse con un pelo de cabra que flotaba en la leche que acababa de tomarse.

El papa Alejandro I (?-115), que ocupa un lugar destacado en la historia del pontificado por haber introducido el uso del agua bendita y la comunión con pan ázimo y vino aguado en el ritual de la Santa Misa alrededor del año 100 de nuestra era, murió mártir, al ser arrojado a un horno, del que salió ileso, y posteriormente ser decapitado.

El rey Alejandro I de Grecia (1893-1920) murió a consecuencia de la mordedura de un mono amaestrado que tenía por mascota que le contagió la rabia.

Según algunas crónicas históricas, Alejandro Magno (356-323 a. de C.) murió en Babilonia, muy lejos de su patria, a los 33 años, a consecuencia de unas fiebres (posiblemente, malaria) contraídas durante una orgía que duró dos días, celebrada en la ciudad de Babilonia. Su cadáver fue llevado a su país natal, Macedonia, conservado en miel para evitar su descomposición.

La reina Ana Bolena de Inglaterra (1507-1536), segunda esposa de Enrique VIII, murió decapitada en 1536, tras ser falsamente acusada por su regio marido de adulterio e incesto. Si hubiera fracasado aquel proceso, Enrique VIII, con tal de deshacerse de ella y poder contraer un nuevo matrimonio, estaba dispuesto a condenarla de nuevo bajo la acusación de brujería, sustentada en la curiosa anatomía de aquella reina, que tenía seis dedos en su mano izquierda y tres pechos. Tras aquel amañado juicio se escondía el deseo de Enrique VIII de deshacer urgentemente su matrimonio, como se comprueba al saber que, dos días después de la ejecución de Ana Bolena, el 19 de mayo de 1536, el rey se prometió oficialmente con Jane Seymour.

Según cuenta el historiador romano Valerio Máximo, el científico griego Arquímedes (287-212 a. de C.) murió a manos de un soldado romano que, desobedeciendo las órdenes expresas de Marcelo, el cónsul que mandaba las tropas romanas que habían invadido Siracusa, la ciudad natal del sabio, le atravesó con su espada, enfurecido al suplicarle Arquímedes que no pisara unos dibujos científicos que había hecho en la arena de la playa.

Según todos los indicios, Atila murió de muerte natural, en el año 453, tras pasar una de sus muchas noches de boda, esta vez con Hildegunda (también conocida como Ildiko), la hija de un reyezuelo burgundio, mientras aguardaba la llegada de la princesa romana Honoria, hermana del emperador Valentiniano III, con quien también se iba a casar.

El filósofo y escritor inglés Francis Bacon (1561-1626) murió como consecuencia de uno de sus muchos experimentos científicos. Investigando sobre las propiedades del frío en la prevención de la putrefacción de los alimentos, se enfrío irremediablemente mientras introducía nieve de las montañas en el interior del cuerpo de una gallina muerta.

El papa Benedicto I, que rigió la Iglesia entre los años 574 y 579, murió de un sobresalto al saber que los lombardos invadían de nuevo Roma.

En 1931, el novelista inglés Arnold Bennet (1867-1931), tratando de demostrar a las *incultas* gentes de París que el agua que bebían no era la causa de la epidemia de tifus que asolaba la ciudad, bebió públicamente un vaso de aquel agua. Murió de tifus a los pocos días.

Según la leyenda, el griego Calcas era uno de los más respetados adivinos del siglo XII a. de C., actuando como tal durante la guerra de Troya, en la que aconsejó la construcción del famoso Caballo. Cierto día, mientras plantaba unas viñas en su propiedad, un vecino le pronosticó que no viviría lo suficiente como para beber el vino de aquellas viñas. Llegado el día en que el vino estaba listo, Calcas invitó al agorero. A punto de levantar la copa, el vecino repitió su premonición, lo que provocó un ataque de risa al infortunado Calcas que, incapaz de reprimir las carcajadas, murió ahogado allí mismo. Según otra leyenda contraria, Calcas murió de pena, al fallar un pronóstico profesional sobre el número de cochinillos que compondrían una camada de una cerda y suponerle ese fracaso ser desbancado por Mapso en su papel de mejor adivino de Grecia. De una u otra forma, su muerte fue realmente curiosa.

Otros personajes de los que se asegura que murieron en pleno ataque de risa fueron: el filósofo griego del siglo VI a. de C. Quilón de Esparta, uno de los Siete Sabios, que murió de alegría al ver a un hijo suyo ganar una prueba de los Juegos

Olímpicos; el pintor griego Zeuxis, que vivió entre los siglos V y IV a. de C., que comenzó a reír al observar un retrato de una anciana que acababa de terminar, lo que le provocó la rotura de un vaso sanguíneo y su muerte por hemorragias internas; el poeta cómico griego Filemón (361?-263? a. de C.), considerado como el creador de la comedia de costumbres, que murió al no poder reprimir la risa al ocurrírsele una broma (aunque, según otra versión tradicional, murió en el mismo teatro, al ser coronado como rey de la comedia); el poeta cómico griego de la segunda mitad del siglo IV a. de C. Filipides, que, de hacer caso a la leyenda, murió de alegría al conocer el triunfo alcanzado por una de sus obras; el filósofo griego del siglo II a. de C. Crisifo, que murió de un acceso incontrolable de risa al presenciar como un burro se comía unos higos, escena que a él, indudablemente, le pareció muy graciosa, y el escritor italiano Pietro Aretino (1492-1556), que reía una broma de tono picante que le había contando una de sus hermanas, cuando cayó de la silla en que estaba sentado y murió de un ataque de apoplejía.

Un caso extremo fue el de Lady Fitzherbert, una viuda inglesa de finales del siglo XVIII, que asistió en compañía de unos amigos al teatro londinense de *Drury Lane* una noche de abril de 1782 a presenciar la representación de *La ópera del mendigo*, de John Gay, protagonizada por el famoso actor Bannister. Al salir éste a escena vestido de la forma extravagante que exigía su papel, todo el auditorio, como era natural, comenzó a reír. La señora Fitzherbert comenzó riéndose moderadamente como el resto de los espectadores, pero su ataque de risa se convirtió pronto en uno de histeria incontrolable, que la obligó a abandonar el teatro antes del final del segundo acto, incapaz de parar de reír. Día y medio después, sometida todavía a los estertores de la risa histérica, fallecía en su domicilio.

La zarina Catalina II *La Grande* (1729-1796) murió en San Petersburgo el 16 de noviembre de 1796, fecha en que un cólico letal sorprendió a la zarina sentada en su sillico, es decir, en su retrete.

El emperador romano Claudio I (10 a. de C.-54) murió, tras ser envenenado con setas venenosas por su esposa Agripina *La Joven*, cuando su médico personal, Xenofón, le trataba de provocar el vómito introduciéndole una pluma en la garganta. Algunos estudiosos han sostenido la teoría de que dicha pluma también estaba envenenada.

El papa Clemente VII (1478-1534), de nombre secular Giulio de Medicis, que rigió la Iglesia a partir de 1523, murió tras la ingestión de una seta amanita faloide el 25 de septiembre de 1534.

El prestamista y político romano Marco Licinio Craso (115-53 a. de C.), famoso por su gran riqueza, acumulada fundamentalmente mediante el comercio de esclavos y la especulación inmobiliario, así como por su constante y desmedido afán de aumentarla, murió, según el relato legendario, al ser capturado en la batalla de Carres por el ejército del rey de los partos Orofes, que ordenó a unos soldados que vertieran oro líquido por su garganta.

La científica polaco-francesa Marie Curie (1867-1934), doble premio Nobel de Física y de Química, murió a consecuencia de una leucemia provocada por su excesiva exposición a la radiactividad. Su marido, el científico francés Pierre Curie (1859-1906), también premio Nobel de Física, murió arrollado por un coche de caballos. Por su parte, la hija de ambos, Irène Joliot-Curie (1897-1956), también investigadora y directora del Laboratorio Curie del Instituto del Radio de París, cargo en el que sustituyó a su madre, y que como sus progenitores obtuvo el premio Nobel de Química en 1935, murió también a causa de una leucemia provocada por la exposición excesiva a los materiales radiactivos utilizados en sus experimentos.

Como también hizo Pitágoras, el gran filósofo griego Demócrito de Abdera (460-h. 390 a. de C.) recomendó durante toda su vida la miel como el alimento más rico y necesario de todos. Llevado por su defensa de la austeridad, fue limitando progresivamente su alimentación, convencido de que la extrema abstinencia era un buen método de vida. Viéndole morir, sus discípulos, poco antes de que se celebrasen las fiestas consagradas a Ceres, la diosa de las cosechas, le rogaron encarecidamente que se alimentase para prolongar su vida. Ante sus ruegos, Demócrito aceptó y pidió un tarro de miel. Pero, con gran sorpresa de sus discípulos, no comió de él, limitándose a destaparlo y olerlo. Tres días después moría en la más completa inanición.

Los motores *diesel* deben su nombre a su inventor, Rudolf Diesel (1858-1913), un ingeniero de nacionalidad alemana, aunque nacido en París. Interesado en las técnicas de refrigeración de motores, inventó un sistema que utilizaba amoniaco supercalentado, en vez del vapor de agua que se venía usando hasta entonces, consiguiendo de ese modo cuadruplicar la presión resultante y, por tanto, el rendimiento potencial de los motores. Muchos se aprovecharon de este avance, pero no estuvo entre ellos el propio Diesel, que no había tenido la precaución de patentar el invento. Arruinado y desesperado, tras numerosos intentos baldíos de construir motores diesel eficaces, desapareció en una travesía del Canal de la Mancha, suponiéndose que se suicidó arrojándose a sus aguas.

La bailarina estadounidense Isadora Duncan (1878-1927) murió al fracturarse las vértebras cervicales tras engancharse su echarpe en las ruedas traseras del automóvil en que viajaba.

El rey Enrique I de Castilla (1204-1217) murió de una pedrada (o de un golpe de teja, según otras versiones) jugando con unos amigos.

El dramaturgo griego Esquilo (525?-456 a. de C.), según la tradición propagada por Hermipo de Esmirna, murió golpeado por una tortuga que se desprendió de las garras de un águila que volaba casualmente sobre él.

Según la tradición, el rey español Felipe I *El Hermoso* (1478-1506) murió en Burgos al beber agua fría sofocado tras jugar un partido de pelota el 25 de noviembre de 1506.

El rey español Fernando VI (1713-1759), cayó en una profunda melancolía tras la muerte de su esposa, Bárbara de Braganza (1711-1758), y se retiró al castillo de Villaviciosa de Odón, donde murió en 1759, cuando estaba sentado en el retrete.

El 28 de junio de 1914, el archiduque austriaco Francisco Fernando (1863-1914) fue asesinado en Sarajevo junto a su esposa, la condesa Sofía Choteck, por el separatista serbio Gavrilo Princip, hecho que desencadenó la Primera Guerra Mundial. Pero su muerte, según algunos historiadores, tuvo algo más de cruel e innecesaria: al parecer, murió desangrado al no poder desabotonarle quienes le atendieron por llevar siempre el uniforme cosido a su propia piel para eliminar arrugas.

A los 67 años, Sigmund Freud (1856-1939) contrajo un cáncer de mandíbula, a pesar de lo cual siguió fumando de 15 a 20 puros al día. En los últimos 16 años de su vida fue operado 31 veces. Murió al inyectarle su médico, a petición propia, una dosis fatal de morfina.

El compositor español Enrique Granados (1867-1916) murió ahogado en aguas atlánticas al caer del vapor *Sussex* que había sido torpedeado por un submarino alemán en el Canal de la Mancha el 24 de marzo de 1916, en plena Primera Guerra Mundial. En realidad, el barco no sufrió muchos desperfectos, pues llegó a puerto francés sin mayor dificultad. Sin embargo, Granados, atemorizado por el estallido del torpedo y víctima de una fobia enfermiza al mar, se lanzó al agua, sin apenas saber nadar. Su esposa, gran nadadora, se lanzó tras él para salvarle. Sin embargo, no lo consiguió y ambos perecieron ahogados. Fueron los dos únicos pasajeros muertos. Curiosamente, Granados era un buen pintor amateur, cuyo tema favorito eran, paradójicamente, las aguamarinas.

El emperador romano Vario Avito Basiano *Heliogábalo* (204-222) se hizo construir un patio de pórfido (piedra ciertamente dura) al pie de sus aposentos para poder saltar a él y matarse en caso de peligro de muerte. Para mayor seguridad llevaba siempre consigo un anillo de esmeralda hueco relleno de veneno. Tampoco se separaba de un puñal de oro con empuñadura de diamantes y de una cuerda de oro y seda con que estrangularse si todo lo anterior fallaba. No obstante, murió el año 222, a los 18 años, mientras cumplía con unas obligaciones fisiológicas muy íntimas, ahogado por manos pretorianas asesinas con la esponja que los romanos utilizaban en lugar del todavía inexistente papel higiénico, siendo posteriormente rematado con un puñal.

Harry Houdini (1874-1926), el mago escapista universalmente célebre por su extraordinarias evasiones, murió en 1926 de un modo insospechado y ciertamente curioso. Estando en su camerino, tras finalizar una actuación en la ciudad canadiense de Montreal, le visitó un admirador deseoso de comprobar en persona la fama que precedía a Houdini de que era capaz de soportar cualquier golpe en el estómago sin inmutarse siquiera. Para comprobarlo, golpeó brutalmente dos o tres veces al mago en la boca del estómago. Por alguna razón, Houdini no consiguió aquel día sostener la rigidez necesaria en sus músculos abdominales como para aguantar los golpes. Días después moría de una peritonitis provocada, según todos los síntomas, por aquellos golpes.

Catalina Howard (1521-1542), quinta esposa de Enrique VIII de Inglaterra, tuvo la presencia de ánimo de, una vez haber sido condenada a muerte, ensayar el día anterior a la ejecución la ceremonia de la decapitación, haciendo incluso que el verdugo compareciera armado de su hacha en su lugar de encierro.

El gigantesco luchador turco Yusuf Ismael, que durante 1897 realizó una victoriosa gira por los Estados Unidos, murió al año siguiente ahogado en el viaje de vuelta a su patria, al zozobrar el barco en que viajaba tras colisionar con otro buque. Mientras casi todo el pasaje logró salvarse fácilmente nadando, él se hundió al negarse a deshacerse de los cinturones cargados del oro que había ganado en sus combates en los Estados Unidos.

El rey inglés Juan *Sin Tierra* (1167-1216) murió de indigestión, tras comerse un excesivo número de lampreas. Según otras versiones, la indigestión fue producida por un exceso de fruta y sidra.

Tras sobrevivir a un paseo en barril por las cataratas del Niágara, en el transcurso del cual se rompió casi todos los huesos del cuerpo, Robert Leech inició en 1911 una gira mundial dando conferencias en las que relataba su experiencia. En Nueva Zelanda resbaló con una piel de plátano y murió por las complicaciones resultantes de la caída.

El 5 de mayo del año 840, un eclipse lunar asustó tanto al emperador Ludovico Pío (778-840), tercer hijo de Carlomagno y sucesor en el trono del Sacro Romano Imperio Germánico, que murió de terror.

Al parecer, Luis X de Francia (1289-1316), llamado *El Obstinado*, murió en 1316 de enfriamiento, convertido en pleuresía y pulmonía, tras beber vino frío después de jugar un partido de juego de palma (deporte antecesor directo del tenis moderno). En 1498, el rey francés Carlos VIII (1470-1489) moría de un golpe en la cabeza mientras se trasladaba a la localidad de Amboise a disputar también un partido de juego de palma.

Como se sabe, Luis XIV de Francia (1638-1715) murió guillotinado durante la Revolución Francesa. Pero según cuentan las crónicas, su ajusticiamiento fue laborioso. Al parecer, el cuello de su majestad era tan gordo y fuerte que la cuchilla hubo de caer varias veces para poder rebanarlo por completo.

En el siglo XVII, al no haberse inventado aún la batuta, se dirigía a las orquestas golpeando el suelo con un bastón. En 1687, el violinista italo-francés Jean Baptiste de Lully (1632-1687), compositor de cámara de Luis XIV, mientras dirigía la orquesta de palacio en la interpretación de un *Te Deum*, se hirió en un dedo del pie al marcar el compás golpeando el suelo con el bastón. Sin dar importancia a la herida, no permitió que se la cuidaran y murió de grangrena a los pocos días.

Jean Paul Marat (1743-1793), líder de la Revolución Francesa, fue asesinado por Charlotte Corday (1768-1793), afecta a los moderados girondinos, con un cuchillo de carnicero, mientras estaba en el baño, lugar donde pasaba varias horas al día para aliviar una molesta afección cutánea.

El rey Maximiliano de Austria (1459-1519), padre de Felipe *El Hermoso* y, por tanto, suegro de Juana I *La Loca*, murió en 1519 de una indigestión de melones, siendo enterrado en el ataúd que desde años antes llevaba siempre consigo.

En 1913, el excéntrico emperador de Abisinia Menelik II (1844-1913), encontrándose gravemente enfermo del corazón, sin que sus médicos acertasen en los cuidados, se hizo traer su Biblia particular y, movido por la fe, fue arrancando una a una todas las páginas del *Libro de los Reyes* y se las fue comiendo. Como era de esperar tras tan extraña terapia, Menelik II no sólo no mejoró sino que falleció pocos días después.

Se cuenta que el gran atleta griego Milón de Crotona, ganador de muchas competiciones olímpicas y famoso por su extremada fortaleza, murió cuando, en plena vejez, quiso acabar de rajar un árbol entreabierto, pero se le quedaron aprisionadas en él las manos y fue devorado por los lobos.

Pese a ciertas opiniones históricas que aseguran falsamente que fue asesinado personalmente por Hernán Cortés, lo cierto es que el rey azteca Moctezuma III (1466-1520) murió tras recibir varias pedradas y algún flechazo de manos de su propio pueblo, al que, por órdenes de Cortés, trataba de contener tras producirse una matanza de indígenas por tropas españolas capitaneadas por Pedro de Alvarado durante una celebración religiosa. Al parecer sufrió tres heridas, una de ellas en la cabeza. Pocos días después, tras haber rehusado cualquier alimento, Moctezuma murió. A su muerte, los aztecas arreciaron en su levantamiento y consiguieron expulsar momentáneamente a los españoles, obligando a Cortés a retirarse de la capital en lo que se dio en llamar la *Noche Triste.*

El gran dramaturgo francés Jean Baptiste Poquelin (1622-1673), más conocido por su nombre artístico *Molière,* murió en escena el 17 de febrero de 1673, durante la cuarta representación de su propia obra *El enfermo imaginario*. Como iba vestido de amarillo, desde entonces este color es considerado gafe en el teatro. Sus continuos enfrentamientos con las autoridades eclesiásticas de su época, debidos al tono irreverente de algunas de sus obras, provocaron que le prohibieran recibir el último sacramento y ser enterrado en lugar sagrado. Sin embargo, Moliere, cuyo padre había sido ayuda de cámara y tapicero real, contaba con el aprecio de los reyes. Y gracias a ello, sólo después de la mediación personal de Luis XIII, se levantó parcialmente la restricción, y pudo ser enterrado en el cementerio cristiano a los cinco días de su muerte, aunque en una ceremonia nocturna «para evitar el escándalo».

El pintor español Bartolomé Esteban Murillo (1617-1682) murió como consecuencia de una caída desde el andamio, sobre el que se hallaba pintando un fresco.

El santo cristiano del siglo III San Pantaleón (de cuyo nombre, que significa literalmente "todo león", proviene originalmente la palabra pantalón), nacido en Nicomedia, en el Asia Menor, ejerció como médico personal del coemperador romano Galerio Maximiano, cargo que compatibilizaba con la atención gratuita a todos los pobres. Denunciado por esto y por su fe religiosa por otros colegas al otro coemperador, Diocleciano, feroz perseguidor de los cristianos, fue condenado a muerte en el año 305. Sin embargo, según la leyenda, sus verdugos probaron sin éxito hasta seis métodos distintos: plomo fundido, hogueras, ahorcamiento, fieras hambrientas, la rueda y la espada. Finalmente, y esta vez con total éxito, lo decapitaron.

El príncipe espartano Pausianías (siglo V a. de C.) obtuvo la famosa victoria de Platea (479 a. de C.) sobre los persas, por lo que ganó gran fama entre sus conciudadanos. Sin embargo, al poco comenzó a sospecharse su connivencia con el enemigo (en realidad, Pausianías había llegado a un entendimiento secreto con los persas para establecer la hegemonía espartana en toda Grecia). Cuando el rumor se hizo incontenible, Pausianías se refugió en el templo de Atenea y los éforos (magistrados que ejercían el poder político en Esparta) mandaron tapiar la puerta, labor en la que ayudó, al parecer, la propia madre del héroe caído en desgracia, que murió, pues, emparedado.

En el invierno de 1724, durante un paseo por el mar, el zar Pedro I *El Grande* (1672-1725) fue testigo del hundimiento de un barco, saltó al agua y ayudó en el rescate. Como resultado del incidente, el zar de todas las Rusias se enfrió, comenzó a sufrir unas fiebres altísimas y murió varias semanas después.

El escritor satírico romano del siglo I de nuestra era Cayo Petronio (?10-66) fue famoso (para bien y para mal) por sus voluptuosas y sibaríticas costumbres, razón por la cual Nerón, de quien era consejero, le proclamó oficialmente *arbiter elegantiæ* (es decir, "árbitro de la elegancia") de la ciudad imperial de Roma, siéndole encomendado supervisar la etiqueta cortesana y dictar las modas y los gustos a sus conciudadanos. Denunciado por Tigelino, que envidiaba su amistad con el emperador, antes que afrontar la acusación y cansado de tanta maledicencia, se quitó la vida, abriéndose las venas en presencia de sus amigos y amantes más íntimos, en el transcurso de una fastuosa fiesta, acorde, en su boato, al tono medio de su rutilante y controvertida vida.

Aunque resulte increíble, Allan Pinkerton (1819-1884), fundador de la famosa agencia norteamericana de detectives *Pinkerton,* murió tras morderse la lengua en un traspiés y contraer gangrena.

Cayo Plinio *El Viejo* (23-79), oficial de caballería, abogado, erudito y cuestor romano nacido en la Galia, se hallaba en las proximidades de Pompeya al mando de una escuadra romana con base en Misena cuando se produjo la célebre erupción del volcán Vesubio que sepultó aquella ciudad en el año 79. Observando el fenómeno desde su barco, Plinio dirigió la flota hacia la costa para salvar a los supervivientes de la catástrofe, aunque el estado del mar le impidió llevar a efecto su salvamento. Entonces decidió desembarcar en la villa de Estabia, dirigiéndose a la casa de su amigo Pompeyano, donde hubo de pasar un día y una noche de terror al llegar la lava hasta este lugar. Huyendo con el resto de moradores de la villa hacia la playa, murió en ella, asfixiado por los vapores sulfurosos emanados de la lava del volcán.

Alexandr Pushkin (1799-1837) murió el 27 de enero de 1837 en San Petersburgo, a consecuencia de las heridas recibidas durante un duelo a pistola en el que se enfrentó al barón francés Georges d'Anthès, asiduo de los salones sociales rusos de la época y que, al parecer, galanteaba en demasía a la esposa del escritor, la frívola Natalia Goncharova –aunque al parecer, este proceder obedecía a un plan urdido por los sectores más conservadores de la sociedad rusa, enfrentados a Pushkin. Por cierto, es poco sabido que Pushkin era descendiente de un esclavo negro, Abram Petrovich Hanibal, capturado en Africa y ofrecido como regalo al zar Pedro *El Grande* y que, posteriormente, llegaría a ser nombrado general del ejercito zarista.

Según las investigaciones del egiptólogo español Esteban Llagostera, que investigó su momia, el faraón Ramsés II (ss. XV-XVI a. de C.) «murió por culpa de una caries del maxilar superior con mortales deterioros óseos, que pudieron culminar en una infección sanguínea definitiva».

El relato completo del asesinato del monje nigromante ruso Grigorii Safimovich *Rasputín* (1871-1926) alcanza tintes escalofriantes. Parece probado que los asesinos de Rasputín, con el príncipe Félix Yussupov a la cabeza, le dieron pasteles y vino cargados de cianuro. Al ver que no le afectaban en demasía, el príncipe Yussupov le disparó al pecho y le golpeó la cabeza con un bastón lleno de plomo, arrojándole después al río Neva. Rasputín, según se comprobó después, murió ahogado. Todo ello según el relato autobiográfico del libro de memorias del propio príncipe Yussupov, titulado precisamente *Cómo maté a Rasputín*. En un relato biográfico posterior, redactado por la propia hija de Rasputín, se afirma que el principe Yussupov también le violó ayudado por sus cómplices, antes de dispararle. No contentos con ello, uno de los asesinos le castró, arrojando a un rincón su pene (legendario por razones antropométricas), donde lo recogería después uno de los sirvientes, pariente de la amante del monje, que lo llevaría consigo en su precipitada huida a París, donde lo expondría al público conocimiento.

Por una ironía de la vida, Ignaz Philip Semmelweis (1818-1865), el médico húngaro que trató de imponer la profilaxis y la asepsia como método eficaz contra la llamada fiebre puerperal, murió el 17 de agosto de 1865 a consecuencia de una herida de la mano derecha, a través de la cual contrajo la enfermedad que tan eficazmente había intentado combatir.

En 1912, un sastre austriaco, afincado en París, llamado Reichelt (o Teichelt, según otros), inventó una capa con la que aseguró que sería capaz de volar como un murciélago, y pidió autorización para lanzarse con ella desde la torre Eiffel. Los propietarios de la torre se la concedieron con desagrado, imponiendo la condición de que Reichelt consiguiera también permiso de la policía y firmara una renuncia a sus derechos, en la que absolviera de antemano a los propietarios de la torre de toda responsabilidad. Increíblemente, la policía dio la autorización. A las siete en punto de la mañana del 23 de febrero de 1912, el sastre, acompañado de un grupo de animadores y de fotógrafos de prensa, subió hasta el nivel de la primera plataforma, se detuvo sobre el borde y, en su último acto en vida, se lanzó al vacío, confiado en poder *escapar* de la muerte.

El conquistador español Pedro de Valdivia (1510-1569) murió torturado por el jefe araucano Lautaro, que hizo que le cortaran los brazos, comiéndoselos en su presencia. Según las crónicas que nos han llegado, la terrible agonía de Valdivia duró tres días, al cabo de los cuales falleció.

El eximio dramaturgo español Félix Lope de Vega (1562-1635) murió a los 72 años, el 27 de agosto de 1635, a causa de una enfermedad se dice que propiciada por las continuas flagelaciones a que sometía a su viejo cuerpo. Su protector, el duque de Sossa, homenajeó su muerte con un funeral que duró nueve días.

El escritor francés Emile Zola (1840-1902) murió de asfixia por monóxido de carbono en un accidente fortuito ocurrido al fallar la estufa que calentaba su despacho, en el que se hallaba trabajando. No obstante, nunca ha podido disiparse totalmente el rumor de que aquel accidente se debió a un atentado contra su vida promovido por manos desconocidas.

El nuevo mundo

Hacia el año 62 de nuestra era, un funcionario romano de la Galia, Quinto Cecilio Metelo Céler, envió un informe a la metrópoli acerca de la llegada de una delegación germánica portadora de regalos, entre ellos algunos esclavos, a los que describía como «gente extranjera de piel oscura y rojiza», que hicieron ver que provenían de lejanas costas, en las que se habían embarcado en frágiles barcos para negociar con una tribu cercana, pero que, sorprendidos por una tormenta que los puso a merced de la corriente, desembarcaron en las costas septentrionales de Europa, donde fueron apresados por los germanos. Se ha especulado que esos extranjeros de piel rojiza era indígenas americanos. Siglos después, el papa Pío II (1405-1464) describió en una de sus obras la llegada en 1150 de una embarcación esquimal a la costa alemana. Abundando en este sentido, cabe mencionar que en una de las islas Orcadas británicas se conserva en una iglesia un *kayak* (pequeña embarcación esquimal) de aquellas mismas fechas.

En el año 1874 se dio a conocer el hallazgo de una estela con inscripciones en caracteres fenicios en las cercanías de la ciudad brasileña de Paraiba (hoy llamada Joao Pessoa). En aquel texto se podía leer: «Nosotros somos hijos de Canaán, de Sidón, la ciudad del rey. El comercio nos ha lanzado a esta tierra lejana, un país de montañas. Hemos sacrificado una joven a los altísimos y a las altísimas, el año diecinueve de Hiram, nuestro poderoso rey. Nos embarcamos en Ezión Guéber, en el mar Rojo, y hemos viajado con diez naves. Estuvimos juntos en el mar, durante dos años, alrededor del país de Cam [Africa]; pero fuimos por la tempestad y ya no estuvimos con nuestros compañeros. Así hemos llegado aquí, doce hombres y tres mujeres...». Misteriosamente, el original de tan valioso hallazgo (si es que existió alguna vez) se ha perdido. Por eso, la llegada a América de los fenicios es sólo una hipótesis, aunque ha quedado demostrado que sí circunnavegaron el continente africano.

Según la leyenda, el monje irlandés San Barandán (o Brendano), que era un experto marinero, viajó durante muchos años por el Atlántico, en compañía de otros diecisiete monjes, en busca del Edén. De hacer caso al contenido de esta inverosímil leyenda, además de protagonizar increíbles aventuras con islas flotantes y monstruos marinos, habrían llegado a la isla de Jan Mayen, al norte de Islandia y, tal vez, al continente americano, en Groenlandia y Terranova, a mediados del siglo VI de nuestra era.

Según un gran número de historiadores, Leif Erikson, hijo del rey escandinavo Erik *El Rojo* (?-1007) que había descubierto y colonizado Groenlandia años antes, zarpó en el año 1003 con una tripulación de treinta cinco hombres a bordo de una embarcación del tipo *knarr,* sucesora del *drakkar* vikingo, consiguiendo llegar a lo que él llamó *Vinland* o Vinlandia (que los historiadores han identificado como l'Anse aux Meadows, en la punta norte de Terranova, donde supuestamente se han encontrado restos vikingos), y quizás también a la isla de Baffin (que él llamó *Helluland*) y a la península de Labrador (que llamó *Markland*), pisando, pues, suelo continental americano.

Al poco de regresar, Leif Erikson, cedió su nave a su hermano Thorvald, que zarpó en la misma dirección en el otoño de 1004. A lo largo del verano siguiente estuvo explorando la región del río San Lorenzo, donde resultó muerto en una escaramuza con los indios.

En 1010, Thorfinn Karlsefni (cuñado de los anteriores) recogió la antorcha, intentando establecer la primera colonia estable en territorio continental americano. Para ello, partió con sesenta hombres y cinco mujeres, consiguiendo alcanzar el antiguo campamento de sus familiares en Vinlandia, donde su esposa le dio un hijo que llamaron Snorri (que, por tanto, sería el primer europeo nacido en territorio americano). Poco después, explorando hacia el sur, llegaría más allá de la actual Long Island y el río Hudson. Sin embargo, cuatro años más tarde hubo de regresar a Groenlandia debido al desgaste de las constantes luchas contra los indios y al mal ambiente interno de la expedición por la escasez de mujeres. Finalmente, tres siglos después, hacia el año 1300, desapareció por completo la última colonia que los vikingos mantenían en territorio americano, asolada por una combinación de epidemia de peste, progresiva hostilidad de los pueblos esquimales y paulatino recrudecimiento del clima.

De acuerdo a otras leyendas medievales islandesas coincidentes, un joven mercader nórdico, llamado Bjarni Herjulfson, navegaba alrededor del año 986 desde Islandia a Groenlandia, para visitar a su padre que vivía en las colonias establecidas mucho antes, cuando una tempestad le desvió de su rumbo y acabó frente a las costas del actual Canadá. Sin embargo, Herjulfson, deseoso de reunirse con su padre, puso proa rápidamente hacia Groenlandia, sin explorar esta zona.

Casi cuatro siglos antes del primer viaje de Colón a través del Atlántico, el papa Pascual II (1050-1118) nombró a Erik Gnupsson obispo de una diócesis que comprendía los territorios de Groenlandia y Vinlandia (es decir, Terranova y las zonas costeras de la actual Canadá).

Al parecer, según narraciones legendarias de la época, los astrónomos chinos Hsi y Ho fueron enviados en el siglo XXVII a. de C. por el emperador Huang Ti a la tierra de *Fu Sang* (es decir, los territorios al este de China) a realizar unas observaciones astronómicas. Los científicos partieron por mar en dirección norte, hacia lo que hoy conocemos como estrecho de Bering, y luego bajaron hacia el sur, costeando el norte del litoral americano. Se asentaron por algún tiempo entre la *gente Yao* (antepasados de los indios pueblo que vivían en las inmediaciones del Gran Cañón del Colorado), y desde allí realizaron expediciones que los llevaron aparentemente hasta los actuales México y Guatemala. A su retorno a China informaron al emperador de estos descubrimientos. Pero el imperio chino, dada su autosuficiencia, no tuvo nunca una gran ambición exploradora, y el asunto quedó relegado al olvido.

De acuerdo con otra leyenda, muchos siglos después, hacia el 485 de nuestra era, otro chino, Hui Shun, sacerdote budista y explorador, parece ser que visitó el norte de América. Desembarcando en Alaska, continuó a pie su viaje, acompañado por cuatro monjes afganos, llegando hasta México, donde dio a conocer el budismo entre los mayas del Yucatán y otros pueblos de la zona. Según la leyenda, dio el nombre de *Guatemala* a aquella región centroamericana en honor de Gautama Buda. Al cabo de cuarenta años, regresó a China.

Según leyendas hindúes, coincidentes con otras de origen centroamericano, navegantes de la India alcanzaron el continente americano, vía Indonesia, Melanesia y Polinesia, más de 2.000 años antes que Colón. Según algunas de estas leyendas, Votan fue un comerciante hindú que vivió entre los mayas, llegando incluso a ejercer de jefe. Su contemporáneo Wixepecocha fue un monje hindú que se instaló con los zapotecas de México. Otros dos emigrantes indios, Sume y Bochia, se supone que alcanzaron el Brasil (enseñando la agricultura a los indios caboclos) y el territorio de los muycas (codificándoles sus leyes), respectivamente.

Otro supuesto visitante de las tierras americanas con anterioridad a Colón fue el príncipe galés Madog ab Owain Gwynedd quien, debido a conflictos políticos internos con sus hermanos, se embarcó en 1170 rumbo al oeste a través del océano Atlántico, hasta desembarcar en un lugar indeterminado, donde fundó un asentamiento, en el que dejó a 120 correligionarios, regresando él a Gales al cabo de varios años. En 1190, organizó otra expedición en el curso de la cual descubrió que la colonia había sido totalmente aniquilada. Poco después, el mismo príncipe sucumbía explorando aquellas indeterminadas tierras americanas, perdiéndose su pista para siempre.

Según documentos árabes de índole geográfica, el rey Abubakari II de Malí también visitó América alrededor del año 1311, navegando por la costa sudamericana, para desembarcar definitivamente en la actual Panamá, instalándose después más al sur, entre los incas.

La nave *Santa María*, que no era realmente una carabela, como *La Niña* y *La Pinta*, sino una nao, medía 78 pies de largo, 26 de ancho y tenía un calado de 7 pies, con un peso muerto de 225 toneladas. Su tripulación estaba formada por 30 marineros y 2 grumetes. Se perdió para siempre al embarrancar frente a las costas de la isla hoy llamada Jamaica, mientras era timoneada por un grumete, al estar toda su tripulación durmiendo una de las habituales borracheras tras una fiesta celebrada conjuntamente con los pacíficos indios que habitaban la isla. Con su nave hundida, la tripulación, que no podía embarcarse en La Niña que acompañaba a la Santa María en aquella expedición, quedó en tierra por órdenes de Colón, fundando el fuerte Navidad, primer asentamiento español en tierras americanas.

Según el Padre Bartolomé de Las Casas, en la madrugada del 6 al 7 de octubre de 1492, Cristóbal Colón entabló una discusión con Pinzón sobre el rumbo a seguir. Este último quería continuar hacia Poniente, lo que le hubiera conducido a descubrir Norteamérica, mientras el almirante quería orientar las naves hacia Sudoeste, es decir, en dirección a las Antillas. Finalmente, la discusión quedó resuelta por el paso de una bandada de papagayos que aquella noche volaban dirección Sudoeste y cuya presencia fue tomada como un signo premonitorio.

El primer mestizo americano fue Martín Cortés, hijo de Hernán Cortés (1485-1547) y de su amante, la india Malinal o Malinche, conocida como *Doña Mariana* tras su bautizo cristiano.

El relato de la conquista del imperio inca por Francisco Pizarro (1471-1541) al mando de un exiguo ejército de 167 hombres, conocido en su versión española por el testimonio de uno de sus participantes, Miguel de Estele, constituye una de las hazañas bélicas más increíbles de toda la historia de la humanidad. Los hechos sucedieron el 15 de noviembre de 1532 en la ciudad de Cajamarca y comienzan con un Pizarro ansioso por hacer efectivo el mandamiento que lleva para convertirse en gobernador del imperio de los incas si logra conquistarlo para la Corona española, con la consiguiente incautación de los 200.000 kilos de oro que éstos obtenían anualmente de los yacimientos del Birú o Pirú. Los españoles aguardan la llegada del Inca Atahualpa en la plaza central de Cajamarca de

200 m^2 y cercada por un muro y tres edificaciones. A tres kilómetros de allí, acampa un ejército formado por unos 30.000 soldados (aproximadamente un tercio del ejército regular con que cuenta el Inca), mientras Atahualpa con su séquito acude confiado a la cita con los insignificantes españoles, a quienes conoce bien pues ha estado continuamente informado por espías que ha hecho convivir con los extranjeros. Sabe que, a pesar de sus caballos y su pólvora, sus relucientes armaduras y su aspecto sumamente extraño (incluso sus barbas), no son dioses, sino mortales poco poderosos. Poco antes de las cinco de la tarde, el emperador, vestido esplendorosamente con ropajes bordados en oro, hace su entrada en Cajamarca cómodamente recostado en su litera rebosante de piedras preciosas, cubierta por un palio de plumas de papagayo, y rodeado de una cohorte de bailarines, cantantes, ochenta nobles en uniforme azul y tres o cuatro mil soldados de su escolta personal, pertrechados con armas ligeras (hondas, hachas, mazas con púas y lanzas), todo lo cual confiere al cortejo un aire ceremonial impresionante. Los incas esperan inmóviles algún gesto de acogida de los españoles, que los han invitado a la reunión «como hermanos y amigos». Por fin, el monje dominico Vicente de Valverde (1505-1542) sale de un edificio y se encamina hacia el emperador, acompañado de un traductor y empuñando una cruz. Llegado ante el monarca, le invita a entrar sin escolta a saludar a Pizarro, que espera en uno de los edificios de la plaza. Atahualpa reacciona violentamente, rechazando humillado la invitación y exigiendo la devolución de lo que los españoles han robado en sus andanzas por el imperio. El monje Valverde exige, a su vez, que se someta a las leyes de su Dios y de su Rey, presentándole una biblia, que el Inca sopesa displicente y arroja al suelo, mientras ordena a sus tropas que se preparen a atacar. Ante ello, retrocede el cura gritando: «Venid, cristianos; el Perro se resiste a nuestro Dios. Matadlos a todos, yo os perdono». Sesenta jinetes arremeten inmediatamente contra los sorprendidos indios al grito de «¡Santiago!», a la vez que atronan los cañones; mientras tanto, Pizarro, acompañado de veinte soldados, se dirige veloz hacia Atahualpa, al que consigue apresar. El pánico estalla entre las filas de indígenas, que intentan escapar. Pero los españoles han cerrado las salidas de la plaza y los propios incas sucumben en la algarabía pisoteados, o son muertos por los españoles, sin reaccionar siquiera, faltos de iniciativa. Dos horas después, finaliza la batalla con el sorprendente saldo (caso de creer la narración del testigo español) de un herido en las tropas de Pizarro y miles de cuerpos incas sin vida apilados en el campo de batalla. Exageraciones aparte, lo cierto es que 168 españoles se apoderaron en una sola

y desigual batalla de un imperio poderosísimo, lo que fue, desde el punto de vista histórico una extraordinaria gesta, consideraciones de otra índole aparte.

Cumplida la conquista del imperio incaico, los españoles recaudaron cuanto oro y demás riquezas cayeron en sus manos. Para los incas, el oro era el sudor del Sol, su suprema divinidad. La plata, procedía de las lágrimas de la Luna, diosa a la que también veneraban como herencia de la adoración que el pueblo chimú, su predecesor, mostraba por ella. Esta tradición hizo de ellos unos grandes orfebres, como sus antecesores mochicas y chimús. De ello se beneficiaron Pizarro y su ejército. Cuando apresó a Atahualpa, el último inca, éste ofreció canjear su libertad por todo el oro y la plata que cupiesen en la amplia celda en que se hallaba encerrado. Pizarro aceptó dicho rescate, aunque luego, tras cobrarlo, se desdijo de su palabra y ordenó que fuera ejecutado bajo la acusación de idolatría, poligamia y conspiración contra el rey de España. Atahualpa había hecho recaudar unas 22 toneladas de oro, que entregó a los españoles. Los cronistas españoles cuentan que fueron necesarios nueve hornos de fundición para transformar todas las piezas de oro en lingotes más manejables. No satisfechos aún con ese botín, las huestes de Pizarro continuaron saqueando todo el imperio, incluidos los lugares sagrados. De ese modo, se hicieron con un cargamento de metales preciosos de tal volumen que con la llegada solamente de un quinto de él a España y su distribución por Europa, a medida que la Corona española satisfacía las muchas deudas que tenía contraídas, se produjo un proceso de inflación galopante, hasta entonces nunca conocido en la historia de Europa.

El mito de Eldorado tuvo su base real en una costumbre ritual de los indios chibcas, que vivían a orillas de la laguna Guatavita, en la meseta de Cundinamarca. El cacique de este pueblo protagonizaba una ceremonia en la que ofrendaba a los dioses objetos de oro, que lanzaba a la laguna. Al final de la ceremonia se bañaba en ella, desprendiendo en el agua el polvo de oro que cubría su cuerpo. Esta ceremonia se había venido celebrando hasta poco antes de la llegada de los españoles, a quienes se la refirieron los indígenas. La noticia motivó una primera expedición, al mando de la cual marchó Sebastián de Benalcázar, que en su búsqueda de *El Hombre Dorado* sometió en 1535 las regiones occidentales del territorio de Nueva Granada. Pronto la locución *Hombre Dorado* quedó abreviada en *El Dorado* o *Eldorado,* siendo usada para designar, no ya a aquel legendario rey, sino al país fabuloso, lleno de riquezas y situado en una región imprecisa del corazón de América, en la cuenca alta del Amazonas. Su búsqueda originó numerosas expediciones; entre otras, las de Hutten, Hernán Pérez de Quesada, Gonzalo Pizarro, Pedro de Ursúa y Lope de Aguirre, Jiménez de Quesada, Diego de Ordás, Jerónimo de Ortal, Alonso de Herrera, Pedro Malaver de Silva y Domingo de Vera, casi todas de desastrosos resultados.

Gonzalo Pizarro (h. 1502-1548), hermano de Francisco, emprendió la búsqueda del *País de la Canela* o *Eldorado* con unos doscientos españoles, miles de indios encadenados y una piara de cerdos. Dirigiéndose al este desde Quito, se adentró por la cuenca del Amazonas, descubriendo el río Coca, tributario del Napo, que lo es a su vez del propio Amazonas. Al empezar a escasear los víveres, Pizarro mandó a Francisco de Orellana (h. 1470-1550) río abajo en busca de comida, acompañado de cincuenta hombres. Cuando la encontraron, no pudieron regresar río arriba por la fuerte corriente y decidieron seguirla. De esta forma se convirtieron en los primeros europeos que navegaron por el Amazonas hasta desembocar en el Atlántico, no sin pasar ciertamente algunas calamidades en un largo viaje de nueve meses y 1.800 leguas. En determinado momento, acuciados por el hambre, tuvieron que comerse los cinturones hervidos con hierbas para poder sobrevivir. Asimismo afirmaron haber visto una tribu de amazonas y un poblado de caníbales, entre otras muchas increíbles maravillas.

La creencia en Eldorado perduró durante el siglo XVII, en que salieron en su búsqueda nuevas expediciones, aunque de menor importancia. En definitiva, el mito de Eldorado sirvió para explorar y dar a conocer las partes más inaccesibles del continente americano. Con el tiempo, la búsqueda del legendario Eldorado fue dejando paso a la del impreciso lago en que tenía lugar, siglos atrás, aquella ceremonia anual de *El Hombre Dorado* y en el que era previsible encontrar un gran tesoro que, en 1807, el naturalista prusiano Alexander von Humboldt tasó este tesoro en unos 300 millones de dólares de los de entonces, calculando que si cada año, durante el siglo que duró la tradición, 1.000 indios hubieran arrojado 5 pequeños objetos de oro en el lago, debería haber allí cuando menos unas 50.000 piezas. Su búsqueda se concentró en el lago Guatavita, en la actual Colombia.

En 1580, Sepúlveda, un rico comerciante de Bogotá, obtuvo permiso para desecar el lago, objetivo que no consiguió por dificultades técnicas. En el siglo siguiente, entre 1625 y 1677, se volvió a intentar repetidamente este procedimiento, aunque ninguno de los intentos finalizó con éxito. A comienzos del siglo XIX, una expedición alemana dragó el lago, obteniendo algunos indicios de que se estaba sobre la pista buena, pero no logrando el objetivo fundamental de encontrar el grueso del tesoro. En 1912, una sociedad francosajona, la *Contractors Limited*, consiguió desecar finalmente el lago, pero les cegó la alegría y pospusieron para el día siguiente la remoción del cieno en busca del tesoro. Cuando, con el alba, reanudaron la tarea comprobaron que el barro volcánico del fondo del lago se había transformado en una masa compacta más dura que el cemento e imposible de penetrar. Y de esta forma, el lago conserva hasta hoy su secreto.

Una de las armas secretas que utilizó el conquistador español Juan Ponce de León (1460?-1521) en su exploración de la isla de Puerto Rico, de la que llegaría a ser gobernador, fue un feroz perro llamado *Becerrico,* propiedad de un soldado de sus huestes. Según el cronista Antonio de Herrera y Tordesillas, el perro «sabía qué nativos eran guerreros y quiénes pacíficos, como un ser humano; por esa razón, los indios temían más a diez españoles con el animal que a un ciento sin él». Al igual que su amo, un simple infante, el perro recibía siempre su soldada y «una parte y media de todo cuanto era tomado, así como oro, esclavos y otras cosas».

En los primeros tiempos de la conquista y colonización de lo que hoy es México, los aztecas hicieron correr el bulo entre los españoles de la existencia de una región situada más al norte (aproximadamente en lo que hoy sería Nuevo México), en la que se hallaban siete ciudades (las *Ciudades de Cíbola* o *Tzíbola*) repletas de oro y otros tesoros. Intrigado, el virrey Antonio de Mendoza (1490-1552) envió sucesivamente dos expediciones, la primera al mando del fraile de origen francés Marcos de Niza (1495?-1558), y la segunda dividida en dos columnas, con Francisco Vázquez de Coronado (1510?-1549) viajando por tierra y Hernando de Alarcón (1500-?), por mar. Ni unos ni otros lograron encontrar este país fabuloso, pero sí que descubrieron el río y el cañón del Colorado (Vázquez de Coronado) y la circunstancia de que California era una península y no una isla como se pensaba (Hernando de Alarcón).

Pánfilo de Narváez (1480?-1528), uno de los exploradores más ineptos y crueles de cuantos viajaron por territorio americano a juzgar por las crónicas que nos han llegado, zarpó en 1527 de España rumbo a Florida, donde desembarcó tras una travesía ciertamente azarosa, en cuyo transcurso murieron setenta marineros en una tempestad y otros ciento cuarenta hombres saltaron por la borda. Narváez envió al resto de su flota a buscar un puerto al oeste, mientras él se adentraba en el territorio con unos trescientos hombres. Según Alvar Núñez Cabeza de Vaca (1500-1564), que le acompañaba en este viaje, Narváez era extremadamente cruel con los indios. Por ejemplo, tras librar una escaramuza con una tribu, mandó cortar la nariz del jefe y arrojó en su presencia a su madre a los perros para que la despedazaran viva. Los indios, en los días posteriores, se vengaron de él y de sus tropas. Diezmados, los supervivientes retrocedieron hacia el golfo de México, donde Narváez esperaba encontrar su flota. Al no encontrarla, mandó construir cinco improvisadas balsas (los clavos se fabricaron con espuelas y las velas cosiendo las camisas) y se lanzaron al mar, donde casi todas ellas zozobraron. Narváez desembarcó con los quince supervivientes más allá de la desembocadura del Misissippi, donde pasaron el invierno de 1528-29. Mientras tanto, Cabeza de Vaca, separado del resto de sus compañeros, deambuló solo por la región, hasta que, en 1533, se encontró con otros tres supervivientes de la desdichada expedición (Alonso del Castillo, Andrés Dorantes y el criado negro de éste, Esteban) junto al río Colorado, en la actual Texas. Acompañados de mil indios, los cuatro cruzaron cientos de kilómetros haciéndose pasar por curanderos hasta llegar a Ciudad de México.

En 1519, algunos soldados de Hernán Cortés (1485-1547), encabezados por Diego de Ordaz (1480?-1532?), ascendieron a la cima del volcán durmiente Popocatépetl, llamado *Nahuatl* ("Montaña humeante") por los aztecas, que con su 5.452 metros es el quinto pico más alto de América, para demostrar a los indígenas que ninguna hazaña era imposible para los españoles. Esta proeza escaladora fue considerada como un récord mundial de ascensión durante 300 años, hasta los primeros asaltos a las cimas del Himalaya; los aztecas, sin embargo, siempre la consideraron como una profanación de su pico sagrado. Según la leyenda, Popocatépetl y su hermana Ixtaccihuatl (otro cercano volcán apagado) fueron dos gigantes cuyo amor incestuoso desagradó a los dioses, que los convirtieron en montañas. Mientras que la mujer murió por designio de los dioses, el hombre, Popocatépetl, fue castigado a la vida eterna para que contemplase perpetuamente a su amada muerta. Desde entonces, cuenta la leyenda indígena, la angustia le estremece y, con terribles rugidos, hace temblar la tierra.

PERSONAJES COMUNES NADA COMUNES

El excéntrico Timothy Dexter (1747-1806) fue un curtidor de pieles, reconvertido en rico comerciante y después en escritor. Consiguió su primera fortuna vendiendo carbón en Newcastle. Posteriormente invirtió los beneficios de aquel negocio en la compra de una partida de calentadores de cama, con la que partió absurdamente hacia las Indias Occidentales (es decir, hacia el tórrido Caribe). Sorprendentemente, consiguió venderlos todos en muy poco tiempo, pues los nativos encontraron pronto una nueva utilidad a aquellos extraños artilugios: les resultaron muy útiles como sartenes *ad hoc* para freir pescado y ñame. Posteriormente, Dexter aumentaría su fortuna vendiendo piezas de maquinaria, biblias y mitones de lana (!?) en las mismas Indias Occidentales.

Con una gran fortuna amasada en tan peculiares negocios, adquirió una mansión colonial en Newburyport, una pequeña localidad del estado norteamericano de Massachusetts. Decoró el exterior de la mansión con cuarenta estatuas de madera en tamaño natural que representaban a grandes personajes de todas las épocas, tales como Adán y Eva, George Washington, Nelson, Luis XIV, incluyéndose él mismo entre tan dispar procesión de personajes. Además de una esposa (de quien él decía que en realidad era un fantasma), dio entrada en la casa a un astrólogo, un gigante retrasado mental en calidad de bufón, un ama de llaves que se suponía que era en realidad una princesa africana y un poeta oficial de su pequeña corte (cuya verdadera profesión era la de pescadero).

En 1802, como era de prever ante tal derroche de imaginación, Dexter se hizo escritor. Su primera obra, como no podía ser menos, fue una autobiografía filosófica cuyo título podría ser traducido por *En adobo para los entendidos*, una de cuyos pasajes más dignos de mención es aquel en que insinúa la idoneidad de su persona para un eventual cargo de emperador de los Estados Unidos. Ahora bien, lo más notable del libro es que está compuesto por una sola oración, ni siquiera aliviada por el menor atisbo de signo de puntuación u ortográfico. Además, tampoco tiene argumento, ni hilazón temática. Era un ejemplo *avant la lettre* de la escritura automática de los surrealistas. Sin embargo, en una segunda edición de esta magna obra, el inefable Dexter se apiadó de los potenciales lectores y arbitró el ingenioso remedio de incluir al final del libro una página con trece líneas de comas, puntos, signos de interrogación y de interjección y demás parafernalia ortográfica para que cada *entendido* lector *adobase* el libro a su gusto. Desde luego, la respuesta de los lectores fue un largo silencio, acentuado, eso sí, con numerosos signos de interrogación.

Según cronistas de la época de total fiabilidad, hacia el año 1920 se hizo muy famoso en Madrid el arte de un *bailaor,* apodado *Mate Sin Pies* por la extraña e inverosímil circunstancia, en un bailarín, de tener amputadas las dos piernas a la altura de las rodillas.

Según cuenta Vicente Vega, el ingeniero austriaco Reinhold Boyer, afincado durante muchos años en Madrid, donde murió, fue un verdadero *coleccionista de catástrofes*. Al parecer, Boyer sobrevivió a su primer grave accidente a los seis años, cuando, viajando con sus padres, se derrumbó un puente de ferrocarril al paso de su tren; en el accidente murieron 200 personas. A los ocho años, se libró milagrosamente del incendio de un teatro vienés, en el que se hallaba nuevamente junto a sus padres; en el accidente murieron 449 personas. Ya trabajando como ingeniero en una mina cercana al Paso de Calais, se libró milagrosamente del incendio que asoló varias galerías; en el accidente murieron unos 1.300

mineros. Dos años después, hallándose en Sicilia realizando unos sondeos, se produjo un fortísimo terremoto; a causa del temblor murieron unas 200.000 personas. En 1912, a punto de emprender un viaje a los Estados Unidos, tuvo que desistir a última hora a consecuencia de una súbita enfermedad; de esta forma tan casual se libró de sacar un pasaje para el infortunado viaje inaugural del *Titanic;* en el accidente murieron 1.513 personas. Tiempo después, estando en la ciudad norteamericana de Miami, un huracán destruyó prácticamente la zona; a consecuencia del huracán murieron 12.000 personas. Finalmente, seis meses después, volvió a escapar milagrosamente de la riada causada por el desbordamiento del río Mississippi en el estado norteamericano de Luisiana; en la riada murieron varios miles de personas. A todo ello, al parecer, habría que añadir diversos accidentes, choques, descarrilamientos y catástrofes naturales de menor entidad. Increíble. Pero, al parecer, totalmente cierto.

Los primeros siameses de los que se tiene constancia histórica fueron los hermanos de origen chino Sang ("Izquierda") y Eng ("Derecha") Bunker (1811-1874), que nacieron en el antiguo Siam (actual Tailandia), estando unidos a la altura del pecho por una membrana cartilaginosa. Contratados por una compañía de espectáculos, se exhibieron por todo el mundo durante varios años, reuniendo una modesta fortuna con la que compraron una plantación de caña en el estado norteamericano de Carolina, donde se casaron en abril de 1843 con las hermanas estadounidenses Sarah y Adelaide Yates, con las que tuvieron, respectivamente, 10 y 12 hijos. Los dos hermanos siameses murieron con tres horas de diferencia, el 17 de enero de 1874, a los 62 años.

No es raro encontrar referencias documentales sobre hermanos siameses de los más raros tipos, pero, aunque parezca más inverosímil, abundan también otras que nos relatan los casos de personas en cuyos complejos cuerpos se suman los órganos y miembros de varias personas. Bueno será comentar algunos casos famosos.

Entre las piernas del extraño cuerpo de la estadounidense Myrtle Corbin crecía un cuerpo gemelo perfectamente desarrollado en su parte inferior, incluso en sus órganos sexuales y su aparato reproductor. Esta mujer, que se ganó la vida actuando como atracción de feria a principios del siglo XX, contrajo matrimonio y, según sus propias declaraciones, tuvo cinco hijos: tres de su propio cuerpo y dos del de su gemela.

Igualmente extraordinario fue el caso de Frank Lentini, un siciliano nacido en 1899, que se trasladó a los Estados Unidos a los nueve años, cuyo cuerpo era el resultado de la combinación de tres gemelos. Tenía tres piernas, dos órganos genitales y cuatro pies con dieciséis dedos en total. Podía utilizar su tercera pierna tan bien como las otras dos, aunque por su posición (partía de la espina dorsal) la solía emplear en su espectáculo como una especie de taburete, además de divertir a su numeroso público golpeando una pelota con ella.

Edward Mordake, hijo de una familia aristócrata inglesa, excelente estudiante y músico, tenía en la parte posterior de su cabeza otro rostro. Esta segunda cara, que no comía ni hablaba, podía, sin embargo, mover los ojos, reír y llorar. Tras insistir desesperadamente en que le extirparan ese otro rostro sin que ningún cirujano se atreviese a ello, se suicidó a los veintitrés años de edad.

Pascual Piñón era un niño mexicano cuyo caso fue dado a conocer en 1917. Tenía una segunda cabeza atrofiada que le salía de la frente de la principal. Esta cabeza podía mover los ojos y la boca, aunque no emitir sonidos. Más tarde, al parecer, esta segunda cabeza se atrofió, convirtiéndose en un apéndice sin vida.

En 1851 nació Millie Christine en el seno de una familia de esclavos del condado norteamericano de Columbus, en Carolina del Norte. La niña tenía un solo tronco, pero cuatro brazos en dos hombros, cuatro piernas, dos pares de pulmones y dos corazones y, lo más extraordinario de todo, dos cabezas, cada una de ellas con una personalidad distinta e incluso contradictoria hasta el punto de que no era raro verlas discutir entre ellas. A los quince meses, su amo, el hacendado Joseph P. Smith, comenzó a exhibirla, llamando a cada una de las siamesas *Millie* y *Chrissy*. Cuando se hicieron adolescentes, desarrollaron unas melodiosas voces de contralto y soprano, respectivamente, con las que daban sorprendentes conciertos de dúos, por lo que ella o ellas fueron llamadas el *Ruiseñor de dos cabezas*.

Entre las muchas *mujeres barbudas*, reales o falsas, que consigna la historia, destaca el caso de la napolitana Magdalena Ventura, muy conocida por haber servido de modelo al pintor José Ribera *El Españoleto* en su obra *Un milagro de la naturaleza*. Esta mujer vio como a los 37 años, casada y con tres hijos, le crecieron barba y bigote pobladísimos, lo que no le impidió, tras enviudar, volver a casarse y engendrar cuatro hijos más (el último de los cuales nació, por cierto, cuando Magdalena tenía la poco común edad de 52 años).

El piloto del avión B-29 *Enola Gay* que dejó caer la bomba atómica de Hiroshima se llamaba Robert Lewis. Una leyenda suele contar que tiempo después de su acción, desolado y arrepentido, ingresó en un convento de monjes trapenses. Pero lo cierto es que Lewis, finalizada la contienda, reingresó en su puesto de jefe de personal de una fábrica de confitería de Nueva Jersey, donde vivió con su esposa, sus tres hijos y su madre. Es más, no sólo no renegó de su participación en tan trágico hecho, sino que incluso acudió a numerosas entrevistas y firmó muchos artículos periodísticos –todo ello bien remunerado– en los que no se cansó de rememorar su acción con todo lujo de detalles emocionales.

El Caballero de Éon (Charles Geneviève de Beaumont d'Éon, 1728-1810) fue un famoso espía francés, cuya peripecia es, sin duda alguna, ciertamente curiosa. Reclutado como espía por el rey Luis XIV, fue destinado a Rusia, donde se presentó disfrazado de mujer. Pronto se abrió paso en la cosmopolita corte de Catalina II *La Grande*, destacando tanto que la zarina le nombró *lectora de la corte*. Allí ejerció sus labores de espionaje a plena satisfacción, aunque, para no levantar sospechas, recibió la orden de reincorporarse a París. Poco tiempo después, fue enviado de nuevo a San Petersburgo, donde se presentó esta vez como *hermano* de aquella lectora, sin que nadie se diera cuenta del engaño. Cumplida su misión, volvió a su país, donde obtuvo el empleo de capitán de dragones, tomando parte en la guerra de los Siete Años. Posteriormente fue enviado a Londres como ministro plenipotenciario, aunque cayó en desgracia ante Luis XIV, por lo que hubo de permanecer exiliado algunos años en la capital inglesa, hasta que fue rehabilitado por el nuevo rey Luis XV, permitiéndosele que regresara a Francia, siempre que lo hiciera en calidad de *mujer.* De nuevo en Versalles, el equívoco sobre su verdadera personalidad –hombre o mujer– se mantuvo durante el resto de su vida. Cuando finalmente murió, a los 82 años, se pudo comprobar que se trataba, efectivamente, de un hombre.

A principios de 1951, el ciudadano estadounidense Stanley Clifford Weyman recibió la oferta de incorporarse a la embajada tailandesa en calidad de agregado de prensa. Preocupado por si aquel empleo podría poner en peligro su ciudadanía norteamericana, Weyman solicitó permiso a la Secretaría de Estado. Casualmente, un funcionario de aquel departamento creyó reconocer aquel nombre y comprobó su historial en los archivos estatales. De sus averiguaciones se pudo descubrir que este personaje, de nombre real Stephen Weinberg, y siempre actuando con el mismo alias de *Stanley Clifford Weyman*, se las había apañado a lo largo de cuarenta años para desempeñar o suplantar los siguientes cargos y honores: Cónsul de los Estados Unidos en Marruecos; adjunto militar de la embajada de Serbia; teniente de la Marina de los Estados Unidos; cónsul general de Rumania; teniente de las Fuerzas Aéreas durante la Primera Guerra Mundial; médico en el Perú; teniente de navío del Cuerpo Médico de la armada norteamericana y experto de protocolo de la Secretaría de Estado de los Estados Unidos; secretario del cirujano vienés Adolf Lorenz, durante la visita de éste a Estados Unidos; experto en reforma de prisiones; médico de la estrella cinematográfica Pola Negri; comisario de manicomios del Estado de Nueva York; abogado; consultor de reclutamiento (es decir, asesor para librarse del servicio militar); reportero del *Erwin News Service* y corresponsal ante las Naciones Unidas del periódico londinense *Daily Mirror*.

Para ejemplificar la extrema tacañería del multimillonario estadounidense Paul Getty se cuenta que hizo instalar en su casa un teléfono de monedas, tratando de limitar las facturas, para él excesivas, del consumo telefónico.

San Ubaldo, obispo de Gubbio, es considerado el patrono de los boxeadores recordando su biografía que le ha retratado como un hombre piadoso, pero muy temperamental, que no dudaba en separar a los contendientes en cualquier disputa ni en intervenir él mismo cuando éstos no le hacían caso.

La escritora española Mariana de Silva (1740-1784) fue famosa en el Madrid de la segunda mitad del siglo XVIII por ser capaz de escribir correctamente y con bella caligrafía con ambas manos.

Simón el Mago fue un sectario cristiano de origen judío, a quien se considera fundador del gnosticismo de raíz cristiana, que vivió en el siglo I y que aparece citado en *Los Hechos de los Apóstoles*. Era un experto mago y fue convertido al cristianismo por las predicaciones de San Felipe. Poco después, fascinado por los milagros de San Juan y San Pedro, pretendió comprarles el don de realizar prodigios. De este intento, violentamente rechazado por los apóstoles, procede la palabra *simonía,* referida a la venta o compra deliberada de cosas espirituales, y especialmente de sacramentos, prebendas y demás beneficios sacerdotales. La Iglesia considera la simonía como un sacrilegio. Según la leyenda, Simón Mago murió en Roma, estrellado contra el suelo cuando pretendía caminar por los aires.

El 16 de marzo de 1956, la policía japonesa detuvo a Hideo Minegishi acusado de robar un gran número de botas, fundas de cámaras fotográficas, cubiertas de bicicleta y otros objetos de caucho. Lo sorprendente del asunto es que el ciudadano nipón los robaba para comérselos. Al parecer, según su propia confesión, comenzó a comer este tipo de artículos en su infancia, pero su afición se vio acrecentada tras sufrir una crisis emocional. Entre sus *hazañas* más comentadas estuvo la de que, en cierta ocasión, provocó un accidente ferroviario al comerse las fundas de goma del freno de aire comprimido del tren en que viajaba.

El atleta griego del siglo VI a. de C. Milón de Crotona venció en seis pruebas distintas de los Juegos Olímpicos y en siete de los Juegos Píticos. Según cuenta la leyenda, tras la última de sus victorias olímpicas, dio una vuelta al estadio cargado con un buey (o, según otras fuentes, más moderadas, un novillo de tres años), lo mató de un puñetazo en la cabeza, lo hizo asar y luego se lo comió entero. De este forzudo se asegura también que era capaz de romper una fuerte cuerda anudada a su cabeza con el simple esfuerzo muscular sin ayuda de sus manos. Ninguna de estas hazañas sería inverosímil de hacer caso a la leyenda según la cual comía al día siete kilos y medio de carne y ocho de pan, trasegándolos con unos quince litros de vino.

El mayor mérito histórico por el que es recordado el nombre del general romano Lucio Lucinio Lúculo (109-56 a. de C.) es el de haber hecho popular la costumbre de vomitar en los banquetes a fin de prolongar la duración de sus extravagantes festines.

Simón o Simeón *El Estilita* (h. 521-597) pasó los últimos 45 años de vida encaramado sobre una columna de diez metros de altura, enclavada en el Alto de las Maravillas, cerca de la ciudad de Antioquía, en Siria. Aunque existe cierta confusión con los verdaderos datos biográficos de este personaje, puesto que hay hasta tres distintos anacoretas que son conocidos por el nombre de Simón *El Estilita*, al parecer, la vida de mortificación del que nos ocupa comenzó una Pascua en que decidió ayunar durante los cuarenta días. Para no flaquear en su voto, se hizo atar a una roca a la que permaneció ligado durante todo ese tiempo. Al finalizar el ayuno voluntario, y viendo que ninguna de las órdenes religiosas y monacales existentes le ofrecía el austero y ascético modo de vida que él buscaba, decidió marchar al desierto y hacer su hogar sobre una columna para aislarse totalmente del mundo. En ella, cubierto con la piel de un animal por todo abrigo, comía exclusivamente lo que tenían a bien ofrecerle los pocos que pasaban por allí. Para facilitar esa muestra de caridad, se hizo construir un rudimentario ascensor del que se servía para recibir los donativos. Fue tal su fama de santo varón que acudieron a verle muchos grandes personajes de la época, entre ellos el Papa León I y el emperador Teodosio. Siglos después, el ateo Luis Buñuel (ateo «gracias a Dios», como él mismo solía decir) dedicó una famosa película a narrar su ascética y, cuanto menos, curiosa vida.

Una tal Ida Maitland (1898-1932) es considerada como una de las mujeres más obesas de quien se tenga constancia. Según los datos de que se dispone, que nunca pudieron ser verificados médicamente, llegó a pesar 413 kilos 200 gramos, midiendo su contorno pectoral 3,86 metros. Y aunque resulte muy difícil de creer, se cuenta además que murió cuando trataba de recoger un trébol de cuatro hojas.

Según el Libro Guinness de los Récords, Henrietta Howland Green podría ser la candidata más calificada que recuerda la historia a ostentar el récord de tacañería y avaricia. Por ejemplo, provocó que a su hijo tuvieran que amputarle una pierna porque se entretuvo en exceso buscando un hospital gratuito donde le atendieran. Otro ejemplo: su desayuno habitual consistía en copos de avena fríos, para no tener que gastar gas calentándolos. Todo ello sería curioso, pero no excesivamente, si no se tuviera en cuenta que se ha calculado que poseía una fortuna de al menos 95 millones de dólares.

El guardabosques estadounidense Roy C. Sullivan fue alcanzado siete veces en su vida por un rayo. La primera vez (1942) sólo sufrió la pérdida de la uña del dedo gordo de un pie; en la segunda (1969) se le quemaron las cejas; en la tercera (1970) sufrió quemaduras en el hombro izquierdo; en la cuarta (1972) se le quemó el pelo; en la quinta (1973) de nuevo se le quemó el pelo y también las piernas; en la sexta (1976) resultó herido en un tobillo, y en la séptima y última (1977) sufrió quemaduras en el pecho y en el estómago. Tras sobrevivir a tantos y tan peligrosos accidentes, Sullivan, se dice que desilusionado por un desengaño tras una *tormentosa* relación amorosa, se suicidó finalmente en 1983, disparándose un tiro.

El estadounidense Charles Osborne (1894-1991) comenzó a padecer un ataque de hipo en 1922, mientras sacrificaba un cerdo. Desde entonces y hasta el 1 de mayo de 1991, fecha en que falleció por otras causas, el ataque no le remitió. Es decir, estuvo hipando continuamente (a un ritmo que oscilaba entre 20 y 40 hipos por minuto) durante más de 71 años de los 97 que vivió. A pesar de este *inconveniente,* Osborne contrajo dos matrimonios, de los que nacieron en total ocho hijos.

El faquir hindú Mastram Bapu ("Padre Contento") permaneció sin moverse en el mismo punto de una cuneta en la aldea india de Chitra durante 22 años, entre 1960 y 1982.

Según las crónicas de la época, el espía francés Richebourg, que prestó importantes servicios en tiempos de la Revolución Francesa, medía sólo 58 centímetros. Por ello, solía infiltrarse entre las líneas enemigas en brazos de una colaboradora, disfrazado de bebé.

El gladiador liberto Publio Ostorio sobrevivió a 51 combates en la arena de Pompeya, marcando un verdadero hito de superviviencia en su arriesgada profesión.

La vacuna antirrábica, sobre la que comenzó a experimentar Louis Pasteur (1822-1895) a mediados del siglo XIX, fue administrada con éxito por primera vez en 1885 en la persona de un niño alsaciano, Joseph Meister, mordido en catorce lugares distintos por un perro rabioso. Este niño, al cabo del tiempo, llegaría a ser conserje del propio Instituto Pasteur. Cincuenta y cinco años después, en 1940, durante la ocupación alemana de París, un oficial del ejército invasor ordenó a este mismo Meister que abriera la cripta de Pasteur. Se asegura que, en vez de hacerlo, se suicidó.

Eddie Gaedel pasa por ser el único enano que ha participado en una de las Ligas Mayores de béisbol americano. Este bateador de sólo 99 centímetros de altura (que vestía un uniforme con el dorsal 1/8) fue contratado por los *Saint Louis Browns* con la esperanza de aumentar la asistencia de público a los partidos de su equipo y bateó una sola vez, ganando una base tras lanzamientos fallidos del *pitcher,* en el partido que enfrentó a su equipo contra los *Detroit Tigers* el 19 de agosto de 1951. Ese mismo equipo fue también el primero en contratar los servicios, ese mismo año de 1951, de un psicólogo.

Claro que aun más raro es el caso de Hugh L. Daly que, entre 1882 y 1887, fue jugador profesional de béisbol, estando enrolado en diversos equipos de las Ligas Mayores como segunda base y *short stop.* Lo asombroso es que Daly sólo tenía un brazo.

La cocinera suizo-norteamericana Mary Mallon (1885-1938), portadora del virus de la fiebre tifoidea, causó directamente 53 brotes de tifus en su periplo laboral por las cocinas de restaurantes y hospitales de diversas ciudades de los Estados Unidos entre 1875 a 1915, año en que fue internada definitivamente en un hospital. En 1907 fue puesta en custodia por primera vez, pero fue liberada tres años más tarde con la condición de que cambiase de profesión para siempre. En 1915, fue nuevamente encarcelada tras desatarse una fatal epidemia en el hospital en que trabajaba incumpliendo la prohibición. Fue mantenida en cuarentena por las autoridades sanitarias estadounidenses durante 23 años, hasta su muerte. Sin embargo, ella misma nunca llegó a desarrollar la enfermedad. Con trágica justicia fue conocida como *María Tifoidea.*

El ciudadano austriaco Adam Rainer (1899-1950) medía solamente 118 centímetros a los 21 años. Pero a partir de ese momento comenzó a crecer a un ritmo inusitado. En 1931 ya medía 218 cm y al morir, en 1950, su altura llegó a ser de 234 cm.

Según el Libro Guinness, el ciudadano francés Michel Lotito, nacido en 1950, es conocido en todo el mundo como *El Cometodo*, por ser capaz de ingerir y digerir vidrio y metal sin mayores problemas. Los médicos que le han examinado creen que es capaz de digerir 900 gramos de metal diarios. Desde 1966 se ha comido, con testigos, cosas tan variadas como 10 bicicletas, un carrito de supermercado (en 4 días y medio), 7 televisores, 6 lámparas de techo y un avión ultraligero.

El *swami* hindú Manjgiri Maharaj permaneció 17 años seguidos, desde 1955 hasta noviembre de 1973, de pie durante una penitencia, en Shahjahanpur, en el estado indio de Uttar Pradesh. Se cuenta que su único descanso, que aprovechaba para dormir, era apoyarse en una tabla.

El síndrome de Munchausen es el nombre científico que los psicopatólogos dan al irrefrenable deseo de recibir asistencia médica. El caso más famoso de un enfermo acuciado por este síndrome tuvo por protagonista al inglés William McIlroy (1906-1983) que se sometió a lo largo de su vida a 400 intervenciones de todo tipo y estuvo internado en 100 hospitales distintos, bajo 22 nombres falsos. El mayor periodo de tiempo que permaneció sin hospitalizar fue de seis meses. En 1979, superó súbitamente su síndrome, afirmando públicamente que «estaba harto de tanto hospital»... tras lo cual se recluyó en un asilo geriátrico.

PERVERSIDAD, CORRUPCION Y LIBERTINAJE

Sin duda, el más enorme (y atroz) genocidio perpetrado en la historia moderna, en términos de porcentaje de población desaparecida, es el llevado a cabo por los Jemeres Rojos en Camboya. Según estimaciones realizadas por personajes pertenecientes a aquel gobierno, entre el 17 de abril de 1975 y enero de 1979 fueron asesinados más de un tercio de los 8 millones de habitantes de aquella nación del sudeste asiático. Bajo el mandato supremo de Pol Pot, los jemeres abolieron las ciudades, el dinero y las propiedades privadas, y se ejecutó sumariamente a bayonetazos o a palos a miles de personas por crímenes tan *nefandos* como dormirse de día, hacer demasiadas preguntas, tocar música no comunista, ser viejo, débil o enfermo, ser hijo de un *indeseable* o estar demasiado bien educado (síntoma de ser un burgués capitalista).

A juzgar por el testimonio de sus biógrafos (no siempre objetivos ni totalmente fiables), la emperatriz romana Valeria Mesalina (25-48) es, sin duda, uno de los mejores ejemplos, en el mundo clásico, de la perversión y la ninfomanía más desatadas. Mesalina se convirtió a los quince años en la cuarta esposa de Claudio I (10 a. de C.-54), que a la sazón tenía ya cincuenta. Un año después de la boda, Claudio, a su pesar, fue nombrado emperador en sustitución de su sobrino asesinado, Calígula. Entretenido en las labores de emperador, a las que se dedicó con verdadero esfuerzo y notable éxito para lo que venía siendo habitual, y aunque muy enamorado de su nueva mujer, lo cierto es que ésta, Mesalina, campó a sus anchas, dando rienda suelta a su lubricidad y lujuria. Insatisfecha con sus amoríos constantes con los más jóvenes cortesanos (muchos de los cuales murieron por haber accedido a sus deseos; mientras otros tantos lo hacían por haberse negado), acudía todos los días a uno de los más zafios burdeles de Roma, situado en el barrio de peor fama, Suburra, donde, bajo el nombre *artístico* de Lycisca, y adornada con la peluca de color azafrán distintiva de las prostitutas romanas, vendía sus favores a quien quisiera comprarlos, generalmente gladiadores y obreros de los muelles del Tíber. En una ocasión, tras cruzar una apuesta con una famosa cortesana de la época, Mesalina tuvo relaciones sexuales consecutivas en público con 25 hombres. En palabras del historiador Suetonio, esta actividad incesante dejaba a la emperatriz *lassata, sed non satiata* (es decir, "cansada, pero no saciada"). Con la edad, Mesalina fue, lógicamente perdiendo su lozanía, contra lo que ella luchó denodadamente, sirviéndose de cuantos cosméticos y remedios estaban a su alcance. A ese respecto, Marco Valerio llegó a decir: «las tres cuartas partes de sus encantos se hallan en las cajas de su tocador. Cada noche se quita los dientes, así como la ropa. Sus atractivos están en cien potes diversos. Su cara no se acuesta con ella». Finalmente, Mesalina fue asesinada a instancias del emperador por Narciso, el principal favorito imperial, cuando, en su ausencia, y tras haberle engañado para conseguir el divorcio (con el falso propósito de escapar de un augurio sobre la próxima muerte de su marido), se casó con Cayo Silio, un cónsul que la había iniciado en el arte de amar a los catorce años.

Generalmente, se suelen poner como ejemplo de excentricidad, crueldad y locura las respectivas vidas de los emperadores romanos Calígula, Claudio y Nerón; pero relacionada con todos ellos está la figura histórica de Agripina *La Joven* (15-59), que no se queda ciertamente atrás en esas características. Agripina fue educada por su abuela y ya en su adolescencia fue sospechosa de mantener relaciones incestuosas con su hermano, Calígula, y adúlteras con su cuñado, Lépido. Tras ello, contrajo un primer matrimonio, del que tuvo a Lucio Domicio Enobarbo (más tarde llamado, al llegar al trono imperial, *Nerón*). Se supone que Agripina envenenó a su segundo marido (Crispo Papierco) para poder casarse con su tío, el emperador Claudio I, quien a su vez había asesinado a su cuarta esposa, la ninfómana y libertina Valeria Mesalina. Agripina llegó a ejercer tal influjo sobre Claudio que consiguió que éste nombrase heredero al trono imperial a Nerón, en detrimento del legítimo sucesor, Británico. Cuando Nerón contaba dieciséis años de edad, Agripina envenenó a Claudio e hizo que su hijo fuera proclamado emperador. Durante algún tiempo continuó dominando los asuntos imperiales a su antojo hasta que Nerón, harto de los manejos de su madre, intentó envenenarla en tres distintas ocasiones y, finalmente, hizo que fuera asesinada.

El zar ruso Iván IV *El Terrible* (1530-1584) debe su fama de cruel y despiadado a una serie de atrocidades que comenzaron ya en su infancia y adolescencia (épocas en las que se divertía torturando toda clase de animales y arrojando al vacío perros desde los tejados del palacio real). Su primer crimen político conocido ocurrió en 1543 (cuando tenía trece años) al ordenar que Andrei Chuiski, el jefe del clan boyardo más influyente de Rusia, que prácticamente dominaba el gobierno del país, fuera arrojado a los perros hambrientos de los que la guardia del zar disponía para este tipo de ocasiones. En 1555, ordenó la construcción de la Iglesia de San Basilio en Moscú. Quedó tan complacido con la obra que mandó dejar ciegos a los arquitectos responsables de su construcción (Postnik y Barma) para que nunca pudieran proyectar nada más hermoso. En 1570, marchó sobre la ciudad de Novgorod al frente de un ejército de 15.000 hombres, arrasándola y dando muerte a millares de personas (entre 25 y 60.000) en una verdadera *borrachera* de terror, llegando incluso a arrojar a docenas de niños a las heladas aguas de un río cercano por el simple hecho de disfrutar viendo el *espectáculo*. El 14 de noviembre de 1581, en un acceso de ira, mató a bastonazos a su propio hijo y sucesor Iván Ivanovich. Él mismo confesó en cierta ocasión haber forzado a más de mil vírgenes y haber asesinado personalmente a cuantos recién nacidos resultaron de dicha práctica.

Cuando el cardenal español Alejandro de Borja (o Borgia) (1368-1458) fue nombrado papa en el año 1455 con el nombre de Calixto III, su sobrino, el joven Rodrigo Borja (o Borgia) y Oms (1451-1503), originario de la ciudad valenciana de Játiva, marchó a Roma integrado en su séquito. Gracias a su natural facilidad para las intrigas políticas y a su capacidad de sugestión, poco después este joven se convertía en uno de los cardenales más poderosos y ricos de la curia romana, viviendo como un reyezuelo en medio de un refinado lujo en un palacio cercano a Sant Angelo, rodeado de cortesanos y favoritas, sabedor de que era el más influyente consejero de los diversos papas que se sucedieron durante su vida. Pero Rodrigo Borgia no era sólo un avieso político y un intrigante extraordinario, sino que también hizo gala durante su vida de una crueldad sólo superada después por su hijo César. A la temprana edad de doce años, asesinó a puñaladas a un niño "de condición inferior".

Tras su brillante carrera como cardenal, y gracias a sus intrigas y sobornos, Rodrigo Borgia fue nombrado papa el domingo 26 de agosto de 1492, a los 60 años, con el nombre de Alejandro VI, no sin antes pagar 15.000 ducados a cada uno de los cardenales electores presentes en el cónclave, además de repartir promesas, después cumplidas en su mayoría, de obispados, abadías, cargos eclesiásticos varios, numerosos feudos y otras prebendas para los familiares de los cardenales electores. Por entonces, Rodrigo Borgia, a pesar de su condición eclesiástica, vivía amancebado desde 1474 con la romana Vannozza Catanei, que le hizo padre al menos de cuatro hijos reconocidos: César, Giovanni (o Juan), Gioffré (o Godofredo) y Lucrecia, y otros tres atribuidos: Pedro Luis, Girolama e Isabela. Vanozza había estado casada anteriormente en tres ocasiones, matrimonios en los que había tenido otros dos hijos más. Una vez elevado al pontificado, Rodrigo Borgia, en un intento de cubrir las apariencias, eligió un cuarto marido para Vannozza. No obstante lo dicho, Vanozza tuvo fama de mujer piadosa. Por ejemplo, se cuenta que al morir en 1518 había donado tanto dinero a la iglesia donde fue enterrada que los monjes agustinos siguieron ofreciendo misas por su alma hasta doscientos años después.

Rodrigo casó a sus hijas Girolama e Isabela con dos romanos de alta cuna. Pedro Luis, que combatió junto a los Reyes Católicos en la toma de Granada, recibió de éstos el ducado de Gandía. César, de sólo 16 años, era obispo de Pamplona y rápidamente fue elevado al cardenalato. Gioffré, el menor; se casó con Sancha, la hija bastarda de Ferrante, rey de Nápoles. Y Lucrecia, con apenas 10 años, se hallaba comprometida a un notario romano, aunque su padre, deseoso de establecer lazos familiares con los poderosos Sforza de Milán, rompería dicho compromiso, casándola a los 13 años con Giovanni Sforza, de 26.

A esa altura de la historia, sucedió uno de los muchos hechos incalificables que protagonizó esta simpar familia. Pocos días después de que Juan Borgia, duque de Gandía, hubiera recibido de su padre el ducado de Benevento, cayó en una misteriosa emboscada, apareciendo su cadáver en las aguas del Tíber con nueve puñaladas mortales, ocho en el pecho y una en la garganta. Rodrigo, el papa Alejandro, enterado de que el crimen había sido instigado y preparado por su otro hijo, César, furioso por no haber sido él el elegido, y ante la inconveniencia política de procesarlo, se limitó a obligarle a renunciar a su estado clerical.

A pesar del aparente distanciamiento que este fraticidio supuso entre Rodrigo y César, pronto padre e hijo volvieron a colaborar en sus intrigas, urdiendo deshacer el matrimonio de Lucrecia para casarla con otro dignatario más poderoso: el príncipe napolitano Alfonso di Bisceglie. Para ello, lograron demostrar la virginidad de Lucrecia y sustentar así un expediente de anulación matrimonial bajo el argumento de que no había sido consumado por impotencia del marido. Pero, por una burla del destino, mientras Rodrigo y César estaban en estos trámites, Lucrecia se quedó embarazada como resultado de sus amores con el mensajero que le hacía llegar los recados de su padre, un joven español llamado Pedro Calderón, aunque más conocido como *Il Perotto.* De esta forma, Lucrecia hubo de acudir a la ceremonia de anulación de su matrimonio *no consumado* oficialmente vírgen, pero realmente embarazada de seis meses. Días después, César Borgia mataría al infortunado Pedro Calderón en la misma estancia privada del papa, cuando aquél acudiera a pedir clemencia a Alejandro VI, que, presente en la escena del crimen, no pudo o no quiso frenar la cólera asesina de su hijo.

Poco después Lucrecia daría a luz un hijo, llamado popularmente *el Infante Romano*, que sería reconocido como hijo de César y luego del mismísimo papa, lo que arrojaría la paradójica consecuencia de dar por oficial la relación incestuosa de cualquiera de los dos con la madre del pequeño. Para acallar estas murmuraciones, el papa finjió que el niño era hijo de su nueva amante Giulia Farnese, a la sazón una muchacha de 16 años. En cualquier caso –la política es la política–, Lucrecia se casó con el príncipe Alfonso di Bisceglie en junio de 1497, a la todavía tierna edad de 17 años. Pero su felicidad sería corta: el matrimonio duraría apenas dos años. En 1499, César (una vez más él, y ahora por intereses políticos) tendió una emboscada a su cuñado, hiriéndole de muerte. Para acabar la tarea, ordenó a un criado que le estrangulara al amparo de la noche en su lecho de convaleciente. Lucrecia *moriría* de dolor por su amado esposo muerto, pero, a pesar de ello, nadie es testigo de que hiciera el más mínimo reproche a su despiadado hermano, con el que, incluso, se la vería bailar, en pleno luto, en una de las orgías nocturnas que César tenía por costumbre organizar, en su palacio, al modo de los antiguos romanos.

Después de éstas y mil tropelías más (como, por ejemplo, la extraña muerte de un buen número de cardenales y altos prelados poco afectos a Rodrigo; cadena de *coincidencias* que dio lugar a la fama del *veneno de los Borgia*), Alejandro VI moriría de malaria el 18 de agosto de 1503; cuatro años después fallecería su hijo César en la fortaleza navarra de Viana, mientras luchaba contra el conde de Beaumont; y Lucrecia, por su parte, moriría en junio de 1519, cuando estaba a punto de cumplir 40 años.

Juan XII (937-964) fue elegido papa a la edad de 17 años. Nada más tomar posesión de su supremo cargo eclesiástico enajenó gran parte del tesoro pontificio para atender sus deudas de juego y continuar su escandalosa vida. Durante todo su papado, dominó Roma ayudado por una pandilla de asesinos a sueldo y convirtió el palacio pontificio, en palabras de sus enemigos, «en un burdel repleto de sus muchas amantes». Incluso se llegó a afirmar que este depravado papa violaba a las peregrinas en el propio templo de San Pedro. Cierto día, a comienzos de mayo del año 964, Juan XII fue sorprendido *in fraganti* por el esposo de la dama con quien yacía en el lecho. El indignado esposo, sin atender a tiaras ni purpúreas santidades, la emprendió a golpes con el pontífice, propinándole tal paliza que Juan XII murió tres días después a consecuencia de los golpes.

La gestión de Francisco de Sandoval y Rojas, duque de Lerma (1552-1623), como favorito de Felipe III, se caracterizó por su notoria inmoralidad y corrupción, protagonizando estafas y toda clase de malversaciones del erario público, subidas de impuestos fraudulentas, nepotismos y ventas de cargos públicos, gracias a todo lo cual amasó una fabulosa riqueza personal. Cuando fue destituido y sustituido por su hijo, Cristóbal de Sandoval y Rojas (?-1624), duque de Uceda (que tampoco fue, en su breve dominio, un dechado de moralidad), consiguió ser nombrado cardenal por el papa Pablo V (1552-1621) para evitar ser procesado. Sin embargo, lo sería años después, en tiempos de la privanza del Conde-Duque de Olivares, ya con Felipe IV en el trono. Sandoval fue condenado a pagar al fisco 72.000 ducados anuales, más los atrasos de veinte años (los que duró su gobierno), por las rentas y caudales adquiridos en su ministerio.

El emperador romano Cayo Julio César Germánico *Calígula* (12-41), llamado así por las *cáligas* o sandalias que utilizaba de niño, comenzó su reinado ganándose la aprobación del pueblo con amnistías y fiestas, pero pronto, sin duda por enfermedad mental, se entregó a la crueldad y la depravación. Mandó matar a su coheredero Tiberio Gemelo y a Macrón, prefecto pretoriano, que le había impulsado al trono; violó a una de sus hermanas, Drusila, con la que mantuvo posteriormente relaciones incestuosas, mientras a las otras las convertía en prostitutas; se hizo dar los epítetos *Optimo* y *Máximo,* hasta entonces reservados a Júpiter; agobió al pueblo con impuestos arbitrarios; nombró cónsul a su caballo Incitatus... El catálogo de excentricidades, crueldades y depravaciones es infinito. Por ejemplo, solía obligar a muchas de las mujeres casadas de su corte a mantener relaciones sexuales con él y después iniciaba en nombre del marido los trámites de divorcio bajo la acusación de adulterio. Baste decir, por último, que no se cansaba de proclamar que hubiera deseado que el pueblo romano tuviera sólo una cabeza para poder cortarla de un solo tajo. En el año 41, una de las muchas conspiraciones pretorianas que intentaron derribarle tuvo éxito, y Calígula murió asesinado.

Paul Verlaine (1844-1896) es uno de los más grandes poetas que ha dado la literatura francesa. Sin embargo, su actuación como hombre y especialmente como marido no fue ni mucho menos ejemplar. Se casó en 1870, a los 25 años de edad, con Mathilde Mauté, de 16. Y bien pronto dio a conocer a su esposa su violencia y su destructiva afición al alcohol. Se ausentaba sin explicación y la golpeaba casi como costumbre. Una semana antes del nacimiento de su único hijo, propinó tal paliza a su esposa que a punto estuvo de matar a madre e hijo. Cuando su hijo, Georges, tenía escasamente tres meses, le lanzó contra una pared, en un acceso de furia. En otra ocasión, trató de quemar el cabello de su esposa. Cada día más desequilibrado, Verlaine fue descuidando progresivamente su persona, sin lavarse ni cambiarse de ropa entre borrachera y borrachera, hasta que su vida dio un espectacular vuelco al enamorarse (según dijo, «por primera vez en su vida») de un muchacho de 17 años, recién llegado a París y excepcionalmente dotado para la poesía: Jean Arthur Rimbaud (1854-1891), con quien mantuvo una larga relación destructiva, de carácter sado-masoquista. Esclavizado por su amado Rimbaud, Verlaine invitó a su joven amigo a vivir en su propia casa, junto a su esposa e hijo. Rimbaud, no satisfecho con ello, sufragaba sus gastos robándole cosas, incluida una cruz de marfil que había pertenecido a la familia de

Mathilde durante generaciones. En 1872, Verlaine abandonó definitivamente a su familia, marchándose con su amante, con el que vivió una explosiva relación, marcada por los celos y las continuas peleas, hasta que, intoxicado de absenta, disparó sobre Rimbaud tras descubrir que éste le era infiel con otro muchacho, hiriéndole en una muñeca. Aunque la herida de Rimbaud no fue muy importante, Verlaine hubo de purgar dos años en la cárcel por intento de asesinato.

Verlaine, al salir de la cárcel, volvió a escribir poesía y en 1896, a los 52 años, moría en brazos de su última amiga, Eugenia Krantz, una prostituta retirada que le acompañó en sus últimos años. Mientras tanto, Rimbaud, abandonando la poesía, la homosexualidad y la vida bohemia, e incluso el país, y tras recorrer Europa enrolado en un circo, iniciaba un oscuro negocio de tráfico de armas en Etiopía, durante el cual perdería una pierna, para acabar muriendo en Marsella a los 37 años de edad. El hijo de Verlaine, Georges, que durante algunos años trabajó de jefe de estación en el metro de París, acabó alcoholizado como su padre y murió en 1926. Mathilde, por su parte, pudo rehacer parcialmente su vida, volviéndose a casar a los 33 años con un contratista de obras, llamado Delponte, con quien tuvo dos hijos, pero del que finalmente también se divorció.

En el año 1014, Basilio II de Constantinopla (958-1025) decidió acabar de una vez por todas con una guerra que había enfrentado a su pueblo durante cuarenta años con los búlgaros. Para quebrantar la moral de los enemigos, cegó a la mayoría de los 15.000 prisioneros que estaban en su poder, exceptuando a 150; éstos perdieron *solamente* un ojo. Cada 100 prisioneros ciegos fueron guiados por uno tuerto en su camino de regreso a Ohryd, la capital de la antigua Bulgaria, cuyo gobernante, Samuel, había recibido aviso de que su ejército regresaba. Samuel Esteban (979-1014) salió al encuentro de sus huestes y se halló, ante su desesperación, con un ejército de indefensos ciegos. Al parecer, le impresionó tanto el espectáculo que sufrió un ataque cardiaco y murió allí mismo dos días después. Por esta y similares *hazañas,* Basilio II pasó a la historia con el sobrenombre de *Bulgaróktonos,* es decir, "Matador de búlgaros".

El sultán selyúcida Key Coubat I ha pasado a la historia por fabricar 300 tiendas de campaña para su ejército con los testículos y escrotos de 30.000 enemigos capturados en batalla.

El faraón Menopto, que reinó en Egipto en el siglo III a. de C., tras vencer a sus enemigos los sirios, mandó cortar unos 13.000 penes, trofeo que exhibió para demostrar su gran victoria.

La emperatriz romana Teodora (500?-548), esposa de Justiniano I, aunque probablemente nació en Chipre, pasó su juventud en Constantinopla con su madre, una prostituta que vivía amancebada con el guardián de una casa de fieras, llamado Acacio. Tras la temprana muerte de éste, Teodora ayudó al mantenimiento de su familia con diversos trabajos, destacando como actriz y bailarina, aunque más por los escándalos eróticos que protagonizaba que por su calidad artística. Tras pasar algún tiempo en el norte de Africa con uno de sus amantes (Eubolo o Hacébolo), volvió a Constantinopla y conoció y cautivó al por entonces senador Justiniano, quien enseguida se propuso desposarla. Sin embargo, la ley romana prohibía el matrimonio de los senadores con actrices o cortesanas. Movido por su amor, Justiniano consiguió que su padre adoptivo, Justino, el emperador gobernante, derogase dicha ley. No obstante, todavía hubo de enfrentarse a la opinión de Eufemia, la emperatriz, que se opuso firmemente a su matrimonio con una cortesana plebeya. Justiniano obvió este nuevo inconveniente haciendo nombrar a Teodora patricia. Y así, por fin, el matrimonio pudo celebrarse, con lo que cuando poco después Justiniano fue elevado al trono imperial, su esposa, otrora cortesana, se convirtió en emperatriz. Según las crónicas, esta mujer, de gran belleza, poseía mucha inteligencia y gran fuerza de voluntad, aunque también soportó una justa fama de mujer cruel, depravada y ambiciosa. En su calidad de emperatriz, impulsó una gran relajación moral en todo el imperio, mientras que se constituyó en adalid y defensora de las esposas infieles. Enemiga convencida de las severas leyes romanas contra el desnudo total, se cuenta que solía mostrarse en público vestida exclusivamente con una cinta y que, en muchas fiestas campestres, abría sus *puertas de Venus* a más de diez jóvenes en una sola tarde, cuando no se preocupaba de satisfacer a unos treinta esclavos cada noche. Finalmente, cambió radicalmente su comportamiento, abrazando el cristianismo y convirtiéndose en un dechado de moralidad y en una defensora a ultranza de los valores morales cristianos.

La palabra *sadismo* proviene del apellido del Marqués de Sade [Donatien Alphonse François, (1740-1814)], que en realidad era conde y no marqués, y cuya vida y obra reflejan con total exactitud todo aquello que representa este tipo de comportamiento sexual desviado, hecho que le acarreó no pocos castigos y penalidades. Educado por su tío, el abate de Sade, que le dio una formación humanística muy completa, inició la carrera militar que hubo de abandonar pronto por su escandalosa vida. En 1763 se casó con Renée Pelagie, a la que abandonó por su hermana. En 1772 un tribunal de Marsella le condenó en rebeldía a la pena capital por sodomía y envenenamiento. Detenido en 1778 por disoluto, a instancias de su propia madre biológica (que era monja) fue encarcelado en la famosa Bastilla, donde escribió sus más pornográficas e inmorales obras. Liberado en 1790, participó en la Revolución, pero en 1793 fue de nuevo encarcelado por los jacobinos. En 1801, Napoleón ordenó su ingreso en el asilo de dementes de Charenton, donde acabó su vida.

El zar Pedro I *El Grande* (1672-1725), al conocer la infidelidad de su amante, lady Hamilton, la hizo decapitar, pero, aún enamorado de ella, conservó su cabeza en un frasco de alcohol, que mantuvo en su dormitorio durante años como recordatorio y aviso para el resto de sus muchas amantes. Poco después, descubrió que su segunda esposa, Catalina (que le sucedería en el trono como Catalina I), le era infiel con su caballero de cámara, William Mons. Inmediatamente ordenó que éste fuera decapitado y su cabeza introducida en otro frasco de cristal, colocándolo en el dormitorio de la zarina.

La condesa húngara Erzsébet Báthory (1560-1614), que ha pasado a la historia con el sobrenombre de *La condesa sangrienta* por haber asesinado a lo largo de su vida a 610 doncellas, desangraba a sus víctimas y se bañaba en su sangre, porque según ella este era un método infalible para conservar su belleza y juventud para siempre. Por tan horrendo crimen, la condesa fue condenada en 1610 a cumplir una condena de cadena perpetua, prácticamente emparedada en sus aposentos, mientras que sus encubridores (plebeyos) eran quemados vivos.

Según el testimonio del cronista romano Suetonio, no siempre fiable, pero sí curioso, el emperador Tiberio (42 a. de C.37) tenía una desmesurada afición al vino, lo que le hizo despreocuparse ostensiblemente de sus obligaciones imperiales. Se cuenta que llegó a tal punto su consumo diario de alcohol que era conocido por los soldados de su guardia como *Biberius Caldius Mero* (en vez de su nombre real Tiberius Claudius Nerón).

En cierta ocasión una cortesana griega llamada Lamia tasó sus servicios profesionales en el equivalente a unos 40 millones de pesetas actuales al ser requerida por el rey de Macedonia, Demetrio I *Poliorcetes* (337-283 a. de C.), quien, conforme con el precio, gravó con un impuesto especial el jabón para poder conseguir dicha suma.

En un censo efectuado en la ciudad de Roma en 1490 por encargo del papa Inocencio VIII, se contabilizaron 6.800 cortesanas, prostitutas y concubinas al servicio del disoluto clero romano. Un siglo después, se censaron en Venecia 11.600 cortesanas (un número doce veces superior al de esposas legales existentes en esa ciudad italiana). Según los relatos históricos, la ciudad continuó así durante mucho tiempo. La Venecia del siglo XVIII era también una sociedad depravada y de costumbres muy relajadas. Abundaban el juego y las apuestas más variadas a las que todos, jóvenes o viejos, laicos o seglares, se entregaban. Por ejemplo, una noche de 1762, el abad Grioni apostó toda su ropa a la ruleta, la perdió y no tuvo más remedio que regresar a su monasterio totalmente desnudo. En aquel contexto, monjas con vestidos escotados y adornadas con perlas y otras joyas competían entre sí por el *honor* de servir como amantes a cualquier nuncio papal. Igualmente se consideraba una deshonra para la mujer casada con un patricio no tener un *cicisbeo,* es decir, una combinación muy al gusto de la época entre amante y gentilhombre de servicio.

En el corto periodo de seis años, el valido de Carlos IV, Manuel Godoy (1767-1851), por intercesión de la reina consorte María Luisa de Parma (1751-1819), con quien protagonizó una larga y apasionada relación amorosa, obtuvo los siguientes empleos, honores, títulos y prebendas: secretario de la reina; gentilhombre de cámara; regidor perpetuo de Madrid, Santiago, Cádiz, Málaga y Écija; consejero de estado; superintendente general de Correos y Caminos; primer Secretario de Estado y del Despacho; inspector y sargento mayor del Real Cuerpo de Guardias de Corps; capitán general de los Reales Ejércitos; Almirante de España e Indias (con tratamiento de Alteza); caballero comendador de la Orden de Santiago; caballero de la gran cruz de la Orden de Cristo y de la religión de San Juan; caballero de la gran cruz de la Orden de Carlos III; caballero de la Orden del Toisón de Oro; Grande de España de primera clase; señor del Soto de Roma y del estado de Albalá; duque de Alcudia, de Sueca y de Evoremonte, y príncipe de la Paz y de Basano.

Hacia 1878, la Patagonia sufrió una ola de terror causada por un gran número de matones, pistoleros y sujetos similares a los que los hacendados pagaban una libra esterlina por cabeza de indio. Los colones enviaban después sus cráneos al Museo de Antropología de Londres, que les abonaba hasta ocho libras por cada uno.

Según sus biógrafos, la cojera que padeció desde la infancia el poeta inglés Lord Byron (1788-1824), causada por un encogimiento del tendón de Aquiles, alteró su personalidad, siendo una de las causas de su carácter excéntrico e hipersensible. Por esta malformación Byron nunca pudo perdonar a su madre, a la que culpaba por haber llevado corsé durante el embarazo. Byron descubrió la sexualidad a la temprana edad de 9 años en brazos de su niñera, May Gray, de 17. A partir de ahí inició una larga carrera de desenfreno en varias vertientes, pues Byron era bisexual, pederasta y buen degustador del adulterio (sus grandes amantes fueron todas casadas). Entre sus amores juveniles el propio Byron recordó siempre a sus primas Mary Duff y Margaret Parker y, sobre todas, a Mary-Ann Chaworth, de quien se enamoró a los 15 años. Mientras tanto, en el colegio reunía a su alrededor toda una corte de admiradores (los condes Delawarr y Clare, el monaguillo John Edleston...). Al finalizar sus estudios, inició un largo viaje por Portugal, España, Malta, Albania y Grecia, en cuyo transcurso sus principales romances ocurrieron en Grecia (tres muchachas menores de 15 años, Teresa, Mariana y Katinka, y algunos muchachos, como Niccolo y Eustache). De vuelta a su país, fue a vivir con él su hermana, Auguste Leigh, casada y con tres hijos, quien, tras convivir unos meses, marchó embarazada. Poco después, Byron pareció estabilizarse al contraer matrimonio con Anne Isabelle Milbanke (1792-1860), una reputada matemática. Pero el matrimonio a penas duró un año. A punto de dar a luz su mujer, le gritaba que ojalá muriera en el parto y que el niño naciera muerto, prometiendo maldecirla si el niño sobrevivía. Cuando al fin su esposa dio a luz una hija, Auguste Ada Lovelace (que posteriormente se haría también famosa como colaboradora del gran matemático Charles Babbage), Byron afirmó: «¡Un instrumento más de tortura que me viene de vos!».

Pronto llevó a vivir con ellos a su hermana Auguste, formándose un extraño *menagè a trois*, que divertía sus noches en escandalosas diversiones. Una de las más recatadas era la de hacer que las dos mujeres compitiesen entre sí en un *original* concurso de besos, con él de jurado y parte a la vez, y que invariablemente acaba con la *victoria* de su hermana. Pero ese explosivo cóctel acabó con la marcha de Auguste y la expulsión de Anna Isabelle a casa de sus padres. A partir de entonces los comentarios sobre las relaciones incestuosas y adúlteras con su hermana, de las que había nacido una niña, Medora, se hicieron incontenibles. A causa de este escándalo, Byron tuvo que abandonar Inglaterra para siempre. Como última prueba de su excentricidad, se marchó de una forma nada discreta, como no podía ser menos de acuerdo a su carácter provocador. Partió en su lujoso carruaje, que contenía una cama, una biblioteca y facilidades completas para cocinar y comer. Marchó exiliado primero a Suiza, donde vivió con su amante, Clara, y con el también poeta Percy Bysshe Shelley y su mujer, Mary (la famosa creadora del arquetipo literario del monstruo de Frankenstein). Pero se las arregló para compartir su lecho, además, con una larga serie de mujeres (Mariana Segati, Margarita Cogni y la joven condesa Guiccioli, todas ellas casadas) y de hombres (entre ellos, Loukas Chalandristanos, un joven griego de apenas 15 años).

Casada a los 16 años con su primo Francisco de Asís, conocido popularmente, por razones obvias, con el mote de *Doña Paquita,* la reina española Isabel II (1830-1904) se entregó durante toda su vida a una serie de romances e idilios, más o menos conocidos, con distintos personajes palaciegos y con algunos menos escogidos. Uno de sus más conocidos amantes fue el general Francisco Serrano (1810-1885) –conocido como *El General Bonito*–, del que se enamoró aún antes de su boda y al que colmó de favores hasta convertirlo, sin duda, en el hombre más poderoso de la España de la época, poniendo el gobierno en su poder. Incluso un rumor falso llegó a asegurar que el general Serrano era el padre del que luego sería Alfonso XII.

En el año 193 de nuestra era, la guardia pretoriana romana, formada por unos 12.000 jóvenes guardias personales de los césares, se rebeló contra el emperador Pertinax (126-193), asesinándole 87 días después de haberle elevado al trono. Ante el vacío de poder y optando diversos candidatos a su sucesión, se decidió poner a pública subasta el trono ese mismo año. Hubo dos postores principales: el suegro del emperador asesinado y Didio Juliano (133-193), el senador más rico de Roma. Tras una encarnizada puja, Juliano ganó con una oferta de 300 millones de sestercios, siendo elegido consecuentemente emperador. Sin embargo, su impopularidad, unida al hecho de que no llegara a satisfacer totalmente el importe de su compra, hizo que su imperio sólo durase 66 días. Un general romano que se hallaba en la ciudad iliria de Panonia, enterado de tan infamante subasta, volvió a Roma con sus legiones e hizo decapitar al emperador, proclamando a Septimio Severo (146-211), padre de Caracalla y el único africano que ocupó en toda su historia el trono romano.

PIONEROS

El médico francés de la corte de Luis XIV J. B. Denis fue el primero en realizar en 1667 una transfusión de sangre al inyectar cerca de un cuarto de litro de sangre de cordero en las venas de un muchacho agonizante, que recuperó al poco tiempo su salud.

Un castrador de cerdos de la ciudad suiza de Turgovia, Nufer Alespachin, fue el primer hombre del que se conozca su apellido que realizara una operación de cesárea moderna. En 1500, en efecto, se la realizó a su esposa Elizabeth, siguiendo similar método que el que venía utilizando con las cerdas que criaba.

El 3 de diciembre de 1967, el doctor sudafricano Christian Neethling Barnard (1922) realizó el primer trasplante de corazón de cierto éxito de la historia. Un hombre de 55 años llamado Louis Wanshkansky, que padecía una enfermedad coronaria mortal a corto plazo, recibió el corazón de una mujer, Denise Ann Darvall, de 25 años, fallecida horas antes en un accidente de automóvil. Wanshkansky sobrevivió 18 días.

El 2 de diciembre de 1982, un equipo encabezado por el doctor William De Vries implantó un corazón artificial al dentista jubilado Barney Clark, de 62 años. El aparato, llamado *Jarvik 7* (en honor de su inventor, Robert Jarvik), hecho de poliuretano, dacron y velcro, reemplazó los ventrículos del enfermo, que sobrevivió hasta el 23 de marzo de 1983, es decir, 112 días.

El 17 de diciembre de 1986, la paciente Davina Thompson sobrevivió a un triple trasplante de corazón, pulmón e hígado, efectuado en el *Papworth Hospital* de Cambridge, en Inglaterra. El 31 de octubre de 1987, el niño de tres años Tabatha Foster fue sometido con éxito a un trasplante múltiple de hígado, páncreas, intestino grueso, intestino delgado y parcial de estómago, en el *Children's Hospital* de Pittsburgh, en los Estados Unidos.

A las 11:47 del 25 de julio de 1978, nacía por césarea Louise Jay Brown, la primera niña-probeta, en el Hospital General de Oldham, en Lancanshire, Inglaterra, pesando al nacer 2 kilos 600 gramos. Seis años después, Victoria Ana Perea Sánchez fue la primera niña probeta española, al nacer el 12 de julio de 1984, en la Clínica Dexeus de Barcelona, pesando 2 kilos 470 gramos. Desde que el obstreta británico Patrick Steptoe y el biólogo Robert Edwards trajeran al mundo a Luise Brown, más de 31.000 *niños-probetas* más han nacido en todo el mundo.

El primer nacimiento extraterrestre de un ser vivo que se conoce se produjo en un satélite soviético, dentro del experimento bautizado *Incubadora II*. Se trató de un pichón de codorniz.

Hasta la reciente fecha de 1978 no se pudo decir que habían nacido seres humanos en todos los continentes del planeta. En efecto, hasta ese año, en que nació el niño Emilio Marco Palma en una base argentina de la Antártida, el continente blanco no había visto surgir la vida humana nunca, al menos por lo que los anales históricos registran.

Los baños de mar se pusieron de moda en Francia, y luego en todo el mundo, a partir de 1824, cuando la duquesa de Berry inició la costumbre de tomarlos en la playa de Dnieppe.

El primer anuncio escrito que se conoce data del año 3000 a. de C. Es el contenido en un cartel encontrado en las ruinas de la ciudad egipcia de Tebas, que ofrece la recompensa de una moneda de oro a quien capture y devuelva a su amo un esclavo huido llamado Shem.

El primer trasplante de córnea de la historia fue efectuado con éxito en 1835 por un cirujano del ejército británico en la India. Este oficial tenía un antílope tuerto como mascota, dándose la circunstancia de que su córnea sana presentaba muchas cicatrices, por lo que el animal terminó por quedarse ciego. Ante tal circunstancia, el cirujano extrajo la córnea de un antílope muerto y la trasplantó al ojo de su mascota con total éxito, consiguiendo que el animal pudiese volver a ver.

Un esclavo de Cicerón, llamado Marco Tulio Tirón (91 a. de C.-4), que solía actuar de secretario del sabio romano, desarrolló un sistema de escritura abreviada (formado por unos cinco mil signos distintos), que permitía resumir y copiar rápidamente textos de cartas y discursos con gran exactitud, y que es considerado como el primer antecedente conocido de la actual taquigrafía, siendo llamado desde entonces con el nombre de *Notas Tironianas.* Se sabe que Tirón utilizó este sistema ya el 5 de diciembre del año 63 a. de C. en el Senado, cuando éste debía decidir la suerte del conspirador Catilina. Tirón, por encargo de su amo, utilizó su sistema taquigráfico para tomar un registro exacto y fiel de todas las diligencias y de todo lo dicho en los discursos. Se cuenta que Cicerón premió la utilidad del invento de su fiel esclavo otorgándole la libertad.

Entre los cinco mil signos utilizados por Tirón se hallaba el símbolo & –correspondiente a la conjunción copulativa *y*–, que es, sin duda alguna, el signo más antiguo que representa a una palabra y, además, uno de los símbolos de cualquier género más habituales en todo el mundo.

Con el tiempo, las *notas tironianas* se enseñaron en las escuelas durante toda la Edad Media, junto a otro método similar desarrollado por el Papa Silvestre II. Por cierto, los expertos en el uso de estas notas fueron llamados *notarios,* y ése es el origen de la palabra castellana actual.

Alrededor del año 3650 a. de C., el legendario emperador chino Huang Ti afirmó que la sangre del cuerpo humano, fluyendo en un circuito, era bombeada por el corazón. Hasta 4.000 años después, este conocimiento no se generalizaría en

Occidente. En 1616, William Harvey (1578-1657) aportó la primera evidencia de que esto era realmente así.

El primer hombre que afirmó, hasta donde se sabe, que la Tierra no era plana, sino esférica, fue el filósofo griego Anaximandro de Mileto (610-547 a. de C.) que, alrededor del año 560 a. de C., insistió en que nuestro planeta tenía esa forma.

En el año 230 a. de C., el filósofo griego Eratóstenes (276-186 a. de C.) ya calculó con gran precisión el tamaño real de la Tierra, mediante el estudio de las sombras del sol en diferentes lugares el mismo día.

El primer griego que observó el fenómeno de las mareas en el océano Atlántico fue el navegante y astrónomo Piteas, al comienzo del siglo III a. de C., explicando de modo correcto su origen. Se adelantó unos 2.000 años a Newton en esta aseveración.

Benjamin Franklin (1706-1790) fue quien denominó *Gulf Stream* ("Corriente del Golfo") a la corriente marítima que, proveniente de la costa norte de América, trae aguas templadas a las costas europeas. De hecho, Franklin fue el primero en trazar y publicar, en 1769, una carta de navegación en la que se representaba esta corriente oceánica. El sabio estadounidense había notado que los barcos norteamericanos cruzaban por regla general el Atlántico en dos semanas menos que el tiempo que solían tardar los barcos europeos en hacer la travesía inversa. Buscando una explicación a ello, comprobó que los patrones americanos buscaban y se aprovechaban de una fuerte corriente marítima en su camino hacia Europa y que, sin embargo, rehuían esta corriente cuando hacían el viaje de regreso. Franklin realizó precisas mediciones de temperatura y observó los cambios de color de las aguas y pudo así trazar en una carta marítima el curso de lo que llamó "Corriente del Golfo".

El primer concurso internacional de belleza fue convocado por el controvertido empresario estadounidense de espectáculos Phineas T. Barnum. Este primer concurso moderno del que ha quedado constancia se celebró en los Estados Unidos en junio de 1855, actuando como jurado el propio público del evento. Actualmente, los concursos con mayor número de participantes anuales son los de *Miss Mundo* y *Miss Universo* (creados en 1951 y 1952, respectivamente)

Hacia el año 1150 a. de C. los artesanos sepultureros de Tebas y algunas otras ciudades del Antiguo Egipto protagonizaron el primer conflicto laboral que se recuerda, al reclamar mayores salarios y mejores condiciones de trabajo.

El director de orquesta griego Aristos protagonizó en la antigua Roma hacia el año 300 a. de C. la primera huelga personal que se recuerda. Aristos se negó a seguir trabajando si no se le concedía tiempo suficiente para poder comer. El huelguista consiguió su objetivo.

El primer presidente de la historia que recibió oficialmente dicho título en el mundo fue el estadounidense George Washington (1732-1799). Era tan novedoso este cargo, que incluso no fueron pocos los que propusieron que George Washington fuera nombrado rey de los Estados Unidos.

El primer pirata que enarboló la conocida enseña de los corsarios –una calavera y dos tibias blancas cruzadas– fue el francés Emmanuel Wynne en el año 1700.

El primer tratado conocido sobre la interpretación de los sueños se debe al griego Artemidoro de Éfeso, también conocido como *Daldiano,* que publicó su obra *Onirocriticón* en el siglo II de nuestra era.

El primer instituto de belleza conocido fue abierto en París por una dama de compañía de Catalina de Medicis, llamada Catalina Caligai.

El primer restaurante en el sentido moderno del que se tiene noticia abrió sus puertas en París en 1765, cuando un mesonero apellidado Boulanger, abrió una casa de comidas y colocó un letrero a su puerta en el que se leía en bajo latín: «Venite ad me omnes qui stomacho laboratis et ego restaurabo vos» ("Venid a mi casa hombres que tenéis el estómago débil y yo os restauraré"). La frase tuvo éxito y desde entonces las casas de comidas pasaron a llamarse "restaurantes" y los cocineros "restauradores". Por cierto, según el Libro Guinness, el restaurante más antiguo del mundo aún en funcionamiento es *Casa Botín* de Madrid, que fue fundado en 1725.

En 1982 se creó el primer animal transgénico de la historia, mezclando genéticamente los caracteres de varios de ellos. A finales de ese año, los doctores

Palmiter y Brinster inyectaron el gen de la hormona de la rata en huevos recién fecundados, naciendo de ellos los llamados *ratones transgénicos*, unos ejemplares gigantes. Asimismo, el primer animal inscrito en un registro de patentes fue una ostra. En abril de 1988, la universidad estadounidense de Harvard obtuvo la primera patente de un animal manipulado genéticamente, el llamado *ratón myc*, una criatura portadora de oncogenes, es decir, de genes humanos capaces de provocar el cáncer.

El primer ventrílocuo moderno que recuerda la historia que utilizara muñecos fue el barón Von Mengen, teniente coronel de los Ejércitos imperiales austriacos, que vivió en Viena en la segunda mitad del siglo XVIII.

La carta personal más antigua que se conserva fue escrita por un soldado egipcio alrededor del año 2400 a. de C. En ella, además de otras consideraciones de índole personal, se queja de la mala calidad de los uniformes.

El sacerdote y biólogo italiano Lázaro Spallanzani (1729-1799) demostró en la tardía fecha de 1779 que el semen era necesario para la fertilización. En 1785, Spallanzani llevó a cabo con éxito la primera inseminación artificial que la historia recuerda. En aquel año, Spallanzani inyectó semen de perro directamente en el aparato genital de una perra aislada conveniente en un cuarto cerrado. Al cabo de 62 días la perra dio a luz dos machos y una hembra.

La escocesa Marie Charlotte Carmichael (1880-1958), doctorada a los 24 años en la universidad de Munich en paleobotánica, desarrolló su primer trabajo en Japón estudiando fósiles. Poco después se casó con un antiguo compañero de estudios. Sin embargo, el matrimonio no pudo ser consumado por la impotencia del marido, y sería anulado muy pronto. Motivada por esta decepción, varió el sentido de sus estudios y se dedicó al estudio de la sexualidad matrimonial, publicando un manual de vida conyugal, *Married Love* ("Amor Conyugal"), que obtuvo un gran éxito de ventas. A los 37 años, volvió a contraer matrimonio con un aviador de 40, Humphrey Verdon Roe, con cuya colaboración publicó en 1918 su segundo libro, *Wise Parenthood* ("Paternidad Responsable"), una guía práctica de métodos anticonceptivos que, además de resultar uno nuevo éxito de ventas, atrajo no pocas iras puritanas y religiosas. Pese a ellas, Marie Carmichael y su marido abrieron en Londres, tres años más tarde, en 1921, la primera clínica de control de natalidad de la historia.

PRODUCTOS DE GRAN CONSUMO

Las semillas de café, cuyas propiedades y cualidades fueron descubiertas, según la tradición árabe, por un pastor de cabras etíope llamado Kaldi en el año 850, eran masticadas por sus antiguos consumidores, que aún no habían reparado en la posibilidad de preparar infusiones con ellas. Parece ser que, hasta el siglo XIII en que lo hicieron los árabes, nadie probó a cocer los granos de café para beberse el líquido resultante.

Desde Etiopía, el café pasó a Arabia con el nombre de *kawa,* haciéndose famoso el cosechado en la ciudad de Moka, en el actual Yemen (hasta el punto de que hoy en día el nombre de esta ciudad es sinónimo de café). El consumo de café llegó a Europa por dos vías distintas: por Venecia, a finales del siglo XVI, a través del comercio de sus mercaderes, siendo utilizado principalmente como medicamento, especialmente como digestivo; y por Viena, ciudad cuyos habitantes, al conseguir levantar el cerco a que los tenían sometidos los turcos, se encontraron en el campamento de éstos centenares de sacos abandonados. Un héroe local, Kolschitzky, reclamó su posesión como recompensa de sus acciones y trató de popularizar su consumo, cosa que no consiguió del todo hasta que ideó colar la infusión, haciendo desaparecer los posos que desagradaban a sus conciudadanos (esta modalidad de café colado pasó a ser conocida como "a la vienesa"). Pero desde entonces, y durante algunos siglos, el consumo de café levantó grandes polémicas entre detractores y defensores. Por ejemplo, en la Turquía de los siglos XVI y XVII, su consumo fue castigado con pena de muerte.

Mucho antes de que los califas de Bagdad denominaran sorbetes *(sharbets)* a los refrescos de nieve y zumo de frutas, ya los chinos los elaboraban desde aproximadamente el año 2500 a. de C. Su principal especialidad eran los aromatizados con canela. También se conoce el dato de que Alejandro Magno hacía elaborar sorbetes para sus tropas y de que el emperador romano Nerón hacía traer nieve de las montañas albanesas y de los glaciares alpinos para ofrecer sorbetes a sus invitados. Durante el reinado de Carlos V se fabricaban en España sorbetes con ayuda de la nieve que se traía de ciudades de montaña, lo que hizo surgir el oficio de nevero, entre los que destacó el catalán Pablo Xarquies, que fundó en Madrid unos depósitos subterráneos de hielo para abastecer el mercado local.

La base del sorbete siguió siendo la nieve mezclada con frutas y miel hasta que Marco Polo introdujo en Italia el método chino que permitía refrigerar todo tipo de mezclas. Siglos más tarde, en 1651, surgió el helado moderno cuando un cocinero francés que servía en la corte inglesa inventó el primer helado de crema de leche de la historia. Con la apertura en 1672 de la primera heladería de París, fundada por el siciliano Procopio de Coltelli en la *Rue des Fosser Saint Germain*, frente a la Comedia Francesa, el helado pasó a ser también un manjar al alcance de los menos pudientes. En España, destacó la heladería del napolitano Tortoni, abierta en 1789 frente al Palacio Real madrileño, que se especializó en una galleta rellena de helado, claro antecedente del helado al corte actual. Finalmente, en 1923 surgió el polo (helado de hielo con un palo en su centro), por iniciativa comercial del confitero estadounidense Harry Bust, de la ciudad de Youngstown, en Ohio.

En la Edad Media, los garbanzos, como otros muchos alimentos, fueron catalogados como afrodisíacos, considerando que su ingestión producía un aumento de la cantidad de semen.

En 1853, el chef George Crum trabajaba como jefe de cocina del restaurante *Monn Lake Lodge's* de la localidad turística de Saratoga Springs, en el estado norteamericano de Nueva York. En cierta ocasión, uno de los clientes, de carácter muy exigente y de actitud poco amable, se quejó con obstinación del grosor de las patatas fritas que le servían. Dispuesto a dejar de oír tales quejas, Crum decidió cortar las patatas en rodajas de un grosor cuan fino fuera posible. Ante la sorpresa del cocinero, ese tipo de patatas, muy doradas, no sólo gustaron al cliente en cuestión, sino a muchos de los demás comensales, que a partir de entonces pidieron que se las preparan así. De hecho gustaron tanto que las patatas *a la Saratoga* o patatas *saratoga chips* se convirtieron en la especialidad de este restaurante. Desde allí, se fueron haciendo populares en todo el país, hasta que con la invención en 1920 de la mondadora de patatas mecánica se hizo posible fabricarlas en grandes cantidades y venderlas empaquetadas en la forma que hoy todos conocemos.

El *perrito caliente* o *hot-dog* fue inventado en la ciudad de Nueva York, hacia 1906, por Harry Mozely Stevens, concesionario de puestos de bocadillos en los estadios de béisbol, con el nombre de *dachhundsauages* (salchichas *perro-salchicha).* En 1913, la Cámara de Comercio de Coney Island prohibió el término inventado por Stevens, pues podía inferirse de él que las salchichas estaban hechas con carne de perro-salchicha, no *en forma de* perro-salchicha. Se dice que su actual nombre se debe al caricaturista deportivo Thomas Aloysius Dorgan, más conocido con el seudónimo de *Tad.*

Parece ser que fue un monje español del Císter, un tal fray Aguilar, que había viajado como misionero por México, quien envió a su congregación del aragonés Monasterio de Piedra las primeras muestras de cacao y las primeras recetas, iniciándose así la tradición chocolatera cisterciense y la de su rama reformada de la Trapa. Por su parte, las monjas del convento de Guajaca fueron las primeras en tener la idea de añadir azúcar (otro nuevo producto americano) al chocolate, eliminando el sabor amargo y acre del cacao que originalmente tomaban los indígenas americanos.

Tal vez uno de los más populares embutidos actuales en todo el mundo sea la salchicha de Francfurt que, pese a su nombre, fue inventada en la localidad también alemana de Neu-Isenberg, bastante al sur de Francfurt. Allí, en 1860, un carnicero llamado Georg Adam Müller produjo la primera salchicha ahumada de Francfurt, con su tradicional color rojizo y el grosor de un dedo, combinando en su interior un 75% de carne magra de cerdo y un 25% de grasa, más sal, pimienta y nuez moscada.

Betsy Flanagan trabajaba de camarera en un modesto bar de Westchester County, en el estado norteamericano de Nueva York, durante la Guerra de Independencia norteamericana. En su trabajo tenía la costumbre de remover las bebidas que preparaba con una pluma de cola de gallo. Cierto día, un soldado francés que formaba parte de un grupo de clientes, al probar el combinado que le acababa de preparar Betsy, gritó mezclando inglés y francés: «Vive le cock's tail!» (es decir, «¡*Viva la cola de gallo*!»), frase que tuvo fortuna y rápidamente se hizo popular entre los soldados combatientes en aquella guerra, designando genéricamente a partir de entonces a todos los combinados alcohólicos o *cócteles.*

El whisky aparece mencionado por primera vez en los documentos de la casa real de Escocia de 1494. Pero desde el principio la historia de esta bebida estuvo llena de conflictos. Tan sólo seis años después de esa fecha, las autoridades escocesas prohibieron su venta «a cualquier persona que no sea barbero o cirujano», intentando pues circunscribir su consumo al uso farmacológico. Obviamente, tal decreto no tuvo éxito. Como tampoco lo tuvo la iniciativa legislativa del Parlamento escocés de 1579 que prohibía la fabricación del *agua de la vida* a todos sus súbditos, exceptuando lores y gentilhombres. Por encima de prohibiciones y gravámenes abusivos, la historia del whisky se fue desarrollando sin altibajos hasta llegar a su pujanza actual.

Los españoles fueron testigos de la gran importancia que tenía la patata en la civilización inca, comprobando que, incluso, la habían divinizado con el nombre de Papamama, una diosa con forma de patata a la que adoraban y mantenían de buen humor por medio de sacrificios humanos. Pero la planta de la patata (*solanum tuberosum*) no se conoció en Europa hasta el siglo XVI, y aún entonces era considerada como una curiosidad botánica.

La más extendida versión de la llegada a Europa de la patata adjudica a los españoles (concretamente a los exploradores y colonizadores del Perú) su introducción en el Viejo Mundo. Otros cronistas, generalmente anglosajones, afirman que fueron los corsarios británicos Walter Raleigh o Francis Drake los que dieron a conocer este tubérculo en la corte de la reina Isabel I de Inglaterra hacia 1585; pero parece, más bien, que lo que dieron a conocer fue la patata dulce o batata. De lo que hay constancia es que la patata ya es mencionada en los libros de contabilidad sevillanos de 1573. Y de que el Hospital de la Sangre de Sevilla fue el primer lugar de Europa donde se sirvieron para la alimentación humana. Este hospital incluía patatas en la dieta de sus enfermos, así como en la comida gratuita que repartía entre soldados y mendigos. Todos los datos apuntan a que en 1565, Felipe II instó a los colonizadores del Perú a que le trajeran un cesto de patatas. Más tarde, el monarca español envió parte de este cargamento al papa Pío IV, enfermo, alentándole a que ingiriera aquellos tubérculos como remedio para sus males. A su vez, el papa envió al cardenal holandés Philipp de Silvry, también de salud precaria, unas patatas para aliviar su enfermedad. El jardín botánico de Viena obtuvo los tubérculos a través de éste último. Todo parece indicar que las patatas comenzaron a extenderse por Europa mediante esta larga cadena de hechos semi-fortuitos. Pronto se dieron a conocer tímidamente en Irlanda, Austria, Suiza y Alemania, donde en el transcurso de la Guerra de los Treinta Años paliaron el hambre. Los franceses comenzaron a consumirla desde que Antoine Auguste Parmentier (1737-1813), herido durante la citada guerra, sobreviviese varios meses en una granja alemana alimentándose casi exclusivamente con patatas y, agradecido al tubérculo, lo popularizase a su vuelta a Francia.

No obstante, al principio se seguía considerando la patata exclusivamente como un remedio médico. Salvo esta utilidad farmacológica, su único éxito inicial se debió a la belleza de sus flores blancas, rosa pálido y azules que, por iniciativa del rey francés Luis XVI, pasaron a ser uno de los adornos más de moda en la época. Así comenzó a cultivarse en los jardines privados de algunos aristócratas. Y de los jardines, poco a poco, fue pasando a las mesas. Sin embargo, el pueblo llano era muy remiso a su consumo, porque había probado repetidamente las bayas y las hojas y había constatado que estas partes de la planta eran venenosas, lo que les hacía pensar con cierta lógica que también los tubérculos lo serían. Incluso en algunas regiones, como en Borgoña en 1610, fue prohibido su consumo por considerarse que «su ingestión frecuente provoca lepra». Hasta la hambruna que sobrevino tras las malas cosechas de los años 1767, 1768 y 1769 no se extendería con cierta timidez su consumo generalizado. Sucesivas malas cosechas y consiguientes hambrunas fueron reforzando su papel y su importancia en los hábitos culinarios de los europeos.

Según una larga tradición árabe, un mercader que partía de viaje almacenó leche en unos odres confeccionados con panzas de cordero. Al ir a consumirla, se encontró con la sorpresa de que la leche había cuajado en una masa semi-líquida, en la que sobrenadaba un líquido blanquecino (el suero). De esta forma tan casual, según la leyenda árabe, habría nacido el queso. Sin embargo, su invención aparece mencionada en muchas tradiciones y leyendas anteriores. Entre otras, la del mítico pastor griego Aristeo, hijo de la ninfa Cirene y del dios Apolo, al que dio a conocer el centauro Cirón el arte de elaboración del queso. Otras leyendas mencionan a Amaltea, nodriza de Zeus, quien al amamantar al dios dejaba rezumar la leche (hecho que provocó la leyenda de la *Vía Láctea*, por cierto) que se transformaba en queso. Por otra parte, Citesia, médico griego de la corte de Nínive, cuenta que los panoteos, legendario pueblo de grandes orejas que vivía en la ribera de un río sagrado, ya lo elaboraban como ofrenda a los dioses. No obstante, las primeras referencias escritas, no mitológicas, de elaboración de queso se encuentran en el Rig-Veda, un antiquísimo compendio de himnos sagrados de los pueblos de la India. De la coagulación de la leche se habla también en el tercer libro de Manu, que es anterior a la redacción del Pentateuco por Moisés. Y un friso sumerio demuestra que este pueblo ya elaboraba queso en el tercer milenio antes de Cristo.

El consomé, contra de lo que se cree habitualmente, no es un plato de origen francés, sino español. Los soldados napoleónicos saquearon la biblioteca del monasterio de Alcántara y, entre otras cosas, se llevaron a Francia un recetario de cocina que habían atesorado los monjes. En él se encontraba, con el nombre de *consumado* o *consumo,* lo que los franceses llamaron rápidamente *consommè.*

La primera mención del tabaco hecha por un europeo se encuentra en el diario del primer viaje de Cristóbal Colón, exactamente en una anotación fechada el 15 de noviembre de 1492, según la cual dos marineros informaron al Almirante del encuentro con unos indios que, como se puede colegir por los datos aportados, fumaban tabaco. Pero fue el soldado y aventurero español Rodrigo de Jerez (aunque otros señalan el nombre de fray Roberto Pane) quien trajo a Europa las primeras hojas de tabaco, iniciando su consumo, ya en forma de rapé, ya liadas en cigarros puros. En palabras de su mujer, Rodrigo de Jerez era hombre que «traga fuego, exhala humo y está seguramente poseído por el demonio».

El francés Jean Nicot (1530-1600) –de cuyo apellido se deriva la palabra *nicotina* aplicada al principal alcaloide aislado mucho después en el tabaco–, durante algunos años embajador de la corte francesa en Portugal, descubrió en la Farmacia Real de Lisboa una hierba de las Indias que estudió y halló extraordinariamente eficaz contra el cáncer, el herpes y la sarna, y que no era otra que el tabaco (que había pasado desapercibida años antes cuando la llevó por primera vez a Francia el monje fray Andrés Thevet). Entusiasmado por su descubrimiento, envió unas muestras a la reina consorte de Francia, Catalina de Medicis, que pronto comenzó a consumir lo que se llamó *polvo del embajador*, dando lugar a una moda que muy pocos cortesanos franceses ignoraron. Nicot envió otra pequeña partida al Padre Superior de la Orden de Malta. Poco después regresó a París con un cargamento de tabaco, con el que amasó su primera fortuna. Tanto él como la planta, que fue conocida como *nicotiana,* se hicieron verdaderamente famosos no sólo en Francia, sino también en otros puntos de Europa.

Poco después de extenderse la costumbre de fumar tabaco surgirían los primeros detractores. En Inglaterra, país donde llegó de la mano de Francis Drake, siendo Walter Raleigh quien difundió los materiales y utensilios necesarios para fumarlo, topó con la enérgica oposición del rey Jaime VI de Escocia, que luego sería Jaime I de Inglaterra, que encontraba repugnante la costumbre de fumar en pipa (aunque algunos historiadores matizan que más bien su rechazo se debió a que el comercio del tabaco estaba en manos de los españoles). Viendo que no podía erradicar el vicio, decidió elevar su precio para rebajar el consumo. En 1608, creó el impuesto del tabaco y elevó las tasas aduaneras para su importación en un 4.000%. Mientras tanto, Raleigh había fundado, en un territorio que después pasaría a formar parte de los Estados Unidos, la colonia de Virginia, uno de cuyos pilares económicos fue precisamente el cultivo y elaboración de tabaco.

Al poco tiempo de comenzar a propagarse el consumo del tabaco por Europa, la Iglesia prohibió terminantemente fumar dentro de sus recintos sagrados. En España, el primer síntoma de rechazo hacia el tabaco, y más específicamente hacia el rapé, partió de Bartolomé de la Cámara, obispo de Granada, que no aceptaba de buen grado los continuos estornudos de sus feligreses durante los oficios sagrados, prohibiendo su uso. En el siglo XVII, el zar Miguel Feodorovich (1596-1645) ordenó cortar la nariz a todo aquel al que se le encontrara tabaco encima. Por aquellas fechas, también el sultán otomano Murad o

Amurates IV (1611-1640) decretó la pena de muerte para el que fumara tabaco. Hacia 1650, su consumo fue también prohibido en Sajonia, Baviera, Zurich (donde la curia local incluyó un nuevo mandamiento referido al "no fumarás") y otras regiones de la gran Alemania.

Por lo que respecta a España, el número de fumadores de tabaco aumentó en primer lugar en Andalucía, lo que llevó a que la corona monopolizase la producción, creando, en 1620, la primera fábrica europea de tabacos en San Pedro, Sevilla, y en 1636, la Tabacalera Española. El cigarrillo se inventaría muchos años después, probablemente en Sevilla. En el siglo XVI, sólo los nobles y hacendados podían permitirse el lujo de fumar cigarros puros. La costumbre de tirar las colillas al suelo en cualquier lugar donde estuviesen, incitó a los menos pudientes a recogerlas, machacar el tabaco que aun contuviesen, y fumarlo envuelto en láminas de papel.

El origen del ron parece provenir de las actividades de una comunidad de frailes dominicos establecida en la isla caribeña de Guadalupe, en el archipiélago de las Antillas Francesas, que destilaban, hacia la segunda mitad del siglo XVII, un ron primitivo al que denominaban *grappe blanche*. Se sabe que el superior de esa comunidad, el padre Jean Baptiste Labal, cayó enfermo de fiebres de malta algunos años después y que, ante la maravillada estupefacción de sus hermanos, fue curado con una infusión de ron de caña y de hojas verdes de tabaco.

Hay al menos tres leyendas orientales que narran el descubrimiento de la infusión de té. La primera, la del emperador chino Shen-Nung o Ching-Nung que, unos 3.000 años a. de C., tuvo la fortuna de que le cayeran unas hojas en un recipiente en el que hervía agua. La segunda narración nos habla de un monje budista que lo descubrió hacia el año 500 de nuestra era. Este monje estaba cumpliendo un voto sagrado de velar durante siete años para honrar a Buda. Comoquiera que, a los dos años de no dormir, se sintió por primera vez, según relata la leyenda, *algo* cansado, arrancó algunas hojas de té y las masticó. Casi al instante se sintió refortalecido. Desde entonces, masticó y luego también preparó infusiones de hojas de té para aliviar su cansancio. La tercera leyenda, y sin duda la más poética, procede del Japón. Según ella, el té nació de los párpados caídos al suelo de un santo varón que se los cortó para que el sueño no interrumpiera sus oraciones nocturnas. Muchos siglos después, los portugueses y holandeses introdujeron el uso de las infusiones de té en Europa, aplicándose al principio como remedio contra la jaqueca, la gota y otras afecciones similares.

La primera evidencia histórica de elaboración de bebidas alcohólicas se encuentra en un papiro egipcio, datado hacia el año 3500 a. de C., en que se detalla la construcción de una destilería.

La salsa mahonesa o mayonesa, oriunda como su nombre indica de la ciudad de Mahón, en la isla de Menorca, adquirió renombre a comienzos del siglo XVIII en toda Europa de la mano del duque de Richelieu, mariscal galo, que fue quien importó su receta a la corte francesa, con el nombre de *salsa de Mahón*, tras haberla probado durante el sitio de esa ciudad menorquina.

El licor *Benedictine* fue creado por Dom Bernardo Vincelli, un monje benedictino francés. Destruido durante la Revolución Francesa el monasterio de Fécamp donde se fabricaba tradicionalmente, y salvada providencialmente la fórmula del licor, el comerciante Le Grand restableció su elaboración, etiquetando sus botellas con las siglas D.O.M. de *Deo Optimo Maximo*. Actualmente la principal destilería de este licor se halla en el mismo lugar que ocupó la abadía original.

El *chartreuse* es un licor obtenido con plantas aromáticas propias de los Alpes. Se comenzó a elaborar en la *Grand Chartreuse*, o Cartuja Mayor, en las proximidades de Grenoble, en Francia, por los monjes de la regla de San Bruno. Según la tradición, la fórmula fue donada a los monjes por el mariscal D'Estrées. Al ser expulsada la orden de Francia en 1880, sus monjes se establecieron en Tarragona, donde continuaron la fabricación de este licor.

En 1869, Napoleón III ofreció una recompensa a quien lograra un producto sustitutivo de la mantequilla. El ganador fue el científico francés Mèrge-Mouriès, que mezcló grasas animales creando un nuevo producto desconocido hasta entonces. Al observar este nuevo producto con el microscopio se veía una masa formada por pequeños glóbulos blancos, que parecían infinitas perlitas, por lo cual decidió llamarlo *margarina,* nombre derivado del griego *margaron* ("blancura de perlas").

Según una edición de 1929 de la revista gastronómica *The Macaroni Journal*, Marco Polo, en una de sus exploraciones asiáticas por mar, mandó a tierra un marinero de su tripulación para reponer las provisiones de agua dulce. Al desembarcar, éste marinero encontró una aldea en la que un nativo y su mujer estaban preparando un extraño alimento en forma de largos hilos que cocían en agua hirviendo. El marinero probó aquel manjar y, enterado por los nativos del secreto de su preparación, llevó este conocimiento a Italia, donde la elaboración de estos hilos y las demás formas de preparar la pasta se hicieron pronto muy populares. Contaba la revista, además, que el nombre del marinero no era otro que Spaghetti. Hoy se sabe que esta historia es totalmente falsa. Marco Polo admitió, al parecer, haber comido lasaña en Fanfur (lo que se supone que es hoy en día Sumatra) elaborada con harina del árbol del pan. Sin embargo, el libro en que Marco Polo narraba sus aventuras fue publicado en 1298 y hoy sabemos que veintiún años antes, el notario genovés Scarpa hablaba ya de los macarrones. Incluso, los antiguos etruscos comían pasta hecha en casa, como atestiguan los relieves encontrados en una tumba del siglo IV a. de C.

RAREZAS Y CURIOSIDADES VARIAS

Matej Gaspar, nacido el 11 de julio de 1987 en la por entonces aún Yugoslavia, recibió simbólicamente el apelativo de *Habitante Número 5.000 Millones* del planeta por parte del Secretario General de la ONU, a la sazón Javier Pérez de Cuéllar.

Octavio Guillén y Adriana Martínez, una pareja de mexicanos, mantuvieron su noviazgo durante 67 años, casándose finalmente en junio de 1969, cuando ambos tenían 82 años. No hay referencia de cuánto duró y cómo resultó el matrimonio.

Es algo poco sabido que en la ribera del río Guadalquivir existió una compañía española de conservas de caviar que se surtía de las capturas de esturiones del propio río español, cuya principal fábrica (*Doña Pepita*) estuvo instalada en el pueblo sevillano de Coria del Río. La calidad de este caviar andaluz era muy considerada y su precio alto, pues la producción no era abundante. Hacia 1965 la contaminación del río acabó definitivamente con los esturiones de sus aguas y desapareció aquella floreciente industria.

La sonda espacial *Pioneer 10*, lanzada al espacio el 3 de marzo de 1972 y cuyo seguimiento abandonó la NASA en 1986, al rebasar la órbita de Plutón, viaja en estos momentos hacia los cometas lejanos que tradicionalmente señalan el límite de influencia de la gravedad solar (y, por tanto, la convencional frontera de nuestro sistema solar conocida científicamente como *heliopausa*). Sin embargo, aún tardará unos 10.000 años en cruzar la distancia que le separa de este cinturón de cometas. También se hallan camino del profundo universo, más allá de los confines del Sistema Solar, las naves *Voyager 1, Voyager 2* y *Pioneer 11.*

El ingeniero británico Jacob Alfred Ewing propuso en 1933 que se suspendiera temporalmente la carrera de inventos para permitir la asimilación e integración de los ya existentes y la evaluación y selección de los objetivos futuros. Ni que decir tiene que su propuesta fue totalmente ignorada.

La edición dominical del diario norteamericano *New York Times* de agosto de 1987 es considerada como el periódico más pesado nunca publicado, con sus increíbles 6,35 kilos. En cuanto a las ediciones diarias, el récord lo tiene el ejemplar de este mismo periódico del 17 de septiembre de 1967, formado por 964 páginas, que pesaba 3,4 kilogramos.

Unos de los galardones internacionales que gozan de un mayor –y bien ganado– prestigio de independencia y libertad de concesión son, sin duda, los premios Nobel. No obstante, en su historia se han producido no pocas elecciones calificables, cuando menos, de polémicas. Por ejemplo, en 1974, el jurado encargado de la concesión anual del premio de Literatura galardonó a dos de sus propios miembros, los suecos Eyvind Johnson (1900-1976) y Harry E. Martinson (1904-1978), prácticamente desconocidos fuera de su país, desechando a una serie de candidatos presentados oficialmente aquel año, a la cabeza de los cuales estaban literatos de la categoría de Graham Greene, Vladimir Nabokov o Saul Bellow (éste sería galardonado al año siguiente).

En 1905 obtuvo el premio Nobel de la Paz la austríaca Bertha von Suttner (1813-1914), famosa autora de la novela *¡Abajo las armas!,* que había sido secretaria particular de Alfred Nobel hasta su muerte (y tal vez *algo más que eso*), razón por la cual ella misma ya esperaba el primer premio, concedido en 1901. Sin embargo, tuvo que esperar cinco años hasta que uno de los testigos del testamento de Alfred Nobel, y además sobrino suyo, hiciera fuertes presiones sobre los jurados noruegos de este premio para que fuera galardonada en correspondencia, según dijo el propio jurado, a su condición de «conductora de los movimientos de la paz».

En 1930, se concedió el Premio Nobel de la Paz al sueco Nathan Söderblom (1866-1931), en quien concurrían los méritos de ser, por una parte, arzobispo de Upsala y primado de la Iglesia Luterana sueca y un relativamente destacado pacifista en labores de mediación internacional, y por otra, amigo y confesor personal de Alfred Nobel, a quien acompañó en sus últimos días.

Los intentos de inventar una lengua universal han sido muchos a lo largo de la historia y no todos parecen demasido lógicos. Desde la época de Descartes hasta la actualidad se han inventado no menos de 700 idiomas artificiales. Por ejemplo, el escocés Dalgamo ingenió un idioma artificial compuesto por palabras formadas por agregación de distintas letras cuya presencia indicaba el significado; así, la *n* indicaba que la palabra se refería a seres vivos; si la *n* se combinaba con la griega *eta,* formaba el concepto "animal"; si se completaba con la *k*, se refería a cuadrúpedos, etcétera, etcétera.

El *tutónico,* que mezcla un inglés básico con un alemán básico, fue otro intento de lengua universal nacido a finales del siglo pasado y desaparecido en su misma infancia. Otra iniciativa fue la de una extraña mezcla de griego, latín y chino. O la propuesta de un grupo de estadounidenses que creó un inglés básico de 850 palabras.

En 1817, el francés François Sudre creó el *solresol,* idioma artificial basado en la escala musical. En él, por ejemplo, la nota *do* indicaba afirmación; *re* equivalía a la conjunción copulativa *y*; *mi,* equivalía a la conjunción disyuntiva *o*; mientras que la palabra *solasi* significaba "ir hacia arriba", puesto que se componía de tres tonos ascendentes. Lo que más entusiasmó a sus escasos seguidores es que este lenguaje podía ser cantado.

En el año 1879, el religioso alemán Johann Martin Schleyer (1831-1912) dio a conocer el *volapük,* que vino a significar un intento mucho más serio que todos los anteriores de crear un idioma universal. Semejante en estructura gramatical al turco y al magiar, obtuvo un cierto éxito inicial a finales del siglo XIX. Se llegaron a publicar hasta 316 libros de gramática distintos, traducidos a 26 idiomas; mientras se editaban 25 revistas y 283 clubes promocionaban esta lengua artificial. Sin embargo, su declive provino de un congreso internacional en el que el propio Schleyer bloqueó la introducción de algunos cambios en su gramática, bajo el argumento de que aquél era *su* idioma y nadie estaba autorizado para cambiarlo. Cortedad de miras ciertamente notable para el creador de un idioma pretendidamente universal.

Sólo uno de los muchos idiomas artificiales ha llegado a superar los cien años de vida con un relativo éxito: el *esperanto,* creado por el oftalmólogo rusopolaco Luis Lázaro Zamenhof (1859-1917) en 1887. Su base está formada por la síntesis de varias lenguas europeas y su gramática se resume en 16 reglas, lo que asegura su aprendizaje en un corto periodo de tiempo, hecho al que ayuda su pronunciación totalmente fonética. Se calcula que hoy en día es hablado por unos 5 millones de personas de todo el mundo, habiendo generado una incipiente literatura propia, además de haber visto traducidas a su vocabulario un gran número de obras de la literatura universal. A pesar del estancamiento de su difusión, cuando no de su declive, en la actualidad emisoras de radio lo utilizan en algunos programas y el sistema telegráfico internacional lo acepta como medio de comunicación junto al resto de las lenguas vivas y al latín.

Según el registro civil, el verdadero nombre de Pablo Picasso (1881-1973) era Pablo Diego José Francisco de Paula Juan Nepomuceno Crispín Crispiano de la Santísima Trinidad Ruiz y Picasso.

La compañía japonesa *Matsushita Electric Co.*, preocupada por mejorar el ambiente laboral de sus distintos centros de trabajo, preparó al efecto hace algunos años un cuarto de esparcimiento para los trabajadores, en el que se instalaron toda clase de servicios, incluyendo unos maniquíes con los rasgos físicos de los jefes, que los empleados podían golpear con bastones puestos a su disposición, como desahogo de las posibles tensiones del trabajo diario.

El número pi (que representa la relación entre la longitud de la circunferencia y su diámetro, y cuyo valor es un número inconmensurable que comienza 3,14159226...) fue calculado hasta un millón de cifras decimales en 1973 por los matemáticos franceses Jean Guilloud y Martine Bouyer mediante un potente ordenador. El resultado fue publicado en un libro de 400 páginas (es de suponer que de lectura bastante monótona y aburrida). En 1988, el japonés Yasumasa Kanada logró calcular hasta 201 millones de decimales de pi. Esa hazaña fue superada poco después por los hermanos Gregory y David Chudnovsky, de la universidad estadounidense de Columbia, que sirviéndose de un doble cálculo (posteriormente cotejado) efectuado por un ordenador *IBM 3090* y por un superordenador *CRAY-2,* calcularon 1.011.196.691 decimales de pi. Sin embargo, estos esfuerzos hubieran sido inútiles, caso de haber prosperado la iniciativa legislativa de la Asamblea del estado norteamericano de Indiana que, en su decreto número 246 de 1897, estableció que el valor *de jure* del número pi era 4.

En una subasta celebrada en Londres el mes de julio de 1991, un preservativo de principios del siglo XIX fue adquirido por la respetable suma de 600.000 pesetas. Estaba hecho con tripas de cerdo y adornado con dibujos eróticos, y fue comprado por un sueco coleccionista de este tipo de objetos.

El toro bravo *Llavero,* de la ganadería navarra de Carriquiri, lidiado en la plaza de Zaragoza el 14 de octubre de 1860, fue picado en 53 ocasiones seguidas, sin que ello mermara sus aptitudes para el resto de los tercios. Fue tal su bravura, que el público le perdonó la vida. Caso similar es el del toro *Cisquero* que el 22 de abril de 1867 tomó 19 varas, mató a 6 caballos, saltó la barrera y rompió la puerta de un tendido.

En 1786, el alemán S. G. Vogel inventó la llamada *infibulación,* un sistema para encerrar en cajas portátiles ambas manos, con objeto de impedir la masturbación.

En un estudio sobre el mecanismo de creación de los rumores, el investigador Jean-Nöel Kapferer relata un famoso caso extremo ocurrido en la prensa europea durante la Primera Guerra Mundial. Todo comenzó al informar el periódico alemán *Kölnische Zeitung* de la toma de la ciudad belga de Amberes por el ejército alemán, con el siguiente titular: «Las campanas sonaron con la noticia de la caída de Amberes», entendiéndose que se refería a las campanas alemanas. Pues bien, basándose en esta noticia, el diario francés *Le Matin* informó como sigue: «Según el *Kölnische Zeitung*, los párrocos de Amberes se vieron obligados a tocar sus campanas una vez que las defensas habían caído». El turno tocó entonces al londinense *The Times*, que daba su versión: «Según *Le Matin*, que reproduce una noticia de Colonia, los sacerdotes belgas que se negaron a hacer volar sus campanas después de la caída de Amberes han sido depuestos de sus funciones». La noticia se va complicando cuando la hace pública el italiano *Corriere de la Sera*: «Según *The Times*, que cita noticias de Colonia comentadas en París, los desafortunados sacerdotes que se negaron a hacer sonar sus campanas han sido condenados a trabajos forzados». Pero la cuestión queda rematada cuando de nuevo *Le Matin* informa sobre el suceso: «Según una información del *Corriere de la Sera,* vía Colonia y Londres, se ha confirmado que los bárbaros ocupantes de Amberes han castigado a los sacerdotes que heroicamente se negaron a repicar las campanas, colgándolos de ellas con la cabeza hacia abajo, como un badajo vivo».

Se ha calculado que uno de los deportistas mejor pagados de toda la historia fue el auriga (conductor de cuadrigas) romano Cayo Apuleyo Diocles, que ganó unos 35 millones de sestercios en el primer siglo de nuestra era.

La princesa Ana de Inglaterra, participante en las pruebas de equitación, fue la única deportista participante en los Juegos Olímpicos de Montreal de 1976 que no se sometió a las pruebas de sexo, en virtud de su *status* real.

El combate de boxeo más largo de la historia conocida de este deporte se disputó en Nueva Orleáns en 1893, enfrentando a Andy Bowen y Jack Burke durante 110 asaltos, a lo largo de 7 horas y 19 minutos. La pelea acabó en combate nulo.

En 1515 se prohibió en España la fabricación de dados a causa de la preocupación que las autoridades mostraron por el creciente vicio por este juego que se estaba extendiendo por todo el país.

Para demostrar que, llegada la circunstancia, los tripulantes de los submarinos hundidos podrían salvarse siendo lanzados a través de los tubos lanzatorpedos sin sufrir daños, en 1909, el alférez estadounidense Kenneth Whiting se hizo lanzar de esta manera a través de las toberas del submarino *Porpoise,* sumergido en aguas filipinas, sin sufrir daño alguno.

SALUD Y ENFERMEDAD

La epidemia de peste bubónica (la llamada *Peste Negra*) que asoló Europa a partir de 1348 comenzó a mostrar su máxima virulencia a partir de un primer brote ocurrido en Florencia y otras ciudades italianas. Causó una mortandad enorme: según cálculos aproximativos, la población europea, que oscilaría en vísperas de la epidemia entre los 73 y los 85 millones de habitantes, habría disminuido a 51 millones en el año 1350 y a sólo 45 en 1400. El drama fue inmenso. Venecia, que antes de la epidemia contaba con 100.000 habitantes, perdió unos 70.000; Florencia, donde vivían otras 100.000 personas, vio reducida su población a la mitad; en Barcelona murieron 38.000 personas de las 50.000 que la habitaban. Dante describió en *El Decamerón* los síntomas de la enfermedad con las siguientes palabras: «Nacíanles a las hembras y varones, en las ingles o en los sobacos, unas hinchazones que a veces alcanzaban a ser como una manzana común (...) Daba la gente ordinaria a estos bultos el nombre de *bubas*. En poco tiempo, las mortíferas inflamaciones empezaron a aparecer indistintamente en todas las partes del cuerpo, y después los síntomas de la enfermedad se trocaron en manchas negras o amoratadas que brotaban en los brazos, los muslos y cualquier parte del cuerpo, ora grandes y espaciadas, ora apretadas y pequeñas. Y así como la buba era y seguía siendo signo certísimo de muerte, éranlo también estas manchas».

El 15 de junio de 1975, un malagueño era mordido por su propio perro, que estaba enfermo de rabia. Las mordeduras del animal le provocaron la muerte el 2 de septiembre siguiente. Desde que en 1966 se considerase oficialmente extinguida ennuestro país, éste es el único caso registrado de fallecimiento por rabia de un ser humano.

En el antiguo Egipto, ya conocían y trataban la diabetes bajo el nombre de *inundación de orina*, como demuestra el llamado *Papiro de Herbes*, datado hacia el año 1550 a. de C. En su tratamiento se utilizaban mezclas de hueso, papilla de cebada recién preparada, granos de trigo, tierra verde de plomo y agua que, una vez preparadas, se dejaban reposar, se colaban y se tomaban durante cuatro días seguidos. A lo largo de muchos siglos se continuó ignorando el origen de esta enfermedad. Por ejemplo, Paracelso (1493-1541) creyó que la diabetes era causada por una sal seca que se aferraba al riñón, añadiendo: «no es otra cosa que un exceso de orina y ganas de orinar. La causa de este mal consiste en un exceso de calor en los riñones».

Hasta 1735, la difteria era una enfermedad benigna, pero en esa fecha adquirió repentina e inesperadamente su carácter maligno en el curso de una epidemia que afectó a la ciudad de Kingston, en el estado norteamericano de New Hampshire. Hoy en día, esta enfermedad está casi prácticamente erradicada en Europa.

Al parecer, en el curso de sus múltiples viajes, el explorador británico Henry Morton Stanley (1841-1904) resultó infectado y propagó la enfermedad del sueño por amplias áreas de Africa que hasta entonces no la habían sufrido. En 1887, tras su famoso encuentro con el doctor David Livingstone (1813-1873), el gobierno británico envió a Stanley a rescatar al explorador alemán Eduard Schnitzer (1840-1892), que se hallaba bloqueado en el lago Alberto. Hasta allí llegó Stanley en 1888, viajando a través del río Congo. De los 646 porteadores nativos que le acompañaban al iniciar el viaje, unos 400 sucumbieron a la enfermedad. Cuando ambos hombres iniciaron su camino hacia Tanganika, fueron dejando tras de sí la plaga. Los efectos fueron terribles: en dos años, murieron 57.000 indígenas de las islas Buvuna, en el lago Victoria, en cuya orilla ugandesa se produjeron unas 200.000 víctimas. Y a lo largo del río Congo, hasta el lago Alberto, más de medio millón de muertos. Felizmente, Schnitzer logró ser rescatado, pero a costa de que las andanzas de Stanley provocaran una extraordinaria mortandad.

A mediados del siglo XIX, la pequeña isla del Príncipe, situada frente a las costas de Guinea Ecuatorial (y que hoy forma un estado independiente, junto a su isla vecina, Santo Tomé), era un próspero enclave portugués cercano al corazón de Africa. Debía gran parte de su prosperidad a Doña María, una emprendedora dama de noble abolengo cuyas propiedades y palacios se extendían por toda la colonia. Doña María no era ni mucho menos una terrateniente ociosa. Muy preocupada por el desarrollo económico de Príncipe, hizo traer a la isla vacas y toros desde Gabón, iniciando una actividad ganadera que aumentó el bienestar de sus conciudadanos, pero que significaría su ruina. A lomos de las reses importadas llegó a la colonia la mosca tse-tsé: un insecto chupador de sangre que hasta entonces se extendía sólo por el Africa Oriental subsahariana, donde provocaba continuas epidemias de enfermedad del sueño. En 1890, hubo que importar mano de obra de Angola, una zona en la que ya se había detectado la enfermedad. La mosca tse-tsé se cebó en los recién llegados y quedó contaminada con el parásito causante de la terrible enfermedad. A partir de entonces, las moscas, picando indiscriminadamente a hombres y bestias, propagaron la enfermedad, causando una virulenta epidemia. En pocas semanas, hubo que sacrificar todo el ganado. La gente moría a centenares. En 1907, sólo quedaban 350 personas de una población original de 5.000. Finalmente, como consecuencia de la enfermedad del sueño, la isla quedó prácticamente desierta.

En 1967, la Sociedad Criológica de California (*ALCOR*) comenzó a congelar cuerpos de clientes recién fallecidos, entre los que siempre se rumoreó que estaban los de Howard Hughes y Walt Disney, extremo que nunca ha podido ser comprobado. En la actualidad cuenta ya con unos 400 socios (que pagan hasta su muerte y congelación 100.000 dólares anuales) y otros 96 en trámites; mientras que 10 cuerpos y 17 cabezas congelados descansan ya para su descongelación futura en las instalaciones de AlCOR. Desde que se comenzara a estudiar y a experimentar seriamente en 1964 la suspensión criónica de la vida mediante congelación, lo cierto es que han sido congeladas con total seguridad no menos de 32 personas.

En 1859, Albert Niemann aisló por primera vez la cocaína, principal alcaloide de la planta de la coca. Tres años después, Lossen determinaba su fórmula química. Pero realmente quien popularizó su uso, con el beneplácito médico, fue el químico y comerciante Angelo Mariani al elaborar un vino tonificante que contenía cocaína y era degustado en muchos hogares europeos y también por algunos personajes tan importantes como la reina Victoria de Inglaterra, y su heredero, el Príncipe de Gales; el zar ruso Alejandro II; el presidente de los Estados Unidos, William McKinley; la actriz francesa Sarah Bernhardt; el inventor estadounidense Thomas Alva Edison; los escritores franceses Jules Verne y Emile Zola; el dramaturgo danés Henrik Ibsen, y el papa León XIII, que tenía la costumbre de pasearse con una cantimplora llena de este vino colgada a la cintura. Incluso un personaje de ficción como Sherlock Holmes fue, gracias a la imaginación de su creador Arthur Conan Doyle, un gran consumidor tanto de este vino, cuanto, más a menudo, de cocaína pura.

Aunque se tiene constancia histórica de que los antiguos egipcios y los romanos utilizaron ya preservativos muy arcaicos, el invento hay que datarlo en el siglo XVI, cuando el cirujano italiano Gabriele Fallopio (1523-1562) diseñó una vaina hecha de tripa de animal y lino, que se fijaba con un cordel en su base. Este dispositivo, más que preservativo de embarazos, fue diseñado como elemento preventivo del contagio de enfermedades venéreas. Un siglo después, Lord Condom, médico personal del rey Carlos II de Inglaterra, perfeccionó aquel diseño sirviéndose de tripa de cordero estirada y lubricada con aceite. Su objetivo fue también el profiláctico ante cualquier contagio. Por cierto, este lord inglés luchó toda su vida para que no se asociara su nombre familiar con el profiláctico por él reinventado. Finalmente, el primer preservativo moderno de goma vulcanizada se fabricó hacia 1870.

El concepto de control de natalidad –entendido entonces por sus defensores como el medio más eficaz para evitar la prevista e indeseable explosión demográfica en los países pobres– fue acuñado por la enfermera estadounidense de origen irlandés Margaret Higgins Sanger (nacida en 1883), que es considerada como la *madre* de la paternidad controlada. Por cierto, esta enfermera estadounidense tenía diez hermanos y once hijos. Similar es el caso de Francis Place, promotor del movimiento pro control de la natalidad a principios del siglo XIX, que tuvo 15 hijos.

Una leyenda china cuenta que el emperador Huang Ti, que vivió hace casi 5.000 años, abolió el uso de medicamentos, en beneficio de la acupuntura. Explica la leyenda que uno de sus consejeros, Yan Chan, fue quien enseñó a los hombres a construir casas de madera. Otro, Sui Yan, les mostró cómo obtener fuego para cocinar. Pero el más sabio de todos fue Shen Nung, que introdujo el cultivo de las tierras, curó a los hombres con hierbas e inventó la acupuntura. Sea como fuere, lo cierto es que en los últimos años se han encontrado en distintas partes de China agujas de acupuntura de la época del Neolítico, en la que habría vivido ese mítico emperador, elaboradas con huesos de animales. Pero los relatos del legendario reinado de este emperador chino referidos a la medicina no acaban ahí. Hoy en día los médicos cobran cuando sus clientes están enfermos. En la China imperial de Huang Ti, sin embargo, los médicos sólo cobraban cuando la gente estaba sana. En caso de enfermedad, los médicos corrían con los gastos del tratamiento. Además, el emperador había dictado un decreto que obligaba a los médicos a colgar en la puerta de su casa un farolillo por cada enfermo a su cuidado que muriese.

El aracnólogo W. O. Baerg actuó en 1923 como conejillo de indias de su propio experimento, dejándose picar por una peligrosa araña *latrodectus* o viuda negra. Dos horas después de ser picado por la feroz araña, con el dedo que había recibido el impacto venenoso necrosado, el investigador se debatía entre la vida y la muerte, presa de convulsiones, fiebre y dolores casi insoportables en todo el brazo. En ese momento, de acuerdo a los planes predispuestos, un equipo de doctores se aprestó a intentar salvar su vida mediante un antídoto previamente preparado sobre cuya eficacia todavía no se había investigado experimentalmente. 340 días después, el paciente era dado de alta, totalmente restablecido. El nombre del conejillo de indias, W. O. Baerg, quedó impreso para la historia en las etiquetas del primer antídoto eficaz contra este tipo de picaduras.

Durante la construcción de los 80 kilómetros del Canal de Panamá (en la que se llegaron a remover 833 kilómetros cúbicos de tierra), una epidemia de fiebre amarilla asoló las filas de los trabajadores hasta el punto de que los constructores franceses se vieron obligados a ofrecer sueldos extremadamente elevados para reclutar a nuevos trabajadores. Tras invertir unos 260 millones de dólares y perder más de 20.000 vidas, los franceses renunciaron finalmente a los trabajos de construcción en 1904, cediendo los derechos de la obra a los estadounidenses. El médico militar norteamericano William Crawford Gorgas (1854-1920), encargado por su gobierno de investigar el origen de la epidemia, averiguó que la enfermedad era transmitida por los mosquitos y pudo erradicar la pandemia en menos de un año, logrando de este modo que la construcción del canal pudiese finalizar con exito.

Un equipo de cirujanos franceses, pertenecientes al equipo de ortopedia y traumatología plástica del Hospital Rothschild de París, volvió a trasplantar el pie a un ciudadano que lo tuvo injertado en el antebrazo izquierdo durante siete meses, tras habérselo seccionado en un accidente.

Hace un par de años, un equipo de cirujanos estadounidenses trasplantó la mano izquierda de un muchacho de 16 años a su brazo derecho. La complicada operación duró 14 horas.

Según el químico norteamericano John Gwift, experto en lecturas científicas de la Biblia, una epidemia de transmisión sexual mencionada en las Sagradas Escrituras, que afectó a los antiguos israelitas, costando unas 24.000 muertes, pudo deberse al SIDA. Parece ser que Moisés frenó su desarrolló mandando ejecutar a todos los contagiados.

Cuando el azúcar llegó al Viejo Mundo procedente de América se le aplicaron utilidades farmacológicas de lo más variadas. Por ejemplo, el médico inglés de finales del siglo XVIII Frederick Slare lo aconsejaba como dentífrico.

Hacia 1900, el biólogo francés René Quinton (1867-1925), un convencido defensor de la importancia del agua de mar en los fenómenos vitales, demostró sus afirmaciones reemplazando toda la sangre del organismo de un perro por agua de mar condensada, sin causarle al parecer la muerte. En 1903 publicó una obra sobre el tema bajo el título *El agua de mar: medio orgánico*.

En la antigua China se aconsejaba a las mujeres jóvenes que deseaban interrumpir su embarazo no deseado ingerir mercurio calentado en aceite, lo que sin duda envenenaba al feto... aunque también a la madre.

Hace unas décadas, el multimillonario estadounidense Robert J. Graham fundó, a sus 74 años de edad, un banco de esperma con semen donado por algunos premios Nobel, con la pretensión de obtener niños superdotados. Tres mujeres de esa misma nacionalidad fueron seleccionadas, gracias a su alto cociente intelectual, para ser inseminadas artificialmente con el semen de esos sabios. El experimento, además de levantar una gran polémica de orden moral, fue un completo fracaso, porque había partido de un grave error: suponer que la inteligencia, como tal, se hereda. En todo caso, se hereda una cierta aptitud, pero su desarrollo depende más bien de factores biológicos, fisiológicos, médicos, psicológicos, ambientales y educacionales tan complejos que escapan, al menos de momento, a cualquier posibilidad de manipulación. Y ello sin tener en cuenta la ley que los estadísticos llaman de regresión a la media, según la cual, por ejemplo, los padres de estatura muy inferior a la media tendrán generalmente hijos más altos que ellos, pero los padres muy altos tenderán más bien a tener hijos más bajos, cuya estatura se acerque más a la media estadística.

Según algunos cronistas, el rey francés Luis XII (1601-1643) bebía grandes cantidades de oro líquido, que le preparaban los alquimistas de la corte, para fortalecer su maltrecha salud. Pero no se trata del único caso consignado en que se sepa de brebajes reconstituyentes preparados a base de oro. Se sabe que muchos enfermos –desde luego, pudientes– masticaban finímas láminas o polvo de oro; también se sabe que en determinadas ocasiones se echaba una pizca de este metal en guisos reconstituyentes.

EL SEPTIMO ARTE

Según el relato de testigos del rodaje, uno de los momentos estelares de la película *Candilejas,* que Charles Chaplin (1889-1977) interpretó y dirigió en 1952, tendría que haber sido aquel en que el propio Chaplin, en su papel de Calvero, un viejo cómico, y Buster Keaton (1895-1966), interpretando a otro veterano colega de aquél, protagonizan a dúo un número cómico musical. Al decir de los que vieron el rodaje, la actuación de Chaplin fue soberbia, pero la de Keaton fue excepcional. Tanto que el propio Chaplin se negó a incluir la escena completa en el montaje definitivo, dejándola reducida, eso sí, a una deliciosa secuencia que magnifica aun más toda la película.

En la película *Tarzán y su compañera* (1934), primera de las interpretadas por la pareja habitual formada por Maureen O'Sullivan y Johnny Weissmuller, se incluyó originalmente una escena en que Tarzán, de pie en una rama de un árbol junto a Jane, tiraba de la ropa de su compañera, invitándola a zambullirse en el agua. Ambos nadaban durante un rato y la escena finalizaba cuando ambos salían riendo del agua. Mas, escandalosamente para la moral de la época, al salir del agua, a *Jane,* en un plano muy rápido, se le veía un pecho. Cuando la película fue montada incluyendo esta escena y fue mostrada en los pases previos, surgieron numerosas críticas por su excesiva carga erótica, incluida una de la todopoderosa censura oficial. Ante tales críticas, la Metro Goldwyn Mayer, compañía productora de la película, decidió suprimir estos planos tan *indecentes* en el montaje definitivo.

Los primeros pases de la película *La Edad de Oro* (1929) de Luis Buñuel (1900-1983) fueron acogidos con pataleos, rotura de butacas, de la pantalla y de una exposición artística instalada en el vestíbulo de la sala de proyección, con obras de Dalí, Miró, Ernst, Tanguy y otros surrealistas. Tras estos disturbios, la película fue prohibida, todas las copias fueron archivadas y la película no volvió a ser proyectada comercialmente hasta finales de los años sesenta. Su fama de película absolutamente irreverente fue tal que, años después de su estreno, estando Luis Buñuel empleado en el Museo de Arte Moderno de Nueva York, fue obligado a dimitir al descubrirse que él era el director de esa película maldita. No le quedó más remedio que sobrevivir trabajando para la División Cinematográfica del Ejército de los Estados Unidos y, posteriormente, para el departamento de doblajes de la Warner Brothers.

La actriz Bette Davis (1908-1992) rechazó el papel de Escarlata O'Hara de la película *Lo que el viento se llevó* (1939) porque creía que el papel masculino protagonista lo iba a encarnar Errol Flynn (1909-1959), con quien siempre se había negado a trabajar.

La actriz Hedy Lamarr (1915) rechazó el papel de Ilse de la película *Casablanca* (1942), que después interpretaría Ingrid Bergman, porque consideraba inaceptable comprometerse en un película que no contaba todavía con un guión definitivo. Como se sabe, el guión de cada escena de esta obra maestra de la cinematografía se improvisaba la noche anterior a su rodaje.

El actor Robert Redford (1937) rechazó protagonizar la película *El graduado* (1967) al considerar que ese papel exigía una dosis de ingenuidad que él no podía aportar a su interpretación. La película lanzaría a la fama a Dustin Hoffman (1937).

El actor Gary Cooper (1900-1961) fue contratado por primera vez como tal al llamar la atención del director Henry King durante el rodaje de la película *Flor del desierto* (1926), mientras trabajaba como especialista en acrobacia de los estudios de Samuel Goldwyn.

La primera actriz de Hollywwod a la que los medios de comunicación aplicaron el calificativo de *vampiresa* fue Theda Bara (1890-1955), que en 1918 ya fue definida con este epíteto tras interpretar varios papeles de *mujer fatal*. Theda Bara provenía de una familia de clase media de Cincinnatti, y su nombre verdadero era Theodosia Goodman. Pero la oficina de prensa de la 20th Century Fox le creó un pasado más a tono con su imagen de vampiresa; según esa biografía *oficial* Theda era hija de un artista francés y una mujer árabe, y había nacido en el Sahara.

En 1927, Louis B. Mayer (1885-1961), presidente de la Academia de Artes y Ciencias Cinematográficas de Hollywood, concibió la idea de otorgar anualmente unos premios a las películas, directores y actores más destacados en la temporada anterior. El director artístico Cedric Gibbons diseñó en unos minutos el trofeo durante una comida celebrada en el hotel Biltmore, dibujando sobre el mantel la figura de un hombre desnudo con una espada entre las manos. El escultor George Stanley se encargo de su modelado y el resultado fue una figura de 35 centímetros de altura y un peso aproximado de 3,5 kilos, fabricada en estaño (92,5%), con un recubrimiento de oro. La primera entrega de premios se celebró el 4 de mayo de 1927. Por entonces, la estatuilla se conocía simplemente como *Premio de la Academia*. Se cuenta que la estatuilla de los Oscars recibió este nombre en 1931, debido a la exclamación de Margaret Herrick, que posteriormente llegaría a ser presidenta de la Academia, que al verla por primera vez dijo: "¡Se parece a mi tío Oscar!".

Para elaborar el modelo a gran escala de King Kong utilizado en la última versión llevada a cabo en 1976 por el productor Dino de Laurentis se emplearon más de 20.000 rabos de caballos argentinos.

El cataclismo estelar de la película *2001: una odisea del espacio* (1968), de Stanley Kubrick (1928), fue rodado en una fabrica de corsés de Nueva York, consistiendo en unas tomas muy cortas de pintura goteando en una cubeta. Por cierto, durante el rodaje de esta misma película, Kubrick, preocupado por la posibilidad de que una repentina invasión extraterrestre dejara sin sentido y vacía de contenido su película, intentó sin éxito que la compañía de seguros *Lloyd's* le aceptase cubrir un seguro contra dicho riesgo.

En cierta ocasión, el revolucionario ruso León Trotsky (1879-1940), sastre de profesión original, hallándose exiliado en los Estados Unidos de Norteamérica, participó como extra en una película protagonizada por Ethel Barrymore, una de las primeras estrellas del cine mudo de Hollywood. Curiosamente, la película contaba la historia de una princesa rusa.

En 1914, una productora de cine de Hollywood firmó un contrato por valor de 25.000 dólares con el líder revolucionario mexicano Doroteo Arango, mucho más conocido como Pancho Villa (1887-1923), para que éste reprodujese para la pantalla alguna de sus famosas batallas revolucionarias. A ese fin se desplazó todo un equipo de rodaje a México. A las órdenes del director, Pancho Villa, al frente de sus tropas, reprodujo unas de sus batallas durante varios días en horarios de 9 de la mañana a 4 de la tarde. Terminada la película, pareció tan increíblemente realista a los ejecutivos de la compañía que no se atrevieron a proyectarla comercialmente y acordaron volverla a filmar en los propios estudios con actores profesionales.

El actual presidente de Polonia y antiguo electricista y dirigente sindical en los astilleros Lenin de Gdansk, Lech Walesa (1943), participó en el rodaje de la película *El hombre de hierro* (1981), dirigida por su compatriota Andrej Wadja, desempeñando uno de los principales papeles. Esta película obtuvo la Palma de Oro en el 34º Festival Internacional de Cine de Cannes.

El rodaje de *El gran dictador*, la parodia que Charles Chaplin hizo de Hitler, acabó al día siguiente de comenzar la Segunda Guerra Mundial. Incluso se llegó a decir que Hitler organizó un comando secreto al que ordenó averiguar de qué iba la película y, en caso de juzgarla peligrosa para sus intereses, sabotearla.

Errol Flynn (1909-1959) fue descubierto en 1932 por el director de reparto de los estudios *Cinesound,* John Warwick, en Sidney, Australia. Warwick se fijó en él al observar una película de aficionados que en 1930 había filmado el doctor Herman R. Erben, especialista en enfermedades tropicales y gran aficionado a la fotografía, quien había alquilado el barco con que Flynn se ganaba la vida para realizar un recorrido por el territorio de los cazadores de cabezas de Nueva Guinea.

Lana Turner (1920) fue descubierta para el cine cuando Billy Wilkerson, director del *Hollywood Reporter*, la vio tomándose un refresco en una cafetería situada frente a su escuela secundaria en el propio Hollywood, en enero de 1936.

John Wayne (1907-1979), por entonces todavía Marion Morrison, trabajaba de carpintero en los estudios de la Fox. Un día de 1928, mientras cargaba muebles en un almacén del estudio, fue observado por el director Raoul Walsh (1892-1980), que descubrió en su manera de moverse algo fotogénico e interesante para la pantalla.

Tras terminar el rodaje de *Con faldas y a lo loco* (1959), el actor Tony Curtis (1925) afirmó: «besar a Marilyn Monroe es peor que besar a Hitler». La afirmación no se comprendería si no se añadiese que lo dijo después de tener que repetir 59 tomas de un mismo beso.

Rin-Tin-Tín, uno de los perros más famosos del mundo del cine, nació en una trinchera alemana en territorio francés, durante la Primera Guerra Mundial. Dejado atrás por la retirada alemana, el cachorro de pastor alemán fue encontrado y cuidado por un oficial estadounidense que en su vida civil tenía por profesión la de criador y entrenador de perros-policías en California. Vueltos perro y nuevo amo a los Estados Unidos, éste entrenó al animal y comprobó la excepcional inteligencia de Rin-Tin-Tín. Su fama llegó a oídos de un productor de la Warner Brothers, que lo contrató para lo que resultó ser una larga serie de películas de gran éxito popular.

La pareja cómica estadounidense formada por Budd Abbot y Lou Costello suscribió un seguro contra posibles desavenencias entre ellos durante un periodo de cinco años por un valor de 250.000 dólares.

En 1902, científicos rusos encontraron a orillas del río siberiano Beresovka el cadáver congelado de un mamut de más de 10.000 años. Su carne estaba en tan buen estado que se cuenta infundadamente que los científicos la cocinaron y la comieron en un banquete. Eso, al parecer, no fue cierto; lo que sí ocurrió es que se la dieron a comer a los perros de trineo que llevaban consigo y éstos la comieron sin mayores contratiempos.

El 28 de junio de 1945, un día muy nublado, un bombardero *B-25,* de 12.000 kilos de peso, al mando del coronel William Smith, se estrelló contra la fachada del neoyorquino *Empire State Building*, a la altura del piso 79, perdiendo la vida 14 personas y resultando heridas otras 26, pero no sufriendo daños irreparables la estructura del edificio.

La estadounidense Ann Hodges, residente en la localidad de Sylacauga, en Alabama, resultó herida en un brazo y en la cadera el 30 de noviembre de 1954 alcanzada por un meteorito de 4 kilos y alrededor de 18 centímetros de longitud que atravesó el techo de su casa. Se trata del único caso conocido de este tipo de accidente.

En septiembre de 1962, un objeto metálico de unos veinte centímetros de diámetro, con un peso de unos diez kilos, cayó en el cruce de dos calles de la ciudad de Manitowoc, en el estado norteamericano de Wisconsin, agujereando el pavimento. El objeto fue posteriormente identificado como un componente de la nave espacial soviética *Sputnik IV*, que había sido lanzado al espacio el 15 de mayo de 1960.

Mary C. Fuller y su hijo de 8 meses se hallaban en el interior de su automóvil en la mañana del 25 de septiembre de 1978 en la ciudad californiana de San Diego cuando, inesperadamente, un cuerpo humano atravesó el parabrisas, causando heridas de poca consideración a madre e hijo. Según se comprobó después, el cuerpo pertenecía a uno de los pasajeros del reactor de la compañía aérea *Pacific Southwest*, que acababa de explotar en vuelo sobre la zona, tras chocar contra una avioneta.

El 19 de septiembre de 1981 murieron 300 personas devoradas por pirañas cuando un barco sobrecargado escoró y se hundió en el muelle de la ciudad brasileña de Obidos.

El 10 de agosto de 1628, la Armada sueca botaba en los astilleros de la bahía de Estocolmo el buque de guerra *Vasa,* un gran barco dotado de 64 cañones y dos puentes. Mientras la muchedumbre congregada en el puerto observaba cómo la tripulación saludaba al rey, un golpe de aire escoró el barco peligrosamente. Aún enderezándose, una segunda ráfaga lo volvió a escorar tanto que las bodegas inferiores se inundaron. Ante la estupefacción de todos los presentes, el *Vasa* se fue a pique, perdiéndose cincuenta vidas.

El 7 de noviembre de 1874, la revista norteamericana *American Medical Weekly* dio a conocer un extraordinario e increíble caso de inseminación involuntaria presentado por el doctor T. G. Capers. Según el testimonio de este doctor, durante la batalla de Raymond, entablada junto al río Misissippi el 12 de mayo de 1863, un soldado, amigo personal del doctor Capers, fue herido por una bala que le atravesó el escroto, llevándosele el testículo izquierdo. Al parecer, la misma bala penetró en el abdomen de una muchacha de 17 años que estaba casualmente en el mismo paraje. Doscientos setenta y ocho días después, la muchacha dio a luz a un niño de casi cuatro kilos de peso, sin que en ese desenlace interviniese, según testimonio de la joven, más que la providencia. Lo que vino a corroborar la versión inocente que daba la muchacha fue que, tres semanas después, el mismo doctor Capers operaba al bebé, extrayéndole un cuerpo extraño, que resultó ser una bala idéntica a las que había utilizado el enemigo en la batalla ocurrida en el lugar nueve meses antes. El broche final de esta increíble pero al parecer verídica historia, fue que el escéptico soldado visitó a la madre de su supuesto hijo accidental y entre ambos surgió algo más que una afinidad, que pronto acabó en matrimonio. La pareja tendría después otros tres hijos, concebidos, eso sí, de una manera más voluntaria.

Los mellizos norteamericanos Dougie y Debbie Sehee nacieron en 1955 con 48 días de diferencia. Por su parte, las gemelas italo-estadounidenses Diana y Mónica Berg nacieron respectivamente el 23 de diciembre de 1987 y el 30 de enero de 1988, es decir, con 39 días de diferencia.

Se llama autómatas a las máquinas, muy populares en siglos pasados, que imitaban la figura y los movimientos de un ser animado. Para su realización se empleaban mecanismos de relojería o también contrapesos o arena fina cayendo sobre las palas de una rueda. La mayor perfección de los autómatas fue emparejada con el perfeccionamiento de la relojería. En el siglo XVIII fueron notables los autómatas de Vaucanson. Uno de ellos era un flautista, y otro, un pato que movía las alas, nadaba, comía y digería. Fueron famosos también la mosca y el águila volantes de Regiomontano; los aparatos de Leonardo da Vinci, y las cabezas parlantes del abate Micol.

Según el testimonio de algunos de sus contemporáneos, el rabino francés Ye'hiel, que vivió en París en el siglo XIII, utilizaba como criados una especie de autómatas que él mismo construía; además tenía una lámpara que iluminaba «sin que se viera arder el fuego» y había dotado a su casa de un sistema de vigilancia que le permitía ver y escuchar desde el interior cuanto sucedía a su puerta. Este sabio ofreció desvelarle sus secretos a su protector, el rey San Luis, pero el rey santo, temeroso de Dios, se negó a compartir estos conocimientos.

De acuerdo con algunos fantásticos relatos contemporáneos del anterior, el teólogo y científico alemán San Alberto Magno (1206?-1280), al que siempre persiguió una fama exagerada de hombre versado en alquimia y saberes ocultos, construyó un robot mecánico móvil que daba respuestas acertadas a todo tipo de problemas y cuestiones, y que fue conocido como *El Androide*. La misma leyenda afirma que su discípulo Santo Tomás de Aquino destruyó aquel *maléfico* invento, por considerarlo literalmente «obra del demonio».

Según una leyenda muy creída por sus contemporáneos del siglo XVI, el monje y relojero italiano al servicio de la corona española Juanelo Turriano (1501-1575), construyó numerosos autómatas, como aquél famoso *Hombre de Palo* (un muñeco articulado de madera que, según testimonios contemporáneos «andaba por sí mismo») que fue a pedir pan al palacio del arzobispo de Toledo para ofrecérselo al emperador Carlos V.

Más fantástica aun es la historia según la cual el filósofo francés René Descartes (1596-1650), al que muy comúnmente se ha asociado con los saberes ocultos, construyó un autómata femenino que le acompañaba en todos sus viajes. Esta extraña pareja continuó viajando en compañía hasta que el capitán de un barco en el que eran pasajeros arrojó a ésta por la borda, argumentando que era «obra del diablo».

Diversos ocupantes de la Casa Blanca norteamericana han asegurado que el fantasma de Abraham Lincoln merodea por los pasillos de la residencia presidencial estadounidense. Entre los que aseguraban haberlo presentido o visto estuvieron el presidente Truman o las primeras damas Roosevelt y Coolidge. Incluso, durante una visita oficial, la reina Guillermina de Holanda (1880-1962) se desmayó al ver el fantasma de Lincoln (quien, dicho sea de paso, ya era bastante horroroso, con perdón, de vivo) paseando por los pasillos de la Casa Blanca.

Cuando en 1894, Will Purvis fue declarado culpable de asesinato y condenado a muerte en la horca, maldijo a jueces y jurado y les aseguró que les sobreviviría. Al ser colgado, el nudo de la horca se deshizo, quedando la ejecución suspendida. Antes de que ésta se cumpliera, se escapó de la cárcel gracias a la ayuda de unos amigos, entre los cuales estaba uno que fue elegido poco después gobernador del Estado y que, llegado al cargo, le amnistió. Purvis murió en 1938, tres días después que el último de sus jurados y 21 años después de que el verdadero asesino confesase su crimen.

El 4 de junio de 1972, un grupo de 15 expertos en artes marciales de la Asociación Internacional de Budo, dirigidos por Phil Milner, tercer dan de kárate, demolieron por completo una vieja casa victoriana de seis habitaciones sita en la ciudad de Idle, en Bradford, condado de West Yorkshire, en Inglaterra. Para llevar a cabo esta demolición contaron con la sola ayuda de sus manos y pies (tal vez también de sus cabezas), empleando seis horas en completar la operación de derribo.

El 13 de junio de 1982, otros 15 miembros del club de karate *Leopardo Negro* destruyeron con igual método una granja de madera de siete habitaciones en la localidad canadiense de Elnora, en tres horas y dieciocho minutos.

En 1700, cuando Johann Sebastian Bach (1685-1750) tenía 15 años y coincidiendo con el cambio de voz propio de la adolescencia, le sucedió un extraño fenómeno, muy poco corriente. Durante una semana, cantó e incluso habló en octavas, es decir, con doble voz. Fue un extraordinario caso de lo que se suele llamar médicamente *diplofonía.*

Alrededor de 1667, la biblioteca del *Sidney Sussex College* de Cambridge prestó un ejemplar en alemán de una obra del Arzobispo de Bremen, editada en 1609, al coronel Robert Walpole. El libro, nunca devuelto, fue encontrado en 1955 por el profesor John Plumb en la biblioteca particular del marqués de Cholmondeley en Houghton Hall, Norfolk. El profesor devolvió finalmente el libro a su biblioteca de origen, 288 años después del préstamo. Afortunadamente, no cobraron multa por demora en la devolución.

Se cuenta que Charles Chaplin se presentó en cierta ocasión a un concurso de dobles de Charlot celebrado en Montecarlo. Quedó en tercer lugar.

El infeliz muchacho austriaco Andreas Mihavecz fue detenido por la policía al viajar como pasajero en un coche que causó un grave accidente el 1 de abril de 1979, siendo recluido y abandonado en una celda del edificio del ayuntamiento de la localidad austriaca de Höchst. El 18 de abril alguien recordó por fin al detenido y fue rescatado de la celda al borde de la muerte por inanición. Este suceso, además de suponer todo un récord de flagrante injusticia, es considerado también como el caso de ayuno total (sólido y líquido) más prolongado, en que el autor no muriese, que ha quedado registrado fehacientemente.

El 5 de mayo de 1933, una agencia de noticias dio a conocer la increíble noticia de que el ciudadano chino Li Chung-yun acababa de morir en Beijing. Lo curioso del caso es que se aseguraba que este hombre había nacido 253 años antes, en 1680.

El 2 de marzo de 1977, el ciudadano danés Jens Kjaer Jension fue dado de alta definitivamente en el hospital de la ciudad de Hoven, tras haberle sido extraídas de la piel exactamente 32.131 espinas a lo largo de un periodo de seis años, en el que hizo 248 visitas al hospital. Jension había tenido la mala fortuna de tropezar y caer sobre una pila de agracejos (un arbusto espinoso ornamental muy común) cortados de su jardín, siendo trasladado inconsciente al hospital.

Existen documentos que hacen referencia a la existencia de un enano del tamaño de una perdiz, nacido en Egipto en tiempos del emperador romano Teodosio *El Grande* (h. 347-395), y cuya calavera se conservó en el Real Monasterio de San Lorenzo de El Escorial desde 1716 a 1761. La existencia de dicha calavera se menciona, por ejemplo, en un libro de Fray Antonio de Villamanrique, en el que se habla de «una calaverita del tamaño de una avellana», que pasó por las manos de importantes personajes, como el Papa Luna y el Arzobispo Francisco de Rojas y Borja, para llegar finalmente a la biblioteca del Conde-Duque de Olivares. En un manuscrito de Pedro Alvarez que hace inventario de los objetos en custodia del Monasterio, fechado en 1716, se consigna y cataloga una «Pinturica de un pigmeo de una cuarta de alto y la calavera de dicho pigmeo». Al final de este documento, aparece una certificación del Padre Joseph de

Alcalá, bibliotecario del Monasterio, fechada el 11 de octubre de 1761, en la que se explica que dicha calavera cayó de las manos del infante Xavier de Borbón, destrozándose contra el suelo.

El teniente ruso I. M. Chisov sobrevivió a una tremenda caída de 6.700 metros desde un avión averiado. A pesar de la desgracia de sufrir tan grave accidente, tuvo la fortuna de caer en la ladera de una montaña nevada, resbalando por la pendiente. Naturalmente sufrió diversas fracturas y daños de distinta consideración, pero, no obstante, sobrevivió sin mayores contratiempos.

El ciudadano cubano Socorras Ramírez huyó de la isla caribeña el 4 de junio de 1969 escondido en el compartimento no presurizado del tren de aterrizaje de un avión *DC-8.* En tan incómodo y peligroso habitáculo se mantuvo hasta llegar al aeropuerto de Madrid-Barajas. No era el primero ni fue el último en intentar este desesperado medio de evasión, pero sí fue el primero y el único que logró sobrevivir a tal experiencia, soportando la presión, el intensísimo frío y la rarificación del aire a las alturas en que vuelan los aviones comerciales transoceánicos.

El 6 de junio de 1897, Frank Samuelson, un estadounidense de 36 años, y George Harvo, un noruego de 31, zarparon del puerto de Nueva York a bordo de un bote dispuestos a cruzar el océano Atlántico con el solo impulso de los remos. Su bote, bautizado *Richard K. Fox,* medía 5,58 metros de largo, con un timón de 1,52 m. No llevaban mástil ni velas; sólo cinco remos de repuesto. Durante 55 días remaron por el océano, hasta que, después de recorrer 4.948 kilómetros, arribaron a la población de Santa María, en la isla de Scilly, en el suroeste de Inglaterra. Sus provisiones incluían abundante carne enlatada; 250 huevos; 45 kilos de bizcochos marinos; 4 kilos de café, y 2 tanques de agua. Además, contaron con una pequeña estufa y 19 litros de gasolina con que hacerla funcionar.

Pero aun mayor proeza consiguió el navegante francés Gérard d'Aboville que cruzó en solitario el océano Pacífico también en una embarcación a remo. Tardo 134 días en la travesía, partiendo el 11 de julio de 1992 del puerto japonés de Choshi para finalizar, 10.000 kilómetros más allá, en la bahía de Ilwaco, en el estado norteamericano de Washington.

El gurú indio Sri Chinmoy fue capaz de levantar 3.200 kilos con un solo brazo en una exhibición pública celebrada en Nueva York con el objetivo de demostrar, según manifestación del famoso gurú, «que somos nosotros mismos quienes nos ponemos límites».

La primera de las dos esposas del campesino ruso Fiodor Vassiliev, habitante de la pequeña ciudad de Shuya, dio a luz a 69 hijos, repartidos en 27 partos: 16 pares de mellizos, 7 grupos de trillizos y 4 de cuatrillizos. Este caso, comunicado a Moscú por el Monasterio de Nikolskiy el 27 de febrero de 1782, constituye el mayor número oficialmente registrado de hijos alumbrados por una sola mujer.

Se llama *tarantismo* al estado psicopatológico compulsivo que lleva a bailar hasta la extenuación al que lo sufre. La manifestación más aguda que se recuerda de tarantismo ocurrió en julio de 1374 en la localidad alemana de Aachen, cuando una muchedumbre de personas sucumbió al frenesí danzante del tarantismo durante horas hasta quedar exhaustos o caer lesionados.

Un papagayo hembra de la especie gris africana (*Psittacus erythacus*), apresado en Uganda en 1958, fue campeón durante 12 años consecutivos en el concurso nacional inglés de *Mejor Papagayo Charlatán.* Este papagayo, propiedad de Lyn Logue y, a la muerte de ésta en 1988, de Iris Frost, conocido con el nombre de *Prudle,* manejaba un vocabulario de casi 800 palabras distintas. Se retiró imbatido (sin hacer más comentarios), tras obtener su último campeonato en 1976.

Es bien sabido que el caracol resiste hasta un año sin comer nada; pero hay veces que algún ejemplar bate ese récord. En 1846, dos especímenes de la especie conocida como caracol del desierto (*Erimina desertorum*) fueron adosados a una tablilla y expuestos en la sección de Historia Natural del Museo Británico. Cuatro años más tarde, algunos cuidadores comenzaron a sospechar que uno de ellos no estaba muerto. Fue despegado de la tablilla y sumergido en agua tibia, reviviendo a los pocos instantes. El caracol vivió aún dos años más.

El mayor quiste jamás extirpado fue extraído de un ovario en una operación realizada en Texas en 1905. Esta extirpación es conocida en los anales de la medicina como *Caso Spohn.* El quiste pesó la increíble cifra de 148,7 kilos y, al parecer, fue extirpado con total éxito, recuperándose por completo la paciente.

Bajo la ciudad polaca de Wieliczka, situada a 12 kilómetros al sudeste de Cracovia, se encuentra una de las minas de sal más grandes del mundo, que ha estado en explotación desde el siglo XI, con un promedio de producción de 60 toneladas anuales. Hoy en día existen siete niveles, el más bajo de los cuales está a 300 metros de profundidad. Los niveles se conectan entre sí por un intrincado sistema de anchas escaleras cavadas en la roca salina y por 100 kilómetros de pasadizos, por los que circulan numerosos vagones tirados por caballos. Esta *Ciudad de Sal* posee sinuosas calles, iglesias con columnas (la llamada Capilla de San Antonio tiene 30 metros de altura por 30 metros de longitud), altares, candeleros hechos a mano con cristal de sal, restaurantes, estaciones de ferrocarril, monumentos, dieciséis estanques (uno de los cuales mide 240 por 120 metros) y muchos canales, algunos de ellos con peces e, incluso, una sala de baile y un pequeño museo.

La obra teatral *La ratonera*, de Agatha Christie (1890-1976) fue estrenada el 25 de noviembre de 1952 en el Teatro *Ambassadors* de Londres. En ese mismo teatro se ofrecieron sin interrupción 8.862 representaciones hasta el 25 de marzo de 1974, fecha en que la obra se trasladó al Teatro *St. Martin's,* donde el 6 de mayo de 1991 se alcanzó su representación número 16.000.

Según relatos chinos, un ejemplar de *phyllostachys bambusoides,* una variedad de bambú, floreció por primera vez alrededor del año 999 a. de C. Desde entonces, todas las plantas conocidas de esta especie florecen y dan semillas simultáneamente allá donde estén en ciclos regulares de 120 años.

En los años cincuenta, un avión cazarreactor norteamericano se derribó a sí mismo, al disparar una ráfaga y descender el aparato con una trayectoria coincidente con la de los proyectiles.

El piloto de carreras automovilísticas italiano Bandini murió ahogado en el mar en el transcurso de un Gran Premio de Mónaco de Fórmula 1. Este sorpredente suceso ocurrió al salirse de la pista su bólido e ir a caer al lago de la ciudad monegasca.

A Virginia Argue, una californiana de 80 años, al ser operada de un supuesto tumor en el ovario derecho, se le encontró un diamante tallado. El médico supuso que pudo caer en el cuerpo de la mujer 52 años antes, cuando se le practicó una cesárea. La única conjetura válida es que el diamante se desprendió, probablemente, del anillo de una de las enfermeras.

Veintiuna personas resultaron muertas por una ola de melaza de caña (un producto residual del proceso de obtención de azúcar, de aspecto y sabor comparables a los de la miel) en la ciudad estadounidense de Boston, Massachusetts, el 15 de enero de 1919. Más de 7,5 millones de litros de melaza, con un peso de 13.500 toneladas, estaban almacenadas en un depósito portuario de 15 metros de altura y 86 de circunferencia. El depósito se rompió, por causas no aclaradas completamente, y la ola, que se elevó más de 15 metros, moviéndose a una velocidad calculada de 55 km/h y con una presión de 25 toneladas, arrasó ocho edificios cercanos, entre ellos un cuartel de bomberos. La ola se estabilizó tras cuatro horas de vaivenes.

La población estadounidense de Tenino, en el estado de Washington, emitió dinero de madera en 1932. Había *billetes* de 25 centavos y medio dólar, impresos en madera contrachapada de abeto sitka.

El keniano Allan Abuto Nyanjong fue capaz de efectuar malabarismos sin parar con un balón de fútbol reglamentario durante 16 horas, 27 minutos y 52 segundos, utilizando para ello los pies, las piernas y la cabeza sin que la pelota tocase el suelo en ningún momento. Tal proeza deportiva tuvo lugar en el *Hyatt Regency Crystal City* de Arlington, en los Estados Unidos, el 16 de enero de 1988. El 29 de agosto de 1990, el surcoreano Huh Nam Jin se mantuvo durante 7 horas, 3 minutos y 33 segundos golpeando un balón de fútbol con la cabeza sin que éste tocase el suelo.

El alquiler de un solar destinado a depósito de aguas fecales cerca de Columb Barracks, en la República de Irlanda, se firmó el 3 de diciembre de 1868 por una duración contractual de diez millones de años. Este tipo de contratación por tan largo periodo, que equivale prácticamente a una venta, es típico, al parecer, en este país, cuando se trata de arrendamientos públicos.

En 1967, el piloto de un avión comercial detectó una bandada de cisnes negros sobrevolando las islas Hébridas a una altura de 8.230 metros, hecho que se consideraba imposible hasta entonces por el escaso contenido de oxígeno del aire a estas alturas. También los escaladores de las cumbres del Himalaya han observado bandadas de chovas piquirrojas sobrevolando el Everest. Pero el récord constatado lo posee un ejemplar de la especie llamada buitre de Ruppell (*Gyps rueppellii*), que colisionó el 29 de noviembre de 1973 con un avión de línea regular a 12.777 metros sobre la vertical de Abidjan, en Costa de Marfil, averiando uno de los motores y provocando un aterrizaje de emergencia sin consecuencias. Se trata de la mayor altura a la que ha sido observado un pájaro de cualquier especie. Según se desprende de recientes estudios, estas aves consiguen sobrevivir a estas alturas gracias a que su corazón posee una alta capacidad de alteración de su ritmo de contracciones.

Una manada de perros de las praderas de cola negra (*Cynomys ludovicianus*), un pequeño roedor de América del Norte, localizada en 1901 en los Estados Unidos, estaba formada aproximadamente por unos 400 millones de individuos, cubriendo cerca de 62.000 km^2 de superficie.

Según los científicos locales, una nube de langostas de las Rocosas (*Melanoplus spretus*), que cubría 514.374 km^2 (mayor, por tanto, que la superficie total de España), arrasó el estado norteamericano de Nebraska del 15 al 25 de agosto de 1875. Aun reduciendo a la mitad tales estimaciones, dicho conglomerado estaría formado por más de 12 mil billones de individuos, que totalizarían un peso aproximado de 25 millones de toneladas. Cinco años después, en 1902, se perdió por completo la pista de esta plaga, sin que nunca se haya sabido qué motivó su súbita desaparición.

En cierta ocasión se observó una bandada de libélulas que abarcaba una extensión de 170 km^2 sobrevolando un lago belga. A su paso por Amberes la nube de insectos interrumpió el tráfico durante horas.

En 1932, fue observada en el estrecho de Malaca lo que fue definido como «una masa continua de víboras de mar» de 3 metros de anchura y 113 kilómetros de longitud.

La CIME-FM de Montreal fue la primera emisora de radio del mundo que emitió en su programación una frecuencia camuflada que imita el sonido de los mosquitos. De esta forma, se consigue hacer huir a las hembras (que son las que pican: los machos no tienen trompa) ya que éstas, una vez fecundadas, como se sabe, repelen a los machos.

El 7 de junio de 1987 se informó que, dos años antes, un equipo médico francés de la ciudad de Caen implantó un ovario en la axila de una paciente para evitar que quedara estéril. La paciente, enferma de cáncer, iba a ser irradiada, lo que inevitablemente causaría su esterilidad. Ante ello, el equipo de doctores optó por implantar uno de sus ovarios en una cavidad previamente preparada mediante técnicas quirúrgicas en el interior del brazo de la paciente y revascularizarlo, conectándolo con las arterias y arteriolas del brazo. De esta extraña forma, la mujer conservó su capacidad de fecundación, aunque no, obviamente, de gestación.

El rey Gustavo III de Suecia (1746-1792), convencido de que el café era venenoso, condenó a un criminal a tomarlo todos los días, mientras otro reo bebía solamente té, para que una comisión médica nombrada al efecto demostrase que, tomados ambos a dosis diarias, éste era beneficioso, mientras aquél era mortal. Sin embargo, según cuenta la historia, el experimento nunca pudo ser llevado a término: primero murieron los médicos de la comisión; después el rey fue víctima de un atentado mortal; a continuación, a los 83 años, murió el reo condenado a beber té, y finalmente el bebedor de café.

En 1991 fueron extraídos en Nueva Delhi tres embriones sin desarrollar del estómago de un niño de 5 meses. En la historia documentada de la medicina sólo se conocían 31 casos similares de un bebé en estado embrionario dentro de otro.

Hachi era un perro que cada tarde acudía a esperar a su amo a la vuelta del trabajo a una estación de ferrocarril de las afueras de Tokio. Una tarde de 1925, su amo no apareció. Había muerto horas antes en la capital. El perro, dando un ejemplo de ciega fidelidad, siguió acudiendo, tarde tras tarde, durante sus restantes diez años de vida, regresando a casa horas después. Cuando murió, el gobierno japonés se hizo eco de su popularidad y erigió una estatua en la estación de trenes, a la vez que enviaba reproducciones a todas las escuelas del país.

Hay en Edimburgo un monumento similar dedicado a un perro de raza *skyeterrier* llamado *Bobby,* tan fiel a su amo –un pastor escocés conocido como el *Viejo Jock*– que a su muerte (ocurrida en 1858) permaneció junto a su tumba durante catorce años. Quienes visitaban el cementerio jamás vieron al animal alejarse de la sepultura más que unos momentos cada día, para ir al mismo restaurante que frecuentaba su amo, donde le daban comida, con la que rápidamente volvía junto a la sepultura de su amo. Cuando el fiel animal murió en 1872, los ciudadanos de Edimburgo le enterraron junto a su amo.

En junio de 1971, la sudafricana Yvonne Vladislavich cayó a las aguas del océano Indico, tras hundirse el yate en que viajaba. Poco después fue milagrosamente salvada por tres delfines que, además que remolcarla sobre su lomo, la defendieron de los abundantes tiburones de aquellas aguas. Finalmente, la náufraga fue depositada por los delfines en una boya marina, a unas doscientas millas náuticas de donde cayó al mar, siendo rescatada poco después por equipos de salvamento.

El 1 de septiembre de 1992 la italiana Concetta Dittessa, de 62 años de edad, dio a luz a su primer hijo en el hospital de la ciudad italiana de Módena, más de diez años después de su menopausia. La mujer, estéril a consecuencia de una tuberculosis, se sometió a un programa de reproducción asistida tras conocer que su marido era padre de dos hijos naturales. Para ello le fue implantado un óvulo de donante desconocida fecundado *in vitro* con el semen del marido.

TECNOLOGIA E INNOVACIONES

La herramienta más antigua que se conserva es el llamado *dâlu,* una especie de bomba hidráulica utilizada por los sumerios hace aproximadamente 3.500 años.

El primer semáforo para la regulación del tráfico del mundo se instaló en 1840 en la ciudad estadounidense de Boston. Sin embargo, aquel primitivo semáforo era muy distinto a los actuales. No utilizaba luces, sino un mecanismo compuesto por dos tablillas en las que podía leerse *GO* y *STOP* que subían y bajaban alternativamente. No sería hasta 1920 cuando un policía de Detroit llamado William L. Potts ideara un sistema eléctrico de alumbrado que le permitía controlar tres intersecciones de calles desde una torre. Escogió en los prototipos los colores rojo, amarillo y verde porque eran los que los ferrocarriles venían utilizando, y así nació el primer semáforo moderno que funcionó en el mundo. El primer semáforo español se instaló en Madrid, en el cruce de las calles Barquillo y Alcalá, en 1929.

El primer constructor de un computador eficaz fue un joven alemán de 24 años llamado Konrad Zuse que, en 1934, trabajando en el cuarto de estar de la modesta residencia de sus padres, construyó dos versiones sucesivas (*Z1* y *Z2*) de un prototipo de computador que contaba ya con un teclado para introducir los datos y unas lámparas que indicaban los resultados expresados en clave binaria. Poco después, asociado con el ingeniero Helmut Schreyer, a quien había conocido cuando ambos compitieron para obtener el papel de King Kong en una versión teatral de la famosa película (que, por cierto, obtuvo Schreyer), planearon mejorar aquellos modelos con la introducción de válvulas electrónicas. Sin embargo, la escasez de sus recursos y el estallido de la Segunda Guerra Mundial acabaron con sus revolucionarios proyectos.

Por su parte, el primer ordenador personal de la historia, el *Apple,* fue construido por Steve Wozniak y Steven Jobs, dos jóvenes aficionados a la electrónica, en el garaje de su casa, con los pocos medios a su disposición y, eso sí, con mucho entusiasmo.

Desde 1807, Londres fue la primera ciudad del mundo que contó con un sistema de alumbrado público. En aquella fecha se inauguró un circuito callejero de iluminación artificial que se servía de mecheros de gas de hulla. El primer experimento que se llevó a cabo en España para la iluminación o alumbrado de las calles por medio de lámparas de incandescencia se produjo en 1881, a cargo de Tomás Dalmau, que instaló quince lámparas en el Paseo de Gracia barcelonés. Poco después se reprodujo la experiencia en la madrileña Puerta del Sol. Las dos primeras ciudades españolas que tuvieron el privilegio de contar con alumbrado eléctrico fueron Jerez de la Frontera (Cádiz) y Haro (La Rioja), en 1890.

El primer ascensor funcional fue la llamada *silla de ascenso* por su inventor, el matemático Erhardt Weigel (1687). En 1857 entraría en funcionamiento el primer ascensor para uso de personas accionado por motor, que además incorporaba el primer sistema de seguridad de la historia. Fue instalado en el edificio de cinco plantas de la tienda de objetos de porcelana *E. V. Haughwour & Co.* de

Broadway, en la ciudad de Nueva York. Se trataba de un modelo desarrollado en 1852 por el estadounidense Elisha Graves Otis, un empleado de una fábrica de camas. El primer ascensor instalado en España comenzó a prestar servicio el 15 de diciembre de 1877 en el número 57 de la madrileña calle de Alcalá.

El primer prototipo de escalera mecánica fue inventado por el estadounidense Jesse Wilfred Reno en marzo de 1894, patentándolo con el nombre de *Ascensor Inclinado Reno*. Esta primera escalera mecánica, que se movía a unos 2,5 km/h, fue probada por primera vez en *Old Iron Pier*, una atracción de Coney Island, en Nueva York. En 1898, una versión mejorada del diseño original fue instalada en los almacenes comerciales *Harrod's* de Londres. Era tal la impresión que deparaba esta novedad técnica que se ofrecía una copa de coñac a los clientes que se aventuraban a probarla. También se instaló poco después una réplica en el *Crystal Palace* de Sydenham. Por su parte, en agosto de 1892, otro inventor, Charles W. Wheeler, había patentado un nuevo modelo basado en un prototipo anterior que, mejorado por Charles D. Seeberger en 1896, fue fabricado, como primer modelo de escalera mecánica realmente eficaz y seguro, por la empresa de ascensores *Otis Elevator Co.*, exhibiéndose en la Exposición Internacional de París de 1900. Este mecanismo fue llamado *escalator* (palabra con que todavía es conocida en inglés lo que nosotros llamamos "escalera mecánica"). Finalmente, la sociedad *Gimbel's Department Store,* de Filadelfia, Estados Unidos, instaló el primer modelo comercial. Por cierto, la escalera mecánica sin duda más pequeña del mundo fue instalada en un centro comercial de la ciudad de Kawaski-Shi, en Japón, para salvar un desnivel de 83,4 centímetros.

Los grandes almacenes, supermercados, cadenas de tiendas y, en general el nuevo concepto de tiendas generalistas establecidas en grandes superficies surgieron a mediados del siglo XIX, extendiéndose rápidamente por todo el mundo occidental. El más importante de todos y el que más novedades fue introduciendo hasta configurar lo que hoy en día entendemos por un gran almacén fue el abierto por el matrimonio Boucicaut en París en la segunda mitad del siglo pasado. En este almacén, cuyos dueños llamaron *Le Bon Marché* (lo que en francés viene a significar "barato"), además de permitir la entrada a todo el mundo, comprase o no (cosa que ya era común al resto de almacenes de la época), se amplió al máximo la variedad de mercancías, se fijaron y se anunciaron los precios a partir del 2 de enero de 1855 (lo que no era realmente habitual, puesto que en muchas tiendas todavía se utilizaba los sistemas de tanteo y regateo), se organizaron saldos de mercancías excedentes y se implantó el revolucionario sistema de apoyar la venta con pequeños regalos o incentivos a la compra. Siguiendo ese modelo (y mejorándolo), surgieron rápidamente muchos de los que aún hoy en día dominan este mercado. Por ejemplo *Macy's* de Nueva York, que se anunciaba bajo los lemas «artículos para millonarios al alcance de millones de personas» y «vendemos más barato que nadie» –de hecho devolvían el importe de la compra si alguien encontraba el mismo artículo que había comprado más barato en otro establecimiento– y que contaba con un departamento de inspector para vigilar el mercado, y *Harrod's* de Londres (en el que se hizo famoso el lema comercial: «se vende todo: desde un alfiler a un elefante»). Por su parte, el primer centro comercial del mundo fue construido en 1896 en el *Roland Park* de Baltimore, en los Estados Unidos.

En su primer vuelo, ocurrido el 10 de septiembre de 1904, Orville Wright que pilotaba el avión *Flyer 2*, construido por su hermano Wilbur y por él, sólo recorrió 259 metros sobre los campos de Kitty Hawk, en el estado norteamericano de Carolina del Norte.

El primer producto de origen vegetal que se utilizó históricamente como soporte para la escritura fue el papiro, que ya era utilizado por los antiguos egipcios hacia el año 4000 a. de C. Las hojas de papiro son láminas sacadas del tallo de la planta herbácea del mismo nombre, que se cortan en tiras de unos 10 centímetros de largo por 1 de ancho y que luego se entraman sobre una base dura, y se machacan con una piedra, hasta conseguir que las tiras se unan en una pieza única. El documento más antiguo escrito en papiro que se ha encontrado hasta la fecha es un tratado médico egipcio que data del siglo XX a. de C. Extendido a Europa, se cree que llegó a Grecia hacia el siglo V a. de C., pasando después a Roma. Aparecido el pergamino, el papiro compartió protagonismo con él durante siglos, hasta la proliferación del papel.

El honor de haber inventado el papel se lo debemos a los chinos. Según la tradición, en el año 105 de nuestra era, un eunuco al servicio del emperador llamado Tsua Lun perfeccionó su sistema de fabricación, aunque, al parecer, su elaboración se conocía desde mucho antes. Tsua Lun, tras obsequiar al emperador Ho Ti con unas muestras de este nuevo material, recibió a cambio un título aristocrático y un cargo político en la corte. Su innovación consistió en la utilización de fibras vegetales con alto contenido en celulosa, extraídas de la morera, el ramio, el algodón y también de telas viejas. Colocaba el material en un mortero con agua y lo machacaba hasta conseguir una pasta homogénea y compacta.

Los chinos trajeron el papel a Occidente, monopolizando su fabricación y manteniendo un riguroso secreto sobre el arte de su elaboración. Al menos fue así hasta que el año 610 este secreto fue violado por un monje coreano que lo llevó al Japón, revelando su fórmula y los misterios de su fabricación. Los japoneses pronto aventajaron a los chinos en la calidad de sus productos. La técnica llegó al Norte de Africa y a España con la dominación árabe, y desde aquí se difundió por toda Europa.

Durante siglos, el papel compartió utilidad con otros materiales de escritura, y fundamentalmente con el pergamino. El espaldarazo definitivo a su consumo generalizado lo dio un industrial alemán al poner en marcha, en 1845, una industria de fabricación de papel aprovechando las virutas de madera, que eran un desecho industrial casi sin ninguna utilidad hasta entonces. Sin embargo, la elaboración de papel con virutas de madera trajo el inconveniente de que ésta contiene una sustancia, la lignina, que degenera rápidamente dando un tono amarillento que oscurece rápidamente el papel. Actualmente, sólo contiene lignina el papel más vasto utilizado por los periódicos, razón por la cual éstos se amarillean a las pocas semanas de estar expuestos a los efectos ambientales.

A pesar de que el invento chino del papel permitía la confección de libros, puesto que el papel podía doblarse, la mayoría de los libros europeos se continuaron haciendo durante mucho tiempo con pergamino, un material que se elabora con pieles finas de animales, y que surgió en la ciudad italiana de Pérgamo (de la que tomó el nombre), por iniciativa, según un relato histórico no comprobado, de su rey Eumenes I, como respuesta a las medidas restrictivas a la exportación de los papiros egipcios puesta en práctica por su enemigo, Tolomeo V de Egipto. En Asia, el equivalente del pergamino todavía se continuó utilizando hasta el siglo pasado y en Europa no desapareció totalmente hasta hace muy poco. Baste mencionar, por ejemplo, que el Tratado de Versalles de 1919, que puso fin a la Primera Guerra Mundial, se escribió sobre pergaminos.

El arte de imprimir con bloques de madera en los que se marcan los caracteres al revés (es decir, la imprenta de tipos fijos) se inició en un monasterio budista de China. El más antiguo libro impreso con este sistema que nos ha llegado (al menos el que se puede fechar de modo fiable) es un texto budista, el *Diamante Sutra*, impreso en China en el año 868. El año 1040, el alquimista chino Pi

Cheng inventó los caracteres móviles de imprenta, con lo que sentó las bases de la posterior imprenta de tipos móviles desarrollada por impresores alemanes (principalmente, por Gutenberg) a mediados del siglo XV.

Según algunos historiadores, fueron los judíos los primeros en preparar jabón. Los antiguos israelitas obtenían jabón a partir de dos álcalis: la sosa (que conocían como *neter)* y la potasa *(borit).* Los latinos Plinio y Galeno llamaron a este mezcla *sapa.* Sin embargo, para Plinio, esta pasta era una invención de los galos, que la preparaban con sebo de ternera, de cerdo o de carnero, más cenizas de vegetales. Al parecer, los egipcios fueron los primeros en preparar jabón mezclando un álcali y aceite.

El famoso *Rolls-Royce* se dio a conocer en el Salón del Automóvil de Londres de 1906, en el que Charles Rolls, un aristócrata piloto de carreras y vendedor de automóviles, y Henry Royce, un ingeniero autodidacta y perfeccionista, hijo de un molinero de Manchester, presentaron con gran éxito el modelo *Silver Ghost* ("Espíritu Plateado"). Ambos habían entrado en contacto por primera vez el 4 de mayo de 1904 en un hotel de la ciudad de Manchester.

Desde aquél primer modelo, las características de los automóviles Rolls-Royce rozan la exquisitez. La madera de nogal utilizada para la fabricación de los salpicaderos y otros elementos es escogida mediante un complejo sistema de selección: una vez al año, un equipo de expertos se desplaza a los bosques de California, en Estados Unidos, para elegir y comprar los árboles más adecuados para su posterior transformación. El cuero vacuno utilizado para confeccionar la tapicería, por su parte, procede del norte de Escandinavia, donde la relativa ausencia de insectos y alambres espinos preserva la calidad y la perfección de las pieles animales con que se elaboran. Se necesitan de diez a doce vacas para confeccionar los asientos del coche, pero solamente una piel entre quinien tas supera los controles de calidad antes de ser utilizada en el tapizado de los asientos de los Rolls-Royce. Cada radiador del Rolls-Royce está hecho totalmente a mano y a ojo, sin ayuda de ningún tipo de instrumento de medida. Un artesano puede tardar un día entero en soldar las junturas de las once piezas de acero inoxidable que componen su estructura principal. Al final de su trabajo, firma con sus iniciales en la parte trasera del radiador, de modo que si esta pieza llegase a averiarse por cualquier accidente o por cualquier impensable defecto de fabricación, el mismo artesano, si es posible, se encargaría de arreglarlo. Las líneas externas del radiador están ligeramente arqueadas, al modo en que lo están también, por ejemplo, las columnas de la fachada del Partenón, para lograr la apariencia rectilínea.

En los primeros coches, el radiador estaba coronado por un tapón redondo en el que figuraban las dos erres de las iniciales de sus diseñadores, rotuladas en color rojo. Una de ellas pasaría a ser de color negro a la muerte de Charles Rolls en 1910 en un accidente ocurrido durante una demostración aérea; para ser ambas negras tras la desaparición de Henry Royce en 1933. Pero antes, en 1911, Royce encargó a Charles Sykes, uno de los más famosos escultores de la época, el modelaje de una figura que coronase la parte externa del radiador. Parece ser que Sykes, tras realizar un viaje de prueba en el automóvil, quedó tan impresionado que llegó a la conclusión de que sólo una estatuilla que representase a la diosa alada del Extasis estaría a tono con la calidad del automóvil. La estatuilla es reproducida mediante el proceso denominado "a la cera perdida", que fue descubierto por los chinos hace ya unos 4.000 años. Este proceso consiste en rodear el modelo de la figura de cera con un material refractario al calor, para, acto seguido, calentar todo el conjunto; de este modo, poco a poco la cera se va derritiendo y va dejando un espacio vacío en el cual se vierte metal fundido; al romper la envoltura refractaria, una vez enfriada, aparece una reproducción perfecta del modelo en cera, que se pule a mano con polvo de huesos de cereza.

Curiosamente, el primer encendedor de cigarrillos práctico fue inventado antes que las modestas cerillas. En efecto, en 1816, el químico alemán Johann Wolfgang Döbereimer (1780-1849), ideó una forma de encender automáticamente un chorro controlado de hidrógeno. El único problema era que requería para ello una cierta cantidad de polvo de platino y este material es muy caro. Incluso, algunos años antes ya se había inventado el primer encendedor eléctrico de la historia. En 1780, un tal Férstenberger inventó en la ciudad suiza de Basilea un aparato que empleaba hidrógeno generado en un recipiente cerrado en el que se hace reaccionar cinc con ácido sulfúrico diluido. Al abrir un grifo, las chispas generadas por un electróforo (un tipo de condensador eléctrico inventado en 1775 por Alessandro Volta) hacían que el gas entrara en ignición. Acto seguido, se trasladaba la llama a la mecha de una vela.

Un día de 1826, el farmecéutico inglés John Walker se encontraba en la trastienda de su negocio, experimentando sobre un nue vo explosivo, cuando, al remover una mezcla de productos químicos con un palo, observó que en el extremo de éste se había adherido una gota de cierto material. Para eliminarla, Walker frotó el palo contra el suelo, y entonces, ante su sorpresa, el palo ardió súbitamente. En aquel mismo instante había nacido la cerilla de fricción. Sin embargo, hay que consignar que se trataba de un descubrimiento químico que ya había hecho en 1680 su compatriota Robert Boyle (1627-1691), aunque sin obtener ninguna repercusión en las comunidades científica e industrial. Por su parte, Walker tampoco se dio cuenta de las posibilidades comerciales de su descubrimiento, y ni siquiera lo patentó. Ambas cosas las haría poco después el industrial Samuel Jones, que comercializó las cerillas de fricción con el nombre comercial de *Lucifer.*

Casi un siglo más tarde, en 1909, el barón alemán Carl von Auer von Welsbach (1858-1929) inventó el mechero de gasolina, cinco años después de haber inventado él mismo las piedras de mechero.

Las modernas gafas de sol surgieron alrededor de los años treinta en los Estados Unidos, siendo popularizadas por los aviadores que las usaban para protegerse contra los destellos y deslumbramientos del sol. Aquellas primeras gafas de sol de los pilotos fueron fabricadas y comercializadas bajo la marca comercial *Ray-Ban* (una forma abreviada de *ray banner*: "proscriptor de rayos"). Sin embargo, su popularización definitiva no llegaría hasta la década de los sesenta, cuando el industrial Foster Grant lanzó una agresiva campaña publicitaria basada en la promoción de la imagen de muchas estrellas de cine que las usaban.

El ala-delta fue inventado en 1972 por Francis Rogallo, un ingeniero de la NASA que años antes había recibido el encargo de diseñar un sistema para la recuperación de los vehículos espaciales del proyecto Géminis. Rogallo diseñó una cometa triangular que fue rechazada por la NASA, pero que, años después, adaptada y construida a escala humana, fue patentada por su inventor para su uso recreativo actual.

Los cajeros automáticos fueron un invento de la compañía estadounidense *Burroughs,* por encargo del *City Bank*, siendo instalados los primeros en 1976. El primero en España fue instalado en 1978 por el Banco Popular Español, funcionando con la tarjeta *MultiCard.*

El primer uso del teléfono se dio en Boston, Massachusets, en 1878. La primera línea telefónica fija se estableció entre las ciudades estadounidenses Nueva York y Boston, inaugurándose el 18 de octubre de 1892. Por su parte, la primera telefónica española se inauguraró con un contacto establecido entre dos aparatos situados en Montjuich y en la Ciudadela barcelonesa, el 16 de diciembre de 1877.

La calculadora de bolsillo fue inventada por los estadounidenses Jack St. Clair Kilby, James van Tassell y Jerry D. Merryman, empleados de la *Texas Instruments* de la ciudad tejana Dallas.

TEORIAS CURIOSAS

El científico norteamericano Kenneth L. Arrow, premio Nobel de Economía en el año 1972, es conocido también por su *Teorema de la Imposibilidad*, que demuestra matemáticamente que «no existe y en principio no puede existir ninguna forma de gobierno perfecta».

El médico del siglo XVII Bontekoe, llevado por su afición a la infusión de té, llegó a afirmar que, para estar sano, se debían tomar de doscientas a trescientas tazas de té diarias.

El religioso anglicano irlandés James Ussher de Lighfoot (1581-1656), que fue arzobispo y profesor universitario, tras más de catorce años de concienzudos estudios de las Sagradas Escrituras, dio a conocer en su obra *Cronología Sagrada* la sorprendente (y absurda) conclusión de que Dios creó el mundo por última vez a las 9 de la mañana del 26 de octubre del año 4004 a. de C. La datación de esta fecha se enmarcaba en una teoría más genérica según la cual veintisiete catástrofes distintas habían destruido toda la civilización en otros tantos momentos de la evolución de la vida en en el planeta y que, cada vez, Dios había comenzado todo de nuevo. Según este obispo, los seres humanos actuales no habían aparecido en la Tierra hasta la última Creación, que comenzó en la fecha arriba indicada. Desarrollando esa misma teoría, llegó a datar el Diluvio Universal el año 2400 a. de C., y a situarlo en la cuenca del Eufrates.

Tal vez impresionado por la finura de análisis de Ussher de Lighfoot, el científico inglés William Whiston (1667-1752) quiso perfeccionar los cálculos de aquél y afirmó, también tras un profundo estudio de las Sagradas Escrituras, que el Diluvio Universal tuvo lugar el 18 de noviembre del año 2349 a. de C. (tal vez por falta de análisis, no especificó la hora de comienzo).

Pero es que el que no calcula es porque no quiere. En 1938, el astrónomo y físico inglés Arthur Eddington (1882-1944) dio a conocer con total seriedad el resultado de sus cálculos cósmicos, según los cuales el número exacto de protones que forman el universo (y correspondientemente, el de electrones) es 15 747 724 136 275 002 577 605 653 961 181 555 468 044 717 914 527 116 709 366 231 425 076 185 631 031 296 (ni uno más ni uno menos). Como era de prever, nadie aceptó este cálculo y su hipótesis no tuvo más consecuencias que alguna que otra broma en el ambiente científico. (Que se sepa, nadie inició una comprobación empírica de tal dato.)

Según opinión del filósofo griego Anaxágoras de Clazomene (500-428 a. de C.), los varones son engendrados por semen que fluye de la parte derecha del cuerpo del padre y las niñas por semen que proviene del lado izquierdo. Esta teoría, a pesar de ser totalmente errónea y algo ingenua, estaba, no obstante, mucho más cerca de la verdad que las de otras muchas escuelas griegas de pensamiento, que creían que la fecundación femenina se debía a la acción del viento, a la presencia en las proximidades de cierto árbol, o a otras muchas *causas* de similar categoría científica.

El eminente astrónomo inglés Edmund Halley (1656-1742) –famoso, entre otras razones por haber identificado y predicho la vuelta del cometa que lleva su nombre–, sostuvo en cierta etapa de su vida la curiosa teoría de que la Tierra está hueca y que dentro de ella, bajo una corteza de unos 800 kilómetros de grosor medio, giran tres pequeños planetas.

En la misma línea se movió la teoría del matemático suizo Leonhard Euler (1707-1783) que llegó a afirmar que la Tierra no sólo está hueca en su interior, sino que en ese hueco vive otra civilización humana bajo la luz de un sol central.

Dentro de la misma tradición, ya en el siglo XIX, el capitán estadounidense John Cleves Symmes expuso la teoría de que la Tierra está efectivamente hueca y compuesta por una serie de esferas concéntricas. Además, sostuvo una teoría esotérica que desde entonces ha tenido muchos defensores y según la cual es posible descender al centro de la Tierra a través de dos grandes agujeros situados en los polos. Esta idea ha dado mucho juego en el campo de la literatura fantástica y principalmente en la novela *Viaje al centro de la Tierra* (1864), de Julio Verne (1828-1905), además de estar presente en el equipaje ideológico (no siempre confesado) de alguna de las primeras expediciones a la conquista de los Polos.

El ingeniero suizo Herman Sörgel propuso cerrar los 14 kilómetros de anchura del estrecho de Gibraltar con una presa, de cuyo aprovechamiento hidráulico se pudieran obtener grandes cantidades de energía con que convertir el norte de Africa en un vergel y en un inmenso campo de cultivo al servicio de Europa. Su idea era aun más ambiciosa: proponía también construir tres mares artificiales en el Chad, el Congo y el lago Victoria, que abastecieran de agua dulce a todo el continente africano. Aun siendo loable, tal vez, sus intenciones, la teoría, caso de ponerse en práctica, hubiese resultado desastrosa. Como hoy se sabe, cerrar el estrecho de Gibraltar significaría la relativamente rápida desecación del Mediterráneo. No obstante, la naturaleza parece estar trabajando en ese mismo sentido: el norte de Africa y la Península Ibérica se aproximan cada año unos dos centímetros.

Los primeros dibujos anatómicos detallados y veraces los realizó, alrededor del año 1500, el ínclito Leonardo da Vinci (1452-1519), que diseccionó numerosos cadáveres a este fin. Sin embargo, pese al indudable valor de sus trabajos, no todas sus deducciones fueron acertadas. Así por ejemplo, en su opinión, el pene está conectado con los pulmones, que le insuflan el *aliento* necesario para la erección.

El astrónomo germano-británico William Herschel (1738-1822) hizo avanzar la ciencia astronómica como pocos al demostrar por primera vez la teoría de que el Sol no era el centro inmóvil del Universo. Su teoría revolucionó el pensamiento científico de modo similar a como lo había hecho Copérnico al desbancar más de dos siglos antes a la Tierra como centro inmóvil del Universo. Además, Herschel se convirtió en el astrónomo más importante y respetado de su época al calcular certeramente una extensión del Sistema Solar doble a la considerada hasta ese momento; al catalogar unas 2.500 nebulosas (frente a las 100 que se conocían hasta ese momento), y al descubrir el planeta Urano y sus satélites, y la sexta y séptima lunas de Saturno. Sin embargo, junto a estos grandes avances, sostuvo teorías ciertamente curiosas. Por ejemplo, creía que la Luna y los planetas estaban habitados; que la luminosidad del Sol podía estar limitada a su atmósfera (lo que significaría que bajo el *cinturón de fuego solar* existe un cuerpo frío y sólido que aún podía estar habitado), y que las manchas solares eran agujeros en su atmósfera, a través de los que podía verse la superficie helada que su teoría preconizaba.

El astrónomo estadounidense Percival Lowell (1855-1916) llegó a afirmar, tras profundos estudios telescópicos de la superficie del planeta Marte, realizados desde un observatorio enclavado en Arizona, que la superficie de este planeta estaba cubierta por una red de largos canales (los famosos *Canales de Marte*), quinientos de los cuales llegó a identificar, afirmando además que era posible pensar que el planeta estuviera habitado por alguna forma de vida.

Su colega y compatriota William Henry Pickering (1855-1938) refutó esta teoría, pero, a cambio, explicó las manchas oscuras del cráter lunar *Erastóstenes* achacándolas a grandes concentraciones de insectos lunares (añadiendo, para rematar la cuestión, que su aspecto es semejante a lo que un hipotético astrónomo lunar vería al observar las praderas norteamericanas repletas de manadas de búfalos).

Bien conocida es la importancia que tuvo el pensamiento del filósofo griego Aristóteles (384-322 a. de C.) en el desarrollo del pensamiento moderno occidental. Sin embargo, junto a sus muchos logros, la filosofía de Aristóteles también contiene numerosos errores, opiniones equivocadas y puntos de vista cuando menos curiosos. Así, sostuvo la teoría de que los objetos voladores (lanzas y flechas, por ejemplo) son movidos por la atmósfera. Además, arguyó que los objetos pesados caen más rápidamente que los livianos, y que los objetos se aceleran al caer porque se *alegran* de aproximarse a la Tierra (sic). Para él, los seres humanos, las cabras y los cerdos tienen más dientes en los individuos del sexo masculino que en los del femenino; asimismo, la sangre de las mujeres es más espesa que la de los hombres. Es curioso constatar que mientras que otros filósofos griegos, como Alcmeón, Demócrito e Hipócrates, veían en el cerebro el centro de la actividad intelectual de la persona, Aristóteles, sin embargo, era más bien partidario de la teoría de que el cerebro es simplemente un órgano corporal encargado del enfriamiento de la sangre, afirmando consecuentemente que el corazón es la fuente orgánica de las sensaciones y de la inteligencia humanas. También sostuvo la teoría de que las distintas especies de animales surgieron por generación espontánea («como ocurre con los gusanos en la carne podrida o los insectos en el barro», decía apoyando su tesis). Además también estaba convencido de que las moscas tienen cuatro patas; que la mitad izquierda del cuerpo humano es más fría que la derecha; que el ser humano es el único animal que tiene músculos en las extremidades inferiores y que las personas que tienen la cabeza grande duermen más que el resto. Dado el éxito y la trascendencia de las teorías aristotélicas, se puede afirmar que éstas oscurecieron el avance científico durante muchos siglos.

En 1726 el profesor de ciencias de la universidad de Würzburg Johann Beringer dio a conocer una teoría según la cual los fósiles demostraban irrefutablemente la existencia de Dios. En su opinión, los fósiles no eran más que piedras talladas por Dios cuando experimentaba con los tipos de vida que pensaba crear. Movido por esta teoría visionaria, comenzó a coleccionar más y más *fósiles,* a cada cual más sospechosamente extraño. Poco después, se pudo comprobar que esa fabulosa colección de fósiles no era tal, sino más bien una colección de falsedades creadas por dos de sus ayudantes (sin su conocimiento). A partir de entonces, el visionario, desilusionado y engañado profesor dedicó su vida a comprar y destruir cuantos ejemplares de su obra pudo encontrar.

El matemático griego Arquímedes de Siracusa (287-212 a. de C.), calculaba, en su libro *El contador de arena*, que necesitaría 10 elevado a 63 granos de arena para llenar el cosmos.

En 1969, el otorrinolaringólogo norteamericano George Thommen publicó un libro, con el título *Biorritmos,* que se convirtió rápidamente en un éxito de ventas, y que estaba inspirado en las curiosas teorías del berlinés Wilhelm Fliess, íntimo amigo de Sigmund Freud. Fliess, un apasionado de la numerología, pretendía que las cifras 23 y 28 están presentes en la estructura y organización del universo. Desarrollando aquella teoría, Thommen afirmaba en su libro que desde el momento de nacer estamos condicionados por tres diferentes ritmos: uno de orden físico, que se manifiesta en ciclos de 23 días; otro de orden emocional, en ciclos de 28 días, y un tercero de orden intelectual, de 33 días. Es posible combinar las curvas de estos tres ritmos cíclicos, con lo que observarán crestas de días favorables y valles de días negativos. Según esta teoría, es factible determinar aquellos días críticos en que cualquier iniciativa está abocada al fracaso, o los favorables en que es aconsejable poner en marcha cualquier proyecto. Sin embargo, repetidos experimentos y estudios estadísticos han demostrado que se trata de una teoría, como dicen los científicos, "irrelevante" (en el sentido de que con cualquier otro ritmo cíclico basado en otras cifras también es posible establecer una distribución estadística interpretable de cualquier forma que se desee).

El filósofo griego Anaxágoras fue condenado a muerte en el año 435 a. de C. bajo la acusación de ateísmo, basada en su teoría de que el Sol no era sólo un disco de luz, sino una roca brillante de más de 100 kilómetros de diámetro, «más grande que todo el Peloponeso». Felizmente, logró huir de Atenas, refugiándose en Lampsaco, donde abrió una nueva escuela en la que enseñó sus doctrinas hasta su muerte. Varias décadas después, el también filósofo Heráclides de Ponto (h. 388-315 a. de C.), discípulo de Platón, dio un gran avance a la astronomía de su tiempo llegando a la conclusión de que la Tierra rota sobre su propio eje cada veinticuatro horas y descubriendo además que Mercurio y Venus giran alrededor del Sol como satélites. Basándose en sus teorías, Aristarco de Samos (310-250 a. de C.) fue el primero que sostuvo que la Tierra, como el resto de los planetas, gira alrededor del Sol, que está inmóvil. Por esta afirmación se le acusó de turbar el descanso de los dioses. Debieron transcurrir 19 siglos antes de que Copérnico, Kepler y Galileo afirmaran lo mismo y éste último tuviera que abjurar públicamente de tal afirmación para salvar su vida de la hoguera.

El *Adam Smith Institute* de Londres ha propuesto recientemente que se privatice la propiedad de las ballenas y los elefantes para preservar su conservación, bajo la tesis de que unos propietarios privados cuidarán mejor de estos animales en peligro.

Según el sabio orientalista George Lomsa, la versión actual de la Biblia contiene no menos de 1.400 errores de traducción. Por ejemplo, según señala, las últimas palabras de Cristo en la Cruz: «Eli, Eli, lamma sabachtani», habrían de haber sido traducidas como: «¡Dios mío!, ¡Dios mío! ¡Mi destino ha sido cumplido!», y no el habitual: «¡Dios mío!, ¡Dios mío! ¿Por qué me has abandonado?». De igual modo, según Lomsa, lo que "será más fácil que pase por el ojo de la aguja que un rico entre en el reino de los cielos" no sería «un camello», según la traducción habitual, sino «una cuerda».

En opinión del filósofo Allen Edwards, la civilización occidental entró en franco declive moral desde que: «Los turcos introdujeron la bragueta de botones en Europa entre los siglos XVIII y XIX. Su propósito no era sólo facilitar el orinar, sino también posibilitar la fornicación y la violación».

El jesuita del siglo XVII Paleotti publicó varias obras y dio numerosos discursos defendiendo la tesis de que los nativos americanos no tenían salvación posible, pues estaban eternamente condenados por Dios por descender del diablo y de una hija de Noé.

El naturalista alemán Georg Ernst Stahl (1660-1734), médico personal del emperador Federico Guillermo I de Prusia, lanzó la teoría de que los cuerpos en combustión desprenden una sustancia misteriosa, a la que denominó *flogisto,* y a cuyo estudio dedicó gran parte de su vida. La idea le pareció correcta, puesto que llegó a afirmar que «como cualquiera puede ver observando cómo se quema cualquier cosa, las sustancias en combustión emiten algo hacia el aire». Sin embargo, como hoy nos parece obvio, el proceso ocurre al revés: las sustancias en combustión *toman* algo del aire: ese *algo* es el oxígeno con que se combinan.

TRUCOS, ASTUCIAS Y FRAUDES

El empresario estadounidense Phineas Taylor Barnum (1810-1891), hijo de un tabernero, desempeñó en la primera parte de su vida infinidad de oficios, entre ellos: mozo de labranza, abacero, buhonero, organizador de loterías y periodista, hasta que dio con el filón comercial de contratar y mostrar al público (previo pago) cuantas rarezas fue capaz de encontrar (o, llegado el caso, *fabricar*), según su conocido lema «A la gente le gusta que la engañen». Barnum, que vivía modestamente en Nueva York, con su esposa e hijos, contactó casualmente un día con un tal Bartram, que le contó que acababa de conocer a una anciana negra, Joyce Heth, a la que hacían pasar por nodriza del primer presidente de los Estados Unidos, George Washington, quien había nacido en 1732, es decir, más de 100 años antes (lo cual hacía que, obviamente, fuese imposible que aún viviese tal nodriza). Barnum comprendió instantáneamente que en esa historia había un filón comercial y rápidamente partió para Filadelfia, donde residía la supuesta nodriza, de quien se contaba que tenía 161 años y a quien se había enseñado a hablar de Washington con la familiaridad propia de quien lo había amamantado. Convencido Barnum de las posibilidades comerciales del asunto, liquidó su pequeño negocio neoyorquino, reunió mil dólares, abandonó a la familia y comenzó una gira por los Estados Unidos, mostrando públicamente a la *Nodriza de Washington*, sin importarle (e, incluso, avivando artificialmente) la polémica que su paso levantaba por todo el país. Aprovechándose de este filón y aplicando a rajatabla la filosofía comercial derivada de su citado lema, Barnum puso en marcha un circo, para el que contrató a toda clase de artistas, animales exóticos o extraños, y todo tipo de fenómenos y monstruos (verdaderos y falsos). Cuando su colección de curiosidades tomó un tamaño considerable, formó con ellos el *American Museum* y lo abrió comercialmente al público. En él era posible admirar desde una reproducción a escala de las cataratas del Niágara hasta hombres de raza negra pero de color de piel blanco, pasando por la llamada *Sirena de las islas Fidji* (una mujer con cola de pez), el caballo *lanudo* y toda clase de fenómenos, y muy especialmente el enano Tom Pouce *Pulgarcito,* verdadera figura estelar del museo, tan famoso que se paseó incluso por Europa en loor de multitudes. Simultáneamente, puso en marcha, junto a su socio James Bailey, el más famoso circo de todos los tiempos: el *Barnum & Bailey.*

En 1858, Barnum contrató a la cantante de ópera Jenny Lind, para la que organizó una gran gira por los Estados Unidos, en la que Barnum atesoró una gran fortuna. En 1881 adquirió a Jumbo, un famoso elefante exhibido en el Royal Zoo de Londres, considerado por los ingleses como un símbolo nacional, cuyo embarque para los Estados Unidos fue un acontecimiento sin igual, no exento de graves disturbios protagonizados por los ultranacionalistas ingleses que veían una afrenta en el hecho de que un yanqui les despojase de Jumbo. Otra de sus aventuras financieras fue el intento de compra de la casa natal de Shakespeare (que sobrevivía en pie milagrosamente, totalmente olvidada y abandonada por los ingleses), para su traslado a los Estados Unidos, pero esta vez el rechazo popular fue tal que el gobierno británico reaccionó a tiempo y deshizo la operación.

Sin embargo, en 1887, un incendio destruyó en pleno éxito su museo, que Barnum logró reconstruir no sin pocos esfuerzos, continuando su búsqueda de rarezas y su carrera de embaucador, charlatán y, sin duda, imaginativo empresario, cuyas vicisitudes conocemos de primera mano gracias a su libro de memorias personales, publicado en España con el expresivo y revelador título de *El arte de hacer millones.*

El médico y químico holandés Hermann Boerhaave (1668-1738) legó al morir un libro sellado, con el título *Los secretos más exclusivos y más profundos del Arte Médico*. El libro, aun sellado, fue vendido en pública subasta por el precio de 20.000 dólares en oro. Cuando el nuevo propietario rompió el sello y abrió sus páginas, se encontró con un libro totalmente en blanco, salvo la página del título en la que se podía leer una nota al pie manuscrita por el autor que decía: «Conserve la cabeza fresca, los pies calientes y hará empobrecer al mejor médico del mundo».

Según cuenta Plutarco en su obra *Vidas paralelas*, la primera vez que Julio César llegó a Africa tuvo la mala fortuna de tropezar y caer a tierra nada más desembarcar. Con gran presencia de ánimo, César se sobrepuso inmediatamente al accidente y, levantándose, dijo: «*Teneo te, Africa*» ("Te tengo, Africa"), dando a entender así que no había sido una caída casual, sino más bien un acto voluntario con el que simbolizaba que había tomado posesión de aquella tierra.

En junio de 1503, durante el cuarto viaje de Cristóbal Colón a América, en el que exploró buena parte de la costa centroamericana a la búsqueda del hipotético estrecho entre Cuba (todavía considerada tierra firme) y el llamado por entonces *Continente del Sur*, quedó sin víveres frente a las costas de Jamaica, habitadas por indios hostiles. Practicando el trueque y finalmente guerreando contra ellos, logró que prácticamente toda la tripulación sobreviviera; pero, como la situación volviera a hacerse insostenible, Colón planeó someter a los indígenas demostrándoles la superioridad de los españoles. Para conseguirlo, puso en marcha la argucia de anunciarlos que el 28 de febrero de 1504 les demostraría el enojo que habían causado a su Dios. Para aquella fecha, como bien sabía Colón, estaba anunciado un eclipse de luna. Llegada la fecha, los indios, atemorizados por la repentina desaparición del satélite, facilitaron por fin comida a los desfallecidos españoles.

El 18 de febrero de 1905, el capitán belga Albert Paulis y veinte soldados a su mando fueron capturados, en una zona del Africa Central cercana al Congo

Belga, por la tribu caníbal de los mangbettu, un pueblo muy feroz formado por aproximadamente millón y medio de súbditos del cruel reyezuelo Yembio. En espera de su indudable muerte, el capitán hojeaba un almanaque que casualmente formaba parte de sus efectos personales cuando se dio cuenta de que esa misma noche sería visible en aquella parte del planeta un eclipse lunar. Recordando tal vez la argucia que protagonizara Colón cuatrocientos años antes, vio en aquella coincidencia una oportunidad única para salir con bien de aquel asunto. A tal fin, pidió ser llevado a presencia del rey Yembio, amenazándole con que, si hacía algún daño a uno sólo de sus hombres, él mostraría su poder matando a la Luna. El rey caníbal le retó a que demostrara tal poder. Llegada la hora de la noche en que el almanaque anunciaba el eclipse, Paulis convocó a toda la tribu y, ante todos sus incrédulos captores, alzó su brazo hacia la Luna conjurando su desaparición. Poco a poco, el satélite fue desapareciendo, eclipsado por la sombra terrestre. Aliviado, el capitán vio pronto postrado a sus pies al rey de los mangbettu, que le prometió todo aquello que quisiese para que salvara a la Luna. El astuto capitán le hizo prometer que a partir de aquel momento su pueblo acataría la autoridad del rey belga. Obtenida tal concesión, alzó de nuevo su mano hacia la Luna, «perdonándola la vida».

Un marchante de obras de arte compró en cierta ocasión un retrato de boda, atribuido al pintor ruso Marc Chagall. Observando que faltaba la firma del artista, el marchante le visitó y le pidió que lo firmara. Después de observar durante un rato la obra, Chagall dijo: «Un bonito trabajo. Pero he pintado tanto que apenas me acuerdo de él», y lo firmó. El verdadero autor de la obra había sido el famoso falsificador Lothar Malskat. Sin embargo, descubierto el engaño, el cuadro, por la curiosidad de esta anécdota, fue comprado por un coleccionista a un precio similar al que hubiera alcanzado si se hubiese tratado de un auténtico *chagall.*

En cierta ocasión, el crítico literario francés Charles Augustin Sainte-Beuve (1804-1869) retó a duelo a un periodista. Como le correspondía a él elegir el arma con que se desarrollaría el duelo, al ser el ofendido, manifestó su elección diciendo a su opositor: «Elijo la ortografía... estás muerto».

En 1900, debutó en Madrid con gran éxito la torera María Salomé, más conocida como *La Reverte*. A lo largo de siete años, sus triunfos fueron repitiéndose por toda España, hasta que, en 1908, el gobierno estimó que era indecente que las mujeres toreasen. Ante el peligro cierto de que prohibiesen sus actuaciones, La

Reverte descubrió públicamente su verdadera condición de hombre travestido, quitándose peluca y pechos falsos, y reconociendo que en realidad se llamaba Agustín Rodríguez. Con ello, intentaba continuar su triunfal carrera, pensando que lo importante era su condición torera y no su sexo. Sin embargo, el escándalo del fraude volvió al público en su contra, cerrándosele todas las puertas. Agustín Rodríguez hubo de cortarse la coleta y murió años después en Mallorca, amargado, sin haberse recuperado nunca del escándalo.

Tras derrotar al Séptimo de Caballería al mando del General Custer en la Batalla de *Little Big Horn*, el gran jefe sioux Toro Sentado (*Sitting Bull*), llamado en realidad Tatanka Yotanka (1834-1890), se refugió durante algún tiempo en territorio canadiense, aunque, tras negociar su seguridad, volvería pronto a los Estados Unidos, donde fue recluido en la reserva de Standing Rock. Por aquel entonces, William Cody (1846-1917), el famoso *Buffalo Bill*, que deseaba mejorar su espectáculo sobre el *Salvaje Oeste*, con el que recorría de éxito en éxito el país, decidió contratarle, mandando realizar gestiones a uno de sus hombres de confianza, llamado John Burke, quien acompañado de un intérprete se entrevistó con el jefe sioux. Burke comenzó, como era habitual al tratar con los indios, ofreciendo mantas, collares, utensilios de cocina y un gran número de abalorios diversos, sin conseguir convencer a Toro Sentado. Entonces, Burke le pidió al intérprete que preguntase al jefe qué deseaba por actuar en el espectáculo de Buffalo Bill. Y Toro Sentado aclaró sus condiciones: 40 dólares semanales, más todos los gastos pagados; alojamiento en los mejores hoteles de las ciudades que visitasen; un seguro contra accidentes mientras actuase, y el 60 % de todos los beneficios obtenidos por la venta de sus fotografías y autógrafos. Tras la sorpresa, Buffalo Bill aceptó el precio y Toro Sentado actuó en su espectáculo.

En cierta ocasión, Publio Virgilio Marón (70-19 a. de C.), el gran autor de *La Eneida,* costeó el funeral de una mosca que, según afirmó, era su más preciada mascota. La ceremonia tuvo lugar en su mansión romana del Monte Esquilino. Una orquesta acompañó el llanto de las plañideras profesionales que, al gusto de la época, componían el cortejo. Concurrieron muchas personalidades, entre ellas el famoso Mecenas, protector de Virgilio, y éste, incluso, compuso unos poemas en honor de la mosca, que leyó durante el funeral. El cádaver de la volátil mascota fue enterrado en un mausoleo especialmente construido al efecto. Todo ello le costó a Virgilio la sustancial cantidad de 800.000 sestercios. Pero el hecho no era tan extravagante como pudiera parecer a simple vista. Se ha explicado que

Virgilio estaba al tanto de un decreto que iba a ser promulgado por el triunvirato que gobernaba la república romana (formado a la sazón por Octavio, Marco Antonio y Lépido), por el cual se confiscarían las propiedades de los terratenientes para parcelarlas y dividirlas entre los soldados veteranos licenciados. Esta reforma agraria no incluiría los terrenos que contuvieran tumbas, que se considerarían terrenos sagrados. Cuando esta ley se puso en práctica, Virgilio pidió la exención de su propiedad por contener el mausoleo de su mascota, que le fue concedida sin ningún inconveniente.

En sus expediciones hacia el oeste del océano Atlántico en el siglo X, el navegante y conquistador escandinavo Erik *El Rojo* llegó a un territorio insular inmenso cubierto totalmente por hielo. Para promover la llegada de colonizadores de la cercana Islandia, decidió llamar a aquellas tierras Groenlandia ("País Verde"), en contra de lo que era evidente.

El explorador portugués Bartolomé Días (?-1500) iba al mando del primer barco europeo que logró doblar la punta sur del continente africano en 1488. En este viaje hubieron de sortear tan terribles oleajes que el navegante bautizó el cabo más prominente en la ineludible ruta hacia la India como Cabo de las Tormentas. A su vuelta a Portugal, el rey Juan II, deseoso de no desanimar a los futuros capitanes mercantes que tuvieran que transitar por esta ruta recién abierta, decidió rebautizarlo como Cabo de Buena de Esperanza.

Durante la llamada Ley Seca puesta en vigor en los Estados Unidos en los locos y felices años veinte, se vendían unos paquetes de zumo de frutas en los que se podía leer el siguiente mensaje: «Atención: el contenido de este paquete no debe ponerse en una vasija de barro, mezclado con levadura y ocho litros de agua, porque entonces se obtendría una bebida alcohólica cuya fabricación está prohibida».

Se llama comúnmente *tercer ojo* a un hipotético órgano sutil y místico, correspondiente a uno de los *chakras* tantristas, situado entre las dos cejas, que da el sentido de la eternidad y permite ver todo desde un *tercer* punto de vista que completa el prisma y posibilita la visión interior o intuición de las cosas. Suele ser representado por la piedra que luce Siva en su frente. Modernamente esta expresión fue popularizada en Occidente por el título de la principal obra del charlatán esotérico británico T. Lobsang Rampa, publicada en 1955. Este autor seudomístico, que se hizo famoso en los años sesenta como autor de libros de temática iniciática y esotérica, era un ex-fontanero de Londres que, a partir de cierto día, cambió de profesión y aseguró ser un lama tibetano.

El médico y astrólogo judeofrancés Michel de NôtreDame (1503-1566), más conocido por su seudónimo de *Nostradamus,* se dio a conocer al aplicar casi por primera vez en la historia medidas profilácticas e higienistas contra las epidemias, y principalmente contra la peste negra, que asolaban su país. Posteriormente, se hizo famoso fuera del ambiente científico por sus populares predicciones, recogidas en el libro *Las profecías* o *Centurias,* escrito en verso con un lenguaje cabalístico, que se publicó por primera vez en 1555, aunque poco después se editara una versión aumentada y dedicada especialmente al rey. Años después, tratando de aprovecharse de la fama del padre, su hijo, también llamado Michel de NôtreDame, pero más conocido como Nostradamus *El Joven*, publicó en 1568 un almanaque de predicciones para ese año, que sin alcanzar plenamente el éxito, tampoco le desacreditó. En 1574, habiendo pronosticado al caballero d'Espinay-Saint-Luc que la villa de Pouzin, en Vivarais, sitiada a la sazón por tropas reales, sería destruida por un incendio, Nostradamus *El Joven* ideó provocarlo él mismo para que se cumpliese dicha profecía. D'Espinay-Saint-Luc le descubrió *in fraganti* e, indignado, le mató, pisoteándolo con su caballo.

Hace aproximadamente medio siglo se comercializó en Estados Unidos con gran éxito el *vitalizer,* un aparato fraudulento, supuestamente revitalizador, consistente en una linterna eléctrica unida a una varilla de metal por un cable. Esta varilla se introducía por el ano del usuario, encendiéndose a la vez la linterna. De este modo, una corriente eléctrica recorría todo el cuerpo, llevando (según los estafadores que lo lanzaron al mercado) la juventud y la revitalizada fuerza al cuerpo de quien siguiera este *sencillo* procedimiento.

En 1806, el ayuntamiento de Nueva York hizo entrega de un premio de mil dólares a John M. Crous por el descubrimiento de un curioso remedio contra la rabia a base de quijada de perro pulverizada, lengua desecada de un potro recién nacido y limaduras de cobre de una moneda inglesa de 1 penique acuñada durante el reinado de Jorge I.

El español Ruy López de Segura, clérigo y confesor de Felipe II, fue considerado en el siglo XVI como el mejor jugador de ajedrez del mundo. Escribió un famoso tratado sobre el juego, en el que daba a conocer una nueva apertura, que desde entonces lleva su nombre. Además, el libro estaba lleno de consejos y trucos para que los jugadores ganasen las partidas y derrotasen a los contrarios. Algunos de ellos merecen ser reproducidos aquí por su curiosidad. Por ejemplo, aconsejaba sentarse de forma que el sol quedase a la espalda, para que así su luz deslumbrase y cansase la vista del contrincante; también realizar toda clase de gestos impacientes y, en general, todo aquello que pudiese alterar los nervios del contrario, como fumar tabaco de mala calidad y echar el humo a su cara.

Se cuenta que en 1787 el general ruso Grigori Alexandrovich Potemkin (1739-1791), a la sazón gobernador de Crimea y el resto de las provincias meridionales de la Gran Rusia, con motivo de una visita de la zarina Catalina II a la región, mandó remozar urgentemente todas las calles y los parajes que iba a recorrer la comitiva real. Para ello, dispuso no sólo el adecentamiento de fachadas y caminos, sino incluso la construcción de una serie de aldeas fantasmas, del más próspero aspecto que fuera posible improvisar, en cuyas falsas calles obligó a que se agolpara el pueblo, vestido con sus mejores galas y que, a golpes de órdenes militares, vitorease a la soberana a su paso con el mayor fervor. Estas poblaciones, compuestas únicamente por fachadas falsas (sin casas detrás), cumplieron su cometido, y la zarina *comprobó* con su mayor agrado la prosperidad económica y el altísimo grado de adhesión con la corona de las gentes de esta región recién incorporada a su imperio. Desde entonces, se acuñó la expresión las *Aldeas de Potemkin* para designar cualquier maniobra política que trata de ocultar o disfrazar la realidad social a ojos de los dirigentes y, por ende, el exceso de sometimiento de las autoridades locales a los poderes centrales.

El prestamista y senador romano Marco Licinio Craso (h. 115-53 a. de C.) organizó el primer servicio contra incendios de Roma..., así como una brigada de incendiarios que procurase actividad y negocio a aquél.

En 1869, al perforar un pozo en una granja del estado norteamericano de Nueva York fue descubierto un «ser humano petrificado» de 3 metros de altura y 1.360 kilos de peso, que fue conocido como *El Gigante de Cardiff.* Tras cierto tiempo en que el fósil fue aceptado y estudiado por investigadores, se pudo comprobar que se trataba de una falsificación. En realidad, resultó haber sido tallado en un bloque de yeso de Iowa un año antes de ser encontrado. No obstante, el gigante fue vendido y revendido hasta alcanzar un precio de 25.000 dólares.

Hans van Meergeren fue uno de los más famosos y perfectos falsificadores de obras de arte, y especialmente de obras del pintor holandés Jan Vermeer van Delft (1632-1675). Fue descubierto al ser procesado por el gobierno holandés tras la Segunda Guerra Mundial, acusado de sacar un tesoro nacional fuera del país, al venderle un cuadro del pintor flamenco al jefe nazi Hermann Goering. Temeroso de ser condenado, Meergeren confesó su autoría de la obra, hecho que ratificó al falsificar otra cuadro para un jurado de críticos de arte formado al efecto.

La constitución española de Cádiz es una texto constitucional de signo liberal aprobado en 1812 en las Cortes establecidas en Cádiz, en plena Guerra de la Independencia. La constitución fue aprobada el 19 de marzo, día de San José, de ahí que fuera conocida popularmente como *La Pepa*. Cuando los franceses prohibieron que fuera vitoreada en público, los españoles acudieron al subterfugio de exclamar «¡Viva La Pepa!», burlando así la prohibición francesa.

En las elecciones presidenciales de Liberia de 1928 el presidente Charles D. B. King (1875-1961) fue reelegido por una mayoría de 234.000 votos sobre su oponente. Lo sorprendente y escandaloso del caso es que se ha calculado que el electorado con derecho a voto no llegaba a los 160.000 votantes.

En las elecciones generales celebradas en Corea del Norte en octubre de 1962, en las que votó el 100% del electorado, el Partido Obrero de Corea obtuvo el 100% de los votos.

En las elecciones celebradas en Albania en 1982, los candidatos comunistas (los únicos que se presentaban) obtuvieron el 99,999938% de los votos emitidos, al romper la unanimidad uno de los 1.627.968 electores, que votó en blanco.

El iraquí Elias A. K. Alsabti, un supuesto investigador oncológico, comenzó a ganarse hacia 1970 una importante fama en los Estados Unidos como uno de los más importantes investigadores y divulgadores sobre el cáncer del mundo hasta que se descubrió que la totalidad de sus artículos, editados en publicaciones de segundo rango científico y de divulgación científica, habían sido pagliados de artículos extraídos de las mejores revistas médicas de todo el mundo.

En 1973, William T. Summerlin, jefe de inmunología de trasplantes del Instituto Sloan-Kettering de Nueva York, aseguró haber conseguido injertar sin rechazo alguno un trozo de piel de ratón negro en un ratón blanco, lo que significaba un gran avance en el campo de su especialidad. Tras recibir los parabienes de toda la comunidad científica, alguien pudo revisar de cerca su *éxito,* llevándose la sorpresa de que el trozo de piel de ratón negro supuestamente injertado en el ratón blanco era en realidad un burdo fraude: el profesor Summerlin había pintado con un simple rotulador negro una zona de la piel del ratón blanco.

Antes de la aparición de los billetes, las monedas se fabricaban con metales nobles. No era raro que algunos limasen los bordes para vender el polvillo obtenido. Por eso se dispuso su acuñación con bordes estriados que hiciesen obvias estas manipulaciones y, por tanto, las impidiesen.

En 1912, Charles Dawson descubrió el cráneo humano más antiguo jamás hallado, que fue rápidamente considerado como el famoso *eslabón perdido*, el fósil que demostraba definitivamente la teoría de la evolución. Tras ser dado a conocer por un artículo publicado el 21 de noviembre de 1912 en el periódico británico *Manchester Guardian*, la comunidad científica de todo el mundo recibió con alborozo el descubrimiento de lo que se dio en llamar *El hombre de Piltdown.* Pero en 1953, expertos del Museo Británico descubrieron que el cráneo era en realidad un *puzzle* compuesto por el propio Dawson con trozos de huesos fósiles auténticos, hábilmente montados sobre una mandíbula de mono. Para añadir confusión al asunto, recientes investigaciones, llevadas a cabo por el antropólogo estadounidense Frank Spencer, defienden otra tesis sobre la autoría del fraude. Según él estos restos fueron preparados y enterrados por el prestigioso paleontólogo Arthur Keith –deseoso de que alguna *prueba* ratificase definitivamente sus teorías evolutivas–, allegado a Dawson, al que sorprendió en su buena fe.

Dado que los Reyes Católicos estaban emparentados por lazos de consanguinidad necesitaban para poder casarse una dispensa papal. Ante tal requisito presentaron una supuesta bula firmada por el papa Pío II, pero que, en realidad, era una falsificación, compuesta por el arzobispo de Toledo. Dos años más tarde, una bula (auténtica) de Sixto IV, fechada el 1º de diciembre de 1471, legitimó a ojos de la Iglesia el matrimonio de los reyes.

En 1738, el matemático suizo Johann Bernoulli (1667-1748) publicó con fecha falsa (anterior a la real) un cierto desarrollo matemático, que fue conocido como *Las Ecuaciones de Bernoulli.* Cuando su hijo Daniel (1700-1782) publicó las mismas ecuaciones quedó ante la opinión científica internacional como un vulgar plagiador de su padre. Afortunadamente para él, poco tiempo después logró demostrar que, en realidad, el plagiador había sido su padre.

En el siglo II a. de C., el astrónomo alejandrino Hiparco dio a conocer determinadas teorías astronómicas originales, gracias a lo cual se ganó un puesto entre los más eminentes científicos griegos de su época. Sin embargo, tiempo después quedó demostrado que, en realidad, estas teorías las había copiado de manuscritos babilónicos que habían llegado a su poder. En similar caso estaría, según todos los indicios, Pitágoras, quien también habría conocido su famoso *Teorema* durante su estancia en Babilonia.

El astrónomo inglés Anthony Hewish (1924) recibió en 1974 el Premio Nobel de Física por su descubrimiento de los *púlsares.* En realidad dicho descubrimiento había sido realizado por Jocelyn Bell, una joven *doctoranda* de su equipo. Lo que ocurrió fue que el descubrimiento fue dado a conocer en un artículo firmado en primer lugar por Hewish, en segundo lugar por Bell y después por otros dos colaboradores, generándose la impresión de que estos tres últimos sólo habían ayudado al profesor que dirigía sus tesis doctorales.

Cuando el científico francés Antoine Laurent Lavoisier fue acusado de no haber mencionado en su publicación de 1775 sobre la inexistencia del llamado *flogisto* (un supuesto gas que permitía la combustión), en la que demostró que la combustión es una oxidación (es decir, consiste en la formación de ciertos compuestos con adición de oxígeno), el descubrimiento del oxígeno hecho por Joseph Priestley el año anterior –del que éste le había puesto en conocimiento personalmente–, Lavoisier se defendió afirmando: «Es bien sabido que el que levanta la liebre no es siempre el que la mata».

A principios del siglo XX, el investigador francés René Blondlot anunció el descubrimiento de los *rayos N* (a los que había dado ese nombre por trabajar en la ciudad de Nancy). Numerosos científicos de todo el mundo recibieron alborozados el nuevo descubrimiento que venía a completar el que recientemente había logrado Roëntgen de los rayos X. Meses después, en una de las demostraciones que Blondlot realizaba de los nuevos rayos sobre cuya real existencia ya comenzaba a surgir dudas, uno de los científicos invitados a ella, aprovechando la oscuridad en que tenía que realizarse necesariamente el experimento, hizo desaparecer una de las piezas esenciales del aparato generador de rayos N. Pese a la evidencia del fracaso del experimento, Blondlot, *ciego* a cualquier error y obsesionado con su maravilloso descubrimiento, continuó relatando las *visibles* cualidades de los nuevos rayos, ante el asombro de los presentes. De esta forma se pudo comprobar que los rayos N no eran más que un sueño inexistente del bienintencionado, pero obsesionado, profesor francés.

El psicólogo británico Cyril Burt publicó su primer artículo en 1909 y en él ya defendía una teoría que constituyó el núcleo de su aportación científica: según él, la inteligencia era una cualidad innata al ser humano, de lo que se deducía que la diferencia entre clases sociales provenía de causas genéticas. Para demostrar su teoría fue dando a conocer en los años posteriores distintos trabajos de campo, culminados con una serie de encuestas sociológicas, trabajos de campo y estudios empíricos sobre la evolución de gemelos univitelinos separados al nacer y educados por familias de distinta escala social, que demostraban que su cociente de inteligencia no se veía alterado. De ahí deducía Burt que la pobreza no es más que consecuencia de una desventaja intelectual de raíz genética. Sin embargo, cuando el psicólogo murió a los 88 años, comenzó a abrirse paso la opinión de que algo raro había en aquellas investigaciones supuestamente realizadas dos por colaboradoras de Burt a las que nadie conocía ni encontraba. Finalmente, en 1976, el periodista Oliver Gillie, por encargo de su periódico, *The Sunday Times*, tras larga y ardua investigación, logró demostrar la inexistencia de tales supuestas investigadoras. Este descubrimiento fue el comienzo de una larga serie de ellos que tiraron por tierra todo el trabajo de Burt, dejando a las claras que éste –al que, sin embargo, nadie le negó cierta categoría intelectual– no había hecho otra cosa que tratar de conciliar sus creencias sociopolíticas y su odiosa ideología clasista con los resultados de sus pesquisas científicas y con los datos aportados por unos falsos estudios empíricos nunca realizados.

En 1760, apareció en la ciudad escocesa de Edimburgo un libro anónimo titulado *Fragmentos de poesía antigua, recogidos en las Tierras Altas de Escocia y traducidos de la lengua gaélica.* El tomo contenía 16 poemas breves en prosa atribuidos a un legendario guerrero, bardo y poeta del siglo III, de nombre Ossián. El libro obtuvo un extraordinario éxito, no sólo en Escocia e Inglaterra, sino en toda la Europa romántica de la época. El recopilador y traductor de aquellos poemas resultó ser un profesor escocés de 24 años, James Macpherson (1736-1796), quien recibió, en 1761, una subvención de 100 libras esterlinas para marchar a las Tierras Altas escocesas en busca de posibles nuevos fragmentos de la obra de Ossián. Macpherson encontró algo más que fragmentos, publicando ese mismo año un poema épico y más poemas inéditos. Pronto la obra de Ossián fue traducida a muchas de las lenguas europeas, y pronto surgieron imitadores, discípulos, comentaristas y hasta estudiosos de la obra de aquel bardo escocés de catorce siglos atrás. Macpherson murió en 1796 sin haber mostrado a nadie los supuestos manuscritos originales que había traducido, con lo que se comprobó la sospecha de que la obra del tal Ossián, que tanto había influido en la intelectualidad europea, no había existido nunca, salvo en la imaginación de MacPherson, quien no habría hecho otra cosa que recoger antiguos relatos de la tradición oral escocesa y narrarlos al estilo prerromántico de la época.

VATICINIOS Y PROFECIAS

En 1954, el escritor de novelas de ciencia-ficción Lester del Rey escribió una novela corta que comenzaba con la frase: «La primera nave espacial aterrizó en la Luna y el comandante Armstrong salió de ella...». Quince años más tarde, el comandante Neil A. Armstrong se convertía en el primer hombre que pisó suelo lunar.

En 1830, el astrónomo y filósofo natural irlandés Dionysius Lardner (1793-1859) sentenció que ninguna embarcación a motor podría cruzar el Atlántico, como algunos *mal informados* de su tiempo sostenían, porque para ello necesitaría consumir más carbón del que podría cargar. No obstante, ocho años después de su profecía, en 1838, el *Great Western* realizó la travesía. Con anterioridad, este mismo profesor de la universidad de Londres había advertido seriamente que si los trenes alcanzaran algún día los 180 kilómetros por hora, sus ocupantes morirían asfixiados, incapaces de poder respirar.

En su famosa obra *Los viajes de Gulliver* (1726), el escritor irlandés Jonathan Swift (1667-1745) mencionaba «dos estrellas menores o satélites que giraban alrededor de Marte», describiendo con asombrosa precisión sus proporciones y sus órbitas. Más de siglo y medio después, en 1877, las dos lunas de Marte, bautizadas con los nombres de Fobos y Deimos, fueron descubiertas oficialmente por el astrónomo estadounidense Asaph Hall (1829-1907).

El escritor estadounidense Mark Twain (1835-1910) nació el mismo año en que se produjo una de las cíclicas apariciones del famoso cometa Halley. Durante toda su vida, Twain repitió una y otra vez que ya que había venido al mundo con el cometa, se iría también con él. Y, en efecto, Mark Twain falleció el 21 de abril de 1910, poco después de que el cometa reapareciese.

Según los estudiosos de su obra, Jules Verne (1828-1905) anticipó los tanques en su novela *La casa de vapor*; el submarino en *20.000 leguas de viaje submarino*; el lanzallamas en *Ante la bandera* y los satélites artificiales en *Robur, el dueño del mundo*. En el resto de sus obras describió además máquinas e invenciones que recuerdan con asombrosa precisión ingenios y actividades tan actuales como el helicóptero, la tortura por descargas eléctricas, las bombas de fragmentación, el cañón de largo alcance, los ingenios bélicos teledirigidos, las alambradas electrificadas, el cine sonoro, los rascacielos, la contaminación o la ciudad ecológica.

Pero en una de sus más sorprendentes novelas de anticipación, *De la Tierra a la Luna* (1865), completó una de sus predicciones más sorprendentes por la exactitud con que se cumpliría muchos años después. En esta novela, Verne comienza por situar en las Montañas Rocosas un telescopio de 5 metros de diámetro; ubicación y dimensiones idénticas a las que tuvo el primer telescopio del observatorio de Monte Palomar. En segundo lugar, en vez de elegir como potencias promotoras del viaje espacial a Francia o Gran Bretaña, los dos países más poderosos de su época, escogió un hipotético club de fabricantes de armas de los Estados Unidos, que en los tiempos en que Julio Verne publicó esta novela era todavía una nación bastante atrasada, sumida en plena recuperación de las secuelas de su guerra civil recién finalizada. Este club sufraga los gastos de la expedición con una suscripción internacional a la que la primera nación que se adhiere es Rusia, con una fuerte participación, y la última, España, con una participación simbólica, porque, en palabras de Verne, «la ciencia no está muy bien vista en ese país que está aún un poco atrasado». Julio Verne situó el cañón de 300 metros, que en la novela propulsa el proyectil astronáutico enviado a la Luna, en Cabo Town, un lugar muy cercano al actual Cabo Cañaveral. En el cohete utilizado en el primer viaje experimental de la novela viajan dos animales, una ardilla y un gato; en la historia real de la cosmonáutica fue una perra, llamada *Laika,* el primer ser vivo en viajar al espacio. En la novela de Verne, el proyectil que definitivamente se dirige a la Luna se llama *Columbiad* y en él viajan tres hombres y dos perros, uno de los cuales muere y al ser lanzado al espacio, comienza a flotar, acompañando a la nave en torno a la Luna (hechos que la ciencia todavía ignoraba). Pero aún hay más. Verne concibe un método de refrigeración del aire de la nave mediante un sistema de circuito cerrado, provee a sus hombres de alimentos concentrados y corrige la trayectoria mediante cohetes auxiliares. Además, el vuelo de la nave sufre una peripecia que recuerda mucho a la del *Apolo XI,* cuyo módulo de comando (*Columbia*) depositó a dos hombres por primera vez en el suelo lunar: el bólido imaginado por Verne alcanzó la Luna en 97 horas, viajando a una velocidad media de 40.000 km/h; el *Apolo XI* viajó a 38.500, alunizando en 102 horas. El *Apolo VIII*, primer vehículo tripulado que situó a tres astronautas en órbita lunar, tuvo un peso y una altura casi idénticos a los de la cápsula imaginada por Verne. Este mismo *Apolo VIII* cayó en su viaje de vuelta en el Pacífico, a unos 4 kilómetros de las coordenadas donde amerizó la nave de Verne; siendo rescatados ambos vehículos por barcos de la Marina estadounidense. En total, se trata de una asombrosa demostración de facultades premonitorias por parte del visionario novelista francés.

El 24 de septiembre de 1504, el médico y quiromántico boloñés Bartolomé Coclès moría a manos del hombre al que había vaticinado que cometería un asesinato en esa misma fecha.

David Janssen, el popular actor protagonista de la serie televisiva *El fugitivo,* soñó que se veía a sí mismo dentro de un ataúd, muerto tras un ataque al corazón. Dos días después moría de un infarto.

De todos los oráculos antiguos, el más famoso fue sin duda el de Delfos. Según la leyenda, su descubrimiento se debió a la casualidad de que en cierta ocasión un pastor observara como, al acercarse sus ovejas a cierta hendidura de la montaña de la que emanaban unos vapores, comenzaran a agitarse y a moverse frenéticamente. El pastor se aproximó con curiosidad a la hendidura a ver qué producía tal efecto en su rebaño y, nada más respirar las emanaciones, tuvo un delirio casi furioso, pronunciando palabras misteriosas. Propagado el fenómeno, pronto se alzó en el lugar un templo a Apolo, instituyéndose a continuación el ritual, a cuyo frente se situó la figura de una sacerdotisa, a la que se llamó *pitia* o *pitonisa.* Esta sacerdotisa, sentada sobre un trípode de oro que tapaba la hendidura de donde emanaba el vapor divino, profería como respuesta a la pregunta que los devotos presentaban al dios, poseída por un cierto delirio, unas palabras que interpretaban la voluntad o el parecer de Apolo. Los augurios así dictados eran de tal ambigüedad que nunca pudieron ser desmentidos ni reputados falsos, pues admitían prácticamente cualquier interpretación. Se cuentan, por ejemplo, dos anécdotas significativas. Cuando Creso se decidió a atacar al rey persa Ciro, consultó el oráculo que le contestó: «tú arruinarás un imperio», por lo que Creso marchó lleno de optimismo a su encuentro con Ciro, que le venció, lo que lógicamente provocó la ruina de un imperio... el de Creso. En otra ocasión, fue Alejandro Magno quien se acercó a Delfos a consultar el oráculo, pero coincidió su visita con una las temporadas en que la pitonisa no emitía augurios. Sin arredrarse por ello, Alejandro arrancó a la sacerdotisa de la celda donde descansaba y la llevó literalmente en volandas al templo. Llegados allí, la pitia, literalmente desfallecida, dijo: «Hijo, eres irresistible», lo que Alejandro tomó por la respuesta del oráculo y marchó veloz a conquistar *irresistiblemente* imperios, sin escuchar el verdadero augurio.

Ed Sampson, redactor jefe del periódico estadounidense *Boston Globe*, soñó en agosto de 1883, durmiendo una borrachera, que la isla indonesia de Pralape era desolada por la erupción de un volcán, muriendo unas 36.000 personas. Su sueño le resultó tan real que, presuroso, publicó la noticia al día siguiente. Fue inmediatamente despedido al comprobarse que tal isla no existía. Sin embargo, un día después, se supo que un volcán había destruido la isla de Krakatoa, provocando un numero de víctimas muy próximo al soñado por Sampson. Indagaciones posteriores demostraron que Krakatoa se había llamado hasta el siglo XVII Pralape.

El mariscal del aire británico Victor Goddard aseguró que un amigo suyo le había narrado un sueño en el que veía chocar un avión parecido al que él iba a pilotar al día siguiente. A pesar de que el mariscal quedó preocupado (más aun al comprobar que, a ultima hora, se añadía un séptimo pasajero, como ocurría en el sueño de su amigo), inició la misión y, efectivamente, se produjo un accidente. Afortunadamente, todos los pasajeros lograron sobrevivir.

El inventor francés Louis Lumiére, tras inventar el cinematógrafo, afirmó: «Mi invento podrá ser disfrutado como curiosidad científica... Pero comercialmente no tiene el más mínimo interés».

El químico francés Antoine Laurent Lavoisier (1743-1794) no pudo estar más desacertado cuando cierta vez dijo: «No pueden caer piedras del cielo, porque en el cielo no hay piedras».

En cierta ocasión el matemático francés Henri Poincaré (1854-1912) dijo: «Basta el sentido común para decirnos que la destrucción de una ciudad por la desintegración de medio kilo de metal es una imposibilidad evidente».

En esa misma onda tan poco lúcida estuvo el político y científico estadounidense Vannevar Bush en 1945, siendo jefe del departamento de Investigación Científica y Desarrollo, cuando afirmó: «La gente ha hablado de lanzar un cohete a unas 3.000 millas de altura, desde un continente a otro, llevando una bomba atómica tan dirigida como para aterrizar exactamente sobre una ciudad. Técnicamente, no creo que nadie en el mundo sepa cómo hacerlo». Doce años después la Unión Soviética probó su primer ICBM (Misil Intercontinental).

El astrónomo estadounidense William Henry Pickering (1858-1938) –el mismo que pensaba que la Luna está habitada por grandes concentraciones de insectos– no estuvo muy acertado al afirmar públicamente: «La mente popular frecuentemente se imagina gigantescas máquinas voladoras cruzando a toda velocidad el Atlántico, transportando innumerables pasajeros (...) Parece acertado afirmar que esta idea es completamente visionaria».

En 1878, el profesor de la universidad de Oxford Erasmus Wilson pronosticó que: «En lo que respecta a la luz eléctrica, hay mucho que decir a favor y en contra. Creo poder afirmar que la luz eléctrica morirá con el fin de la Exposición Universal de París. Luego no volveremos a oír hablar de ella».

En 1839, el doctor francés Alfred Velpeau, dijo: «La eliminación del dolor en las operaciones quirúrgicas es una quimera. Es absurdo continuar investigando por ese camino. El bisturí y el dolor son dos palabras que estarán asociadas para siempre en la conciencia del paciente». Este desacertado análisis lo hizo Velpeau siete años antes de la introducción de la anestesia.

Según un comunicado dado a conocer por la Facultad de Medicina de París en 1540: «Desechar la cauterización al hierro candente de los vasos sanguíneos, tras la amputación de miembros, y sustituirla por el procedimiento de la ligadura de vasos es algo que repugna al sano entendimiento».

En un documento de la Academia de París, hecho público en 1826, se llegaba a afirmar: «El estetoscopio, más que un aparato médico, parece un juguete, y el método de auscultación de la caja torácica es una extravagancia y una aberración».

En un artículo publicado en el revista estadounidense *The Quarterly Review* en 1825, se podía leer: «¿Qué puede resultar más palpablemente absurdo que la esperanza de que la locomotora alcance el doble de velocidad que la diligencia?».

En el mes de julio de 1523, algunos adivinos y astrólogos londinenses coincidieron en señalar que un diluvio destruiría la capital inglesa exactamente el 1 de febrero de 1524. Llegada la fecha, unas 20.000 personas habían abandonado Londres atemorizadas; incluso, el prior del convento de San Bartolomé había construido un refugio en una colina, en el que acaparó alimentos para la superviviencia de su comunidad durante dos meses. Pero nada sucedió; ni siquiera llovió aquel día. Los videntes, sin embargo, recalcularon sus presagios y aseguraron que el diluvio se produciría cien años después, el 1 de febrero de 1624. Casi paralelamente, el astrólogo alemán Johannes Stoeffler, de la universidad de Tubingia, había previsto un diluvio universal para el 20 de febrero de aquel mismo año de 1524. Curiosamente, aquel día se desató una gran tormenta en el valle del Rin que, además de producir la consiguiente alarma entre las gentes, causó bastantes víctimas y daños materiales. En 1528, Stoeffler predijo de nuevo el fin del mundo, aunque esta vez nadie le creyó (tal vez porque... llovía sobre mojado).

Sucesivas previsiones señalarían sin descanso el fin del mundo (a la vista está que erróneamente). Entre otras, cabe citar las protagonizadas por el matemático y teólogo inglés William Whiston (1667-1752]) para el 13 de octubre de 1736. William Bell lo predijo para el 5 de abril de 1761, al interpretar como signos los dos pequeños terremotos que se sucedieron en Londres en febrero y marzo de aquel mismo año. En 1806, una ola de superstición popular creyó ver el advenimiento del fin del mundo ante el rumor de que una gallina de la ciudad inglesa de Leeds había puesto un huevo en el que se leía la inscripción «Llega Jesucristo». Años después, el famoso astrólogo John Dee lo pronosticó para el 17 de marzo de 1842. El año siguiente, William Miller, un agricultor ateo súbitamente convertido, que fundó la secta de los Adventistas del Séptimo Día, convenció a sus seguidores de que se produciría el Juicio Final el 23 de abril de 1843, conclusión a la que había llegado tras un atento análisis de los Libros de Daniel y del Apocalipsis. Ante su fracaso, William Miller volvió a señalar las fechas del 7 de julio de 1843, el 21 de marzo de 1844 y el 22 de octubre de 1844. En realidad, estas falsas profecías de William Miller no pretendían otra cosa, como se demostró después, que fomentar el fraudulento negocio del propio *profeta,* que se enriqueció vendiendo *ropajes de ascensión.*

Pero las profecías modernas sobre el fin del mundo no acabaron ahí, ni mucho menos. En 1881, *expertos* egiptólogos lo pronosticaron para ese mismo año, midiendo las proporciones de la pirámide de Keops. Años después, la secta rusa de los *Hermanos y Hermanas de la Muerte Roja*, lanzó su pronóstico para el 13 de noviembre de 1900, provocando el suicido masivo de muchos de sus adeptos. Lee T. Splanger, un comerciante neoyorquino señaló el mes de octubre de 1908 como el último del mundo. La muchacha californiana Margaret Rowan pretendió que el arcángel Gabriel le había comunicado que la fecha definitiva sería la del 13 de febrero de 1925. Nuevas profecías se sucedieron en 1931, por la *Sociedad Profética de Dallas*, y en 1936, de nuevo a cargo de algunos piramidólogos. El 30 de octubre de 1937 se desató un brote de histeria colectiva al dar cuenta los científicos del peligroso acercamiento a nuestra órbita del enorme asteroide Hermes. Inasequibles al desaliento, los piramidólogos lanzaron una nueva predicción para 1953. Y la secta canadiense de los *Hijos de la Luz* señaló la fecha del 9 de enero de 1954. El 24 de mayo de 1954, al observarse grietas en el Coliseo romano, los italianos recordaron el viejo aserto latino de que «el mundo permanecerá seguro mientras el Coliseo se mantenga en pie». Hector Cox, uno de los más famosos oradores espontáneos del londinense Hyde Park, pronosticó el fin del mundo para el día 28 de junio de 1954. La *Comunidad de la Montaña Blanca* predijo la explosión accidental de una bomba atómica que acabaría con el mundo el 14 de julio de 1960. En 1962 volvió a surgir una cierta psicosis al darse a conocer la extraordinaria casualidad de la conjunción por primera vez en cuatro siglos de los ocho planetas al entrar en la Casa de Capricornio el 2 de febrero de 1962. Un predicador de Bogotá, en Colombia, señaló el 18 de abril de 1965. El líder danés de la secta de los *Discípulos de Orthon*, Anders Jensen, pronosticó durante una emisión en directo de la televisión estadounidense que el fin del mundo se produciría sin remisión el 2 de diciembre de 1967. María Staffler, una mujer autonombrada *Papisa,* lo anunció con poco éxito para el 20 de febrero de 1969, trasladando su profecía al 17 de marzo, como si dijéramos *en segunda convocatoria.* La visionaria estadounidense Viola Walker señaló el mes de septiembre de 1975, advirtiendo que había recibido ese mensaje de Dios.

Pero las profecías del fin del mundo no acaban. Por ejemplo, ya se ha avisado que ocurrirá en 1998, ya que Jesucristo murió, según algunos, en la semana 1.998 de su vida; aunque un tal Criswell corrige y señala 1999, en que, según asegura este vidente, una perturbación magnética absorberá el oxígeno de la atmósfera terrestre y el planeta se precipitará hacia el Sol, convirtiéndose en cenizas.

El científico británico Roger Bacon (1214-1294) sugirió en la sección de matemáticas de su *Opus Majus* la posibilidad de que, navegando desde España al Occidente, se podría llegar a las Indias.

El industrial Jack Swimmer batió todos los récords de exactitud habidos y por haber en una predicción electoral al determinar de antemano el número exacto de votos que obtendría el candidato Dwight David Eisenhower (1890-1969) en las elecciones presidenciales estadounidenses de 1956. Swimmer entregó días antes de los comicios su predicción en la jefatura de policía de Los Angeles, junto a un cheque que donaría a la institución en caso de equivocarse; en ella constaban los 33.974.241 votos que realmente obtendría Eisenhower al ser reelegido para su segundo mandato, señalando incluso, en un alarde, que 2.875.637 de ellos corresponderían a California y 1.218.462 a Los Angeles, como así fue en la realidad.

Vestidos y moda

Primitivamente, el calzado humano era muy simple y con pocas variaciones, limitándose en casi todas las ocasiones a una plantilla de cuero o de fibras vegetales entretejidas, sujeta al pie mediante correas o cintas. El calzado grecorromano dio una gran variedad al tipo de suelas. El calzado militar romano típico fue la *caliga,* una sandalia cuyas correas se fijaban por encima del tobillo. En la Edad Media se usaron las babuchas y los botines con larga punta. En el XV aparecieron las primeras botas altas y ajustadas. Durante el Renacimiento se puso de moda entre algunas mujeres –principalmente, entre cortesanas y prostitutas– calzar unos zapatos especiales para la lluvia llamados *chapines,* con plataformas de hasta 75 centímetros de altura. En el XVII se usaban zapatos con hebillas y botas de campana para montar. A principios del XIX las mujeres usaron zapatos de raso o cuero con tacón, sujetos a la pierna con cintas. Largo tiempo estuvieron en boga las polacas abotinadas, a las que sustituyeron los zapatos a la inglesa (y muy especialmente los llamados *oxford),* que, con poca diferencia, continúan llevándose hoy en día. Pero es curioso constatar que, aunque en la antigüedad y en otras culturas no europeas no era así, hasta 1850 los zapatos de ambos pies no guardaban diferencia alguna. Eran confeccionados rectos y por tanto podían ser calzados indistintamente en los dos pies.

El guante mas antiguo que se conoce fue el hallado en la tumba de Tutankamón; este guante es de lino y debió de pertenecer a un niño. Sin embargo, la historia de los guantes debía arrancar mucho antes. Cuenta Jenofonte que en la corte imperial persa el uso de guantes formaba parte del protocolo. Presentarse ante el emperador con las manos descubiertas era interpretado como un acto de rebeldía y desacato. Se cuenta, por ejemplo, que Ciro (560-529 a. de C.) mandó ejecutar a todos sus primos al presentarse ante él sin guantes. Excusa o no de otros móviles, parece que este detalle avala la afirmación de Jenofonte. Sin embargo, entre los griegos, los guantes tenían un uso muy distinto: los utilizaban en los banquetes, por un lado, para no mancharse los dedos con que comían y, por otro, para poder sujetar los alimentos recién cocinados sin quemarse. Con el paso de los siglos, los guantes mantuvieron en la tradición occidental un doble uso ceremonial y práctico (para facilitar a los caballeros el uso de las espadas y las lanzas), así como signo de reto (*guante de desafío*). En todo caso, hasta que en el siglo XVI, Catalina de Medicis (1519-1589), esposa del rey Enrique II de Francia, no extendiera la moda de su uso entre las mujeres, continuó siendo una prenda reservada al varón. La moda se extendía rapidamente y a partir de entonces las damas adornaron sus vestidos con guantes y mitones.

Sin embargo, la confección de guantes no pasó a ser una labor industrial (y, por tanto, su uso no pudo generalizarse verdaderamente) hasta que Xavier Jouvin, un joven estudiante de medicina francés, inventó un sistema de tallaje que agilizaba su manufactura. Recopilando datos mediante el estudio de manos en el hospital de Grenoble, identificó 320 tallas e inventó patrones para los guantes, patentándolos en 1834. Aunque en un principio su invención no fue muy conocida, recibiría el espaldarazo definitivo al obtener la medalla de bronce de la Exposición Industrial de París de 1839 y la mención de honor en la Exposición Universal de Viena de 1851. De este modo se popularizó el uso indiscriminado de los guantes, costumbre que se vería incrementada aún más al poder fabricarse por primera vez los guantes sin costuras a partir de 1859, gracias a un invento industrial del británico Thomas Haimes.

Según una fundada teoría, las mujeres se abrochan las ropas de izquierda a derecha porque las damas de buena posición eran vestidas por sus criadas y alguien se dio cuenta de que para éstas sería mucho más sencillo cumplir con su labor si los botones estaban situados al revés de como solían estarlo. Lo que fue utilidad, pronto se transformó en costumbre, que nadie ha propuesto, por ahora, cambiar.

El 10 de julio de 1964, Mary Quant presentó en Londres la primera minifalda moderna en un desfile de modelos organizado a tal fin.

Las pelucas, incluso las de colores muy atrevidos, fueron muy populares entre los antiguos romanos. Cuando el imperio se convirtió al cristianismo, la Iglesia trató repetidamente de eliminar su uso. En el siglo I, los Padres de la Iglesia dictaminaron que una persona con peluca no podía recibir una bendición cristiana. En el siglo siguiente, el teólogo Tertuliano sostuvo que «todas las pelucas son disfraces e invenciones del diablo». Y cien años más tarde, el obispo de Cartago San Cipriano (210-258) prohibió la asistencia a los oficios a quien portase peluca o bisoñé. El Concilio de Constantinopla del año 629 excomulgó a todos los cristianos que se negaran a prescindir de la peluca. En el siglo XII, el rey inglés Enrique IV prohibió los cabellos largos y las pelucas en la corte. Hasta la Reforma de 1517, la Iglesia no flexibilizó su doctrina sobre las pelucas. Hacia 1580, las pelucas volvieron a estar de moda en los países anglosajones (y posteriormente en los demás), sobre todo a raíz de que la reina Isabel I las utilizara para ocultar su incipiente calvicie, reuniendo una enorme colección, en la que destacaban las anaranjadas. La moda cundió, hablándose de que, en el apogeo de la moda, la corte francesa de Versalles disponía de 40 peluqueros a sueldo, encargados del cuidado de las pelucas reales. Esta exageración provocó una nueva reacción en contra de la Iglesia, que se tradujo en una nueva ola de prohibiciones y reconvenciones contra su uso.

En el año 1804, el parisiense Esteban Demarelli gozó de buena fama, e hizo buen negocio, impartiendo cursillos intensivos de seis horas (a nueve francos la hora) en los que enseñaba el arte de anudarse la corbata. Y es que ese asunto no era tan baladí ni sencillo como pueda parecer hoy en día. La moda era tan amplia y variada en cuestión de corbatas que existía un número impensable en la actualidad de maneras distintas de componer su nudo (y, por tanto, un número impensable también de hacerlo incorrectamente).

El emperador romano Lucio Domicio Aureliano (214-275) impuso entre sus súbditos la costumbre de utilizar un pañuelo de grandes dimensiones (llamado *oraria*) para mostrar agrado o desagrado en los acontecimientos públicos. Al parecer, el uso del pañuelo de bolsillo también surgió posteriormente en Roma. Hasta el siglo XVIII el tamaño y la forma de los pañuelos de bolsillo no se uniformaron. Al parecer, fue María Antonieta, esposa del rey francés Luis XVI, quien impuso la costumbre de los pañuelos de bolsillo cuadrados.

John Etherington, londinense propietario de una mercería, dio a conocer el sombrero de copa la tarde del 15 de enero de 1797, al salir a la calle con el primer ejemplar de este tipo de sombrero masculino del que ha quedado noticia histórica. Sin embargo, como suele ser costumbre, los franceses aseguran que este tipo de sombrero lo inventó un comerciante textil galo un año antes, como lo atestigua un cuadro del pintor Charles Venet, firmado en 1796, en el que aparece algo parecido a un sombrero de copa.

El tanga original era el exiguo calzón que usaban los individuos de la tribu quimbundu de Angola como única vestimenta. Esta palabra fue incorporada al vocabulario portugués por los esclavos angoleños, y de ellos pasó al vocabulario internacional.

La cremallera fue inventada en 1837 por el estadounidense Whitcomb L. Judson, quien la expuso en 1893 en la Exposición de Chicago. La primera cremallera práctica fue inventada en los Estados Unidos por el sueco Gideon Sundback en 1913.

Como tantos otros, el sastre judeoalemán Levi-Strauss (1829-1902) emigró a los Estados Unidos para hacer fortuna. Atraído por la fiebre del oro, se estableció en San Francisco, abriendo un negocio de venta de tela de lona para confección de tiendas de campaña y de las lonetas con que se cubrían los vagones de tren. En cierta ocasión recibió un importante pedido de lona del ejército, pero al entregarlo, la partida fue rechazada por su baja calidad. Tratando de buscar una salida para esta tosca partida de tela de lona que le resarciera de tal revés, aunque con poca ilusión de tener éxito, decidió confeccionar con ella pantalones de trabajo con la esperanza de encontrar mercado entre los mineros, a quienes siempre oía quejarse de lo poco que les duraba la ropa por las duras condiciones de su trabajo. Para aumentar su utilidad, concibió la idea de coser en ellos todos los bolsillos que pudiera (en los que sus potenciales clientes pudiesen guardar las herramientas y las muestras de mineral), así como reforzar las costuras de los pantalones con remaches metálicos. Animado por el progresivo éxito de su nuevo producto, fue mejorándolo poco a poco, hasta que en 1860 decidió cambiar la lona por una tela igual de resistente, pero algo menos tosca, que se fabricaba en la regisó francesa de Nimes, y que era conocida como *serge,* consiguiendo de este modo una mayor aceptación entre otro tipo de clientes potenciales, como los granjeros y vaqueros. En realidad, este tejido era originario de la ciudad italiana de Génova, que los franceses llaman *Genes,* origen del que proviene el nombre que recibieron aquellos *pantalones vaqueros* originales fabricados por Levi-Strauss: *jeans* o (por el color azul) *blue jeans.*

Charles Worth (1815-1895), un modisto francés de origen inglés, fue el primero en introducir la costumbre de utilizar maniquíes de carne y hueso para presentar sus modelos, allá por 1846.

La primera falda pantalón que los anales recuerdan la llevó en público la *atrevida* ciudadana estadounidense Mrs. Bloomer por las calles de Nueva York en 1851.

Micheline Bernardi fue la primera modelo utilizada por Louis Réard, el creador del biquini, para lucir su creación el día de su presentación en París: el 5 de julio de 1946. El nombre del nuevo traje de baño de dos piezas (escasas de tela) le fue sugerido a su creador por la actualidad: cuatro días antes de que el modelo fuera presentado, los Estados Unidos hicieron su primer ensayo de explosión nuclear en tiempos de paz, dejando caer una bomba sobre el atolón de Bikini, en el Pacífico. El hecho, tras la conmoción de Hiroshima y Nagasaki, fue noticia de primera plana en todos los periódicos del mundo. El primer biquini de la historia de la moda de este siglo era de algodón, estampado con dibujos que recordaban precisamente las páginas de un periódico.

Para el primer lanzamiento comercial de las medias de nailon, la empresa estadounidense *Dupont Nemours* montó una extraordinaria campaña publicitaria basada en el misterio y el secreto a ultranza sobre el producto, aunque no sobre sus ventajas. Se eligió el 15 de mayo de 1940 como el *Día del Nailon* y hasta ese día no se distribuyó ni un solo par de medias en todos los Estados Unidos. De esa forma se creó una impaciente demanda, que agotó todas las existencias el primer día en que se ofrecieron a la venta, llegándose a vender 4 millones de pares de medias en las primeras cinco horas. Para las mujeres norteamericanas, las nuevas medias de nailon pasaron a ser uno de los mas preciados tesoros personales. Sin embargo, a partir de 1941, al entrar los Estados Unidos en la Segunda Guerra Mundial, el gobierno decretó la reserva de toda la producción de nailon para la confección de paracaídas, llegando a pedir a las mujeres que entregaran sus medias al estado para ese mismo fin.

Las *katiuskas,* un tipo de botas altas de goma parecidas a las botas de montar que suelen llevarse en tiempo de lluvia, especialmente por las mujeres, deben su nombre a la protagonista de una zarzuela homónima de Pablo Sorozábal estrenada en 1936. El nombre propio Katiuska es un diminutivo del ruso Katia, que a su vez, lo es de Ekaterina o Yekaterina.

Los pantalones ajustados conocidos como *leotardos* deben su nombre a Jules Léotard, trapecista francés del siglo XIX, que inventó esta prenda ceñida para poder ejecutar mejor sus acrobacias en el trapecio y, de paso, según confesó Léotard en sus memorias, para encandilar a las damas «no ocultando los rasgos más importantes de mi anatomía».

El nombre del tipo de sombrero femenino conocido como *pamela,* de ala muy ancha, proviene del de la protagonista de ese mismo nombre de una novela de Samuel Richardson (1689-1761), que lucía durante toda la obra ese tipo de sombrero.

La prenda de punto que en España llamamos *rebeca* tomó dicho nombre al popularizarse su uso tras el gran éxito de la película de Alfred Hitchcock *Rebeca* (1940), basada a su vez en una novela de la escritora francés Daphne du Marier, cuya protagonista femenina, encarnada en la pantalla por la actriz Joan Fontaine, lucía en casi toda la película este tipo de suéter de lana.

La prenda elastica de punto conocida como maillot fue inventada, según Talma, por un empleado de la Opera de París de apellido Maillot, que quiso conciliar la decencia y la gracia sustituyendo el pantalón por una prenda más ajustada y, por tanto, más cómoda.

El *cardigan* es un tipo de jersei séter o chaqueta de punto de lana, que debe su nombre a James Thomas Brudenell, séptimo conde de Cardigan, que popularizó su uso. Este personaje, que el 25 de octubre de 1854 dirigió la famosa *Carga de los Cuatrocientos* o *Carga de la Brigada Ligera* (ocurrida en el llamado desde entonces *Valle de la Muerte* durante la batalla de Balaclava de la guerra de Crimea), ha pasado a la historia no sólo por aquella disparatada y suicida gesta, inmortalizada por la literatura y el cine, sino también, y tal vez en primer lugar, por este tipo de jersei de lana tejido a mano que formaba parte habitual de su indumentaria y al que dio nombre.

Pantaleone, el personaje cómico de la Comedia del Arte italiana del siglo XVI, dio nombre a los pantalones. El nombre de este personaje proviene, a su vez, del de un santo cristiano, mártir y santo patrono de los médicos, muy popular en Venecia, hasta el punto de que muchos niños eran bautizados con su nombre. Esta popularidad hizo que el personaje de la *Commedia dell'arte* italiana llevase su nombre. El personaje de Pantaleone era un abyecto y cruel avaro que hacía pasar tanta hambre a sus criados que «sus esqueletos no proyectaban sombra». Era un incorregible mujeriego, pero de escasísimo éxito, que incluso provocaba siempre la mofa entre sus supuestas víctimas. Pues bien, este personaje era invariablemente interpretado por un actor viejo, con anteojos y calzado con zapatillas de una pieza, calzones ajustados a la piel y calcetines hasta mas arriba de la rodilla. Posteriormente, cuando el personaje traspasó las fronteras italianas, las calzas ajustadas fueron sustituidas por otras mas holgadas y, a menudo, de anchura exagerada. Al pasar este arquetipo teatral a Francia, el nombre del personaje pasó a designar también a esa prenda de corte amplio que cubría sus piernas.

Según la leyenda, el sofista y retórico griego Gorgias (h. 483-375 a. de C.) nació durante el funeral de su madre. Los asistentes al sepelio oyeron súbitamente un llanto infantil que provenía del féretro y al abrirlo, descubrieron a un recién nacido.

El inmortal filósofo griego Platón (428-348 a. de C.) se llamó realmente Aristocles, aunque recibió el apelativo con el que ha pasado a la historia, que significa *espalda ancha,* por su corpulencia física. Valga como demostración de su fortaleza corporal el decir que, en su juventud, llegó a ser bicampeón olímpico de lucha.

Se llama *mitridación* a la inmunización contra algún veneno conseguida mediante su administración en pequeñas dosis progresivas que permite que el organismo genere sus propias defensas y se haga inmune a dicho veneno. La palabra proviene del personaje histórico del rey Mitrídates VI *Eupator* o *El Grande* (131-65

a. de C.), que subió al trono del reino del Ponto a los 13 años, sucediendo a su padre. Poco después, se retiró a vivir en soledad para escapar de las conspiraciones de palacio. En su retiro acostumbró su cuerpo a soportarlo todo, incluso los venenos, para lo que ingería pequeñísimas dosis, que iba aumentando según se iba haciendo inmune a ellas. Vuelto a la corte, hizo matar a sus tutores, a su madre y a su esposa, temeroso de posibles conjuras. Después de guerrear incesantemente con Roma,fue traicionado por su hijo Farneces, que le despojó del trono. Mitrídates, entonces, trató de envenenarse, pero fue incapaz de ello, por lo que ordenó a uno de sus esclavos galos que lo matase. Otro de los rasgos distintivos de este rey fue que, durante mucho tiempo después de su muerte, su nombre fue sinónimo de *políglota,* porque se dice que dominaba 22 lenguas.

Lady Godiva (1040?-1080?) fue una dama sajona famosa por su belleza y su bondad, casada con Léofric, conde de Chester y de Mercia y señor de Coventry. Esta dama, compadecida de los sufrimientos y apuros de los vasallos de su marido, a los que éste esquilmaba con tributos abusivos, y solidaria con ellos, intercedió pidiendo a su esposo que los rebajara. El conde accedió, pero con la condición de que Lady Godiva recorriese Coventry a caballo, sin más vestidura que sus largos cabellos. La dama así lo hizo, no sin antes acordar con los vecinos que éstos se encerrarían en sus casas, para no turbarla en su desnudez. El día elegido, Lady Godiva se paseó desnuda por el pueblo, montada en su caballo, mientras todos los vecinos de Coventry permanecían en sus casas con las ventanas cerradas. Todos, menos un sastre, al que la tradición inglesa conoce con el nombre de *The Peeping Tom* (es decir, "El Mirón Tom"), que no resistió la tentación de ver desnuda a su señora, ni la de jactarse posteriormente de ello. Tal actitud le costó la total repulsa de sus convecinos, que, desde entonces, le ignoraron, castigándole con un completo ostracismo (además, la expresión pasó a designar en idioma inglés a quien en castellano se llama *mirón* y en francés *voyeur*). La leyenda (que según los historiadores puede estar basada en un hecho real, al menos parcialmente) finaliza aclarando que Léofric, conmovido con el gesto de su esposa, rebajó los impuestos, cumpliendo su promesa.

San Isidro Labrador (1082-1170), un agricultor que vivía en los alrededores de Madrid en las postrimerías del siglo XI, además de patrono de Madrid, es también patrono de los labradores recordando que mientras él rezaba, los ángeles araban sus campos. Cuenta la leyenda que Isidro, esposo de Santa María de la Cabeza, y siervo del señor Iván de Vargas, no queriendo desatender sus devociones (aun a costa de sus deberes para con su señor), frecuentemente se dedicaba a las prácticas piadosas en el campo. Por ello fue denunciado a su señor, al que dijeron que Isidro malgastaba su tiempo, abandonando su trabajo. Cierto día Iván de Vargas se decidió a sorprenderlo en su piadosa holganza, se acercó al campo y comprobó con asombro que, mientras Isidro oraba, dos ángeles hacían sus faenas agrícolas.

El marinero sevillano Juan Rodrigo Bermejo, más conocido como *Rodrigo de Triana*, fue el primer español que avistó tierra americana desde su puesto de vigía de la nave capitana del primer viaje de Colón. Con su legendario grito de "¡Tierra, tierra!" se hizo acreedor del premio prometido por Colón para el primero que viera la costa de lo que el creía Cipango (Japón). Sin embargo, el éxito económico de los primeros viajes de Colón no fue comparable con el geográfico y a su vuelta a España no tuvo dinero suficiente para pagar a Rodrigo de Triana lo prometido (o, según otros, simplemente no quiso cumplir su promesa). Se cuenta que Rodrigo, lógicamente irritado y desilusionado, acabó sus días en el norte de Africa, convertido al islamismo.

San Ignacio de Loyola (1491-1556), fundador de la Compañía de Jesús, fue en su juventud paje de los Reyes Católicos y soldado, famoso entre las mujeres por su apostura y su elegancia y porte en el vestir. Fama de la que él sacó provecho hasta los treinta años, cuando, herido en una pierna en la defensa de la sitiada Pamplona, tuvo que guardar cama durante unos meses. Esa convalecencia le hizo meditar y darse cuenta de que tenía que rectificar su vida. Cosa que hizo en el sentido y con el alcance y el éxito que todos conocemos.

San Felipe Neri (1515-1595), *El Apóstol de Roma*, fue un hombre santo italiano, fundador de la Congregación del Oratorio, famoso por su buen humor y su eterna sonrisa. Dicen que obraba sobre él de tal modo la vehemencia del amor divino y la alegría en Dios que, en cierta ocasión, al ensanchársele el corazón de plenitud, le estallaron dos costillas. Como no podía ser menos, hoy es considerado patrono de los humoristas.

Enrique de Navarra (1533-1610), que luego sería Enrique IV de Francia, fue bautizado en la fe católica. A los 6 años abrazó la fe protestante de su madre, Juana de Albret. A los ocho, nuevamente fue declarado católico. Pero unos meses después, en diciembre de 1562, volvió a reingresar en la filas del protestantismo.

Siguiendo con su costumbre, desde los 19 años hasta su muerte, volvió a cambiar de preferencias religiosas no menos de 6 veces, según soplaran los vientos de las conveniencias políticas. No es raro que uno de los principales recuerdos que hayan quedado de este rey sea su conocida frase «París bien vale una misa». Enrique IV murió asesinado por el fanático católico François Ravaillac.

La reina escocesa María Estuardo (1542-1587) fue proclamada en diciembre de 1542, cuando únicamente tenía seis días, pues prácticamente su nacimiento coincidió con la muerte de su padre, Jacobo V. Su coronación formal se produjo cuando tenía 9 meses de edad.

La peripecia vital de Miguel de Cervantes Saavedra (1547-1616) no puede ser considerada ciertamente como ordinaria. En sucesivas etapas de su vida Cervantes se vio envuelto en lances, duelos y disputas amorosas de todo tipo, combatió como aguerrido soldado y oficial en muchas e importantes campañas (en una de las cuales perdió la movilidad de una mano) y fue esclavizado, encarcelado y excomulgado.

En 1569, Miguel de Cervantes fue acusado de haber herido a un tal Antonio de Sigura, por lo que fue condenado a destierro de diez años y a que le fuera cortada la mano derecha. Afortunadamente (para todos) el diestro Cervantes logró huir a Italia y eludir de esa forma dicha sentencia. Allí se alistó en el ejército del cardenal Giulio Acquaviva. Como es bien sabido, participó posteriormente en la batalla de Lepanto (1571), resultando herido en la mano izquierda, que le quedó inmovilizada para toda su vida. Tras participar en otras hazañas militares, decidió regresar a España, para lo cual emprendió el viaje de vuelta por mar, bien pertrechado con cartas de recomendación firmadas por Juan de Austria y el duque de Sessa, a la sazón virrey de Sicilia. Mas en el viaje fue apresado por piratas berberiscos, que le recluyeron en la prisión de la ciudad de Argel. Los piratas, viendo las cartas signadas por personajes tan ilustres que llevaba Cervantes, pensaron que se trataba de un personaje importante, razón por la cual fijaron un alto rescate. Cinco años después de ser capturado, y tras no menos de cuatro rocambolescos intentos de evasión, Cervantes fue liberado, previo pago de 500 ducados. Vuelto a España, y poco antes de contraer matrimonio en 1584 con Catalina Palacios de Salazar y Vozmediano, Cervantes tuvo una hija (bautizada Isabel) con su amante Ana Franca (o Villafranca) de Rojas, esposa de un cómico. En 1597 fue encarcelado en la prisión real de Sevilla por un oscuro asunto de malversaciones de fondos ocurrido en la oficina de recaudación de provisiones para la Armada Real (la famosa *Invencible*), que estaba a su cargo. Hasta que se esclareció el asunto, permaneció en la cárcel tres meses, tiempo que aprovechó para comenzar la redacción de su obra maestra *Don Quijote de la Mancha*. Todas estas vicisitudes vitales salieron a la luz pública, convirtiéndose en materia de escándalo, cuando Cervantes fue nuevamente arrestado, esta vez por su supuesta implicación en el asesinato del noble navarro Gaspar de Ezpeleta, ocurrido a las puertas de su domicilio, acusación de la que finalmente fue absuelto. Sin duda, se puede afirmar en resumen que la vida de Miguel de Cervantes tuvo los suficientes elementos como para alimentar la inspiración de muchas novelas.

El poeta y dramaturgo español Agustín de Rojas Villandrando (1572-h. 1618) fue soldado en Francia y prisionero en La Rochelle. Al ser liberado, se enroló como corsario, atacando buques ingleses y visitando en el curso de sus correrías diversas ciudades italianas. De regreso a España, mató a un hombre en Málaga, por lo que tuvo que acogerse al sagrado asilo de la iglesia de San Juan, donde se enamoró de él una bella mujer, que compró su libertad por 300 ducados, todo lo que poseía. Rojas se amancebó con la joven y, para mantenerla, pidió limosna, escribió sermones a cambio de comida, asoló huertos, quitó capas y desempeñó mil y un oficios legales e ilegales. En Granada, tiempo después, regentó una mercería, y en Valladolid se casó con Ana de Arceo. Todas estas aventuras, verdaderas, exageradas o inventadas, nos son conocidas gracias al relato que el propio protagonista nos hizo en algunas novelas que obtuvieron un gran éxito al tiempo de ser publicadas.

En 1592 (o 1596, según otros) nació Catalina de Erauso en la ciudad de San Sebastián en el seno de una de las mejores familias vascas. A los cinco años, su padre la recluyó en el convento de las Dominicas de aquella misma ciudad, de donde se escapó a los quince, tras ser víctima de un abuso sexual por parte de otra monja mayor que ella. Vestida de muchacho, bajo el nombre de Antonio de Erauso, se presentó en Vitoria, alistándose en las huestes de don Francisco de Cárdenas. Tras mil peripecias, que la llevaron por Valladolid, Bilbao y Estella, desempeñando diversos oficios, reapareció en el puerto de Pasajes, donde embarcó para Sevilla. En la capital andaluza, se enroló como grumete en las compañías que iban a América, ya con el nombre de Alonso Díaz y Ramírez de Guzmán.

Llegada a América, y cuando el barco estaba listo para regresar a España, le robó quinientos pesos al capitán del navío (que, al parecer, era un familiar suyo que nunca la identificó) y se internó por su cuenta en el continente.

Tras protagonizar no pocas aventuras en México, Panamá, Perú y Chile, se labró una sólida carrera militar, alcanzando el grado de alférez, así como una veraz fama de pendenciera, viéndose involucrada en un sinnúmero de altercados y situaciones comprometidas. Por cuestiones de juego, mató a un amigo suyo y luego a un auditor que pretendía arrestarla. Una noche, en una disputa callejera, hirió sin reconocerlo a su propio hermano. Herida a su vez en otra reyerta y creyendo llegada la hora de su muerte, se confesó al obispo de Guamanga, revelando finalmente su condición de mujer. Recuperada de sus heridas, regresó a España en 1624, donde Felipe IV la concedió una pensión de ochocientos escudos, y viajó a Roma, donde el Papa Urbano VIII la recibió en audiencia privada, dispensándola una bula personal para continuar vistiéndose como hombre. Años después, en 1635, continuó su carrera militar, regresando a América, donde era ya legendariamente conocida como *La Monja Alférez*. Del final de la vida de esta extraordinaria mujer poco se sabe, salvo que, trabajando como arriera, murió, al parecer, en Cuitlaxta en 1650.

La vida de Pedro Calderón de la Barca (1600-1681), como la de la mayor parte de nuestros grandes autores del Siglo de Oro, estuvo llena de tribulaciones, recovecos e, incluso, algunos contratiempos con la justicia. Calderón comenzó su andadura adulta participando como soldado en campañas en el norte de Italia, Normandía y Flandes. A su vuelta a España, fue acusado de violar el asilo eclesiástico del convento de los Trinitarios en compañía de su hermano, en persecución del agresor de éste, lo que le acarreó, además de ciertos problemas con la ley, la mofa y el escarnio de personajes tan influyentes como Lope de Vega y el más famoso de los predicadores de su tiempo, Hortensio Paravicino. Saldados con bien estos sucesos, Calderón fue honrado por el rey con la Orden de Calatrava en 1637, tras lo que participó con cierta distinción en el sitio de Fuenterrabía (1638), enrolado en las huestes del duque del Infantado, y luego, alistado al servicio del conde-duque de Olivares, en la guerra de Cataluña (1640). En 1642 abandonó el servicio de armas, pasando a servir civilmente al duque de Alba. Por aquel tiempo tuvo un hijo natural (Pedro José) con una dama desconocida, al que educó como sobrino. En 1651, a los 51 años, reconoció finalmente a su hijo natural, y, tras ser ordenado sacerdote, fue nombrado sucesivamente capellán de los Reyes Nuevos de Toledo, capellán de honor del rey

Felipe IV y capellán mayor de la Congregación de Sacerdotes naturales de Madrid.

Aunque no fueron las únicas, la irlandesa Anne Bonney y la inglesa Mary Read fueron las dos más famosas mujeres-pirata de comienzos del siglo XVIII. Ambas unieron sus fuerzas en 1719, cuando coincidieron enroladas en un mismo barco disfrazadas de hombres. Junto con otro bucanero conocido como Capitán Rackham, se apoderaron del barco en que servían y, ya como capitanas, continuaron pirateando. Apresadas en 1720, fueron inmediatamente condenadas a morir en la horca. Sin embargo, ambas alegaron estar embarazadas, con lo cual, según las leyes de la época, vieron suspendidas sus penas por las de prisión hasta que dieran a luz. Mary Read murió muy poco después en la cárcel al contraer unas fiebres. En cuanto a Anne Bonney nunca se ha sabido cuál fue su destino final.

El escritor español Diego de Torres y Villaroel (1693-1770) fue un hombre muy polifacético. A lo largo de su vida trabajó, entre otras cosas, como titiritero, bailarín, torero, soldado, médico, astrólogo, nigromante, subdiácono y guitarrista, consiguiendo en 1726 una plaza como catedrático de matemáticas en la universidad de Salamanca. Ganó mucha fama con la publicación de sus almanaques astrológicos, firmados con el seudónimo de *El Gran Piscator Salmantino*, en los que predecía el futuro, al parecer acertando en el pronóstico, por ejemplo, de la muerte de Luis I, el motín de Esquilache y el estallido de la Revolución Francesa. Sus éxitos en esta actividad le reportaron pingües beneficios económicos que le permitieron ser uno de los primeros intelectuales españoles que viviera (bien) de los ingresos generados con su actividad de escritor.

El apellido de Etienne de Silhouette (1709-1767) ha dado nombre a esas figuras contorneadas, generalmente de carácter caricaturesco, que todos conocemos por *siluetas*. El origen de esta asociación de nombres es ciertamente curioso. Este personaje fue, durante ocho meses del año 1757, Inspector General de Francia, cargo equivalente al actual de ministro. En ese corto periodo de tiempo, tuvo la dudosa virtud (nada rara, por cierto, entre los encargados de estos cometidos gubernamentales) de lograr enfurecer en su contra a todos los sectores sociales y de dejar prácticamente en bancarrota las finanzas nacionales francesas. Nada más ser nombrado para este puesto por Luis XV, poco después del estallido de la Guerra de los Siete Años, se lanzó con verdadera decisión a reorganizar la agricultura nacional y el aparato burocrático del estado y a acabar con el régimen de privilegios fiscales de la nobleza. Sus logros, si no brillantes, al menos fueron inmediatos: la agricultura entró en un caos terrible; los funcionarios se rebelaron contra su decisión de gravar sus ingresos con los mismos impuestos que al resto de los ciudadanos, y la nobleza se escandalizó al ver reducidas drásticamente sus rentas y prebendas. Sin embargo, en un primer momento, el pueblo llano le aplaudió. Esta popularidad animó a Silhouette a poner en marcha la segunda fase de su programa de reformas: esta vez se propuso recortar los gastos suntuarios del mismo rey y especialmente las partidas destinadas a las diversiones reales. Luis XV aceptó a regañadientes, pero cuentan los contemporáneos que paseó su aburrimiento por palacio hasta que acudieron en su ayuda financiera algunos nobles e, incluso, se habilitaron para diversión de su majestad algunas partidas de otros ministerios. Todo fuera porque Madame Pompadour (1721-1764), a la sazón favorita real, no viera mermados ni un ápice sus suntuarios dispendios. El ejemplo cundió y rápidamente los nobles y demás asalariados de la corte recuperaron sus privilegios con la connivencia de funcionarios situados en puestos clave, que se veían favorecidos con exenciones fiscales de dudosa legalidad.

Sorprendido por la ineficacia de sus medidas, pero no derrotado ni desilusionado, Silhouette contraatacó con el tradicional último recurso de los ministros de economía: si no se pueden rebajar los gastos públicos, siempre se pueden subir y multiplicar los impuestos. Dicho y hecho, el Inspector General promulgó y trató de aplicar toda una batería de nuevos impuestos, entre ellos uno sobre el lujo, que gravaba el disfrute de servidumbre, carruajes y, en general, todo aquello que significara suntuosidad, y que, por cierto, penalizaba la situación de los solteros, al aplicarles una tarifa triple. No satisfecho con ello, puso en vigor también un nuevo impuesto indirecto sobre todos los artículos de consumo, que levantó las iras del pueblo llano. Las protestas arreciaron desde todos los frentes, incluido el Parlamento, y el rey tuvo que intervenir, es de suponer que sin ningún pesar, desautorizando a su ministro y concediendo dispensas con verdadera fruición. Así que, Silhouette, ciertamente desesperado por la mala situación de las finanzas nacionales y sin otra arma a su alcance, tuvo que decretar la suspensión de pagos estatales, acabando de paso con toda posible fuente exterior de financiación y crédito. Cumplidos los ocho meses de su mandato, fue destituido fulminantemente. Pero su figura quedó grabada en la mente de todos los franceses y comenzaron a florecer las burlas y las chanzas de todo tipo dirigidas a su persona. Se fabricaron calzones *a la silhouette* (esto es, sin bolsillos) y, según una moda al uso, se hicieron tan tremendamente famosos sus caricaturas en sombra, que el pueblo las dio el nombre genérico de *siluetas*.

Se dice que John Montagu, 4º conde de Sandwich (1718-1792), un empedernido jugador de cartas, inventó el emparedado o *sandwich* al ordenar a su cocinero (según la tradición, a las 6 de la madrugada del 6 de agosto de 1762) que le sirviera un bisté emparedado entre dos rebanadas de pan, para así no tener que interrumpir la partida que disputaba en aquel momento. Pero el apellido de este personaje, además de dar nombre a los emparedados, también fue aplicado por el capitán James Cook a unas islas que él descubrió en el Pacífico (y que, andando el tiempo se rebautizaron islas Hawai), en homenaje a quien había dirigido el Almirantazgo británico durante la Revolución Americana y, sobre todo, a quien había equipado sus buques.

Sin embargo, la figura humana de Lord Sandwich estuvo algo por debajo de tales honores. Titular de su condado desde los 11 años y educado en las mejores escuelas inglesas (Eton y Cambridge), fue nombrado Lord del Almirantazgo, pero su labor estuvo marcada por el desorden, la corrupción, el soborno y, sobre todo, la incompetencia. Se cuenta incluso que la Revolución Americana podría haber acabado de otra manera si no hubiera mediado a favor de los insurrectos norteamericanos su impericia al mando del Almirantazgo británico.

De este mismo Lord Sandwich se cuenta una buena anécdota parlamentaria. Cierto día en que cruzaba improperios con John Wilkes, que en otro tiempo había sido su mejor amigo y compañero de casi todas sus juergas, pero con el que después mantuvo un enconado enfrentamiento político, dijo Lord Sandwich: «Wilkes, usted morirá en el patíbulo o de sífilis». Wilkes, famoso por su ingenio, le replicó suavemente: «Eso dependerá de si abrazo sus principios o a su querida». Y es que si su actividad pública fue un dechado de ineptitud y una continua piedra de escándalos, no lo fue menos su vida privada (que fue más bien pública). Fueron famosas sus andanzas con su amante Margaret Reay, una plebeya de vida licenciosa a la que se unió cuando ella tenía 16 años y que, después de ser educada en París a expensas del Lord, le dio cinco hijos en los veinte años que vivieron juntos. Margaret moriría en 1779, asesinada por un pretendiente despechado. También destacó Lord Sandwich como activo participante en un club de orgías y misas negras llamado *Club del Fuego Infernal*. No es extraño que John Montagu, 4º Lord de Sandwich muriera en 1792 amargado y totalmente desacreditado socialmente.

En septiembre de 1735, el infante de España, Luis Antonio de Borbón, hijo de Felipe V, fue nombrado Arzobispo de Toledo, cuando tenía ocho años de edad. Tres meses después, el papa Clemente XII le nombró cardenal. Sin embargo, a los 27 años renunció a estas dignidades por no ser sacerdote ni tener vocación para serlo. Abandonada tan *brillante* carrera eclesiástica, pasó a dedicarse a la música y al estudio de la naturaleza.

Más precoz aun fue el duque de York y Albany (1763-1827), hijo segundo de Jorge III de Inglaterra, que fue elegido obispo de Osnabrück, gracias a la influencia de su padre, que era Elector de Hannover, a la increíble edad de 196 días, el 27 de febrero de 1764. Renunció a dicho cargo 39 años después.

Del pintor aragonés Francisco Goya (1746-1828) se ignoran muchos datos sobre su juventud y primera madurez; pero lo que sí se sabe es que recorrió gran parte de Andalucía enrolado en una cuadrilla de toreros. Después viajó a Italia, donde residió varios años hasta que, en 1774, fuera expulsado de la ciudad de Roma por haber saltado los muros de un convento y raptado a una joven, de la que estaba enamorado.

Entre revolución y revolución, el italiano Giuseppe Garibaldi (1807-1882) desempeñó multitud de oficios en los lugares más insospechados del mundo. Entre otros, llegó a trabajar de vendedor de espaguetis en Uruguay y a fabricar velas en Staten Island, Nueva York.

Heinrich Schliemann (1822-1890), el arqueólogo aficionado y helenista alemán a quien se debe el descubrimiento de las ruinas de Troya, dio muestras muy tempranas de su capacidad y su determinación. Hijo de un pastor protestante, soñó por primera vez con descubrir Troya a los 7 años. A los 14 comenzó a trabajar de dependiente en una tienda de comestibles y especias, donde pasó cinco años y medio. A los 20 se embarcó como grumete en Hamburgo, partiendo con destino a Venezuela. A los 15 días de navegación, el barco naufragó y Schleimann acabó como escribiente en una oficina comercial en Amsterdam. Colocado en aquel humilde puesto, Schliemann aprendió, en menos de cuatro años, inglés, francés, español, italiano, portugués y ruso. A los 24 años, marchó como agente comercial a San Petersburgo, donde, el año siguiente, abrió una casa comercial dedicada a la importación de artículos coloniales. En 1850, llevado por su afición al oro, aparcció cn California, donde fundó un banco de gran éxito comercial, adoptando la nacionalidad estadounidense al incorporarse aquel estado a la Unión. Sin embargo, poco después volvió a emigrar a Rusia, donde fue nombrado sucesivamente ciudadano honorario, juez de los tribunales comerciales de San Petersburgo y director del Banco Imperial del Estado. Por aquel entonces, aprendió también sueco, polaco, árabe, latín, griego moderno y, en tres meses, griego antiguo.

En 1868, a los 46 años, se retiró de todos sus negocios y se marchó a Grecia y Turquía, en busca de la ciudad de Troya y del legendario tesoro de Príamo. En abril de 1870, siguiendo las indicaciones geográficas imprecisas de la *Iliada,* cien obreros contratados por Schliemann (a quien todos tenían por loco) comenzaron las excavaciones en la colina de Hissarlik, en el Asia Menor turca. Pronto aparecieron armas, utensilios domésticos, joyas y otros objetos diversos, lo que reveló la existencia de nueve asentamientos distintos superpuestos, correspondientes a nueve distintas ciudades de Troya, destruidas y reconstruidas sucesivamente (de las que la VI, casi con seguridad, fue el escenario de los hechos narrados por Homero en la *Iliada*). Tras remover 25.000 metros cúbicos de tierra, Schliemann en persona sacó a la luz un gran tesoro que, sea o no verdaderamente el famoso *Tesoro de Príamo*, desde luego merece serlo. Un fabuloso conjunto de joyas y piedras preciosas, cuya sola enumeración ocupó 206 páginas del diario de este visionario alemán.

La princesa Isabel de Austria (1837-1898), mucho más conocida por su sobrenombre familiar de *Sissí,* una encantadora muchacha, aficionada a pescar, montar a caballo, beber cerveza y comer salchichón, se vio catapultada de la noche a la mañana, tras contraer matrimonio a los 15 años con el emperador austriaco Francisco José I (1830-1916), a protagonizar uno de los momentos más convulsos y difíciles de la historia de Centroeuropa. Destacó pronto por sus tendencias liberales y progresistas –poco habituales entre los aristócratas de su tiempo-; pero cierta propensión familiar a la locura y a la extravagancia, que se manifestó en no pocos de sus parientes más cercanos, fueron convirtiéndola en una persona excéntrica y cercana a la locura. Además, ese progresivo hundimiento vino favorecido por una larga serie de reveses personales: en muy pocos años, su cuñado Maximiliano fue fusilado en México y su viuda enloqueció; su hermana, la duquesa Sofía de Alenzón, murió en el incendio del Bazar de la Caridad de París; su primo, el rey Luis de Baviera, se ahogó en el lago Stenberg; su cuñado, Luis de Trani, se suicidó en Zurich; el archiduque Juan desapareció misteriosamente; el arquiduque Guillermo murió a consecuencia de un accidente ecuestre; su sobrina, la archiduquesa Matilde, pereció en otro incendio; el archiduque Ladislao murió en accidente de caza, y su hijo predilecto, Rodolfo, heredero de la corona imperial, se suicidó en Mayerling junto a su esposa.

Si en su faceta pública sostuvo una actitud beligerante a favor de determinadas causas progresistas (como, por ejemplo, el reconocimiento de la nacionalidad independiente de Hungría dentro del imperio austriaco), en su faceta privada sus extravagancias fueron múltiples. Enferma de lo que hoy en día se diagnosticaría como anorexia nerviosa, su máxima preocupación parece que fue el cuidado de su cabello: una larga melena castaña –teñida– que le llegaba hasta los tobillos y cuyo peinado, a juzgar por los testimonios de quienes la conocieron y por los retratos y fotografías que se conservan, era más bien una sofisticada escultura, que impuso una moda en las cortes europeas de la segunda mitad del siglo XIX. Su peluquera, Fanny Angerer, proveniente del mundo del teatro, se dedicaba en cuerpo y alma a la cabellera de la emperatriz, que debía lavar cada tres semanas con una mezcla de brandy y huevos (en una operación que duraba un día entero) y peinar diariamente (operación en la que empleaba no menos de tres horas). Incluso, al parecer, hay indicios de que entre las funciones de esta peluquera estaban la de representar como *doble* a la emperatriz en diversos viajes al extranjero.

Pero, volviendo a las extravagancias de Sissí, se cuenta que, a medida que fue envejeciendo, luchaba desesperadamente contra las huellas que iba dejando el paso del tiempo en su cuerpo. Utilizaba mascarillas de carne cruda, fresas y aceite de oliva, y dormía con paños húmedos sobre las caderas, en la creencia de que así mantendría su esbeltez. Por su obsesión por la belleza, comenzó a coleccionar fotografías de bailarinas y mujeres bellas de toda Europa. Además, se rodeaba de papagayos, perros lobos y galgos, y hasta adquirió un macaco. E incluso le dio a su hija preferida, Valeria, un compañero de juegos inusual: un negro contrahecho, llamado Rustimo, que había sido enviado a la corte austriaca por el Sha de Persia como regalo personal. La emperatriz practicaba también el espiritismo, asegurando que mantenía continuas conversaciones con el espectro del poeta alemán Heine, uno de sus héroes románticos.

A pesar de estas claras muestras de desequilibrio, Sissí realizó hasta su muerte continuos viajes al extranjero, aunque, eso sí, siempre de incógnito, ocultando su rostro con un gran abanico o con velos de luto. El 10 de septiembre de 1898, a punto de cumplir los 61 años, moría en la ciudad suiza de Ginebra, víctima de un atentado perpetrado por un anarquista italiano que, desilusionado por no hallarse en la ciudad el príncipe Enrique de Orleáns, que era su objetivo, se decidió a apuñalar a aquella aristócrata ignorando en realidad de quién se trataba. En el momento del atentado, la emperatriz, que no se percató en un primer instante de que había sido herida de muerte por un estilete, pensando que el sujeto sólo pretendía robarle el reloj, siguió caminando hasta que, a los pocos metros, cayó desplomada y murió.

Jennie Jerome, una neoyorquina descendiente de un abuelo indio, inventó el *cóctel Manhattan* mezclando whisky y vermut dulce. Esta mujer se convertiría en 1874 en la esposa del aristócrata inglés Lord Randolph Churchill, trasladándose a vivir con él a Inglaterra. Ya instalada en su nuevo país, ese mismo año daría a luz inesperadamente a un hijo en el vestidor de damas del castillo de Blenheim, donde asistía a un baile. Este hijo, al que impuso los nombres de Winston Leonard Spencer, andando el tiempo sería el primer ministro británico durante la Segunda Guerra Mundial. De este modo, Winston Churchill (1874-1965) pudo afirmar con total propiedad que un octavo de su sangre era india.

El cubano de nacimiento y francés de adopción Paul Lafargue (1842-1911), yerno de Karl Marx, fue famoso a comienzos del siglo XX como autor de un pequeño libro titulado *Derecho a la pereza*, todavía cíclicamente muy leído, dedicado al comentario del derecho natural de las personas a disfrutar de la molicie. Antes de alcanzar este éxito editorial, Lafargue ejerció brevemente como médico, profesión que abandonó para abrir un estudio fotográfico, que sin ser del todo ruinoso, tampoco le hizo ciertamente rico. En realidad, logró mantener a flote a su familia gracias al dinero que había legado el colaborador y protector de su suegro, Friedrich Engels (1820-1895) a su esposa, Laura Marx. Cuando se agotó aquella fortuna, la pareja, desesperada y con grandes dificultades económicas, se suicidó inyectándose una sobredosis de morfina el 25 de noviembre de 1911.

El caudillo apache Jerónimo, después de rendirse en 1886 y ser encarcelado en Florida y Alabama, se convirtió en agricultor y abrazó las creencias de la Iglesia Holandesa Reformista, ya instalado en una reserva india en Oklahoma. Años después llegaría a ser expulsado de dicha iglesia bajo la acusación de mostrar excesivo gusto por el juego y la bebida.

A lo largo de toda su vida, Vladimir Ilich Uliánov Lenin (1870-1924) utilizó, cuando menos, 150 apodos y seudónimos, tras introducirse en política a raíz de la muerte de su hermano Alexander Uliánov, ahorcado por participar en un atentado fallido contra el zar.

Mata-Hari fue una bailarina nacida en Holanda, cuyo verdadero nombre era Margaret Gertrude Zelle (1876-1917). Casada muy joven con un oficial holandés, residió durante algunos años en la isla de Java, por entonces bajo dominio holandés. De vuelta a Europa en 1903 se instaló en París, tras ser abandonada por su marido. En la capital francesa alcanzó gran fama como bailarina (profesión que adoptó por consejo paterno), haciendose famosa por sus exóticos bailes indonesios y también por su belleza. En 1907 pasó a Berlín y fue captada por el servicio de espionaje alemán. De regreso a Francia, aprovechó sus muchos contactos en los círculos militares y políticos para llevar a cabo una importante labor informativa para los alemanes. A su vuelta en plena Primera Guerra Mundial (1916) de un misterioso viaje al extranjero, se desató un fuerte rumor que le hacía sospechosa de espionaje, por lo que volvió a desaparecer. Visitó numerosas capitales, entablando amistad con varios oficiales alemanes y, cuando regresaba de un viaje a Madrid, fue detenida bajo la acusación de espionaje para una potencia extranjera. Fue juzgada por un tribunal militar, condenada a muerte y fusilada.

A los 13 años, Josif Visarionovich Djuvashvili *Stalin* (1879-1953), hijo de un humilde zapatero, ingresó en un seminario teológico de Tiflis, del que sería expulsado cinco años después por sus actividades políticas y por haber sido descubierto realizando lecturas prohibidas.

El famoso pistolero estadounidense Frank James, famoso por sus correrías en compañía de su hermano Jesse, vivió de un modo mucho más apacible los últimos 32 años de su existencia, tras la muerte de su hermano y la disolución de la banda. A partir de entonces, se ganó la vida con diversos trabajos humildes, como, por ejemplo, vendiendo recuerdos en la granja familiar, trabajando como portero de un teatro y como juez de salidas en el hipódromo de Missouri, lo que, de paso, le dio la oportunidad de continuar utilizando la pistola.

Thomas Edward Lawrence (1888-1935), el que llegaría a ser un personaje de leyenda como *Lawrence de Arabia*, nació el 16 de agosto de 1888 en Tremadoc, un pequeño pueblo galés, como segundo hijo natural de Thomas Chapman, rico terrateniente angloirlandés, y de Sarah Maden, institutriz escocesa con la que el padre había huido, abandonando esposa e hijas y estableciéndose en aquel pueblecito, bajo el nuevo apellido *Lawrence*. Ya en su juventud, recorrió toda Gran Bretaña y Francia en bicicleta, para visitar castillos. Fue un muchacho de carácter inquebrantable, acostumbrado a sufrir el castigo corporal que le imponía su puritana y estricta madre, por lo que desarrolló un patológico masoquismo que le impulsaba continuamente a poner a prueba su resistencia física. Su madre contó tiempo después cómo su hijo, a los 17 años, un día, durante un tiempo de descanso escolar, acudió en ayuda de un compañero que era agredido por otro alumno. En el transcurso de la pelea, Thomas se rompió una pierna, pero no dijo nada y continuó normalmente con las clases del día, limitándose a pedir ayuda para volver a casa, puesto que se había hecho *algo* de daño y no podía caminar.

En 1909, Thomas, tras estudiar Historia y árabe en Oxford, visitó por primera vez Siria para recoger material sobre los castillos de los cruzados, tema sobre el que versaría su tesis doctoral. Allí volvería en 1910, época en que mantuvo una relación amorosa con uno de los porteadores de su expedición, un muchacho árabe de 15 años llamado Salim Ahmed y apodado *Dahun* ("El Oscuro"). A su vuelta a Inglaterra, iniciada ya la Primera Guerra Mundial y tras tratar de alistarse en el ejército, siendo rechazado por su corta estatura, logró ingresar, gracias a recomendaciones, en la sección geográfica del Estado Mayor, desde donde sería rápidamente trasladado al Departamento de Inteligencia de El Cairo. Por entonces, en todo el Oriente Medio, dominado por potencias extranjeras, bullía un espíritu revolucionario que cristalizó en la revuelta contra la dominación turca encabezada por el gobernador de La Meca y líder espiritual del Islam, Hussein, en junio de 1916. Lawrence, afecto a la causa árabe, recibió la noticia con satisfacción. Tres meses después, por órdenes de sus superiores, viajó a la ciudad de Jidda, próxima a La Meca, para entrevistarse con los cabecillas de la rebelión y convenir con ellos la ayuda británica. Tras una serie encadenada de vicisitudes, Lawrence, ya conocido por los árabes con el sobrenombre de *Al-Urenz* y totalmente identificado con su causa y con sus costumbres, pasaría a ser el más cercano consejero de Hussein e, incluso, un activo líder militar.

En 1917, durante una de sus acciones militares, fue descubierto bajo su disfraz de beduino y arrestado en la ciudad de Deraa por una patrulla turca que le condujo inmediatamente a presencia del bey turco. En el despacho de éste, fue brutalmente golpeado, flagelado y violado por soldados turcos. Sin embargo, aquella traumática experiencia, según él mismo escribió después, le hizo sentir «una deliciosa calidez, probablemente sexual, que crecía en mi interior y me embargaba por entero». Desde entonces, su extraña sexualidad se decantaría decididamente hacia el masoquismo. En 1923, incluso, contrató a un joven ayudante, John Bruce, para que, provisto de una vara flexible, le embargara repetidamente en aquella *deliciosa calidez*.

Al finalizar la revuelta, Lawrence, considerándose un impostor por no haber logrado que las autoridades británicas respetasen los acuerdos y las promesas que él había acordado con sus amigos árabes, abandonó el ejército, para volver a ingresar en las fuerzas aéreas, pero esta vez como soldado raso con el falso nombre de John Hume Ross. A pesar de sus precauciones, fue desenmascarado y expulsado del ejército, aunque de nuevo la intercesión de sus amigos logró que le readmitiesen. Inmediatamente, embarcó como soldado raso hacia la India, esta vez con el nombre de Thomas Edward Shaw. Tras brotar rebeliones en Afganistán, al frente de las cuales la prensa occidental situó erróneamente a un ya mítico *Lawrence de Arabia,* sus superiores le ordenaron regresar a Inglaterra, donde fue destinado como mecánico a un escuadrón de hidroaviones, cerca de Plymouth. El 26 de febrero de 1935, Lawrence se licenció de la RAF. Once semanas después, después de protagonizar aventuras increíbles por medio mundo, llenas de peligros que uno tras otro supo sortear, Lawrence fue a morir a los 47 años en el Hospital Militar de Wool, en el condado inglés de Dorset, a consecuencia de un accidente de motocicleta. Lawrence, a quien le gustaba conducir a gran velocidad, se estrelló la mañana del 13 de mayo de 1935, al frenar bruscamente a la salida de una curva para no atropellar a una pareja de ciclistas que venían en dirección contraria. Trasladado al hospital en estado de coma, falleció cinco días después, el 19 de mayo de 1935, sin volver a despertar.

Gran parte de las vicisitudes de su extraordinaria vida los conocemos por su biografía *Los siete pilares del Islam*, una larga narración escrita, según sus biógrafos, a razón de 1.000 palabras por hora en continuas jornadas de casi 24 horas, dando una nueva prueba de su resistencia física. Se cuenta, por cierto, que tras dar por finalizado el manuscrito, lo perdió fortuitamente en la estación de Londres. Lawrence, al parecer, ni se inmutó, llegando a afirmar: «Eso me permitirá volverlo a escribir». Y en efecto, en tres meses redactó la nueva versión, de cuya primera edición se tiraron sólo ocho ejemplares, los necesarios para repartir entre sus amigos. Cuando, convencido por éstos, lo vendió a un editor y el libro de convirtió en un *best-seller,* Lawrence impuso la extraña condición de no vender, en ningún caso, más de 30.000 copias.

El indomable revolucionario mexicano Pancho Villa (1887-1923) fue boxeador en su juventud, combatiendo dentro de la categoría del peso mosca.

La carrera de Humphrey De Forest Bogart (1900-1057) comenzó a la temprana edad de un año, cuando su madre, la famosa ilustradora Maude Humphrey-Bogart, pintó un retrato suyo jugando en su cochecito y lo ofreció a una agencia de publicidad. El retrato fue adquirido por la firma de alimentos infantiles *Mellins Baby Food* para reproducirlo en sus anuncios y etiquetas. Muy pronto, el *niño de Maude Humphrey* se convirtió en el rostro infantil más popular del momento. A partir de ahí, no volvió a tener ningún contacto con el mundo artístico, hasta que en 1921 comenzase a trabajar como administrativo en la productora *World Films,* después de su paso por la Marina y tras casi un año de experiencia como corredor de bolsa. Poco después, comenzó a trabajar como director de escena en un grupo teatral, en el que hizo sus primeros pinitos como actor. Tiempo después, Bogart comenzó a interpretar pequeños papeles en algunas comedias teatrales. En 1935, interpretó el papel del gángster Duke Mantee en la producción de Broadway *El bosque petrificado.* Al rodarse la versión cinematográfica, le fue ofrecido ese mismo papel, con el que obtuvo un éxito definitivo, lanzándole a la fama.

Según la versión oficial, la parálisis labial que le dificultaba mover la boca con normalidad, lo que constituyó uno de sus rasgos más característicos, se debió a una herida de guerra. Pero, según otra versión seguramente más veraz, se debió a un puñetazo que su padre le propinó siendo él niño. Menos conocido que todo lo anterior es que, al final de su carrera, en 1947, durante el rodaje de la película *La senda peligrosa*, Bogart comenzó a perder el cabello de manera súbita, quedándose casi totalmente calvo, a causa de una alopecia areata, enfermedad causada por una deficiencia vitamínica. Otro aspecto poco conocido de la vida privada de Humphrey Bogart es que era un apasionado del ajedrez y, sobre todo, de la vela.

Charles Augustus Lindbergh (1902-1974) fue durante años un héroe para el público de todo el mundo tras su hazaña de ser el primer piloto aeronáutico que cruzara el océano Atlántico en solitario. Sin embargo, al estallar la Segunda Guerra Mundial, despertó no pocas iras entre el pueblo norteamericano al abrazar decidida y públicamente la causa nazi, aconsejando que su país entrara en guerra, pero en el bando del Eje, y declarando su preocupación por la contaminación racial que, en su opinión, estaba «infiltrando sangre inferior» en los Estados Unidos. A pesar de ello, al atacar Japón la base de Pearl Harbour en 1941, se alistó voluntariamente en el Ejército del Aire, siendo destinado a las fábricas Ford de aviones de guerra.

Con la denominación de *El Ultimo Emperador* es conocido Henry Pu Yi (1906-1967), que fue efectivamente el último emperador de China con el nombre de *Chuang Tung*. Pu Yi fue depuesto en 1911, cuando aún era un niño de 5 años, siendo enviado por los invasores japoneses a este país para que recibiera una educación conveniente para los planes nipones de futuro. Finalizada su formación, Pu Yi fue impuesto por los japoneses como presidente del estado títere de Manchukuo en marzo de 1934, recibiendo posteriormente el título de emperador con el nombre de Kang Teh. Cuando Manchukuo desapareció desmantelada por Rusia, Pu Yi fue confinado en Siberia y posteriormente devuelto a las autoridades comunistas chinas, que le condenaron a ser reeducado, terminando sus días trabajando como humilde jardinero en Pekín. Su figura y su biografía se hicieron muy famosas hace unos años tras el estreno de una película, dirigida por el italiano Bernardo Bertolucci, y estrenada precisamente con el nombre de *El Ultimo Emperador*.

Índice temático y onomástico

BIBLIOGRAFIA

Además de numerosos diccionarios temáticos, enciclopedias y artículos periodísticos, las principales obras de las que me he servido en la recopilación de los hechos y datos consignados en ésta han sido:

ASIMOV, Isaac: *El libro de los sucesos*, 2 tomos, Madrid, Maeva Laser, 1987.

CLARASO, Noel: *Antología de maravillas, curiosidades, rarezas y misterios.* Barcelona, Acervo, 1990.

DUNNING, A. J.: *Extremos.* Barcelona, Galaxia Gutenberg– Círculo de Lectores, 1994.

FISAS, Carlos: *Curiosidades y anécdotas de la Historia Universal,* Barcelona, Planeta, 1993.
-: *Historias de la Historia*, Barcelona, 5 vols., Planeta, 1989-1991.

Libro Guinness de los Récords 1994, Madrid, Jordán, 1993.

LORIE, Peter: *Supersticiones,* Barcelona, Círculo de Lectores, 1993.

LYNN, Alex S.: *Hechos sin explicación*, Barcelona, Galaxia del Libro, 1993.

PANATI, Charles: *Las cosas nuestras de cada día*, Barcelona, Ediciones B, 1988.

RAMIREZ, Tony: *Anécdotas de reyes, príncipes y lacayos*, Barcelona, Edicomunicación, 1991.
-: *Anécdotas de los famosos,* Barcelona, Edicomunicación, 1990.

ROBERTS, Royston M.: *Serendipia,* Madrid, Alianza, 1992.

VEGA, Vicente: *Diccionario de rarezas, inverosimilitudes y curiosidades*, Barcelona, Gustavo Gili, 1962.

VILA-SAN-JUAN, José Luis: *Mentiras históricas comúnmente creídas,* Barcelona, Planeta, 1992.

VOLTES, Pedro: *El reverso de la historia,* 4 vols., Barcelona, Círculo de Lectores, 1993.

WALKER, Martin: *Anécdotas de la historia*, Barcelona, Edicomunicación, 1990.
-: *Chismes de la historia*, Barcelona, Edicomunicación, 1991.
-: *Curiosidades de la historia*, Barcelona, Edicomunicación, 1991.
-: *Hechos inexplicables*, Barcelona, Edicomunicación, 1991.

WALLACE, Irving y WALLECHINSKY, David: *Almanaque Popular*, 3 vols., Grijalbo, 1983.
-: *Nuevo Almanaque*, 2 vols., Grijalbo, 1984.
-: *Almanaque de lo insólito*, 8 vols., Grijalbo, 1978.

WALLECHINSKY, David; WALLACE, Irving y WALLACE, Amy: *El Libro de las Listas*, 3 vols., Grijalbo, 1984.

Este libro, intitulado
ENCICLOPEDIA DE LAS CURIOSIDADES.
EL LIBRO DE LOS HECHOS INSÓLITOS,
del que ha sido artífice
el señor D. Gregorio Doval Huecas,
fue terminado de imprimir en
los talleres de Gráficas
Santos, en la villa de
Madrid, a día
veinticuatro de mayo
del año de Nuestro
Señor Jesucristo de mil
novecientos noventa y nueve,
festividad de María Auxiliadora,
San Melecio y Santa Susana.